संघर्ष का सुख

संघर्ष का सुख

इफको की सफलता के सूत्रधार
उदय शंकर अवस्थी की कहानी

अभिषेक सौरभ

राजकमल प्रकाशन

ISBN : 978-81-19159-15-4

मूल्य : ₹795

पहला संस्करण : 23 मई, 2023
दूसरा संस्करण : 6 जून, 2023
तीसरा संस्करण : 1 जून, 2024

प्रकाशक : राजकमल प्रकाशन प्रा. लि.
1-बी, नेताजी सुभाष मार्ग, दरियागंज
नई दिल्ली-110 002
शाखाएँ : अशोक राजपथ, साइंस कॉलेज के सामने, पटना-800 006
पहली मंज़िल, दरबारी बिल्डिंग, महात्मा गांधी मार्ग, प्रयागराज-211 001
1, अनमोल सोराबजी सन्तुक लेन, धोबी तलाव, मरीन लाइंस, मुम्बई-400 002
वेबसाइट : www.rajkamalprakashan.com
ई-मेल : info@rajkamalprakashan.com

मुद्रक : विकास कम्प्यूटर एंड प्रिंटर्स
ट्रॉनिका सिटी-201 102

SANGHARSH KA SUKH
by Abhishek Saurabh

संघर्ष का सुख

क्रम

सथनी से बनारस

भारत की आज़ादी की लड़ाई अपने निर्णायक दौर में थी। पूरा देश क्रान्ति, स्वाधीनता और आज़ादी के नारों से गूँज रहा था। अगस्त क्रान्ति का बिगुल बज चुका था। अहिंसा को मूलमंत्र माननेवाले महात्मा गांधी ने 8 अगस्त, 1942 को देशवासियों से 'भारत छोड़ो' आन्दोलन का आह्वान करते हुए 'करो या मरो' का नारा दिया था। उधर ब्रिटिश हुकूमत आन्दोलन को कुचलने में कोई कसर नहीं छोड़ रही थी। सियासत का जुल्म लोगों पर कहर ढा रहा था। आन्दोलन के सभी बड़े नेता शुरू में ही गिरफ़्तार कर लिए गए थे। बड़ी संख्या में महिलाओं एवं युवाओं ने भी गिरफ़्तारियाँ दी थीं। 1857 की ऐतिहासिक जन-क्रान्ति के बाद पहली बार ऐसा माहौल बना था जिसमें आम लोग इतने बड़े आन्दोलन को सफलतापूर्वक चला रहे थे। राष्ट्रीय एकजुटता और जनतांत्रिक भावनाओं के प्रसार की यह अनूठी मिसाल थी। आशा और उत्साह से भरे इसी वातावरण में 12 जुलाई, 1945 को उत्तर प्रदेश के उन्नाव जिले के 'सथनी बालाखेड़ा'[1] गाँव में उदय शंकर अवस्थी (घर का नाम सुधीर) का जन्म हुआ।

अवस्थी की माँ दुर्गावती अवस्थी[2] अपने इलाक़े के एक उच्च और प्रतिष्ठित घराने की महिला थीं। प्यार से घर में उन्हें बिटाना कहा जाता था। उन दिनों, विशेष रूप से सम्भ्रान्त परिवारों में यह रिवाज़ था कि विवाहित बेटियाँ प्रसूत के लिए अपने मायके आ जाया करती थीं और बच्चे के जन्म के महीनों बाद ससुराल लौटती थीं। दुर्गावती ने प्रचलित रीति को तोड़ते हुए अपनी पाँचवीं सन्तान उदय शंकर के जन्म के लिए मायके न जाकर अपनी ससुराल में रहने का फ़ैसला किया। उस समय के लिहाज़ से दुर्गावती का यह निर्णय एकदम भिन्न था।

1. सथनी बालाखेड़ा को अब सथनी कहा जाता है।
2. वे मूलतः पांडेय परिवार की कन्या थीं। अवस्थी के पिता शिव माधव से विवाह के बाद अवस्थी परिवार की बहू होने के नाते उनके नाम में अवस्थी जुड़ गया।

पांडेय-परिवार की वह इकलौती कन्या थीं। माँ की बहुत दुलारी थीं। उनके दोनों भाई उनसे बड़े थे और घर में काम करनेवाले परजों[1] की तादाद भी ख़ूब थी।

पांडेय-परिवार के पास ज़मींदारी तो नहीं थी लेकिन वे पर्याप्त समृद्ध थे। उनके पास अच्छी-ख़ासी ज़मीन-जायदाद थी और अपना व्यवसाय भी था। अवस्थी के परनाना और उनके भाई दोनों राणा बेनी माधव की फ़ौज में थे जिन्होंने 1857 की क्रान्ति में बैसवारा[2] का नेतृत्व किया था। जब क्रान्ति असफल हुई और विद्रोहियों को फाँसी पर चढ़ाया जाने लगा तो वे कलकत्ता[3] चले गए। वहाँ उन्होंने अपना कारोबार शुरू किया। आम माफ़ी मिलने के बाद ही वे अपने गाँव लौट सके।

अवस्थी परिवार, हालाँकि पांडेय-परिवार की तरह बहुत धनी नहीं था, किन्तु महाराष्ट्र में नासिक के निकट पाचोरा में उनका भी कपड़ों का कारोबार था। अवस्थी के परदादा अंग्रेज़ों की फ़ौज में सूबेदार थे। पहले विश्वयुद्ध में वह अफ़ग़ानिस्तान सीमा पर लड़े थे। वे सूबेदार बाबा के नाम से प्रसिद्ध थे। दोनों परिवारों के लोग साहसी और हिम्मत वाले थे और उनमें स्वाभिमान भी ख़ूब था।

पिता का असमय निधन

उदय शंकर अवस्थी का परिवार एक बड़ा संयुक्त परिवार था। उदय शंकर के पिता शिव माधव अवस्थी अपने पाँच भाइयों के क्रम में चौथे नम्बर पर थे। वे खेती और व्यवसाय दोनों को साथ लेकर चले। व्यवसाय के सिलसिले में उन्होंने कई यात्राएँ कीं। कभी महाराष्ट्र में पाचोरा गए तो कभी बंगाल में कोलकाता।

1. घरेलू सहायक
2. नवाबों के शासनकाल में बैसवारा अवध के बारह ज़िलों में से एक था। आज के उत्तर प्रदेश का पूरा उन्नाव ज़िला, रायबरेली ज़िले की लालगंज, महराजगंज, सलोन और रायबरेली तहसीलें, लखनऊ का मोहनलालगंज और कानपुर का घाटमपुर क्षेत्र तत्कालीन बैसवारा के अन्तर्गत था। बैसवारा को अपनी साहित्यिक, सांस्कृतिक परम्परा पर गर्व है। 1857 के मुक्ति संग्राम में बैसवारा ने बहुत महत्त्वपूर्ण भूमिका निभाई थी। इस क्षेत्र के वीर नायकों पर आधारित लोकगीत अवध में आज भी गाए जाते हैं।
3. कोलकाता

शिव माधव स्वाभिमानी व्यक्ति थे। किसी के आगे झुकना उन्हें पसन्द नहीं था। कुछ वर्षों तक महाराष्ट्र के पाचोरा में व्यवसाय करने के बाद वे कलकत्ता चले आए। कपड़ों का कुछ व्यापार किया। लेकिन वहाँ भी ज़्यादा दिन नहीं टिके। फिर कानपुर आ गए। वहाँ उन्होंने आयुर्वेद में हाथ आजमाया। वह भी ज़्यादा दिनों तक नहीं चला। फिर कुछ छिटपुट कामधन्धा किया। लेकिन अन्त में गाँव में ही रहकर खेती-किसानी करने लगे। अवस्थी की छोटी बहन रेखा कहती हैं, 'वे बहुत आदर्शवादी और ईमानदार थे। दुनियादार नहीं थे। इसलिए व्यावसायिक दृष्टि से अव्यावहारिक निर्णय लिया करते थे।' 13 अगस्त, 1947 को शिव माधव की जब मृत्यु हुई तब अवस्थी नन्हें बालक थे और रेखा दुधमुँही बच्ची थीं।

देशभक्ति से ओतप्रोत बचपन

अवस्थी और पांडेय दोनों ही परिवारों ने स्वतंत्रता संग्राम में सक्रिय रूप से हिस्सा लिया था। स्वतंत्रता आन्दोलन में जब लोग गिरफ़्तारियाँ देते थे तब दुर्गावती और घर की अन्य स्त्रियाँ उन लोगों पर फूल बरसाया करती थीं। दोनों परिवारों के लोग खादी के वस्त्र पहनते थे। दुर्गावती चरखे पर सूत कातती थीं और उनके बच्चे इसी सूत से बने कपड़े पहनते थे। अवस्थी कहते हैं, 'अपने देश के प्रति गौरव और सम्मान से भरे माहौल में मैंने अपनी आँखें खोलीं। हमारे घर में मातृभाषा को लेकर अगाध प्रेम था। परिवार के लोगों को अपनी संस्कृति पर अत्यधिक गर्व था। सभी खादी पहनते थे। मैं ऐसे वातावरण में पला-बढ़ा हूँ।' राष्ट्र-प्रेम की उज्ज्वल भावना के बीच पले-बढ़े अवस्थी के मन पर बचपन के उस परिवेश की ऐसी अमिट छाप पड़ी कि वे राष्ट्र की प्रगति के लिए सदैव तत्पर रहे। अपने देश की माटी के प्रति उनके मन में अगाध प्यार है।

अवस्थी के एक चाचा ग्राम प्रधान थे जो बाद में कानपुर में 'कॉरपोरेटर' (नगर-पार्षद) बने। ब्रिटिश भारत में और स्वतंत्रता के प्रारम्भिक वर्षों में, नगर-पार्षद होना गर्व और सम्मान का विषय हुआ करता था। अवस्थी की माँ दुर्गावती के एक भाई केदारनाथ पांडेय सक्रिय राजनीति में थे। वे आचार्य नरेन्द्र देव के नेतृत्व वाली कांग्रेस की समाजवादी शाखा से जुड़े थे। इतिहासकार बिपन चन्द्र ने

भारतीय स्वतंत्रता संग्राम पर लिखी अपनी पुस्तक में केदारनाथ पांडेय के योगदान का ज़िक्र किया है। पत्नी के साथ उनकी एक दुर्लभ तस्वीर भी किताब में प्रकाशित है। केदारनाथ पांडेय जय प्रकाश नारायण के समकालीन थे। स्वतंत्रता संग्राम में हिस्सा लेने के कारण उन्हें जेल में डाल दिया गया था। वे पंडित जवाहरलाल नेहरू के साथ जेल में रहे थे।

स्वतंत्रता आन्दोलन ने स्त्री शिक्षा के बारे में जागरूकता पैदा की थी। दुर्गावती के सबसे बड़े भाई उमा शंकर पांडेय की पत्नी एक पढ़ी-लिखी सुसंस्कृत महिला थीं। वे दुर्गावती से बहुत स्नेह करती थीं और उन्हें उस समय की दो प्रमुख हिन्दी साहित्यिक पत्रिकाएँ 'सरस्वती' और 'कल्याण' पढ़ने के लिए प्रोत्साहित किया करती थीं। उन्होंने दुर्गावती के अन्दर शिक्षा और ज्ञान के प्रति एक जुनून-सा पैदा कर दिया था जो आजीवन बना रहा। वे हर सुबह, अपने बच्चों को गले लगातीं और देवी सरस्वती से उन्हें विद्या प्रदान करने की प्रार्थना करतीं। उन्होंने बच्चों को भी प्रार्थना याद करा दी थी। प्रार्थना थी : 'जय सरस्वती जय सरस्वती, माथे धरो बेल की पती, तुम पहिनो गज-मोतिन हार, हमका देव विद्या भंडार।'

दो विद्यालयों में नामांकन

पारिवारिक जिम्मेदारियों को निभाते हुए दुर्गावती कभी अपनी ससुराल सथनी तो कभी अपने मायके 'पूरे पांडेय'[1] में रहा करतीं। इस स्थिति को देखते हुए अवस्थी परिवार के बच्चों का दाख़िला दोनों गाँवों के विद्यालयों में कराया गया था। अवस्थी उस दौर को याद करते हुए कहते हैं, 'सथनी और पूरे पांडेय के बीच लगभग दस कोस की दूरी है। सवेरे बैलगाड़ी से चलते थे और शाम तक पहुँच जाते थे। कभी सथनी के स्कूल में पढ़ते थे, कभी पूरे पांडेय के स्कूल में। हमारा दोनों जगह नाम लिखा था।'

पूरे पांडेय में परिवार और गाँव के बच्चों की पढ़ाई-लिखाई के लिए एक विद्यालय शुरू किया गया था। इससे पूरे गाँव को फ़ायदा हुआ। अन्य परिवारों के बच्चे भी गाँव में शिक्षा प्राप्त करने लगे। उस वक़्त को याद करते हुए अवस्थी की

1. पूरे पांडेय को पहले पांडेन पुरवा कहा जाता था।

आँखों में एक विशेष चमक आ जाती है। वे कहते हैं, 'उस ज़माने में आज की तरह की औपचारिकता तो थी नहीं। घर वालों ने ज़मीन दे दी, कुछ कमरे बनवा दिए, स्कूल बन गया। ऐसा माहौल था। उस माहौल में यह भी था कि सब लड़के हमारे साथ ही रहते थे। जिधर हम जाते सब उधर ही आ जाते। फिर लड़के शाम को दवात-किताब लेकर हमारे घर पढ़ने आ जाते थे। हमारे इन्हीं साथियों में पूरे पांडेय में बसंत और सथनी में खट्टर सरपंच हुए। आज भी जब मैं गाँव जाता हूँ तो उन दोनों से मेरी मुलाक़ात होती है।'

अवस्थी पूरे पांडेय में जहाँ भी जाते थे, छोटी बहन रेखा उन्हें ढूँढ़ती उनके पीछे-पीछे चली आया करती थीं। बात सिर्फ रेखा की ही नहीं थी, उनकी उम्र का लगभग हर लड़का हर जगह उनको खोजते हुए उनके पीछे चला आया करता था। रेखा बताती हैं, 'सथनी और पूरे पांडेय दोनों जगह उनके दोस्तों की मंडली थी जिसके वे नेता थे। पूरे पांडेय में हमारे यहाँ जीप थी। जीप के जो टायर बेकार हो जाते थे वे बच्चों के खेल का सामान हो जाते थे। टायर को डंडे या हाथ से चलाते हुए उसके साथ-साथ दौड़ना सुधीर भाई का सबसे प्रिय खेल था। आज भी वह दृश्य मेरे सामने है कि सुधीर भाई डंडे से टायर चलाते हुए दौड़ रहे हैं और उनके पीछे बच्चों का एक झुंड दौड़ रहा है। चोर-पुलिस भी उनका प्रिय खेल था जिसमें वे हमेशा पुलिस बनते।' अन्तिम पंक्ति कहते-कहते वह किंचित् मुस्कुराती हैं। वे आगे बताती हैं, 'सुधीर भाई बहुत निडर थे। साँप-बिच्छू का भी उनको डर नहीं था। तुरन्त टॉर्च लेते, नौकरों को बुलाते और देखते कि कहाँ क्या है। लेकिन अँधेरे से डरते थे। पूरे दिन मुझे अपने पास से भगाते रहते, अँधेरा होते ही कहते, 'रेखनिया, तुम साथ आओ।'

इस माहौल में उन्होंने यह भी सीखा कि जाति, धर्म या सामाजिक रूप से अलग स्थिति के बावज़ूद सभी के साथ समान और निष्पक्ष व्यवहार करना चाहिए।

जन्मजात प्रतिभा

अवस्थी ने बहुत कम उम्र से ही अपनी नेतृत्व क्षमता का प्रदर्शन करना शुरू कर दिया था। पांडेय-परिवार का निवास लोहे के फाटक वाले एक विशाल

से अहाते के अन्दर था। घर के सामने एक बड़ा-सा ऊँचा चबूतरा था। छह-सात साल के अवस्थी उस चबूतरे पर खड़े होकर खेतों और बाग़ों में काम करने वाले 10-12 मज़दूरों की हाज़िरी लिया करते थे। आप कल्पना करिये उस दृश्य की कि छह-सात साल का, मुश्किल से चार फुट का लड़का पाँच-छह फुट कद के और अपने से तिगुनी-चौगुनी उम्र के लोगों की हाज़िरी ले रहा हो। वे पूरे रौब के साथ हर रोज़ बाक़ायदा हाज़िरी लिया करते थे। खेतिहर मजदूर उम्रदराज थे किन्तु अवस्थी की नेतृत्व क्षमता को देखते हुए उनके समक्ष हाज़िरी देते हुए कभी सकुचाये नहीं।

बालक अवस्थी उस समय पांडेय-परिवार के साथ रह रहे एकमात्र पुरुष सदस्य थे। उनके सबसे बड़े मामा उमा शंकर पांडेय कानपुर में लोहे का व्यवसाय करते थे, जबकि केदारनाथ पांडेय राजनीतिक कार्यों में व्यस्त थे। केदारनाथ पांडेय अपनी राजनीति पास के शहर लालगंज से करते थे। अवस्थी के बड़े भाई (देवी शंकर अवस्थी) कानपुर में रह कर कॉलेज की पढ़ाई कर रहे थे और उनके ममेरे भाई (राम नारायण पांडेय) इलाहाबाद विश्वविद्यालय से पढ़ाई पूरी कर लखनऊ रहने लगे थे। इसलिए यह काम अवस्थी को ही सौंपा गया जिसे उन्होंने कुशलता के साथ निभाया।

अवस्थी की नेतृत्व क्षमता की पहचान स्कूल में भी होने लगी थी। बक़ौल अवस्थी, 'स्कूल में प्रार्थना के बाद मैं देश के बारे में हर रोज़ पाँच मिनट भाषण देता था। वह भाषण मेरी ज़िम्मेदारी होती थी। मुझे ही विषय चुनना होता था। हमारे दोस्त कहते थे, 'तुम रोज़ हमारे पाँच मिनट बर्बाद करते हो।' मैं कहता था, 'कोई बात नहीं, सुन लिया करो।'

अवस्थी बचपन से ही अनुशासित और लक्ष्य केन्द्रित रहे हैं। अवस्थी की भाभी कमलेश अवस्थी[1], उनके बारे में कहती हैं, 'तब वे 10-11 साल के थे। अपने काम को लेकर बहुत सजग रहते थे। उनके काम का समय निर्धारित रहता था कि कब पढ़ना है, कब खेलने जाना है, कब मोहल्ले में सफ़ाई का काम करना है। अंग्रेज़ी में जिसको कहते हैं फोकस्ड चाइल्ड, सुधीर बिलकुल वही थे। जितने पढ़ने-लिखने और बोलने में तेज थे उतने ही सक्रिय खेलकूद में। अपनी कर्मठता और मनोबल से ही वे यशस्वी बने हैं।'

अवस्थी के कई दोस्त, जिनके साथ वे अपना अधिकांश समय बिताया करते थे, तथाकथित पिछड़ी और दलित जातियों से सम्बन्धित थे। किसी ने भी उन्हें उनके

1. कमलेश अवस्थी की शादी 1956 में देवीशंकर अवस्थी से हुई थी।

साथ बातचीत करने या सम्मान के साथ व्यवहार करने से रोकने की कोशिश नहीं की—सिवाय एक बार के। कई दशक बाद 2013 या 2014 में अवस्थी ने अपने गाँव में सामूहिक भोज का आयोजन किया था और उसमें अपने बचपन के दोस्तों समेत सभी लोगों को आमंत्रित किया था। भोज के दौरान वह अपने बचपन के दोस्तों के साथ भोजन करने बैठ गए। उनके कुछ दोस्त दलित जातियों के भी थे। अवस्थी के एक चचेरे भाई ने अवस्थी को उनके साथ भोजन करने से रोकने की कोशिश की थी। अवस्थी ने उन्हें अपने काम पर ध्यान देने के लिए कहा और उन लोगों के साथ ही भोजन किया, जिनके साथ उन्होंने अपना बचपन बिताया था। अस्पृश्यता के ख़िलाफ़ महात्मा गांधी के उपदेशों से उन्हें एवं उनके परिवार को प्रगतिशील दृष्टि मिली थी।

अवस्थी कहते हैं, 'छुआछूत, जातिवाद, धार्मिक भेदभाव की भावना हमारे मन के अन्दर कभी रही ही नहीं। न हमारे परिवार में थी, न हममें थी। हमने कभी यह नहीं सोचा फ़लां किस जाति का है, किस धर्म का है, किस सम्प्रदाय का है। शुरू से ही सब तरह के लोग हमारे मित्र थे। और आज भी हम कभी किसी तरह का भेदभाव नहीं करते, न किसी के जाति-धर्म का पता लगाते हैं। जब मैं बिहार गया पीपीसीएल[1] का एमडी होकर तब पहली बार मुझे पता चला कि जाति-व्यवस्था क्या है।'

कानपुर आगमन

1953 में अवस्थी के बड़े भाई डॉ. देवीशंकर अवस्थी को डीएवी कॉलेज में व्याख्याता की नौकरी मिलने पर पूरा परिवार कानपुर आ गया। अवस्थी ने अभी-अभी पाँचवीं पास की थी; रेखा कक्षा तीन में थी।

अवस्थी कहते हैं, 'हम बेहतर शिक्षा के लिए कानपुर चले गए। यह गाँव के जीवन की तुलना में हमारे लिए बहुत बड़ा बदलाव था।' रेखा हँसते हुए कहती हैं, 'कानपुर हमारे लिए स्वप्नलोक जैसा था—बिजली, चौड़ी-पक्की सड़कें, नलके से पानी, बड़ी-बड़ी दुकानें, बड़ी-बड़ी गाड़ियाँ, ट्रेन, सिनेमा, होटल-रेस्तरां, शोरूम,

1. पायराइट्स फॉस्फेट एंड केमिकल्स लिमिटेड

पुस्तकालय...यहाँ वह सब कुछ था जिसके बारे में हमने अब तक सुना और सोचा था या जिसकी हमने कल्पना की थी।'

परिवार कानपुर में जिस मकान में रहने लगा, उसमें नीचे दुकानें थीं। इलाक़े का नाम था मनीराम बगिया। वह स्टेशनरी सामान का थोक बाज़ार था। कुछ प्रिंटिंग प्रेस भी थे। अवस्थी परिवार और उनके बड़े जीजा पांडेय जी का परिवार पहली और दूसरी मंज़िल पर मिल कर रहते थे। छत भी इनकी ही थी।

अवस्थी और रेखा दोनों एक ही कमरा साझा करते थे। कमरे में दो मेजें थीं, लेकिन बाल स्वभाव के कारण खिड़की के पास वाली मेज पर बैठने को लेकर दोनों में आपस में अक्सर झगड़े भी होते थे। रेखा याद करती हैं, 'सुधीर भाई सुबह चार बजे उठ जाते थे। कुछ देर पढ़ाई करते, फिर खेलने चले जाते। मेरी रुचि संगीत में थी और मैं सितार सीखती थी। सुबह का समय मेरे लिए रियाज़ का था और वे पढ़ाई करते। इसके लिए भी टकराव हुआ करता था। लेकिन मैं अक्सर पाँच बजे के बाद ही उठती थी, तब तक वे खेलने चले जाते थे। फिर भी कभी-कभी झड़प हो ही जाती थी।'

पूरे पांडेय और सथनी की तरह कानपुर में भी अवस्थी के दोस्तों की एक बड़ी मंडली थी। कानपुर में बच्चों की शिक्षा और मनोरंजन के लिए 'बालकन जी बारी'[1] नाम का एक चैरिटेबल ट्रस्ट हुआ करता था जिसकी शाखाएँ पूरे देश में थीं। अवस्थी शाम का अधिकांश समय ट्रस्ट के कार्यालय में बिताया करते थे, जिसमें एक छोटा पुस्तकालय था। यह पुस्तकालय अवस्थी के लिए चुम्बक का काम करता था और यही शाम के वक़्त ट्रस्ट-कार्यालय में रुकने की मुख्य वजह थी।

'बालकन जी बारी' मोहल्ले में सफ़ाई अभियान भी चलाया करती थी। अवस्थी उस अभियान में बढ़-चढ़कर हिस्सा लेते। यहीं पर अवस्थी का साफ-सफाई के प्रति विशेष रुझान देखा गया। 'बालकन जी बारी' में मोहल्ले के लड़कों के नेता के रूप में उन्होंने बच्चों को मोहल्ले की सफाई के लिए संगठित किया था। वे सब सड़क पर झाड़ू लगाते थे, नालियों की सफाई करते थे और उनमें चूना डालते

---

1. देश की आज़ादी के योद्धा और महात्मा गांधी के अनुयायी दादा सेवक भोजराज ने बच्चों को देशभक्तिपूर्ण शिक्षा और स्वस्थ मनोरंजन प्रदान करने के लिए वर्ष 1923 में लरकाना (सिंध) में 'बालकन जी बारी' की स्थापना की थी। 'बालकन जी बारी' में बच्चों को सामाजिक कार्य करने के लिए भी प्रोत्साहित किया जाता था। देश की स्वतंत्रता के पश्चात् दादा सेवक भोजराज को पद्मश्री से सम्मानित किया गया था।

थे। वे ये सब काम जल्दी-जल्दी पूरे करते और फिर बैडमिंटन खेलने चले जाते, खेल कर घर लौटते, स्नान करते, नाश्ता करते और फिर जल्दी-जल्दी लगभग भागते हुए स्कूल जाते। इसी दौरान स्कूल में उनका परिचय क्रिकेट से हुआ। इस खेल के वे दीवाने हो गए। उन्होंने दोस्तों[1] की क्रिकेट टीम बनाई थी। वे टीम के कप्तान थे। वे बिना पैड और दस्ताने के खेला करते थे। इस दौरान उन्हें कई बार चोटें लग जाया करती थीं। अवस्थी मुस्कुराते हुए बताते हैं, 'लगता है कि उन शुरुआती चोटों ने मुझे आगे के लिए मज़बूत बना दिया।'

अवस्थी कहते हैं, 'गन्दगी और अव्यवस्था से मुझे सख़्त नफ़रत है। मेरा हमेशा इस बात पर जोर रहा है कि हर चीज़ बिलकुल साफ़ सुथरी हो और बिलकुल ठीक से रखी हो। अपने हाथ से सब काम करने की मुझे आदत रही है। कभी मैंने यह नहीं सोचा कि किसी दूसरे से काम कराऊँ।'

इंजीनियर का कैरियर ही क्यों

बचपन से देशभक्ति के माहौल में पले-बढ़े अवस्थी के मन में देश के लिए कुछ करने की गहरी इच्छा का पनपना स्वाभाविक ही था। वे ऐसे दिन थे जब बड़े उद्योगों को 'आधुनिक भारत के नए मन्दिर' के रूप में सराहा जा रहा था। देश इंजीनियरों की भारी कमी का सामना कर रहा था। इसलिए अवस्थी ने इंजीनियर बन कर देश के लिए कुछ करने का फ़ैसला किया। लेकिन वह इससे भी ज़्यादा कुछ करना चाहते थे। गाँवों में परवरिश होने के कारण अवस्थी किसानों की समस्याओं और कठिनाइयों को जानते थे और उनकी मुश्किलें कम करने के लिए कुछ करना चाहते थे।

अवस्थी के मन में गहरे बसी ये आकांक्षाएँ ही अगले छह दशकों में, भारत के लाखों किसानों का जीवन बदलने में प्रेरक बनती हैं।

इंटरमीडिएट करने के बाद एक साल के लिए अवस्थी को बीएससी प्रीवियस करना पड़ा क्योंकि इंजीनियरिंग में दाख़िला लेने की उनकी उम्र नहीं हुई थी। उस

1. इन दोस्तों से अवस्थी का रिश्ता बराबर बना रहा। इनमें अब केवल 4 दोस्त ही जीवित हैं।

समय उनके मन में एक बार यह विचार आया कि उन्हें राजनीति में जाना चाहिए। लेकिन जब अवस्थी ने उस समय का माहौल देखा तो उन्हें लगा कि राजनीति में रह कर वे शायद देश के लिए वह काम नहीं कर पाएँगे जो करना चाहते हैं। उन्होंने सोचा यदि मैं अपने प्रोफ़ेशन में रहूँ, प्रोफ़ेशनली स्ट्रॉन्ग काम करूँ तो शायद अपने देश के लिए ज़्यादा काम कर पाऊँगा।

वह 1961-62 का समय था जब अवस्थी ने निश्चय किया कि वे राजनीति के प्रति जागरूक रहेंगे, लेकिन राजनीति में जाएँगे नहीं। हालाँकि वे राजनीति को प्रभावित करने में समर्थ होना चाहते थे। अवस्थी के शब्दों में, 'इसलिए सभी राजनीतिक पार्टी में मेरे मित्र हैं। सबके सामने मैं अपनी स्पष्ट राय भी रखता हूँ कि क्या अच्छा है, क्या बुरा है, क्या देश के लिए ठीक नहीं है। वे मेरी बात सुन भी लेते हैं क्योंकि उनको पता है कि मैं राजनीति में नहीं हूँ। हमने देखा कि हमारे कई कार्यक्रम हैं जो सरकार ने अपनाए हैं। इस सरकार ने अपनाए हैं, पिछली सरकार ने भी अपनाए थे।'

उदाहरण के लिए, उत्तर प्रदेश सरकार ने बीजों में डीबीटी (डायरेक्ट बेनिफिट ट्रांसफ़र) को लागू किया, जिसे अवस्थी लम्बे समय से शुरू करने के लिए कह रहे थे। वे सन्तोष भाव से कहते हैं, 'मैं कई तरह से राजनीति को प्रभावित करने में सक्षम रहा हूँ। मैंने यह काम सीधे नहीं किया है; अप्रत्यक्ष रूप से किया है; लेकिन मैंने अपना योगदान अवश्य किया है।'

बनारस हिन्दू विश्वविद्यालय में प्रवेश

राजनीति के मुक़ाबले इंजीनियरिंग को तरज़ीह देने का अवस्थी का निर्णय उन्हें बीएचयू (बनारस हिन्दू विश्वविद्यालय) ले गया। फीस, छात्रावास डिपॉजिट की राशि और अन्य शुल्क 500 रुपये था, जो मनीऑर्डर द्वारा भेजा गया था। डाक रसीद के साथ, अवस्थी बनारस जानेवाली ट्रेन से पाँच-छह घंटे में बनारस पहुँच गए। वहाँ उन्होंने रिक्शा लिया और बीएचयू पहुँचे। उन्हें डबल ऑक्यूपेंसी वाला कमरा आवंटित किया गया। अवस्थी उस दौर को याद करते हुए शिक्षण-माध्यम से जुड़ी और स्वयं द्वारा झेली गई परेशानियों

को साफ़गोई के साथ बयान करते हैं, 'बीएचयू में शुरुआत के कुछ दिन मेरे लिए अच्छे नहीं थे। मैंने जीवन भर हिन्दी माध्यम से पढ़ाई की थी और अंग्रेज़ी कम जानता था। बीएचयू में अध्यापक अंग्रेज़ी में पढ़ाते थे, कक्षाएँ और किताबें सभी अंग्रेज़ी में थीं; इसलिए वहाँ की पढ़ाई मेरे सिर के ऊपर से निकल रही थी।'

अवस्थी खादी का कुर्ता-पायजामा पहनते थे। उनकी यह पोशाक उन्हें भीड़ में भी अलग पहचान देती थी। बक़ौल अवस्थी, 'मेरे अधिकतर सहपाठी अमीर और शहरी परिवारों से थे, सरकारी अथवा निजी क्षेत्र के वरिष्ठ अधिकारियों के या फिर व्यापारिक परिवारों के बच्चे थे।' अवस्थी उन दिनों को याद करते हुए कहते हैं, 'शुरू में मुझे ऐसा लगा जैसे मछली को पानी से बाहर कर दिया गया हो।'

एक दिन हॉस्टल के कुछ सीनियरों ने अवस्थी को बुलाया। उनकी मूल मंशा तो अवस्थी की रैगिंग की थी किन्तु शीघ्र ही उनसे दोस्ती हो गई।

'तुम्हारे पास कितना पैसा है?' उन लोगों ने पूछा।

अवस्थी के पास लगभग 100 रुपये थे, जो उन दिनों के लिए बहुत अच्छी रकम कही जा सकती है।

सीनियर्स ने अवस्थी से 30 रुपये लिये और उतने रुपये में उन्हें दो कमीज़ और दो पतलून ख़रीद दिए। उन्होंने अवस्थी को अंग्रेज़ी अख़बार 'टाइम्स ऑफ इंडिया' की सब्सक्रिप्शन दिलाई और हर दिन अख़बार पढ़ने के लिए कहा। वे कभी-कभार अवस्थी को अंग्रेज़ी फिल्में दिखाने के लिए भी साथ ले जाने लगे।

उस दौर में मिले मार्गदर्शन के लिए अवस्थी अपने सीनियर्स के प्रति आभार जताते हैं। अपने सीनियर्स एवं उनकी रैगिंग के बारे में अवस्थी कहते हैं, 'वे शुरू में मुझे शत्रु की तरह लग रहे थे। लेकिन धीरे-धीरे, छह महीने की अवधि में, मैंने अंग्रेज़ी भाषा में महारत हासिल कर ली और जो पढ़ाया जा रहा था उसे समझना शुरू कर दिया।' उन्होंने शायद कभी इतनी अंग्रेज़ी नहीं सीखी होती, लेकिन यह सीनियर्स की 'रैगिंग' थी जिसने उन्हें अंग्रेज़ी सीखने में मदद की। अवस्थी जोर देकर कहते हैं, 'आप अंग्रेज़ी समझे बिना इंजीनियरिंग का ज्ञान कतई प्राप्त नहीं कर सकते हैं।'

बीएचयू का आन्दोलन

छात्र जीवन में अवस्थी अपने संकल्प के अनुरूप राजनीति से दूर ही रहे। हालाँकि, बीएचयू में एक घटना हुई थी जिसमें वे सीधे तौर पर एक आन्दोलन में शामिल हुए थे। 1965 में भारत सरकार ने विश्वविद्यालय का नाम बदलकर 'मदन मोहन मालवीय काशी विश्वविद्यालय' करने के लिए 'बनारस हिन्दू विश्वविद्यालय संशोधन विधेयक'[1] संसद में पेश किया था।[2]

उस वक़्त एम.सी. छागला भारत के शिक्षा मंत्री थे और एन.एच. भगवती विश्वविद्यालय के कुलपति थे। विश्वविद्यालय के नाम परिवर्तन हेतु प्रस्तावित बिल के ख़िलाफ़ बीएचयू के छात्र एकजुट हो प्रतिरोध में खड़े हो गए। अवस्थी उन छात्रों में से थे जिन्होंने इस आन्दोलन का नेतृत्व किया था। अन्ततः मजबूर होकर सरकार को प्रस्तावित बिल वापस लेना पड़ा।

अवस्थी इस आन्दोलन में भाग लेने के अपने निर्णय के मूल में किसी धार्मिक पूर्वग्रह की भावना को अस्वीकार करते हैं। अवस्थी कहते हैं, 'हमने यह विरोध किसी धार्मिक भावना से नहीं किया था। हमें लगा कि यह बिल मालवीय जी की, हमारी और बीएचयू से जो लोग पढ़ चुके हैं, उनकी भावनाओं पर एक तरह का आघात है। हमने सोचा कि सरकार को अलीगढ़ मुस्लिम विश्वविद्यालय के लिए भी ऐसा ही प्रयास करना चाहिए था। उन्हें या तो बीएचयू का नाम नहीं बदलना चाहिए था या फिर दोनों विश्वविद्यालयों के नाम बदलने चाहिए थे। यह एक बड़ा आन्दोलन था जिसमें मैं सीधे तौर पर शामिल हुआ था।'

अवस्थी मानते हैं कि उन्हें इस बारे में कोई जानकारी नहीं है कि नाम बदलने का प्रस्ताव देते समय तत्कालीन प्रधानमंत्री की क्या मजबूरी रही होगी। बहुतेरे भारतीयों की तरह, जवाहरलाल नेहरू और उन सभी नेताओं के लिए उनके मन में बहुत सम्मान है, जिन्होंने भारत की स्वतंत्रता के लिए लड़ाई लड़ी थी।

अवस्थी कहते हैं, 'मेरे मन में मौलाना आज़ाद, सुभाष चन्द्र बोस, सरदार पटेल, गोविन्द वल्लभ पंत, लाल बहादुर शास्त्री, श्यामा प्रसाद मुखर्जी या रफ़ी अहमद किदवई तथा अन्य सभी नेताओं के लिए बहुत सम्मान है। मैं चन्द्रशेखर

1. बनारस हिन्दू यूनिवर्सिटी अमेंडमेंट बिल 1965
2. 15 नवम्बर, 1965 को यह विधेयक राज्यसभा से पारित हो गया था।

आजाद और भगत सिंह जैसे क्रान्तिकारियों की बहुत प्रशंसा करता हूँ। महात्मा गांधी के लिए मेरे मन में अगाध सम्मान और श्रद्धा है।'

बड़े भाई की आकस्मिक मृत्यु

डॉ. देवीशंकर अवस्थी 1961 में दिल्ली विश्वविद्यालय के हिन्दी विभाग में व्याख्याता नियुक्त हुए थे। रेखा को 1963 में दिल्ली विश्वविद्यालय के किरोड़ीमल कॉलेज में हिन्दी ऑनर्स कार्यक्रम में प्रवेश मिला। तीन साल बाद रेखा अवस्थी अपनी स्नातक की पढ़ाई के अन्तिम वर्ष में थी। सभी अवस्थी भाई-बहनों का भविष्य उज्ज्वल दिख रहा था। किन्तु दुर्योग से देवीशंकर अवस्थी की जनवरी 1966 में मात्र 36 साल की उम्र में एक स्कूटर दुर्घटना में मृत्यु हो गई। यह घटना अवस्थी परिवार के लिए किसी दु:स्वप्न की तरह थी। इस आकस्मिक आपदा के पूर्व देवीशंकर अवस्थी उस दौर के हिन्दी साहित्य जगत में आलोचक के रूप में प्रतिष्ठित हो गए थे। उनकी पत्नी बमुश्किल 27 साल की थीं और उनके तीन बच्चों में से दो ने अभी विद्यालय जाना प्रारम्भ ही किया था।

अवस्थी परिवार एक बार फिर से अन्धकारमय भविष्य का सामना करने को अभिशप्त हो गया। अवस्थी उन दुर्दिनों को याद करते हुए कहते हैं, 'मैं अपनी इंजीनियरिंग की पढ़ाई कर रहा था जब मेरे बड़े भाई डॉ. देवीशंकर अवस्थी का स्वर्गवास हो गया। उन्हें मैं दादा कहता था। हमारे परिवार पर यह एक ईश्वरीय कुठाराघात था। माँ ने अपना सबसे प्यारा बेटा खोया, भाभी ने अपना पति खोया, उनके बच्चों ने अपना पिता खोया। हमारे पूरे परिवार के वे स्तम्भ थे। संकट के उस दौर में मेरी माँ और भाभी ने अद्‌भुत साहस और समझदारी दिखाई।'

देवीशंकर अवस्थी ने परिवार में सबको पढ़ाया और आगे बढ़ाया था। अवस्थी के बड़े जीजाजी मुरलीधर पांडेय को भी उन्होंने आगे पढ़ने के लिए प्रेरित किया था। मुरलीधर पांडेय जब ग्रेजुएट हो गए तो आईआईटी, कानपुर में उनकी नौकरी लगी। छोटी बहन रेखा को दिल्ली विश्वविद्यालय में पढ़ाने के

लिए वे अपने साथ दिल्ली ले आए। उन्होंने छोटे भाई उदय शंकर अवस्थी की पढ़ाई और उनके व्यक्तित्व को निखारने में बहुत मदद की। उन्होंने अवस्थी को भाषण देने की कला के गुर सिखाए। अवस्थी अपने साहित्यिक संस्कार को बड़े भाई की देन मानते हैं। बड़े भाई के साथ कई बड़े साहित्यकारों से मिलना अवस्थी को याद है। बड़े भाई की साहित्यिक मंडली को याद करते हुए अवस्थी कहते हैं, 'दादा ख़ुद बहुत बड़े साहित्यकार थे। उनका बहुत सम्मान था। बीएचयू में उन्होंने अपने मित्र प्रतिष्ठित आलोचक डॉ. नामवर सिंह को मेरा स्थानीय अभिभावक बनाया था। दिल्ली में हरिवंशराय बच्चन से मिलाने उनके घर ले गए थे। मेरे आग्रह पर बच्चन जी ने 'मधुशाला' की कुछ पंक्तियाँ सुनाई थीं और मैंने 'मधुशाला' के कई अंश उन्हें सुनाए थे। तब मुझे 'मधुशाला' कंठस्थ थी। दादा के साथ मुझे कानपुर, मुम्बई, दिल्ली और बनारस के लगभग सभी प्रमुख लेखकों से मिलने का अवसर मिला था। उनसे मिले साहित्यिक संस्कार को मैं अपनी धरोहर मानता हूँ और उनके मित्रों का आज भी उतना ही सम्मान करता हूँ। मैं यह नहीं भूला हूँ कि उनके साहित्यिक मित्रगण उस कठिन समय में हम लोगों के साथ कन्धे से कन्धा मिला कर खड़े रहे।'

अवस्थी अपने परिवार के अन्य सदस्यों की तरह भाई की असामयिक मृत्यु से बुरी तरह टूट गए। ग़नीमत यह रही कि उनके सभी चाचा और पांडेय परिवार के सभी सदस्य मुसीबत की इस घड़ी में अवस्थी परिवार के साथ खड़े रहे। उन अन्धकारमय दिनों को याद करते हुए अवस्थी बताते हैं, 'मेरे सभी चाचा और मामा हमेशा मेरे प्रति बहुत स्नेहशील रहे। मुसीबत की घड़ी में उन्होंने हमें कभी अकेला नहीं छोड़ा। मुझसे कभी किसी ने ऊँची आवाज में बात नहीं की। मैं बचपन से ही भाग्यशाली रहा हूँ कि लोगों ने हमेशा मुझे वह दिया जो मैं चाहता था।'

आधी सदी से अधिक समय बीत जाने के बाद भी पति देवीशंकर अवस्थी की असामयिक मृत्यु से कमलेश अवस्थी विकल और व्यथित रहती हैं। किन्तु प्रतिकूल परिस्थितियों के सामने न झुककर उन्होंने हमेशा सकारात्मक रुख़ बनाए रखा। उन्हें उसी सेंट जेवियर्स स्कूल में शिक्षक के रूप में नौकरी मिल गई, जिसमें उनके बच्चे पढ़ रहे थे। दुर्गावती की तरह कमलेश अवस्थी में भी अपार साहस और धैर्य था। एक साल बाद, अवस्थी ने अपनी इंजीनियरिंग की डिग्री पूरी कर ली और कोटा में श्रीराम फर्टिलाइजर्स में नौकरी शुरू की। कुछ ही दिनों के उपरान्त कमलेश अवस्थी कानपुर के एक कॉलेज में व्याख्याता बनीं।

एमए करते ही रेखा भी केन्द्रीय हिन्दी निदेशालय में अनुवादक के पद पर चुन ली गईं। अब तक परिवार देवीशंकर अवस्थी की मौत के सदमे से उबरने की कोशिश कर रहा था और जीवन धीरे-धीरे पटरी पर लौटने लगा था।

'आज सुधीर भाई अपनी प्रगति के उत्कर्ष पर हैं। लेकिन उनकी उपलब्धियों और सफलताओं के पीछे उनके और लीनू भाभी[1] के त्याग और संघर्ष की एक बहुत बड़ी कहानी है। उन्होंने अपनी व्यक्तिगत इच्छाओं, आकांक्षाओं की अपेक्षा सदैव वृहत्तर परिवार को सर्वोपरि रखा। सुधीर भाई ने अपनी ऊर्जा और ऊष्मा से अम्मा, भाभी, दिदिया और मुझे ही नहीं बल्कि परिवार की अगली पीढ़ी को भी प्रेरित और प्रोत्साहित किया है। सबका ख़याल रखा, सबको रास्ता दिखाया है। हम जितने भाई-बहन हैं, हमारे बच्चे हैं और जो पूरा अवस्थी और पांडेय-परिवार है, वे सबके प्रिय हैं और सबके लिए सदैव उपलब्ध हैं। वे इस बड़े दायरे के केन्द्र में हैं,' रेखा कहती हैं। वे अपने बड़े भाई का कर्मस्थल रहे दिल्ली विश्वविद्यालय के एक कॉलेज से हिन्दी साहित्य के प्रोफ़ेसर के रूप में सेवानिवृत्त हुई हैं।

माँ का अवदान

अवस्थी अपने धैर्य, संकल्प, चरित्र की दृढ़ता, लोगों के सन्दर्भ में अपनी व्यावहारिक समझ तथा अपने प्रबन्धन कौशल का श्रेय अपनी माँ से प्राप्त संस्कारों को देते हैं। अपनी माँ को याद करते हुए अवस्थी बताते हैं, 'वे मज़बूत, उदार और बुद्धिमान महिला थीं। उनका जीवन बहुत कठिन था। उन्होंने कम उम्र में अपने पति को खो दिया। मेरे पिता अपने शुरुआती चालीसवें वर्ष में थे जब उनकी मृत्यु हो गई। लोगों ने मुझे बताया है कि वे एक-दूसरे से बेहद लगाव रखते थे। फिर 63 वर्ष की उम्र में उन्होंने बड़े बेटे की मृत्यु का वज्रपात सहा पर अपना धैर्य और साहस नहीं खोया। वे हमारे लिए दृढ़ता का प्रतीक रहीं। 'रामचरितमानस' उनका प्रिय ग्रन्थ था।'

दुर्गावती उच्च संस्कार की स्वाभिमानी महिला थीं। वे चाहती थीं कि उनके बच्चों की अच्छी शिक्षा हो। उन्होंने सबको अपने बल पर जीवन में कुछ अच्छा

1. अवस्थी की पत्नी रेखा को ससुराल आने पर लीनू नाम दिया गया।

करने का हौसला दिया और सदैव उनके साथ खड़ी रहीं। रेखा बताती हैं, 'मेरे बड़े भाई हाई स्कूल में थे जब मेरे पिता की मृत्यु हुई थी। मेरे बड़े मामा का कानपुर में अच्छा व्यवसाय था। उस समय उन लोगों ने यह सुझाव दिया था कि मेरे बड़े भाई उनके व्यवसाय में आ जाएँ। लेकिन मेरी माँ ने कहा, 'नहीं, मेरे बच्चे अपने बल पर आगे बढ़ेंगे, उन्हें आगे पढ़ाना है।'

जब भी प्रतिकूल परिस्थितियों का सामना करना पड़ा, माँ दुर्गावती ने पूरे अवस्थी परिवार को सँभाला। रेखा बताती हैं, 'अम्मा ने भाभी को सँभाला। अपना दुःख वह पी गईं। अपनी ज़िन्दगी में उन्होंने कितनी ही मौतों का सामना किया। पहले दो बेटियों की मृत्यु हुई, फिर पति की। उसके बाद यह भयावह त्रासदी (देवीशंकर की मृत्यु) जिसने पूरे परिवार को झकझोर कर रख दिया। अम्मा और भाभी की हिम्मत और साहस के बल पर हम उस भीषण संकट से उबर पाए।'

ज़िन्दगी में विपत्तियाँ आती हैं और लोग उनसे उबरते हैं। यही जीवन है। कमलेश अवस्थी कहती हैं, 'हम लोग तो बिलकुल बिखर गए थे। वर्षों तक बेसुध-से रहे। इस पूरे दौर में अम्मा जी (अवस्थी की माँ) हमारी शक्ति का स्रोत बनी रहीं। वे एक असाधारण महिला थीं।'

कुछ रुक कर वे फिर कहती हैं, 'अम्मा जी हम सबका सम्बल थीं। वे विलक्षण महिला थीं। उन्होंने ही मुझे यह सिखाया कि पुरुषप्रधान समाज में औरत स्वाभिमान और सम्मान के साथ कैसे जी सकती है।' अवस्थी के परिवार और नाते-रिश्तेदारों में प्रतिकूल परिस्थितियों का सामना करते हुए उससे पार पाने में दुर्गावती के साहस की कहानियाँ प्रसिद्ध हैं। रेखा कहती हैं, 'अम्मा ने तो मुझे कुछ ख़ास नहीं बताया, लेकिन बड़ी बहन और परिवार के अन्य सदस्यों से मुझे पता चला कि उन्हें जीवन में बहुत संघर्ष करना पड़ा। उन्होंने अपने जीवट से हम सबको बनाया।'

उस दौर की एक ग्रामीण महिला के बतौर दुर्गावती इसलिए भी उल्लेखनीय हैं कि वे विधिवत शिक्षित न होते हुए भी पढ़-लिख सकती थीं। उन्होंने स्वाध्याय व स्वयं के प्रयत्नों से शिक्षा ग्रहण की थी। वे कापियों में अपने मनपसन्द भजन, लोकगीत और घरेलू दवाइयों के नुस्ख़े लिखती थीं। अच्छा साहित्य पढ़ना और

उसकी सराहना करना भी वे जानती थीं। घर के ख़र्च का सिलसिलेवार हिसाब भी रखती थीं। घरेलू सहायकों का बहुत ध्यान रखती थीं।

सभी को साथ लेकर चलने की क्षमता और गुण के कारण अपनी ससुराल के साथ-साथ अपने मायके में भी वे अत्यन्त सम्मानीय थीं। सब उनकी सुनते और मानते थे।

बतौर इंजीनियर

देवीशंकर अवस्थी के असामयिक निधन के सदमे से परिवार अब भी पूरी तरह उबर नहीं पाया था, जब अवस्थी 1967 में बीएचयू से केमिकल इंजीनियर बनकर निकले। बाज़ार में उस वक़्त मन्दी छाई हुई थी और नौकरियों की भारी कमी थी।

अवस्थी के लिए नौकरी ढूँढ़ना बहुत कठिन हो रहा था। वे फर्टिलाइजर उद्योग में नौकरी ढूँढ़ रहे थे। अवस्थी की उर्वरक क्षेत्र की पसन्द उनकी देशभक्ति की भावना का प्रत्यक्ष परिणाम थी जिसे उन्होंने अपने प्रारम्भिक वर्षों में आत्मसात किया था। बक़ौल अवस्थी, 'मेरा शुरू से मन था कि मैं फर्टिलाइजर इंडस्ट्री में काम करूँ क्योंकि फर्टिलाइजर से खाद्यान्न का उत्पादन बढ़ता है। मैंने इसी वजह से केमिकल इंजीनियरिंग की लाइन चुनी थी। उस समय देश में खाद्यान्न की भारी कमी थी। पीएल-480[1] के तहत देश में अमेरिका से गेहूँ का आयात हो रहा था जो किसी भी स्वाभिमानी भारतीय के लिए अपमानजनक था।'

एक और कारण भी था—1962 में चीन के साथ युद्ध। उस समय बीएचयू में एक बड़ी अफ़वाह थी कि दुश्मन पानी में ज़हर मिलाने की कोशिश कर सकता है।

---

1. 1954 से 1960 के दशक के शुरुआती वर्षों के बीच भारत और अमेरिका ने पीएल-480 के तहत पाँच समझौतों पर हस्ताक्षर किए। पीएल-480 के तहत अमेरिका को अपने अधिशेष कृषि उत्पाद की आपूर्ति भारत को करनी थी। भारत को इन उत्पादों के दाम का भुगतान उसके डॉलर मूल्यों के बराबर रुपयों में करना था। इसके अतिरिक्त समुद्री मार्ग से माल भेजने के भाड़े का 50 प्रतिशत भी भारत को ही देना था। इन उत्पादों की बिक्री से प्राप्त धन भारत में अमेरिकी तकनीक सहयोग मिशन को जाता था। अमेरिका से पीएल-480 के तहत मिलनेवाले खाद्यान्न में सबसे अधिक मात्रा गेहूँ की थी।

इसलिए वाटरटैंकों की सुरक्षा के लिए वालंटियर छात्रों के समूह के साथ अवस्थी भी हर समय चौकस रहते थे। सभी कैंपस के अन्दर पूरी रात चौकसी करते थे। ब्लैकआउट का पूरी सतर्कता से पालन किया जाता था। दिन में देशभक्ति के गीत होते थे, सभाएँ होती थीं। लेकिन युद्ध में पराजय ने अवस्थी के स्वाभिमान को बहुत चोट पहुँचाई। अवस्थी ने उस समय कुछ कविताएँ लिखी थीं। उनमें से एक कविता की चन्द पंक्तियाँ यहाँ उद्धृत हैं :

सैंतीस हजार फ़ीट[1] *की ऊँचाई पर चढ़े हुए*
सैंतालीस करोड़ लोग
अपने पेट को बजाते हैं और चिल्लाते हैं
जो दे उसका भी भला
जो न दे उसका भी भला
सहसा याद आए बुद्ध
युद्ध के सन्दर्भ में...

अवस्थी 1962 की स्थितियाँ याद करते हुए गम्भीर हो जाते हैं, 'इससे मुझे दुःख हुआ कि हमारा देश बाहरी आक्रमण का सामना करने के लिए तैयार नहीं था। 1962 में मैं जवानी की दहलीज पर था और मेरा स्वाभिमान बुरी तरह आहत हुआ था। मैं अपने देश से बेहद प्यार करता था और मुझे अपने वतन पर बहुत गर्व था। मुझे इस बात के लिए शर्मिंदगी हुई कि हमारे सैनिकों के पास लड़ने के लिए ज़रूरी उपकरण और साज़ोसामान नहीं थे। वे समुचित साधनों के बिना लड़े और पराजित हो गए। स्वर कोकिला लता मंगेशकर का गाया गाना 'ऐ मेरे वतन के लोगो' मेरे दिल को छूता रहा। आज भी इस गीत को सुनकर मैं भावुक हो जाता हूँ।'

लेकिन अवस्थी ने उस राष्ट्रीय अपमान को अपनी आत्मा पर, उस पराजय को अपने हौसले पर हावी नहीं होने दिया। अपने अन्दर की सकारात्मक ऊर्जा

1. हिमालय की समुद्र सतह से वर्तमान ऊँचाई 29,030 फीट है।

से शक्ति लेकर, उन्होंने भारत को मज़बूत और अधिक शक्तिशाली बनाने में मदद करने का स्वयं से वादा किया। देश के लिए वे जो कुछ भी कर सकते थे, करने के लिए उन्होंने ख़ुद को यत्नपूर्वक तैयार किया। अपने छात्र जीवन का वादा याद करते हुए उनका यह कथन अक्षरशः सच है : 'आज मैं कह सकता हूँ कि मैंने उर्वरक के मामले में देश को आत्मनिर्भर बनाने की सफल कोशिश की है।...जब भी मौक़ा मिला, मैंने वही किया जो मुझे देश के लिए सही लगा।' आज यह कहने में कोई अतिशयोक्ति नहीं है कि अवस्थी ने उर्वरक के मामले में देश को आत्मनिर्भर बनाया है। अगर इफको[1] के विस्तार और संयुक्त उद्यमों को देखा जाए तो यही महसूस होता है कि उन्होंने देश में खाद्यान्न की उपज बढ़ाने और भूमि के पोषक तत्त्वों की आपूर्ति के लिए हर सम्भव प्रयास किया है। जब भी मौक़ा मिला, अवस्थी ने वही किया जो देशहित में था और जो उन्हें देश के किसानों के भविष्य के लिए सही लगा। इसी भावना से सेनेगल, ओमान और जॉर्डन में उर्वरक संयंत्र की स्थापना तथा दुबई में कम्पनी का निर्माण किया गया। इन सभी उद्यमों की स्थापना उर्वरक क्षेत्र में देश को आत्मनिर्भर बनाने के उद्देश्य से की गई थी।

देशभक्ति और राष्ट्रवाद की भावना उनके अन्दर बचपन से थी और अब भी बरक़रार है। वे अब भी अभिभूत हो जाते हैं जब कभी वे श्यामलाल पार्षद की कविता 'विजयी विश्व तिरंगा प्यारा, झंडा ऊँचा रहे हमारा' या माखनलाल चतुर्वेदी की कविता 'मुझे तोड़ लेना वनमाली, उस पथ पर देना तुम फेंक' सुनते हैं। अवस्थी भावविभोर होकर कहते हैं, 'हमने आज़ादी के 50वें वर्ष के उपलक्ष्य में 'आज़ादी की अग्निशिखाएँ'[2] शीर्षक से देशभक्तिपूर्ण रचनाओं का संकलन प्रकाशित किया। यह मेरे बचपन का सपना था जिसे मैंने 1997 में साकार किया। देश की सेवा और उसके लिए ज़्यादा से ज़्यादा अच्छा करने की इच्छा भी मेरे अन्दर है।'

---

1. इफको या 'इंडियन फार्मर्स फर्टिलाइजर कोऑपरेटिव लिमिटेड' (IFFCO) विश्व का सबसे बड़ा उर्वरक सहकारिता संस्था है। इफको में 40 हजार सहकारिताएँ इसके सदस्य हैं। 3 नवम्बर, 1967 को इंडियन फार्मर्स फर्टिलाइजर कोऑपरेटिव लिमिटेड (इफको) का पंजीकरण एक बहुएकक सहकारी समिति के रूप में किया गया।
2. डॉ. शिव कुमार मिश्र (चयन एवं संयोजन) : आज़ादी की अग्निशिखाएँ, प्रकाशक : इफको

मंज़िल की तलाश : कोटा, गोवा, दिल्ली

1967 में अवस्थी को बनारस हिन्दू विश्वविद्यालय से केमिकल इंजीनियर की डिग्री मिली। भारत अब तक तीसरी दुनिया के देशों की श्रेणी में ही सम्मिलित था यद्यपि इससे बाहर निकलने की जद्दोजहद भी जारी थी। देश में तकनीकी शिक्षा का वातावरण उत्तरोत्तर प्रगति की ओर अग्रसर था किन्तु इस क्षेत्र में रोज़गार की स्थिति अच्छी नहीं थी। भारत के इंजीनियरिंग महाविद्यालयों में इस वक़्त तक कैंपस प्लेसमेंट की सुविधाएँ आमतौर पर उपलब्ध नहीं थीं। इंजीनियरिंग के स्नातकों से अमूमन यही अपेक्षा की जाती थी कि वे रोज़गार प्राप्ति के लिए ख़ुद ही कोशिश करें।

कानपुर शहर में जहाँ अवस्थी का पूरा परिवार रहा करता था, उनके जैसे तकनीकी प्रशिक्षित स्नातकों के लिए रोज़गार के पर्याप्त अवसर उपलब्ध नहीं थे। कानपुर के नज़दीक के महानगरों में नई दिल्ली इस समय उत्तरोत्तर व्यावसायिक और औद्योगिक ख्याति प्राप्त कर रही थी। यूँ भी, भारतीय गणराज्य की राजधानी होने के कारण नई दिल्ली असीम सम्भावनाओं का केन्द्र-बिन्दु थी। इसलिए रोज़गार की तलाश में प्रयासरत युवाओं और तकनीकी शिक्षा प्राप्त स्नातकों के मन में नई दिल्ली के प्रति एक सहज आकर्षण होना स्वाभाविक था।

अवस्थी ऐसे ही सैकड़ों-हजारों शिक्षित युवाओं की भीड़ का हिस्सा थे जिनकी दृष्टि में राष्ट्रीय राजधानी रोज़गार के सपने को पूरा करने के लिए सर्वाधिक उपयुक्त जगह थी। अवस्थी ख़ुशक़िस्मत थे कि 'सी 5/6 मॉडल टाउन, दिल्ली-110009' में उनके बड़े भाई स्व. देवीशंकर अवस्थी का परिवार, माँ और बहन रहते थे। अवस्थी यहीं उनके साथ रहने लगे। रोज़ सुबह, जेब में एक रुपया लेकर वे घर से निकल जाते और दिन भर नौकरी की तलाश में भटकते। वे डीटीसी बस का टिकट ख़रीदते जिसमें तब 25 पैसे के टिकट में दिनभर सैर की जा सकती थी। इस तरह अवस्थी के 25 पैसे बस के किराये में ख़र्च होते और शेष 75 पैसे वे खाने-पीने और अन्य ज़रूरतों पर ख़र्च करते थे।

ऐसे ही भटकते हुए एक दिन झंडेवालान में अवस्थी को श्रीराम फर्टिलाइजर्स का बोर्ड टंगा दिखा। वे उसके दफ़्तर चले गए। उनकी हमेशा से इच्छा थी कि वे फर्टिलाइजर के क्षेत्र में काम करें। उन दिनों श्रीराम फर्टिलाइजर्स में कोई चोपड़ा जी मानव संसाधन प्रबन्धक हुआ करते थे। अवस्थी नौकरी की आशा में रोज़ाना तीन से चार घंटे उनके कमरे के बाहर बैठकर इस बात का इन्तज़ार करते कि उन्हें चोपड़ा साहब नियोक्ता से मिलने का समय दिला दें। अवस्थी की लगातार उपस्थिति से प्रभावित होकर चोपड़ा जी ने श्रीराम फर्टिलाइजर्स के मालिक प्रसिद्ध उद्योगपति चरत राम को अवस्थी के बारे में बताया और अवस्थी के साक्षात्कार का प्रबन्ध करवाया। लम्बे इन्तज़ार के बाद आख़िर इन्टरव्यू शुरू हुआ। कुछ इधर-उधर के सीधे-सरल सवालों के बाद चरत राम ने अवस्थी से पूछा :

'आप श्रीराम फर्टिलाइजर्स के साथ क्यों काम करना चाहते हैं?'

'क्योंकि आप एक अत्याधुनिक खाद-कारखाना स्थापित कर रहे हैं,' अवस्थी ने उत्तर दिया।

'आप कहाँ से हैं और क्या पढ़ाई की है?'

अवस्थी ने चरत राम को अपना परिचय दिया।

'हमसे कितने वेतन की आप अपेक्षा करेंगे?'

'जितना आप दे दें,' अवस्थी ने संक्षिप्त-सा जवाब दिया।

अपने पसन्दीदा उर्वरक क्षेत्र में ख़ुद के प्रयास से नौकरी ढूँढ़ लेने की यह कहानी अवस्थी के कैरियर का अहम पड़ाव है। इन्टरव्यू के तुरन्त बाद अवस्थी चोपड़ा जी के पास गए और उनसे उसी दिन नियुक्ति पत्र सौंपे जाने की गुज़ारिश की। अवस्थी की तत्परता से चोपड़ा हतप्रभ रह गए। उन्होंने अवस्थी को ज्वाइनिंग लेटर दे दिया। इस तरह 'स्नातक प्रशिक्षु अभियन्ता' के पद पर उनकी नियुक्ति हुई। अवस्थी को 450 रुपये प्रतिमाह के वेतन के अतिरिक्त 50 रुपये का 'स्कूटर भत्ता' मिलना तय हुआ।

श्रीराम फर्टिलाइजर्स से नियुक्ति पत्र लेकर जब अवस्थी घर पहुँचे तो वहाँ एक और नियुक्ति पत्र उनकी प्रतीक्षा कर रहा था। यह नियुक्ति-पत्र उन्हें 'फर्टिलाइजर कॉरपोरेशन ऑफ इंडिया' की ओर से भेजा गया था, जहाँ कुछ दिन पहले ही उन्होंने साक्षात्कार दिया था। सार्वजनिक क्षेत्र की इस कम्पनी ने उन्हें 550 रुपये प्रतिमाह के वेतन पर कार्य करने का प्रस्ताव भेजा था। किन्तु अवस्थी चोपड़ा साहब

को श्रीराम फर्टिलाइजर्स में कार्य करने का वचन दे चुके थे। इसलिए उन्होंने यह निर्णय किया कि वे श्रीराम फर्टिलाइजर्स में ही कार्य करेंगे। उनको नौकरी मिलने पर घर में सभी को बहुत ख़ुशी हुई।

पहली नौकरी

अवस्थी की नियुक्ति श्रीराम फर्टिलाइजर्स में हुई थी किन्तु उन्हें काम कोटा में करना था। जिस दिन उन्हें श्रीराम फर्टिलाइजर्स से नियुक्ति पत्र मिला, उसी रात वे 'देहरादून एक्सप्रेस' में बैठे और अगले दिन सुबह-सुबह कोटा पहुँच गए। वे कोटा के बल्लभ बारी में वहीं रहने लगे, जहाँ श्रीराम फर्टिलाइजर्स के कुछ और कर्मचारी पहले से रह रहे थे।

अगले दिन, अवस्थी पानी की एक बोतल लेकर, ऑटो से उस जगह पहुँचे जहाँ श्रीराम फर्टिलाइजर्स ने अपना कारखाना स्थापित कर रखा था। कार्यस्थल पर समय से काम शुरू हो गया था। अवस्थी को वहाँ सुबह सात बजे से शाम पाँच बजे तक काम करना था। प्रत्येक कर्मचारी को अपनी उपस्थिति दर्ज कराने के लिए हाज़िरी रजिस्टर में निर्धारित जगह पर पंच करना होता था।

यहाँ अवस्थी की पहली पोस्टिंग यूरिया विभाग में हुई। उनकी सीट एक टिन शेड के नीचे थी। वहाँ बमुश्किल दो-तीन पंखे लगे थे। गर्मी के दिनों में, यह स्थान अत्यधिक गर्म हो जाया करता था किन्तु अवस्थी और उनके सहकर्मी, जिनमें से अधिकतर युवा इंजीनियर थे, इसकी परवाह किए बिना अपना काम करते रहते थे।

अवस्थी को परियोजना-कार्य की जिम्मेदारी मिली जिसमें उनको पैकिंग में आए यंत्रों, कलपुर्जों आदि की जाँच-परख करनी होती थी। इसके साथ परियोजना की डिजाइन, परियोजना-चित्रों आदि का अवलोकन करते हुए कारखाने की उस इकाई की निर्माण-प्रक्रिया को निर्देशित करने का कार्य करना था। वे शायद ही कभी पाँच बजे प्रोजेक्ट-साइट छोड़ते थे। वे हमेशा देर तक वहाँ रुक कर कारखाने को अपनी आँख के सामने आकार लेते देखने का आनन्द लेते। आमतौर पर दिन भर की कड़ी मेहनत के बाद देर शाम अवस्थी और उनके साथी ब्रिज खेलना और पार्टी करना पसन्द करते थे।

काम के दौरान, वे अपने हाथों में रिंच और पेंचकश लेकर साइट (कार्य-स्थली) के चारों ओर सतर्क निगाहों के साथ घूमा करते थे। ख़राब मशीनों को वे स्वयं ठीक कर दिया करते थे। थोड़े गर्व-भाव के साथ अवस्थी कहते हैं, 'मैंने कभी भी अनुरक्षण विभाग (मेंटिनेंस डिपार्टमेंट) को फ़ोन करने की ज़रूरत महसूस नहीं की।'

संयंत्र के निर्माण एवं इसके रख-रखाव में श्रीराम फर्टिलाइजर्स डच तकनीक का इस्तेमाल कर रही थी। संयंत्र स्थापित करने और परिचालन के तौर-तरीक़े समझाने तथा भारतीय कर्मचारियों को प्रशिक्षित करने के लिए हॉलैंड से इंजीनियर बुलाए गए थे। ऑपरेटिंग मैनुअल में दर्जनों पृष्ठ थे। उसमें सैकड़ों पाइप और वॉल्व के नाम दर्ज थे।

भारतीय इंजीनियरों को शुरू में सिमुलेटर पर प्रशिक्षित किया जाता था। इसके बाद संयंत्र आधारित ऑपरेशन शुरू हुआ। तेज-तर्रार शिक्षार्थी होने के कारण अवस्थी ने संयंत्र सम्बन्धित ड्राइंग्स समझने में महारत हासिल कर ली—और अब वे ठीक-ठीक बता सकते थे कि परेशानी कहाँ है! वे मशीनों की आवाज़ सुनकर समस्याओं को चिह्नित कर उनका तत्काल निदान भी कर सकते थे।

इन शुरुआती दिनों को अवस्थी अपने पूरे कैरियर के सबसे बेहतरीन दिनों में शुमार करते हैं। वे बताते हैं, 'मैंने संयंत्रों की स्थापना और संचालन का काम किया है। इसलिए आज भी मैं अपने तकनीकी निदेशक के साथ एकाध प्रश्न से अधिक चर्चा नहीं करता। मुझे पता है कि मशीनें कैसे काम करती हैं; मुझे पता है कि वॉल्व कहाँ हैं; मैं कमज़ोर बिन्दुओं को जानता हूँ। इसलिए इस क्षेत्र में मैं कभी गुमराह नहीं हो सकता।'

महत्त्वपूर्ण सबक

उर्वरक उद्योग में प्रिलिंग टावर्स बहुत महत्त्वपूर्ण भूमिका निभाते हैं। ये टावर ऊँचे होते हैं—लगभग 90 मीटर ऊँचे और पूरी तरह कंक्रीट में ढले हुए। कोटा में स्टील से निर्मित मचाननुमा आकृति पर टिकाकर ऐसे ही एक टावर की छत ढाली जा रही थी; और इस प्रक्रिया में छत को एक-एक मीटर तक ऊँचा करते हुए ढाला जा रहा था।

इंजीनियर मखिजानी, फोरमैन खनिजो इस काम के प्रभारी थे। सम्भवत: काम को जरा गति देने के लिए, उन्होंने पहले ढाले गए हिस्से को पूरी तरह दुरुस्त करने की बजाय पहले छत के विस्तार का फ़ैसला किया।

रात के 8 बज रहे होंगे। अवस्थी हमेशा की तरह अपने तय समय से ज़्यादा वक़्त हो जाने पर भी काम में जुटे थे। अचानक बम फटने जैसी तेज आवाज के साथ बड़े जोर का धमाका हुआ। देखा तो प्रिलिंग टावर की छत पूरी तरह ढह गई थी। मलबे में दर्जनों लोग दब गए थे।

इस दुर्घटना में कई कामगारों की मृत्यु हो गई। उनके शवों को मलबे से निकालने के लिए कटर का प्रयोग करना पड़ा। अवस्थी याद करते हैं कि साइट पर उपस्थित लोगों में से 18-19 लोग मारे गए थे, केवल 2-3 ही बच पाए थे।

इस दुर्घटना ने अवस्थी को एक बड़ी सीख दी। इसके बाद, वे सभी कार्यों में सबसे पहले सुरक्षा उपायों पर ध्यान देते थे। वे इस सीख को आधी सदी बीत जाने के बाद भी नहीं भूले हैं। अन्य सभी कार्यों को अब भी अवस्थी सुरक्षा प्राथमिकता के उपरान्त ही वरीयता देते हैं। इफको के सभी संयंत्रों में एक सुरक्षा अधिकारी, एम्बुलेंस, अग्निशमन यंत्र और अन्य सम्बन्धित सामग्री और उपकरण अवश्य होते हैं ताकि यह सुनिश्चित किया जा सके कि अव्वल तो कोई दुर्घटना न हो और यदि कोई दुर्घटना हो ही जाए तो उसमें जान-माल का कम-से-कम नुक़सान हो।

जीवनसाथी

अवस्थी ने यह ज़िद ठान रखी थी कि वे शादी तभी करेंगे जब उनका वेतन 1,000 रुपये प्रति माह से अधिक हो जाएगा। जनवरी 1970 में, उनके नियोक्ता ने उनका वेतन बढ़ाकर 1,100 रुपये प्रति माह कर दिया। इसके बाद अवस्थी ने अपनी शादी की बातचीत के लिए सहमति दे दी।

अवस्थी के बहनोई मुरलीधर पांडेय उनकी सबसे बड़ी बहन विद्या के पति हैं। 1970 की शुरुआत में, मुरलीधर पांडेय को सुप्रसिद्ध हिन्दी साहित्यकार और

अत्यन्त महत्त्वपूर्ण और बहुचर्चित उपन्यास 'राग दरबारी' के लेखक श्रीलाल शुक्ल की ओर से एक प्रस्ताव मिला। श्रीलाल शुक्ल अपनी बड़ी बेटी रेखा के लिए एक सुयोग्य वर की तलाश कर रहे थे।

इसी वर्ष जनवरी में श्रीलाल शुक्ल को 'राग दरबारी' के लिए साहित्य अकादमी का प्रतिष्ठित पुरस्कार मिला था। उपन्यास की अपार लोकप्रियता ने श्रीलाल शुक्ल को साहित्य जगत में एक विशिष्ट गद्यकार के रूप में स्थापित कर दिया था। वे जीते-जी किंवदन्ती सरीखे बन गए थे। नतीजतन, जब मुरलीधर पांडेय ने परिवार के समक्ष अवस्थी के लिए श्रीलाल शुक्ल की पुत्री से शादी का प्रस्ताव रखा तो अवस्थी और पांडेय खानदान में उत्साह देखने लायक था।

अवस्थी कहते हैं, 'बात आगे बढ़ी...मार्च, 1970 में उन्होंने मुझे एक पत्र लिखा कि वे मुझसे मिलने कोटा आना चाहते हैं। तब तक श्रीलाल जी की पुस्तक 'राग दरबारी' बहुत ख्याति प्राप्त कर चुकी थी, इसलिए मैंने श्रीलाल जी से मिलने से पहले उस पुस्तक को पढ़ लिया था। पत्र के माध्यम से हमने यह तय कर लिया था कि जब श्रीलाल जी फ्रंटियर मेल से उतरेंगे तो मैं उनसे प्रथम श्रेणी के प्रतीक्षालय के सामने प्लेटफॉर्म पर मिलूँगा। श्रीलाल जी ने अपनी पुस्तक 'राग दरबारी' में एक जगह लिखा है, 'स्टेशन वैगन से एक अफसरनुमा चपरासी और चपरासीनुमा अफसर उतरा।' मिलने से पहले मैं सोचता था कि श्रीलाल जी इनमें से क्या होंगे। पहली मुलाक़ात में ही वे मुझे एक बहुत ही सभ्य, विनम्र, सुलझे हुए और स्नेह करनेवाले व्यक्ति लगे। आज भी उनकी वही छवि मेरे मन में बसी हुई है।'

इस बीच, अवस्थी ने अपने नियोक्ता से ऋण लेकर एक लैम्ब्रेटा स्कूटर ख़रीदा। स्टेशन से इसी स्कूटर पर वे अपने भावी श्वसुर को बल्लभ बारी में अपने घर लाए। इस मकान में अवस्थी अपने दोस्तों के साथ रहते थे। इस घर में झूमर लगे थे। दो रसोइए थे—एक मांसाहारी भोजन बनाने के लिए और दूसरा शाकाहारी भोजन बनाने के लिए।

अवस्थी और उनके साथ रह रहे तीन अन्य साथियों की तनख़्वाह 1,100 रुपये प्रति माह थी जो कि उन दिनों एक बड़ी रकम हुआ करती थी। इसलिए इस साझे घर में ठाठ-बाट का होना स्वाभाविक था।

श्रीलाल शुक्ल शाकाहारी थे। इसलिए अवस्थी ने उनके लिए उसी हिसाब से खाना बनवाया। अवस्थी ने रेखा की एक तस्वीर देख रखी थी, जिसमें वे लम्बी

दिख रही थीं। उन्होंने जानना चाहा कि क्या वे उनसे वाकई लम्बी हैं। श्रीलाल शुक्ल ने उन्हें आश्वस्त किया कि रेखा उनसे लम्बी नहीं हैं। अवस्थी, रेखा से शादी के लिए तैयार हो गए।

श्रीलाल शुक्ल उसी शाम को घर लौटने की योजना बना रहे थे और कोटा से कुछ साड़ियाँ ख़रीद कर घर ले जाना चाहते थे, कोटा तब साड़ियों के लिए प्रसिद्ध था। अवस्थी उन्हें क्वात्रा साड़ी हाउस ले गए। अवस्थी और उनके साथियों ने उस दुकान से ट्राउजर और कमीज सिलाने के लिए कुछ कपड़े ख़रीदे थे, इसलिए वे उसके मालिक को अच्छी तरह जानते थे।

अवस्थी ने दुकानदार से श्रीलाल शुक्ल को साड़ियाँ दिखाने को कहा। बिल क़रीब 200 रुपये आया। श्रीलाल शुक्ल के पास उस समय इतने रुपये नक़द नहीं थे। अवस्थी ने हस्तक्षेप किया और कहा : 'साड़ियाँ पैक कर दीजिए। वे बाद में भुगतान कर देंगे।'

श्रीलाल शुक्ल, अवस्थी की सूझबूझ और सम्भावित मुश्किल परिस्थितियों से निपटने की उनकी क्षमता से प्रभावित हुए। लड़का होशियार है, उन्होंने मन में सोचा। लेकिन इससे उन्हें तनिक चिन्ता भी हुई। उनकी बेटी रेखा एक सीधी-साधी लड़की थी। उनके मन में आशंका जगी, क्या उनका विवाह सफल होगा?

कुछ दिनों बाद, अवस्थी और उनकी छोटी बहन रेखा चाय पर श्रीलाल शुक्ल के घर गए। दोनों रेखा के बीच दोस्ताना बातचीत हुई। अवस्थी के पास बोलने के लिए बमुश्किल कुछ शब्द थे।

रास्ते में, अवस्थी ने महसूस किया कि स्ट्रेप्सिल्स का पत्ता वे वहीं छोड़ आए हैं। उसे लेने के लिए वे वापस गए। उधर उनकी भावी पत्नी उन्हें यह दवाई देने के लिए घर से बाहर आ गई थीं। इस समय कुछ क्षण के लिए अवस्थी ने रेखा को देखा, उससे उन्हें यकीन हो गया कि यही वह लड़की है जिसके साथ वे अपना जीवन बिताना चाहेंगे।

सब कुछ अच्छा चल रहा था कि अचानक भावी ख़ुशियों पर आशंका के काले बादल मँडराने लगे। हुआ यों कि श्रीलाल शुक्ल के कुछ रिश्तेदारों ने अवस्थी के साँवले रंग के कारण उन्हें रेखा के लिए उपयुक्त वर मानने में आपत्ति जताई। अवस्थी बतलाते हैं, 'पापा (श्रीलाल शुक्ल) भी शादी के पक्ष में नहीं रह गए थे। लेकिन मेरी सास ने दृढ़ता से मेरा पक्ष लिया और कहा कि यह शादी अवश्य होगी।'

अवस्थी दिसम्बर में शादी करना चाहते थे लेकिन उसमें अभी कई महीने थे। पहले से ही मन में किंचित भ्रम पाले श्रीलाल शुक्ल इतने अधिक दिनों तक प्रतीक्षा नहीं करना चाहते थे। वे रेखा की शादी यथाशीघ्र कर देना चाहते थे।

आख़िर, 26 जून, 1970 को अवस्थी और रेखा विवाह सूत्र में बँध गए। नैनीताल की सुरम्य वादियों में हनीमून मना कर वे लौटे। दोनों ने जीवन का नया अध्याय शुरू किया जिसमें साथ और सहारे का विश्वास था। रेखा एमए (हिन्दी) की पढ़ाई पूरी करने के लिए अपने मायके लौट आईं। इसके बाद, वे दिसम्बर की छुट्टियों में अवस्थी से मिलने कोटा आईं। आमतौर पर दिसम्बर में कोटा का मौसम बहुत सुहावना होता है। रेखा एक अच्छी गायिका हैं इसलिए उनका अवस्थी के दोस्तों और सहकर्मियों के बीच लोकप्रिय होना स्वाभाविक था। जब भी दोस्तों की पार्टी होती, रेखा से गाने की फरमाईश की जाती। अवस्थी कहते हैं, 'मुझे याद है कि उस सर्दी में जब रेखा मेरे साथ थीं, उन 30 दिनों में प्रत्येक दिन हम किसी न किसी पार्टी में शामिल हुए थे। हमारा घर पहले से ही पार्टियों के लिए मशहूर था।'

श्रीलाल शुक्ल के पास एक शेवरले कार थी। उन्होंने अपनी पहली कार तब ख़रीदी थी जब घर में गोलू कहलानेवाली रेखा का जन्म हुआ था। वे अब तक कभी स्कूटर पर नहीं बैठी थी और न अवस्थी ने अब तक किसी लड़की को बिठा कर स्कूटर चलाया था। एक दिन अवस्थी अपने स्कूटर पर रेखा को साथ बैठाकर एक पार्टी में शरीक़ होने जा रहे थे। सड़क उबड़-खाबड़ थी। एक जगह रेखा स्कूटर से गिर गईं।

अवस्थी इस बात से बेख़बर थे कि उनकी पत्नी अब उनके पीछे नहीं बैठी हैं, वे स्कूटर आगे बढ़ाते चले गए। पार्टी की जगह पहुँचने पर अवस्थी को पता चला कि रेखा तो पीछे हैं ही नहीं। अब पुनः उसी रास्ते पर लौटते हुए, अवस्थी ने रेखा को सड़क के किनारे एक जगह खड़ा पाया, जहाँ वे गिर गई थीं और तबसे सुबके जा रही थीं।

अवस्थी मुस्कराहट के साथ कहते हैं, 'इस घटनाक्रम के बाद से, जब भी वे पिछली सीट पर बैठती थीं तो मुझे कस कर पकड़ लिया करती थीं।'

1971 में एमए की पढ़ाई पूरी करने के बाद रेखा पति के पास ही रहने कोटा आ गईं। अवस्थी की माँ दुर्गावती भी उनके साथ आईं।

ये दिन बहुत आनन्द में गुज़रे।

अवस्थी चार साल कोटा में रहे। उन्होंने यहाँ जब ज्वाइन किया था तब संयंत्र-निर्माण के लिए ज़मीन के समतलीकरण का काम चल रहा था और उन्होंने जब यह नौकरी छोड़ी तब संयंत्र से व्यावसायिक उत्पादन शुरू हो चुका था।

जुआरी में नियुक्ति

एक दिन अवस्थी की मुलाक़ात आर.के. अग्रवाल से हुई, जो जुआरी एग्रो केमिकल्स में अनुरक्षण (मेंटिनेंस) प्रबन्धक थे। वे कोटा के दौरे पर आए हुए थे। आपसी बातचीत में अवस्थी के कार्य अनुभव के बारे में जानने के बाद अग्रवाल ने उन्हें जुआरी एग्रो में नौकरी के लिए आवेदन करने की सलाह दी।

'उन्होंने हमें आवेदन करने के लिए कहा...उन्होंने कहा बेहतर पैसे के लिए नौकरी बदलो। मैंने आवेदन किया और 'संयंत्र-प्रचालन' में नौकरी मिल गई...' अवस्थी कहते हैं।

अवस्थी 4 जुलाई, 1971 को कोटा से जुआरी के लिए गोवा रवाना हो गए। उनके मित्र अरविन्द बालिगा के पिता रेलवे बोर्ड के अध्यक्ष थे। उन्होंने अवस्थी, उनकी माँ दुर्गावती, पत्नी रेखा, मित्र वी.एस. खन्ना और टी.के. मेहता सहित चार-पाँच दोस्तों की यात्रा के लिए एक पूरी बोगी आवंटित कर दी। सबने अपने साथ बहुत सामान ले रखा था।

अवस्थी इस छोटे समूह में एकमात्र युगल थे। यह तीन दिनों की एक यादगार रेल यात्रा थी। मानसून अपने परवान पर था। ट्रेन पहले मुम्बई पहुँची, फिर वहाँ से चौथे दिन मूसलाधार बारिश के बीच मिराज, लोंडा, कैसल रॉक होते हुए गोवा के स्टेशन वास्को डी गामा पहुँची।

अग्रवाल ने उन्हें स्टेशन से घर लाने के लिए कार भेजी। उन्हें एक घर आवंटित किया गया था जहाँ से वे जुआरी के उस पार स्थित गवर्नर हाउस देख सकते थे। यह बहुत ही मनोरम स्थल था। उसके आगे गोवा में प्रेमियों की पसन्दीदा 'डोना पाउला' नामक ख़ूबसूरत जगह थी, जो एक प्रमुख पर्यटन स्थल के रूप में अभी चर्चित हो रहा था।

जुआरी एग्रो केमिकल्स की स्थापना 1967 में हुई थी; इसलिए जब अवस्थी 1971 में यहाँ आए तब भी यह एक अपेक्षाकृत छोटी कम्पनी ही थी। अवस्थी को मुख्य संयंत्र में तैनात किया गया था। पहले उन्हें परियोजना कार्य की जिम्मेदारी मिली और फिर प्रचालन कार्य आवंटित किया गया था।

गोवा में पहाड़ियाँ हैं। पहले योजना थी कि उस जगह को समतल करना है। अवस्थी ने कहा, 'क्यों फ्लैट कर रहे हैं आप लोग। पहाड़ों में खेती होती है न। हम लोग भी उसी तरह अपना काम करेंगे। सबसे ऊपर गेस्ट हाउस बनाएँगे, फिर टाउनशिप बनाएँगे, ऑफिस बनाएँगे, वर्कशॉप बनाएँगे। फिर पावर जेनेरेशन प्लांट लगाएँगे, अमोनिया प्लांट लगाएँगे, यूरिया बनाएँगे, एनपीके/डीएपी प्लांट लगाएँगे और कन्वेयर से नीचे ले जाएँगे। बीच में जहाँ रेलवे लाइन जा रही है वहाँ अपनी एक लाइन लगा देंगे और बैगिंग[1] कर लेंगे।' यह विचार सबसे अच्छा था और कई गुने सस्ता भी था। डॉ. सिकची जुआरी के वाइस-प्रेसिडेंट थे। वे बड़े अच्छे टेक्निकल आदमी थे। उन्होंने तुरन्त अवस्थी की कार्यक्षमता को पहचान लिया। अवस्थी बताते हैं, 'मैं सिकची साहब का फ़ेवरेट हो गया। हर बात में मुझे बुलाया जाने लगा।'

हालाँकि, बहुत ही कम समय में अवस्थी वरिष्ठ प्रबन्धन दल के प्रमुख संकटमोचक और 'गो-टू मैन' बन गए थे, लेकिन उनके पास ख़ुद के लिए एक केबिन तक नहीं था। वे, उनके दोस्त और टीम के बाकी सदस्य एक खुले हॉलनुमा कमरे में बैठा करते थे जिसमें सभी के लिए एक मेज और एक कुर्सी लगी होती थी। बैठकों के लिए अलग से सम्मेलन कक्ष थे।

कई दशकों बाद, जब वे कम्पनी प्रबन्धन के निमंत्रण पर जुआरी गए तो उन्हें उनके द्वारा लिखे गए लॉग दिखाए गए। 'अब वे एक प्रशिक्षण मैनुअल के रूप में इस्तेमाल किए जा रहे थे', अवस्थी कहते हैं।

सामाजिक जीवन के रंग

अवस्थी दम्पती को गोवा की सुन्दरता और पर्यावरण ने मोह लिया था। उन्हें समुद्र के नज़ारों वाला एक छोटा-सा आकर्षक बंगला आवंटित किया गया

1. बैगिंग : फर्टिलाइजर को बोरियों में भरना

था। अवस्थी कहते हैं, 'यह एक बेहद ख़ूबसूरत जगह थी और माहौल बहुत ही शानदार था।'

वे और रेखा अभी युवा थे, नवविवाहित थे और जीवन के इन लम्हों को पूरी तरह जी लेना चाहते थे। वे अक्सर शनिवार और रविवार को आसपास के गाँवों में आयोजित होनेवाली डांस पार्टियों में चले जाया करते थे। वे एक तम्बू गाड़ते और डांस पार्टी करते। शराब बहुत सस्ती थी। बियर की क़ीमत एक रुपये थी। व्हिस्की की एक बोतल की क़ीमत पाँच रुपये होती थी। अवस्थी बताते हैं, 'मैं अपनी पत्नी को स्कूटर पर बिठाकर पास के किसी गाँव में चला जाता। हम साथ नाचा करते, फुरसत के समय का भरपूर आनन्द लेते और रात गाँव में ही बिताते। आमतौर पर जुआरी एग्रो का कोई-न-कोई कर्मचारी गाँव में होता ही था, इसलिए हम उसके घर में रात बिता लेते।' अवस्थी को अब तक सब कुछ याद है।

सावन (जुलाई-अगस्त) का महीना था। एक दिन रेखा को अपनी हथेलियों में मेहँदी लगाने का मन हुआ। अवस्थी को पता नहीं था कि गोवा में मेहँदी कहाँ से मँगाई जाए। रेखा ने मुस्कुराते हुए बंगले के चारों ओर लगी झाड़ियों की ओर इशारा किया—वे मेहँदी की झाड़ियाँ थीं। अवस्थी ने पत्तियाँ तोड़ीं, पिसवाई और रेखा की दोनों हथेलियों पर प्रिलिंग टावर का चित्र बना दिया। कॉलोनी में रह रहे अफसरों-सहकर्मियों की पत्नियों को मेहँदी की यह नई डिजाइन बड़ी पसन्द आई, ख़ूब तारीफ़ हुई।

प्रोफ़ेसर अवस्थी

जुआरी में काम करने के दौरान अवस्थी और उनके दोस्त टी.के. मेहता ने एक स्थानीय पॉलिटेक्निक में पढ़ाना शुरू किया। वे दोनों स्कूटर से उक्त संस्थान में पढ़ाने जाया करते थे। बहुत जल्दी ही अवस्थी प्रोफ़ेसर अवस्थी के रूप में लोकप्रिय हो गए। वे कहते हैं, 'मैंने गोवा के कई लड़कों और लड़कियों को प्रशिक्षित किया और उन्हें जुआरी एग्रो में भर्ती किया।'

अनुपम और अमोल का जन्म

अवस्थी के साथ कोटा से यहाँ आनेवाले सभी दोस्तों में वी.एस. खन्ना, सुनील गुलियानी, राज भरारा की शादी भी जल्दी ही हो गई। टी.के. मेहता की शादी रेखा की छोटी बहन मधुलिका से हुई। इस प्रकार, वे अवस्थी के साढ़ू बन गए। अवस्थी कहते हैं, 'मुझे दूसरे लोगों के जीवन में दख़ल देना पसन्द नहीं है। इसलिए मैंने इस रोमांस में कोई भूमिका नहीं निभाई। लेकिन जब आप एक युवक और युवती को क़रीब रखते हैं तो उनके बीच कुछ आकर्षण होना तय है। यही हुआ भी; यह एक प्रेम विवाह था।'

आगे अवस्थी कहते हैं, 'इसके तुरन्त बाद मैं संयंत्र-प्रचालन में प्रशिक्षण प्राप्त करने के लिए जापान चला गया। जुआरी के प्रौद्योगिकी भागीदार, टोयो इंजीनियरिंग का जापान में इसी तरह का एक संयंत्र था और मुझे वहाँ यह जानने के लिए भेजा गया था कि यह वाकई कैसे काम करता है। यह विचार मुझे प्रचालन-कार्य में प्रत्यक्ष अनुभव दिलाने के लिए अमल में लाया गया था। यह मेरी पहली विदेश यात्रा थी और पहली बार जुआरी अपने किसी कर्मचारी को प्रशिक्षण के लिए विदेश भेज रहा था। पत्नी के गर्भवती होने की सूचना मुझे जापान में ही मिली। अभी बच्चे को लाने की हमारी कोई योजना नहीं थी। यह आकस्मिक हुआ।'

बड़े बेटे अनुपम का जन्म 1 अगस्त, 1972 को लखनऊ में हुआ। अवस्थी ने अनुपम को तीन महीने बाद पहली बार देखा था। रेखा और अनुपम को वास्को डी गामा स्टेशन से लाने के लिए उन्होंने दफ्तर की गाड़ी भेजी। अवस्थी कहते हैं, 'मैं घर पर ही उनका इन्तज़ार कर रहा था। अनुपम जोर-जोर से रो रहा था। जिस क्षण मैंने उसे अपनी बाँहों में लिया, उसने रोना बन्द कर दिया। यह पिता के प्यार का तत्काल असर था; वह तब से पिता का ही बेटा है।'

समय जल्दी बीत गया। अवस्थी कम्पनी में तरक्की कर रहे थे, उन्हें पहले से ज़्यादा अहम जिम्मेदारियाँ मिल रही थीं। अनुपम अब खड़े होने की कोशिश करने लगा था। उसे घर में मनु कहा जाता था। वहाँ एक और बच्चा था—अरविन्द बालिगा की पुत्री सोहनी। अपने दोस्तों के समूह में केवल वे ही दो बच्चे थे। मनु कुछ ज़्यादा लोकप्रिय था क्योंकि वह लोगों के साथ आसानी से घुलमिल जाता था। इसलिए दोस्त अक्सर उसे अपने घर ले जाया करते थे।

जब मनु खेलने-कूदने लायक हो गया, तब अवस्थी-दम्पती ने दूसरे बच्चे के बारे में सोचना शुरू किया। इस बार एक नियोजित बच्चा। दरअसल, वे और रेखा दोनों बेटी चाहते थे। अवस्थी बताते हैं, 'मुझे याद है कि 1975 में दीपावली की वह शाम थी। हम कार्मो ग्रेसियस मैटरनिटी अस्पताल में थे, जो मडगाँव का एक प्रसिद्ध अस्पताल है। डॉक्टर का नाम कार्मो ग्रेसियस था। मैं अपनी सास के साथ लेबर रूम के बाहर खड़ा था। डॉ. ग्रेसियस आए और बोले, 'लक्ष्मी हम नहीं ला सके, लेकिन गणेश लाए हैं। इसलिए हम अमोल को अमोलीजान भी कहते हैं। हम उसे बेटी की तरह प्यार करते थे। उसका जन्म 3 नवम्बर, 1975 को हुआ।'

काग़ज़ उद्योग में कदम

इस बीच, अवस्थी के नियंत्रण से बाहर की अनजान ताक़तें उन्हें दूसरी दिशा में ले जा रही थीं। जुआरी के उपाध्यक्ष डॉ. के.के.जी. सिकची, अपनी योग्यता और तकनीकी कौशल के कारण जुआरी परियोजना के आधार स्तम्भ थे। अवस्थी कहते हैं, 'जुआरी एग्रो को शुरुआती दिनों में डॉ. सिकची ने ही ठोस आकार प्रदान किया था। वे प्रसिद्ध उद्योगपति बी.डी. सोमानी के दामाद थे। उन्होंने अपनी एक युवा टीम बनाई थी जिसका मैं भी हिस्सा था। दरअसल, हम लोगों ने मिलकर जुआरी को बनाया था।'

अवस्थी को यह जानकारी नहीं थी कि पर्दे के पीछे क्या हुआ, लेकिन कम्पनी के प्रबन्ध निदेशक और कार्य प्रबन्धक अचानक ही बदल दिए गए। फिर डॉ. सिकची को भी बाहर का रास्ता दिखा दिया गया। के.के. बिड़ला ग्रुप के पेपर प्रोजेक्ट में उन्हें नई जिम्मेदारी मिली।

जुआरी की नई प्रबन्धन टीम की प्राथमिकताएँ अलग थीं। कम्पनी में महत्त्वपूर्ण पदों पर अपने-अपने चहेतों को बिठाने के लिए यह नई टीम तेजी से काम कर रही थी। अवस्थी और डॉ. सिकची की टीम के अन्य सदस्यों ने इस कम्पनी को खड़ा किया था। किन्तु बदली परिस्थितियों में वे फ़ालतू हो गए थे। अपने ही परिसर में उन्हें अजनबी जैसा अहसास दिलाया जाने लगा।

इन बदली परिस्थितियों एवं घटनाक्रमों से खिन्न होकर अवस्थी दूसरी नौकरी की तलाश करने लगे। जब डॉ. सिकची को यह पता चला तो उन्होंने उन्हें पेपर प्रोजेक्ट में नौकरी की पेशकश की और दिल्ली बुला लिया। अवस्थी की योग्यता पर उन्हें पहले से ही भरोसा था।

अन्तरराष्ट्रीय फ़लक पर

अमोल के जन्म के अगले ही दिन 4 नवम्बर, 1975 को अवस्थी के पास डॉ. सिकची का फ़ोन आया। एक दिन बाद उनका टेलीग्राम भी आया, जिसमें कहा गया था कि अवस्थी जल्द से जल्द दिल्ली में ज्वाइन करें। सिकची तब फाइबर्स एंड केमिकल्स, मलेशिया के प्रभारी थे।

'तब मुझे लगा था कि यह अन्तरराष्ट्रीय स्तर पर काम करने का एक अच्छा अवसर है। मैंने अपनी पत्नी से इस पर चर्चा की और उन्हें भी यह विचार पसन्द आया। अगले ही दिन मैं दिल्ली के लिए रवाना हो गया। मेरी पत्नी अभी अस्पताल में ही थीं। मेरी सास के साथ वे एक महीने गोवा में रहीं', अवस्थी उन दिनों को याद करते हुए कहते हैं।

फाइबर्स एंड केमिकल्स, मलेशिया के.के. बिड़ला समूह का एक घटक था। इसलिए अवस्थी के लिए जुआरी से प्रतिनियुक्ति पर यहाँ ज्वाइन करना बहुत मुश्किल नहीं था। सिकची के कहने पर अवस्थी के साथ काम करनेवाले जुआरी के कुछ अन्य सहयोगियों ने भी ऐसा ही किया। उन्हें मलेशिया के कोटा किनाबालु में कम्पनी के नए पेपर प्रोजेक्ट पर काम करने के लिए रखा गया था।

अवस्थी की पत्नी अपने नवजात बेटे को लेकर एक महीने बाद नई दिल्ली आ गईं। यहाँ वे अवस्थी की छोटी बहन रेखा के घर में रुकीं। सरकार द्वारा आपातकाल की घोषणा कर दी गई थी। रेखा के पति दिल्ली विश्वविद्यालय में शिक्षक थे। वे लेखन के साथ राजनीति में भी सक्रिय थे। आन्तरिक सुरक्षा रखरखाव अधिनियम अर्थात् मीसा के तहत उन्हें गिरफ़्तार कर लिया गया था। उस दौरान मीसा के तहत हजारों राजनीतिक कार्यकर्ताओं और विरोधियों को

हवालात में बन्द कर दिया गया था। रेखा आपातकाल में अकेली थीं और अवस्थी को लगा कि उन्हें उनके सहयोग और सम्बल की आवश्यकता है।

हालाँकि, उनके अपने सितारे तब बुलन्दी पर थे। अवस्थी कहते हैं, 'मैं हमेशा कहता हूँ कि मनु की तरह अमोल हमारे लिए भाग्यशाली रहा है। उसके जन्म के बाद से हमारे जीवन में बड़ा बदलाव आने लगा। कारखाने के माहौल से बाहर निकल कर मैं कॉरपोरेट की दुनिया में आ गया। डॉ. सिकची के साथ काम करते हुए मुझे अन्तरराष्ट्रीय व्यापार से जुड़े विभिन्न पहलुओं की जानकारी मिली। अन्तरराष्ट्रीय बाज़ार में अनुबन्ध कैसे किया जाता है; इन सबके बारे में पहली बार जानने-समझने का मौक़ा मिला। कुल मिलाकर यह एक अच्छा अनुभव रहा।'

यहाँ अवस्थी ने डॉ. सिकची के साथ एक साल तक काम किया। बाद में उन्हें यह अहसास होने लगा कि वे यहाँ अपना समय बर्बाद कर रहे हैं। वे काग़ज़ उद्योग में अब काम नहीं करना चाहते थे। वे समझ चुके थे कि निजी क्षेत्र उनके लिए सही जगह नहीं है।

इफको से बुलावा

कुछ समय पहले, जब ज़ुआरी के नए प्रबन्धन ने डॉ. सिकची की टीम को दरकिनार करना शुरू किया था, तब अवस्थी ने इफको प्रबन्धन के साथ चर्चा शुरू की थी। इफको के प्रबन्ध निदेशक पॉल पोथन और विपणन निदेशक भोजराज सिंह दोनों से उनकी बात हुई थी। वे उनसे एक सम्मेलन में मिले थे। इस समय तक, एक साफ़-सुथरे, समझदार और तेज-तर्रार इंजीनियर के रूप में अवस्थी की चर्चा उद्योग जगत के भीतर होनी शुरू हो गई थी। अक्सर सम्मेलनों और सेमिनारों में वे भाग ले रहे थे। हालाँकि, जब वे पेपर प्रोजेक्ट में शामिल हुए, तब वे अपने बारे में हो रही इन चर्चाओं से बिलकुल बेख़बर थे।

दिल्ली आने के बाद, अवस्थी ने इफको प्रबन्धन के साथ फिर से सम्पर्क स्थापित किया। पॉल पोथन और भोजराज सिंह ने उन्हें नई दिल्ली के प्रधान कार्यालय में परियोजना अधिकारी के पद की पेशकश की। इस उत्तरदायित्व के तहत प्रबन्ध निदेशक के साथ उनके काम में सहायता करना शामिल था। उन्हें

अपना वेतन पैकेज तो पूरी तरह याद नहीं है, लेकिन यह याद है कि उस समय की उनकी कमाई से वह बहुत कम था।

अवस्थी को लगा कि इफको और उर्वरक उद्योग उनके लिए उपयुक्त रहेगा। यह एक बड़ा जोख़िम था। हालाँकि जुआरी भी एक छोटी कम्पनी थी, किन्तु वह के.के. बिड़ला समूह जैसे एक प्रसिद्ध व्यापारिक घराने और प्रतिष्ठित औद्योगिक साम्राज्य का हिस्सा थी। दूसरी ओर, इफको सहकारी क्षेत्र की एक नई उर्वरक कम्पनी थी, जो अपने तमाम नेक इरादों और उद्देश्यों के बावजूद सरकार द्वारा नियंत्रित सार्वजनिक क्षेत्र की कम्पनी थी।

अवस्थी कहते हैं, 'मेरी इच्छा देश के किसानों के लिए काम करने की थी। मैं राष्ट्रीय और अन्तरराष्ट्रीय स्तर पर कुछ बड़ा और महत्त्वपूर्ण करना चाहता था। इसलिए मैंने सोचा कि मुझे इन लक्ष्यों की दिशा में काम करना शुरू कर देना चाहिए।' इस बात की कोई गारंटी नहीं थी कि इफको में उन्हें अपने सपनों को साकार करने का मौक़ा मिलेगा। लेकिन यह तय था कि जुआरी—और पेपर प्रोजेक्ट में उनकी प्रतिनियुक्ति फिर नहीं होगी। इस नज़रिये से भी कुछ दुविधाएँ छँटीं और सुविधा का सन्तुलन अन्ततः बदलाव के पक्ष में ही झुकने लगा।

और, फिर यह अपने सपनों पर भरोसे की भी बात थी।

अवस्थी इफको में शामिल होने के उन भाग्यशाली दिनों को याद करते हुए कहते हैं, 'मैंने डॉ. सिकची से कहा कि मैं काग़ज़ के क्षेत्र में काम करके बहुत ख़ुश नहीं हूँ, कृपया मुझे इफको में शामिल होने की अनुमति दें।' वे इस विचार से ख़ुश हुए और कहा : 'हाँ, आगे बढ़ो।' इस तरह मैं इफको में आ गया।' अवस्थी शायद उस वक़्त यह नहीं सोच सके होंगे कि निर्णय के यही चन्द दिन उन्हें उनके जीवन-काल में अपूर्व यश-ख्याति दिलाएँगे।

वे 15 नवम्बर, 1976 को इफको से जुड़ गए।

सहकारिता के संग : नए अवसर, नई जिम्मेदारियाँ

नवम्बर, 1976 में अवस्थी इफको से जुड़े। इफको अभी अपने विकास के शुरुआती दौर में था। गुजरात में इसके दो संयंत्र थे—एक अहमदाबाद के पास कलोल में यूरिया का और दूसरा कांडला में डीएपी/एनपीके का। इफको का एक और यूरिया संयंत्र उत्तर प्रदेश के फूलपुर में स्थापित किया जा रहा था। इफको का मुख्यालय नई दिल्ली के नेहरू प्लेस में था। अवस्थी को इफको के संस्थापक प्रबन्ध निदेशक पॉल पोथन को रिपोर्ट करना होता था। इफको की कार्य-संस्कृति में एक क़िस्म की अनौपचारिकता थी। चूँकि संस्था छोटी थी, अवस्थी को एक समय में कई जिम्मेदारियाँ दी जाती थीं। फूलपुर संयंत्र से जुड़ी आयात सम्बन्धी आवश्यकताओं को पूरा करने की महत्त्वपूर्ण जिम्मेदारी भी इसमें शामिल थी।

उन दिनों किसी भी तरह के आयात-निर्यात के लिए कई स्तरों पर मंज़ूरी लेने की आवश्यकता होती थी। पहले व्यय विभाग से बजट स्वीकृत कराना पड़ता था और फिर तकनीकी विकास महानिदेशालय (डीजीटीडी) के पास मंज़ूरी के लिए जाना पड़ता था। उसके बाद विदेशी मुद्रा के लिए भारतीय रिजर्व बैंक (आरबीआई) में आवेदन करना होता था। प्रत्येक परियोजना के लिए सीमा शुल्क की एक आयात-निर्यात (सीसीआईई) सूची हुआ करती थी—जिसके अनुसार आयात की जानेवाली प्रत्येक वस्तु को सूचीबद्ध किया जाना ज़रूरी था। यही नहीं, सीमा शुल्क अधिकारियों से पूर्व मंज़ूरी के बिना यदि कोई खेप पहुँच जाती तो जुर्माना भी देना होता था।

फूलपुर परियोजना के अलावा, अवस्थी को कलोल में ड्राई आइस[1] प्लांट की स्थापना जैसी अनेक छोटी-छोटी परियोजनाओं का काम भी दिया गया था। कलोल में कार्बन डाइऑक्साइड की उपलब्धता आवश्यकता से अधिक थी। एफएसीटी (फर्टिलाइजर एंड केमिकल्स ट्रावनकोर)[2] में एक पुराना ड्राई आइस प्लांट था,

---

1. ड्राई आइस : कार्बन डाइऑक्साइड का ठोस रूप
2. इफको आने से पहले पॉल पोथन एफएसीटी के प्रबन्ध निदेशक थे।

जिसका इस्तेमाल नहीं हो पा रहा था। अवस्थी को वैसा ही प्लांट कलोल में लगवाना था और उससे ड्राई आइस का उत्पादन शुरू करवाना था।

अवस्थी याद करते हैं, 'इन कामों के अलावा, मैंने पोथन साहब की यथासम्भव सहायता की, विभिन्न सरकारी विभागों में उनके साथ बैठकों में भाग लिया, उनके लिए दस्तावेज़ तैयार किए, उन्हें बैठकों के बारे में जानकारियाँ दी और जो भी अन्य कार्य उन्होंने मुझे दिए, उन्हें पूरा किया।'

केबिन, सेक्रेटरी और कार

1977 में इफको का मुख्य कार्यालय 'इफको हाउस' नेहरू प्लेस में ही एक नए भवन में स्थानान्तरित हो गया। संस्था में अवस्थी के कार्यभार और महत्त्व को देखते हुए, उन्हें उसी मंज़िल पर एक केबिन आवंटित किया गया जिस पर पोथन स्वयं बैठा करते थे। यही नहीं अवस्थी को कार्यालयी सहायता के लिए एक सहायक सचिव भी मिला।

अवस्थी के कैरियर में ऐसा पहली बार हुआ था, जब उनके पास अपना केबिन और सचिव दोनों थे। उनका कैरियर तेज रफ़्तार से आगे बढ़ रहा था। उनकी उम्र अभी मात्र 32 वर्ष थी।

अवस्थी के लिए वर्ष 1977 और अधिक ख़ुशियाँ लेकर आया। इसी वर्ष उन्होंने अपनी पहली कार—एक सेकंड हैंड फिएट—ख़रीदी। इस कार का नम्बर उन्हें अब भी याद है। अवस्थी कहते हैं, 'मैं उस कार से अपने परिवार को आगरा घुमाने ले गया। माँ और बच्चों को ताजमहल और फतेहपुर सीकरी दिखाया। हम रात में आगरे में रुके और अगले दिन कानपुर चले गए।'

संकटमोचक की छवि

इफको से जुड़ने के कुछ महीनों के भीतर ही अवस्थी की छवि संकटमोचक की बन गई। पोथन के लिए वे अब अपरिहार्य बन गए थे। हालाँकि, अवस्थी

ओहदे में छोटे थे, संस्था के लिए जब भी कुछ ख़रीद की बात होती पोथन फ़ाइल उन्हें भेज देते। लखनऊ के गोखले मार्ग में कार्यालय की जगह ख़रीदने में भी अवस्थी की महत्त्वपूर्ण भूमिका रही।

कारोबार के विस्तार के क्रम में इफको दो अनुबन्धों पर काम कर रहा था, जिनमें से पहला हिन्दुस्तान ज़िंक के साथ प्रस्तावित था। इफको की योजना फॉस्फोरिक एसिड प्लांट लगाने की थी क्योंकि ज़िंक बनाने के क्रम में लीचिंग से सल्फ्यूरिक एसिड पैदा होता है। राजस्थान की चट्टानों से फॉस्फोरिक एसिड बनाया जा सकता था, इसलिए इफको इसे ख़रीदना चाहता था।

साथ-साथ इफको अफ्रीका के नारू गणराज्य में एक फॉस्फोरिक एसिड संयंत्र स्थापित करने के लिए भी बातचीत कर रहा था। इफको ने कांडला में भी एक फॉस्फोरिक एसिड संयंत्र की योजना पर विचार करना शुरू कर दिया था, जहाँ पहले से ही इसकी एक फॉस्फोरिक इकाई प्रचालन में थी। अवस्थी प्रसन्नता से बताते हैं, 'हमने सोचा कि हम एक और संयंत्र लगाएँगे, इसलिए हमने कांडला बन्दरगाह के पास ज़मीन की तलाश शुरू कर दी।'

लेकिन इफको प्रबन्धन ने भारत में फॉस्फोरिक एसिड का संयंत्र स्थापित करने का विचार जल्दी ही त्याग दिया क्योंकि यह प्रोजेक्ट किफ़ायती नहीं था। उस समय ट्यूनीसिया और मोरक्को जैसे देशों में कई नए संयंत्र स्थापित किए जा रहे थे। इसका सीधा मतलब यह था कि वैश्विक बाज़ार में अब फॉस्फोरिक एसिड की उपलब्धता और आपूर्ति की कोई दिक्कत नहीं होनेवाली थी। कदाचित इसी वजह से हिन्दुस्तान ज़िंक अब फॉस्फोरिक एसिड प्लांट लगाने के लिए इच्छुक नहीं दिख रहा था। आख़िरकार नारू गणराज्य से भी बातचीत विफल ही रही। लेकिन इफको ने अपने कांडला प्लांट का विस्तार कर लिया।

इसी बीच, इफको ने सेनेगल में एक संयंत्र स्थापित करने पर ध्यान देना शुरू किया। सेनेगल में संयंत्र स्थापित करने के लिए परियोजना रिपोर्ट अवस्थी ने ही तैयार की थी। अवस्थी बताते हैं, 'मुझे यह समझने में देर नहीं लगी कि सरकार से कैसे बात करनी है, अपना काम कैसे निकालना है और किस तरह समय बर्बाद नहीं करना है। अगर मुझे कोई काम दिया जाता था तो मैं सुनिश्चित करता था कि वह कार्य समय पर पूरा हो। अगर कोई अधिकारी कहता है कि वह आज कोई काम पूरा कर लेगा तो मुझे यह सुनिश्चित करना था कि वह अपनी बात की मर्यादा रखे और निर्धारित समय पर काम पूरा कर ले।'

कॉरपोरेट जगत की क़ामयाबी के कोड को अवस्थी ने डिकोड कर लिया था। अवस्थी कहते हैं, 'जब लोग काम करना शुरू करते हैं तो उन्हें हमेशा याद रखना चाहिए कि शीर्ष व्यक्ति को किसी ऐसे व्यक्ति की तलाश होती है जो बाधाओं को दूर कर सके। मैंने जल्दी ही सरकार में अनुभाग अधिकारियों, अवर सचिवों, उप सचिवों और निदेशकों के स्तर पर दोस्ताना क़ायम कर लिया। उस समय संयुक्त सचिव बड़े अधिकारी होते थे। उनसे केवल कम्पनियों के प्रबन्ध निदेशक ही मिल सकते थे। सचिव तो प्रबन्ध निदेशकों की भी पहुँच से बाहर होते थे।'

इफको की बढ़ती प्रतिष्ठा

उन दिनों ऐसा कानून था जिसमें 100 प्रतिशत से अधिक उपयोग क्षमता पर कारखाना चलाने पर कठोर जुर्माने और यहाँ तक कि जेल की सजा का भी प्रावधान था। अवस्थी कहते हैं, 'इफको ने अपने संयंत्रों को 100 प्रतिशत क्षमता के साथ चलाना शुरू कर दिया था। लोग इफको को सम्मान की नज़र से देखने लगे थे क्योंकि इसने प्रोजेक्ट का काम समय पर पूरा करना आरम्भ कर दिया। इस समय तक पोथन साहब उर्वरक उद्योग में एक प्रतिष्ठित व्यक्ति बन गए थे। उन्होंने इफको का अपना कॉरपोरेट कार्यालय स्थापित किया। बेशक, इफको के मौजूदा कॉरपोरेट कार्यालय की तुलना में यह बहुत छोटा था, लेकिन इससे इफको की ब्रांड छवि में बदलाव आया।'

जहाँ तक कार्य प्रदर्शन की बात है, निर्धारित समय से पहले लक्ष्य हासिल करते हुए इफको उद्योग क्षेत्र में नए मानक स्थापित कर रहा था। भारत में पहली बार इफको ने कलोल संयंत्र में 'पर्ज गैस रिकवरी सिस्टम' लगाया था। इसने अपशिष्ट जल से अमोनिया तैयार करने की सफल हाइड्रोलाइजर प्रणाली भी विकसित की थी।

अवस्थी के इफको ज्वाइन करने के बाद ऐसी अनूठी उपलब्धियों की संख्या बढ़ने लगी। इससे पहले किसी ने संयंत्र के अपशिष्ट से काम की चीज़ निकालने की बात नहीं सोची थी। अवस्थी कहते हैं, 'हमने इंजीनियरों की तरह सोचना शुरू

किया।' दरअसल, भारत को एक आधुनिक राष्ट्र बनाने के अपने सपने को साकार करने की राह पर वे तेजी से आगे बढ़ने लगे थे।

इफको और भारतीय उर्वरक उद्योग को लेकर पोथन और अवस्थी का दृष्टिकोण व्यापक था। पोथन के साथ उनकी गजब की जुगलबन्दी थी। इस रिश्ते के बारे में अवस्थी कहते हैं, 'हमारी सोच की दिशा एक थी।' उम्र और वरिष्ठता में बड़ा अन्तराल होने के बावज़ूद दोनों की सफल जुगलबन्दी का शायद यही राज था।

इफको टाउनशिप-इफको चौक

इफको के अपने संयंत्रों के पास विशाल टाउनशिप थी, लेकिन दिल्ली-एनसीआर में इसकी कोई टाउनशिप नहीं थी, जबकि यहाँ इसका मुख्यालय था। इसकी एक बड़ी वजह यह थी कि राष्ट्रीय राजधानी क्षेत्र में ज़मीन महँगी थी। इफको ने हाउसिंग लोन स्कीम शुरू की थी, लेकिन उसमें कर्मचारियों ने दिलचस्पी नहीं ली क्योंकि इसके तहत दिल्ली में प्लॉट या फ्लैट ख़रीदने के लिए दी जा रही राशि पर्याप्त नहीं थी।

पोथन ने दिल्ली से सटे इलाक़ों में टाउनशिप बनाने के लिए भूखंड की तलाश शुरू की। उन्होंने अवस्थी को एक उपयुक्त स्थान ख़ोजने की जिम्मेदारी सौंपी। एक दिन ज़मीन की तलाश में अवस्थी कार से एमजी रोड होते हुए गुड़गाँव पहुँचे। उन्होंने वहाँ ज़मीन का एक बड़ा टुकड़ा देखा जहाँ अभी इफको चौक है। वायु सेना स्टेशन के निकट स्थित यह निर्जन भूमि लगभग बंजर थी। इफको ने यहाँ की 20 एकड़ ज़मीन के अधिग्रहण के लिए हरियाणा सरकार से बातचीत शुरू की। पूरी ज़मीन के लिए क़ीमत 41.7 लाख रुपये तय हुई। भुगतान की शर्तें आसान थीं—25 प्रतिशत राशि का अग्रिम भुगतान किया जाना था और शेष राशि को छह वार्षिक किश्तों में जमा करना था। ज़मीन के अधिग्रहण का काम सितम्बर 1978 तक पूरा कर लिया गया।

यह तय किया गया कि टाउनशिप के दो मुख्य हिस्से होंगे। 10 एकड़ का एक हिस्सा उर्वरक प्रबन्धन विकास संस्थान (एफएमडीआई) के लिए और दूसरा

कर्मचारी आवास के लिए निर्धारित किया गया। शेष 10 एकड़ ज़मीन कर्मचारियों द्वारा प्लॉट ख़रीदने और घर बनाने के लिए थी।

अवस्थी याद करते हैं कि इफको के कर्मचारियों को उन भूखंडों को बेचना तब कितना मुश्किल था। उन्हें पहले एक सहकारी समिति बनानी थी और फिर लोगों को प्लॉट ख़रीदने के लिए राजी करना था। अवस्थी बताते हैं, 'मैंने पहल की और मेरी पत्नी ने 500 गज का प्लॉट ख़रीदा। फिर मैंने श्री पोथन से और वित्त निदेशक श्री रामदास से प्लॉट ख़रीदने का अनुरोध किया। मैंने शीर्ष अधिकारियों को अनुनय-विनय करके मना लिया।'

यहाँ निवेश करने से लोग हिचक रहे थे क्योंकि गुड़गाँव में लम्बे समय से ज़मीन की क़ीमतें स्थिर थीं। लोग कहा करते थे, 'आपने क्या ख़रीद लिया है? कहाँ चले गए आप? वहाँ घास भी नहीं उगती। वहाँ कोई नहीं जाएगा। यह पैसे की बर्बादी है।' अवस्थी मुस्कुराते हुए कहते हैं, 'आप जानते हैं, यह छिद्रान्वेषण हमारी ठेठ परम्परा का हिस्सा है।' अब कहानी पूरी तरह अलग है। इस टाउनशिप सहित इफको चौक और आसपास के क्षेत्रों को पॉश इलाक़ा माना जाता है। जिनके पास यहाँ मकान हैं, वे उन्हें बेशक़ीमती सम्पत्ति मानते हैं। बाज़ार-भाव भी यही दर्शाता है।

अवस्थी अपनी रफ़्तार में

इफको में आने के एक वर्ष बाद ही अवस्थी को एफ-ग्रेड से ई-ग्रेड में पदोन्नति मिल गई। इस पद को अब मुख्य प्रबन्धक कहा जाता है, लेकिन अवस्थी को उस समय का अपना पदनाम याद नहीं है। वे बताते हैं कि उन्हें परियोजना अधिकारी के ओहदे से तरक्की मिली थी।

बमुश्किल एक दशक पहले नौकरी की खोज में दिल्ली आया युवक अब यहाँ अच्छी तरह जम चुका था। उनके पास अपनी कार थी, शेख सराय में एक डुप्लेक्स फ्लैट था और गुड़गाँव में उनकी पत्नी के नाम पर ज़मीन भी।

अवस्थी की मानें तो पैसा उन्हें अधिक आकर्षित नहीं करता; बल्कि उपलब्धियों का आनन्द वह शक्ति थी जिसने उन्हें ऊँचाइयों तक पहुँचने और उत्तरोत्तर प्रयास करने के लिए प्रेरित किया।

आश्वस्ति भाव के साथ अवस्थी कहते हैं, 'पैसा केवल एक साधन है किन्तु जो आपको वास्तव में अमीर बनाता है, वह आपकी अपनी निजी भावनाएँ हैं। जेब में दस रुपये रखकर भी कोई ख़ुद को अमीर महसूस कर सकता है। मेरे पास जब भी जितने भी पैसे रहे, मुझे कभी पैसों की कमी महसूस नहीं हुई। समय के साथ सब कुछ सामान्य रूप से होता रहा। ज़रूरत पड़ी तो स्कूटर ख़रीद लिया। समय आने पर मैंने कार ख़रीदी। फिर मैं उस स्थिति में पहुँचा जहाँ कम्पनी ने मुझे एक कार दी। सब कुछ समय पर मिलता रहा। मुझे सबसे ज़्यादा आनन्द तब मिलता है जब मैं कुछ सृजन करने में सक्षम होता हूँ।'

आज, जब वे पीछे मुड़कर देखते हैं तो बिना किसी संकोच के स्वीकार करते हैं कि 1978 में उन्होंने जो काम किया वह उल्लेखनीय था। अवस्थी कहते हैं, 'उस वक़्त किए गए काम के कारण आज हमारी संस्था के नाम से इफको चौक और इफको चौक मेट्रो स्टेशन है। इफको की अपनी टाउनशिप है जिसे हमने बहुत कम लागत पर विकसित किया है। इफको के पास उर्वरक प्रबन्धन विकास संस्थान (एफएमडीआई) है जहाँ हम अपने मार्केटिंग के लोगों को प्रशिक्षित करते हैं। इफको टावर्स और इफको कॉम्प्लेक्स हमने तब बनवाए जब मैं प्रबन्ध निदेशक बना। यह जो निर्माण का सुख है वह मेरे लिए सबसे महत्त्वपूर्ण है। इसमें मुझे बहुत सन्तोष मिलता है, इससे ही मुझे सम्पन्नता का बोध होता है।'

1978 के इन निर्णयों के कारण अवस्थी इस वर्ष को अपनी ख़ुद की पहचान का वर्ष मानते हैं और इसे शिद्दत के साथ याद करते हैं। इस वर्ष ही वे वास्तव में अपने आप को पहचान पाए और उन्होंने भविष्य की कई महत्त्वपूर्ण परियोजनाओं की नींव रखी। इसमें कोई अतिशयोक्ति नहीं कि आज अवस्थी की जो शख़्सियत है, उसका निर्माण यहाँ से आरम्भ होता है।

हज़ीरा में प्रतिस्पर्धा से लाभ

1970 के दशक का मध्य भारतीय उर्वरक उद्योग की प्रगति की दृष्टि से बहुत अहम है। 1973 में वैश्विक स्तर पर आए तेल संकट के कारण उर्वरक की क़ीमतें बहुत बढ़ गई थीं। भारत की खाद्य सुरक्षा के लिए उर्वरक महत्त्वपूर्ण

थे, इसलिए सरकार ने किसानों को उचित दर पर उर्वरक उपलब्ध कराने के लिए सब्सिडी की शुरुआत की।

लगभग इसी समय, मुम्बई के समुद्र तट से दूर अरब सागर में एक बहुत बड़े अपतटीय तेल क्षेत्र की खोज की गई, जिसे बॉम्बे हाई कहा जाता है। इस खोज के बाद, देश के विभिन्न हिस्सों में औद्योगिक और घरेलू उपयोग के लिए गैस की आपूर्ति करने के उद्‌देश्य से पहली अन्तरदेशीय (क्रॉस-कंट्री) गैस पाइपलाइन 'एचबीजे गैस पाइपलाइन' की परिकल्पना की गई।

इस पाइपलाइन के मार्ग के साथ छह नए उर्वरक संयंत्रों की स्थापना की योजना बनी। निर्णय किया गया कि चूँकि पाइपलाइन बिछाने में समय लगेगा, इसलिए उपलब्ध गैस का उपयोग करने के लिए कुछ बड़े व नए यूरिया संयंत्र बॉम्बे हाई के निकट स्थापित किए जाएँ।

आरसीएफ (राष्ट्रीय केमिकल्स एंड फर्टिलाइजर्स) को मुम्बई के पास अलीबाग के तटीय शहर थाल में एक यूरिया संयंत्र आवंटित किया गया। इफको और एनएफएल (नेशनल फर्टिलाइजर्स लिमिटेड) को गुजरात के सूरत जिले में स्थित ट्रांसशिपमेंट बन्दरगाह, हज़ीरा में एक-एक यूरिया संयंत्र स्थापित करने के लिए कहा गया।

इफको ने संयंत्र के लिए प्रौद्योगिकी के चयन पर तुरन्त काम शुरू कर दिया। इसके लिए एक उच्चस्तरीय समिति बनाई गई। पोथन भी इस कमेटी के सदस्य थे। उस समिति ने दो उपसमितियाँ बनाईं—एक अमोनिया संयंत्र के लिए और दूसरी यूरिया संयंत्र के लिए। अवस्थी यूरिया प्लांट की उपसमिति के सदस्य थे।

इस समय तक, अवस्थी को एक ऐसे व्यक्ति के रूप में पहचाना जाने लगा था जो न केवल पहल कर सकता था बल्कि अच्छे परिणाम भी दे सकता था। उपसमिति के सदस्य के रूप में उन्होंने परियोजना की बारीकियों को समझने के लिए बहुत लगन से काम किया। यूरिया प्रौद्योगिकी हस्तान्तरण से सम्बन्धित पूरा अध्याय उन्होंने ही लिखा था। इस अध्याय में चार-पाँच समझौते शामिल थे। भारत सरकार के विधि मंत्रालय और देश के शीर्षस्थ वकीलों ने उन समझौतों का अध्ययन किया और उनकी सराहना की।

अवस्थी कहते हैं, 'मैंने नेगोसिएशन करने और समझौतों का मसौदा तैयार करने में महारत हासिल कर ली थी। वे समझौते आज भी कृभको के आधार हैं। मैं उस स्तर पर भागीदारी कर रहा था।' यूरिया प्लांट की उपसमिति का काम

प्रौद्योगिकी का चयन करना और साथ में यह भी सुनिश्चित करना था कि यह प्रौद्योगिकी विदेशी सलाहकार से भारतीय सलाहकार प्रोजेक्ट्स एंड डेवलपमेंट इंडिया लिमिटेड (पीडीआईएल) को पूरी तरह हस्तान्तरित हो जाए। इसके मूल में यह उद्‌देश्य था कि आगे उर्वरक परियोजनाओं को डिजाइन करने और लागू करने में पीडीआईएल को आत्मनिर्भर बनाया जा सके।

यूरिया के संयंत्रों के लिए इटैलियन कम्पनी स्नैमप्रोजेत्ती की प्रौद्योगिकी का चयन किया गया। हज़ीरा के साथ ही मुम्बई के पास थाल में आरसीएफ का भी यूरिया का संयंत्र लग रहा था। वे अमोनिया के दो संयंत्र लगा रहे थे इसलिए उन्होंने यूरिया के चार स्ट्रीम रखे। हज़ीरा का एक ही संयंत्र था इसलिए यहाँ यूरिया के दो स्ट्रीम रखे गए। अवस्थी ने संयंत्र के सुचारु संचालन के लिए दोनों स्ट्रीम को एक-दूसरे की मिरर-इमेज बनाने का सुझाव दिया। यह एक नई संकल्पना थी।

अवस्थी बताते हैं, 'इससे यह लाभ मिलनेवाला था कि केवल एक नियंत्रण कक्ष से दोनों संयंत्रों की समूची प्रक्रिया को संचालित किया जा सकता था और इससे हमारे सलाहकार-मंडल को दूसरी स्ट्रीम को फिर से डिजाइन करने की ज़रूरत नहीं पड़ती।'

इस तरह अवस्थी परियोजना में पूरी तरह रम गए। उन्हें इसके प्रबन्धन के लिए यूरिया संयंत्र का प्रमुख नियुक्त किया गया। वे मिलान में स्नैमप्रोजेत्ती के मुख्य कार्यालय गए, वहाँ तीन महीने तक अपनी टीम के साथ रहे और यूरिया संयंत्र के डिजाइन को अन्तिम रूप प्रदान किया।

हालाँकि अवस्थी अब भी बहुत ऊँचे पद पर नहीं थे, इसके बावज़ूद पोथन और कृष्णन के साथ उन्हें कम्पनी के उच्च प्रबन्धन में शामिल कर लिया गया था। कृष्णन तब हज़ीरा परियोजना के प्रभारी और कार्यकारी निदेशक थे।

इस दौरान अवस्थी ने भूमि अधिग्रहण में भी महत्त्वपूर्ण भूमिका निभाई। ज़मीन अधिग्रहण के सिलसिले में पोथन की टीम सूरत आई थी। अवस्थी कहते हैं, 'वहाँ एक वृक्ष था जिसे देखकर पोथन साहब ने कहा, 'ओह, यह सेहर का पेड़ है।' वह पेड़ अफ्रीका से लाया गया था। हमने उस पेड़ को सुरक्षित बचाकर रखा। पर्यावरण संरक्षण का फैशनेबल दौर आने से कई दशक पहले ही हमने इस ओर ध्यान देना शुरू कर दिया था।'

प्रौद्योगिकी हस्तान्तरण का केन्द्र बड़ौदा को बनाया गया क्योंकि वहाँ पीडीआईएल का ऑफिस था और बड़ौदा सूरत के नज़दीक था। 'यह मेरे लिए

बेहद ख़ुशी की बात है कि यह संयंत्र बहुत अच्छी तरह चल रहा है। वास्तव में, यह बेहतरीन संयंत्र है। अब यह कृभको के पास है।'

इफको से कृभको और फिर इफको

पोथन 1980 में इफको छोड़कर कृभको के प्रबन्ध निदेशक बने। उसी वर्ष, हज़ीरा संयंत्र कृभको का हिस्सा बन गया और इफको की हज़ीरा परियोजना कार्यान्वयन समिति को भंग कर दिया गया। भंग की गई उप-समितियों के अन्य सदस्यों के साथ अवस्थी को भी नई कम्पनी में शामिल कर लिया गया।

कृभको के गठन से जुड़े घटना-क्रम को याद करते हुए अवस्थी कहते हैं : 'पोथन साहब के मन में शुरू से यह दुविधा थी कि हज़ीरा प्रोजेक्ट को इफको के तहत रखा जाए या इसके लिए इफको जैसी कोई दूसरी बहुराज्यीय सहकारी समिति बनाई जाए। इस दुविधा के निराकरण के लिए उन्होंने एक कोऑपरेटिव एग्रो ग्रुप की कल्पना की। उनका विचार यह था कि हज़ीरा संयंत्र के लिए एक अलग बहुराज्यीय सहकारी समिति बनाई जाए और फिर अगला संयंत्र इफको और इस नई समिति के संयुक्त स्वामित्व में लगाया जाए। पोथन साहब फर्टिलाइजर कोऑपरेटिव की एक शृंखला बनाना चाहते थे।'

पोथन इफको को उर्वरकों के एक ब्रांड के रूप में स्थापित करना चाहते थे—इफको, कृभको और भविष्य में स्थापित होनेवाली कई अन्य सहकारी समितियों की एकीकृत संस्था—जिसका साझा प्रबन्धन-समूह होता।

पोथन के प्रति गहरे सम्मान व विश्वास-भाव के बावजूद अवस्थी को इस योजना की सफलता के बारे में सन्देह था। उनका मानना था कि कृभको की स्थापना करना व्यावहारिक नहीं होगा। अवस्थी बताते हैं, 'मुझे लगता है कि पोथन साहब इफको के बढ़ते आकार से थोड़े चिन्तित थे। सम्भवत: इस तरह के विविध प्रौद्योगिकी स्रोतों के साथ संयंत्रों के प्रबन्धन की सक्षमता को लेकर वे आश्वस्त नहीं थे...लेकिन उनका निर्णय शायद सही नहीं था।' पोथन शायद भारतीय उर्वरक निगम की हालत देख रहे थे, जो अपने ही विशाल आकार और भार से दब गया था।

अवस्थी को दोनों सहकारी समितियों के बीच टकराव होने की आशंका थी जो निकट भविष्य में सही साबित हुई। जब कृभको का गठन किया गया तो माना गया था कि इफको और कृभको का साझा प्रबन्धन होगा। कुछ समय तक ऐसा हुआ भी, लेकिन फिर अधिक लोगों के लिए रोज़गार सृजित करने के उद्देश्य से दोनों के प्रबन्धन को अलग कर दिया गया और तभी से इन दोनों सहकारी समितियों के बीच प्रतिस्पर्धा शुरू हो गई।

जिस उद्देश्य के साथ कृभको की स्थापना की गई थी, वह पूरा नहीं हो सका। इफको से कृभको के अलग हो जाने के इतने दशकों बाद भी अवस्थी उसी गम्भीरता के साथ कहते हैं, 'एकमात्र समाधान, जिसे मैं हमेशा सही मानता था, वह यह था कि हज़ीरा संयंत्र इफको के पास ही रहता। अगर इफको और कृभको साथ रहते तो सहकारिता क्षेत्र में तमाम टकराव नहीं होते। तब देश के औद्योगीकरण में सहकारिता प्रमुख भूमिका निभाती, जो इस अकारण पनपी प्रतियोगिता के कारण बाधित हो गई।' बाद में पोथन ने अपनी गलती समझी। उन्होंने अपनी पुस्तक 'हार्वेस्ट मून' में कृभको बनाने के अपने निर्णय के प्रति अफ़सोस व्यक्त किया है।

पोथन 1982 में कृभको से सेवानिवृत्त हो गए। सरकार ने उस समय उत्तर प्रदेश में बरेली के निकट आँवला में एक नया यूरिया संयंत्र स्थापित करने की इफको की योजना को मंज़ूरी दी थी। फरवरी 1983 में, इफको के तत्कालीन अध्यक्ष श्रीनिवास रेड्डी ने इफको में लौटने और नए संयंत्र के निर्माण का कार्यभार सँभालने के लिए अपने सचिव एस.के. महाजन के जरिये अवस्थी से सम्पर्क किया।

अवस्थी बताते हैं, 'मैंने कृभको की परियोजना रिपोर्ट लिखी थी। मैंने इसका नाम इफको की तर्ज पर कृभको सुझाया था। मैं पोथन साहब और कृष्णन साहब के साथ उस कोर टीम का हिस्सा रह चुका था जिसने इस परियोजना को सफलतापूर्वक क्रियान्वित किया। लेकिन मुझे हमेशा लगा कि कृभको मेरे लिए छोटी संस्था है। मैंने सदैव इसे इफको की शाखा के रूप में देखा। दिल की बात कहूँ तो मैं हमेशा इफको में वापस आना चाहता था। इसलिए जब मौक़ा मिला, मैं इफको में लौट आया।'

इफको में उस समय अनिश्चितता का माहौल था। सरकार से अस्थायी प्रबन्ध निदेशक नियुक्त किए जा रहे थे। इफको के तत्कालीन अध्यक्ष कोई पहल नहीं

कर पा रहे थे क्योंकि उनकी टेक्नोलॉजी या फाइनांस की पृष्ठभूमि नहीं थी। वे एक राजनीतिज्ञ थे और इन्दिरा गांधी के बहुत क़रीबी थे।

अपनी अन्तरात्मा की पुकार पर अवस्थी इफको लौट आए। अवस्थी इस बार आँवला परियोजना के प्रभारी परियोजना प्रबन्धक के रूप में इफको से जुड़े। उनके आने के तुरन्त बाद, एम.एच. अवधानी इफको के प्रबन्ध निदेशक बने। वे एसपीआईसी (सदर्न पेट्रोकेमिकल इंडस्ट्रीज कॉर्पोरेशन लिमिटेड) से आए थे और वहाँ उपाध्यक्ष रह चुके थे।

1986 में, अवस्थी इफको के संयुक्त महाप्रबन्धक बने। यह पद विशेष रूप से अवस्थी के लिए बनाया गया था। अब चूँकि अवस्थी परियोजना प्रबन्धक थे, लिहाज़ा उन्हें महाप्रबन्धक के समान अधिकार प्राप्त थे।

कहा जा सकता है कि अब उनके कैरियर ने वास्तव में उड़ान भर ली थी...।

तीन परियोजनाओं पर एक साथ काम

अवधानी अब भी अपेक्षाकृत युवा और पर्याप्त ऊर्जावान थे। कुछ बड़ा करने का विजन और ज़ज्बा उनमें था। अवधानी को अवस्थी भा गए। उन्होंने व्यावहारिक रूप से अवस्थी को आँवला परियोजना की पूरी रूपरेखा और निष्पादन की जिम्मेदारी सौंप दी।

दक्षिण भारतीय होने के नाते नए प्रबन्ध निदेशक हिन्दी में धाराप्रवाह नहीं बोल पाते थे। वे हिन्दी समझ जाते थे किन्तु बोलने में सहज नहीं थे। अवधानी को किसी ऐसे व्यक्ति की तलाश थी जो अच्छी हिन्दी बोल सके। अवस्थी ने उनकी इस कमी को पूरा कर दिया। अवस्थी के पास पहले से ही सरकार के साथ मिलकर काम करने का अच्छा अनुभव था। वे युवा और मेहनती थे और सरकार में कई लोगों के साथ उनके अच्छे सम्बन्ध थे। 'अवधानी साहब चूँकि निजी क्षेत्र से सहकारिता में आए थे, जो उस समय सरकारी नियंत्रण में था, इसलिए मुझमें उन्हें एक भरोसेमन्द मैनेजर दिखता था। अवधानी साहब के साथ मेरा बहुत अच्छा तालमेल बना और यहीं से मेरे अन्दर का वास्तविक मैनेजर उभर कर सामने आया', अवस्थी हँसते हुए कहते हैं।

1983-84 में इफको ने एक साथ तीन परियोजनाओं पर काम करना शुरू कर दिया था। इनमें से एक थी आँवला परियोजना, दूसरी गोदावरी फर्टिलाइजर्स और तीसरी सेनेगल में आईसीएस परियोजना। सेनेगल परियोजना पर काम पहले ही शुरू हो चुका था, लेकिन एसपीआईसी और भारत सरकार के साथ इसकी न्यायसंगत हिस्सेदारी में भाग लेने की मंज़ूरी 1983 में मिली। तब इफको ने सेनेगल संयंत्र से उत्पादित फॉस्फोरिक एसिड को ख़रीदने पर सहमति व्यक्त की।

श्रीनिवास रेड्डी, अवधानी और अवस्थी गोदावरी फर्टिलाइजर्स में भागीदारी से सम्बन्धित बातचीत के लिए एन.टी. रामाराव से मिलने हैदराबाद गए। एन. टी. रामाराव राज्य विधानसभा का चुनाव जीतकर हाल ही में आन्ध्र प्रदेश के मुख्यमंत्री बने थे। रामाराव ने गर्मजोशी से उनका स्वागत किया और गोदावरी फर्टिलाइजर्स कम्पनी में इफको की 25 प्रतिशत और आन्ध्र प्रदेश सरकार की 26 प्रतिशत हिस्सेदारी के प्रस्ताव पर सहमति दे दी।

रामाराव ने शानदार लहजे में कहा, 'मैं बहुत ख़ुश हूँ कि आप लोग आन्ध्र प्रदेश आ रहे हैं। यह संयंत्र ज़रूर लगेगा। मैं आपको सारी सुविधाएँ दूँगा।' उन्होंने श्रीनिवास रेड्डी से तेलुगु में बातचीत की क्योंकि दोनों मूल रूप से तेलुगु भाषी थे। अवधानी भी तेलुगु भाषी थे। इसलिए हिन्दी या अंग्रेज़ी में कोई बात नहीं हुई और अवस्थी उनके मध्य हुई बातचीत का एक शब्द भी नहीं समझ सके।

अवस्थी अब तीनों परियोजनाओं—आँवला, गोदावरी फर्टिलाइजर्स और आईसीएस सेनेगल में बड़ी भूमिका निभा रहे थे। मई 1984 में सेनेगल संयंत्र की कमीशनिंग हुई और फास्फोरिक एसिड की पहली खेप कांडला पहुँची। मई में ही गोदावरी फर्टिलाइजर्स के वित्तपोषण के लिए आईडीबीआई की मंज़ूरी प्राप्त हुई।

आँवला संयंत्र की नींव

इफको ने ओईसीएफ[1], जापानी वित्तीय संस्थान एशियाई विकास बैंक (एडीबी) और डीएएनआईडीए[2] के साथ वित्तीय सहायता पाने के लिए बातचीत शुरू

1. ओवरसीज इकोनॉमिक कोऑपरेशन फंड
2. डैनिश इंटरनेशनल डेवलपमेंट एजेंसी

की। वे उदारीकरण से पहले के दिन थे जब विदेशी मुद्रा के लेन-देन पर सरकार के साथ बातचीत की जानी आवश्यक थी और इस बाबत सीधे तौर पर सम्बन्धित पक्षों के मध्य बातचीत नहीं की जा सकती थी। अवस्थी उन सभी चर्चाओं का हिस्सा रहे।

इस बीच कम्पनी ने गैस की आपूर्ति के लिए ओएनजीसी से भी बातचीत शुरू कर दी। कुल परियोजना लागत 730 करोड़ रुपये थी, विदेशी घटक 277 करोड़ रुपये था और भारतीय घटक 453 करोड़ रुपये था। इसके लिए भारत सरकार की स्वीकृति सितम्बर-अक्टूबर 1984 में प्राप्त हुई थी।

आँवला परिसर की स्थापना के लिए भूमि-अधिग्रहण की क़वायदों के बीच उत्तर प्रदेश के तत्कालीन मुख्यमंत्री एन.डी. तिवारी से मुलाक़ात की बात अवस्थी को स्पष्ट रूप से याद है। वे उस समिति के अध्यक्ष थे जिसने एचबीजे पाइपलाइन के मार्ग के साथ संयोजित छह उर्वरक संयंत्रों के लिए निर्माण-स्थलों का चयन किया था। नारायण दत्त तिवारी ने तब मुख्य सचिव को बुला कर तुरन्त इफको को ज़मीन सौंपने का निर्देश दिया था। इसलिए आँवला संयंत्र के लिए भूमि अधिग्रहण का काम कम समय में ही पूरा कर लिया गया।

जब अवस्थी आँवला संयंत्र के निर्माण-स्थल को देखने गए तो उन्होंने पाया कि वहाँ एक मज़ार के पास कोई फ़क़ीर बैठा है। अवस्थी ने उससे कहा : 'हम लोग इस ज़मीन को ले रहे हैं, इसका कैसा भविष्य रहेगा?' उसने कहा : 'सब ठीक है। बस इतनी जगह छोड़ देना।' अवस्थी ने उससे वादा किया कि वे ऐसा ही करेंगे। अवस्थी ने मज़ार की जगह को छोड़कर ख़ुद बाउंड्री काटी थी। बाद में वहाँ पौधों की नर्सरी बनाई गई।

लेकिन निर्माण-स्थल पर काम आरम्भ होने के कुछ ही दिनों बाद अवस्थी को पहली बड़ी चुनौती का सामना करना पड़ा। दरअसल, आवंटित भूमि में एक मीटर की गहराई के बाद रेत ही रेत थी। यह भूकम्प क्षेत्र में भी था। इसके लिए व्यापक पाइलिंग कार्य व अधि-संरचना निर्माण की आवश्यकता थी, लेकिन वह किस प्रकार की हो, यह पता करना चुनौती भरा काम था। उन दिनों गूगल नहीं था, इसलिए प्रस्तावित कारखाने और आसपास के टाउनशिप के लिए ज़मीन को कैसे निर्धारित किया जाए, इस पर व्यापक शोध की आवश्यकता थी।

इस समस्या को हल करने के लिए अवस्थी ने अवधानी के साथ मिलकर काम किया। उन्होंने यह पता लगाने की कोशिश की कि किस कम्पनी के पास

ऐसी उन्नत तकनीक है, जिससे उनकी समस्या का समाधान हो सके। साथ ही, वे अधिगृहीत निर्माण-स्थल को स्थानान्तरित करने पर भी विचार कर रहे थे। लेकिन तब तक साइट पर काफी काम हो चुका था। इसलिए आख़िरकार उन्होंने इस समस्या को हल करने का ही रास्ता चुना।

आँवला परियोजना शुरू से ही फ़ास्ट-ट्रैक पर थी। इसके लिए एक विशेष उप-समिति का गठन किया गया था और उन्हें समयानुकूल निर्णय लेने के पर्याप्त अधिकार दिए गए थे। उपसमिति के निर्णय को बाद में निदेशक मंडल के अनुमोदन के लिए भेजा जाता था।

'इस तरह हमने आँवला परियोजना को निर्धारित समय के भीतर पूरा कर लिया', अवस्थी कहते हैं। वे शुरू में एक विशेष आमंत्रित सदस्य के रूप में उप-समिति के सदस्य बने थे। वे बोर्ड के मूल सदस्य नहीं थे। एक विशेष आमंत्रित सदस्य के रूप में ही उन्होंने उप-समिति के समक्ष प्रस्ताव प्रस्तुत किए। उपसमिति की पहली बैठक अप्रैल 1985 में हुई। 1985 के अप्रैल महीने तक गोदावरी उर्वरक परियोजना का कार्य भी जोरों पर था, जबकि सेनेगल संयंत्र से अब उत्पादन आरम्भ हो चुका था।

स्नैमप्रोजेत्ती और हालदार टोप्से क्रमशः यूरिया और अमोनिया संयंत्रों के लिए प्रौद्योगिकी आपूर्तिकर्ता थे। पीडीआईएल विस्तृत इंजीनियरिंग के लिए संयुक्त सलाहकार था। हज़ीरा के यूरिया संयंत्र ने आँवला परियोजना का विस्तृत ख़ाका तैयार किया गया था। टेक्नोलॉजी से सम्बन्धित जितने भी अनुबन्ध पहले बनाए गए थे वही अनुबन्ध यहाँ भी लागू हुए। प्रत्येक निर्णय में इफको के प्रतिनिधि, विदेशी सलाहकार और संयुक्त सलाहकार तीनों की सहमति अनिवार्य थी। यह प्रावधान भी था कि अगर इफको या संयुक्त सलाहकार को यह लगता है कि किसी जगह निर्माण की सामग्री ठीक नहीं है या किसी उपकरण का कोई हिस्सा ठीक नहीं है तो वे इसे ठीक करने का सुझाव देंगे। सुझाव अगर तकनीकी रूप से सम्भव नहीं है तो विदेशी सलाहकार यह बताएगा और उसकी बात मानी जाएगी लेकिन उसके लिए इफको की सहमति अनिवार्य थी। चूँकि किसी भी निर्णय के लिए अन्ततः निदेशक मंडल की सहमति आवश्यक थी इसलिए इफको और संयुक्त सलाहकार की टीम विदेशी सलाहकार के ऑफिस में पूरी प्रक्रिया के दौरान साथ रहती थी।

अवस्थी याद करते हैं, 'इसकी मूल अवधारणा यह थी कि यह परियोजना अच्छी तरह एक-एक बारीकी पर ध्यान केन्द्रित रखते हुए सम्पादित की जाए

ताकि कोई कमी न रह सके।' किसी भी तरह के विवाद की स्थिति में इफको का निर्णय ही अन्तिम होता था।

एक शर्त यह भी थी कि संयंत्र को निर्धारित 'लोड' से कम पर संचालित नहीं किया जाए और ऊर्जा की खपत भी तय सीमा से अधिक न हो। शर्तों के उल्लंघन की स्थिति में एक निश्चित सीमा तक आर्थिक दंड का प्रावधान था और उसके बाद 'मेक गुड' की शर्त थी। हालाँकि, कभी भी इनका प्रयोग नहीं करना पड़ा क्योंकि संयंत्र का संचालन हमेशा निर्धारित स्तर से बेहतर रहा।

आँवला परियोजना का काम पूरे जोर पर था। शून्य तिथि पहले ही शुरू हो चुकी थी। अवस्थी बताते हैं, 'हम लोग रात-दिन व्यस्त रहते थे। डॉक्यूमेंटेशन उस समय बहुत महत्त्वपूर्ण काम होता था। सारे डॉक्यूमेंट मैं और मेरी टीम तैयार करती थी। वह जमाना कंप्यूटर का नहीं था। इलेक्ट्रॉनिक टाइपराइटर और ज़ेरॉक्स मशीन होती थी। कुछ भी जोड़ना या हटाना होता तो पूरे डॉक्यूमेंट को दुबारा टाइप करना पड़ता था। उसके बाद फिर ज़ेरॉक्स मशीन से उसकी प्रतिलिपियाँ निकाली जातीं। डॉक्यूमेंट तैयार करने के बाद सबसे पहले मैं प्रबन्ध निदेशक को उसे विस्तार से स्पष्ट करता था।'

डॉक्यूमेंट पर प्रबन्ध निदेशक के हस्ताक्षर होने के बाद इफको के निदेशक मंडल में सरकार के जितने मनोनीत निदेशक थे, अवस्थी उन सबके पास जाकर उन्हें सारी बातें विस्तार से समझाते थे। निदेशक मंडल की महीने में एक बैठक ज़रूर होती थी। किसी-किसी महीने में दो बैठकें भी हो जाती थीं। हर बैठक में लगभग सभी निदेशक आते थे। अवस्थी उर्वरक सचिव को भी जानकारी देने जाया करते थे। उस समय के.डी. वासुदेव उर्वरक सचिव थे। वे अवस्थी के काम से बहुत प्रभावित हुए और उन्होंने 1986 में उन्हें पीपीसीएल (पाइराइट्स, फॉस्फेट्स एंड केमिकल्स लिमिटेड) का प्रमुख चुना। उस समय अवस्थी मात्र 41 वर्ष के थे।

1986 अवस्थी के कैरियर का महत्त्वपूर्ण वर्ष साबित हुआ। उन्हें फरवरी 1986 में आँवला प्रोजेक्ट के परियोजना प्रबन्धक (प्रोजेक्ट मैनेजर) से संयुक्त महाप्रबन्धक (ज्वाइंट जनरल मैनेजर) के पद पर पदोन्नत किया गया। फिर इसी साल नवम्बर में उन्हें पीपीसीएल का सीएमडी (अध्यक्ष-सह-प्रबन्ध निदेशक) नियुक्त किया गया।

आँवला संयंत्र से मई 1988 में उत्पादन शुरू हो गया। अवधानी ने अवस्थी को उद्‌घाटन समारोह में आने के लिए विशेष तौर पर निमंत्रण भेजा था। प्लांट का उद्‌घाटन करने तत्कालीन प्रधान मंत्री राजीव गांधी आए थे।

'यदि आप सुविधाएँ देखेंगे तो आपको आँवला प्लांट के विस्तार का अहसास होगा। इस संयंत्र में एक सुन्दर और सुव्यवस्थित टाउनशिप है जिसमें सुरक्षा व सहूलियत के पर्याप्त बन्दोबस्त हैं। हमने संयंत्र को अवधानी साहब के साथ मिलकर इस तरह डिजाइन किया है कि इसमें अमोनिया संयंत्र की दो धाराएँ और यूरिया संयंत्र की चार धाराएँ प्रचालित हो सकती हैं', अवस्थी तनिक गर्व के साथ कहते हैं।

अम्मा का जाना

अब तक अवस्थी की गृहस्थी दिल्ली में जम गई थी। देवीशंकर अवस्थी की असामयिक मृत्यु के गहरे सदमे से उबरकर अवस्थी परिवार आगे बढ़ चला था। कमलेश अवस्थी के बच्चों ने भी अपना मुकाम पा लिया था और वे सबके-सब अपने जीवन में बहुत अच्छा कर रहे थे। अवस्थी भाई-बहनों में सबसे छोटी रेखा दिल्ली विश्वविद्यालय में पढ़ाने लगी थीं। माँ दुर्गावती अब ज़्यादातर अवस्थी के साथ दक्षिणी दिल्ली के शेख सराय में उनके डुप्लेक्स फ्लैट में रहती थीं।

4 मई, 1985 का वह दुखद दिन था। अवस्थी रात के खाने के बाद कमरे में चले गए थे। उनके घरेलू सहायक ने उनके दरवाजे पर दस्तक दी और कहा कि माँ उन्हें नीचे बुला रही हैं। अवस्थी अपनी पत्नी रेखा (अवस्थी की छोटी बहन का नाम भी रेखा है) के साथ नीचे उतरे। दुर्गावती अपने बिस्तर पर लेटी हुई थीं। उन्होंने कहा, 'मेरा समय आ गया है। मुझे फर्श पर लिटा दो।' अवस्थी और उनकी पत्नी रेखा ने माँ की आज्ञा का तुरन्त पालन किया।

फिर उन्होंने कहा, 'नहीं, रुको। चन्द्र ग्रहण ख़त्म होने को है। मुझे नहाना चाहिए।' अपनी बहू की ओर मुड़ते हुए उन्होंने कहा, 'तुम भूल जाती हो। सोना और तुलसीदल रखा हुआ है। वहीं गंगाजल भी है। यह सब मेरे मुँह में डाल दो।'

उन्होंने जैसा कहा था अवस्थी और उनकी पत्नी रेखा ने वैसा ही किया। फिर उन्होंने अवस्थी के दोनो पुत्रों और अपने बड़े बेटे देवीशंकर अवस्थी के पुत्रों अर्थात अपने पौत्रों को देखने की इच्छा व्यक्त की।

अवस्थी व्याकुल हो उठे। वे माँ को तुरन्त अस्पताल ले जाना चाहते थे, लेकिन दुर्गावती इसके लिए राजी नहीं हो रही थीं। उन्होंने कहा, 'अब अस्पताल जाने का कोई मतलब नहीं है...मेरा अन्त समय आ गया है।' डॉक्टर को बुलाया गया और उन्हें अस्पताल ले जाया गया। तब तक वे होश खोने लगी थीं। अगली सुबह लगभग पाँच बजे, दुर्गावती ने अपनी अन्तिम सांसें लीं। अन्तिम क्षणों में भी दुर्गावती बेटे का हाथ अपने हाथ में थामे हुई थीं।

अवस्थी मानते हैं कि उन्हें अपनी माँ से चरित्र की दृढ़ता, उदारता और जीवटता का अप्रतिम गुण प्राप्त हुआ। अवस्थी कहते हैं, 'माँ ने मुझे कुछ भी करने से कभी हतोत्साहित नहीं किया। हमारे पास ज़्यादा पैसा नहीं था। उन्होंने हमारी पढ़ाई के लिए अपने आभूषण बेचे। अपने गहने बेचकर ही उन्होंने बड़ी बेटी की शादी भी की। लेकिन जब कभी मैंने अपने कपड़े और अन्य चीज़ें किसी को दी तो उसपर माँ ने कभी आपत्ति नहीं की। उन्होंने मुझे सहज रूप से जीवन पथ पर बढ़ने दिया। वे एक आत्मशक्ति सम्पन्न आधुनिक दृष्टि वाली आदर्श महिला थीं। उन्होंने स्वाभिमान के साथ जीवन की चुनौतियों का सामना किया और एक आदर्श माँ के रूप में इस संसार से विदा हुईं।'

पीपीसीएल : अवस्थी की अग्निपरीक्षा

पीपीसीएल एक सार्वजनिक क्षेत्र की खनन कम्पनी है जो बन्द होने के कगार पर थी। कम्पनी की बिहार और राजस्थान में पाइराइट की खदानें तथा उत्तराखंड की दून घाटी में रॉक फॉस्फेट की खदानें थीं। 2,000 कर्मचारियों वाली यह कम्पनी लम्बे समय से घाटे में चल रही थी और कर्मचारियों को इस बात की गहरी चिन्ता हो रही थी कि कहीं यह बन्द न हो जाए।

1986 में, एक पुनरुद्धार पैकेज तैयार किया गया, जिसमें बिहार में पाइराइट-आधारित एसएसपी (सिंगल सुपर फॉस्फेट) संयंत्र स्थापित करने और इसकी सभी खानों में खनन की प्रक्रिया को मशीनीकृत करने का प्रस्ताव था। इसके

लिए संसद द्वारा 45 करोड़ रुपये के पुनरुद्धार पैकेज को मंज़ूरी दी गई थी। इस पुनरुद्धार योजना को क्रियान्वित करने के लिए अवस्थी को पीपीसीएल का सीएमडी (अध्यक्ष-सह-प्रबन्ध निदेशक) बनाया गया।

के.डी. वासुदेव उस समय उर्वरक विभाग में सचिव थे। अवस्थी बताते हैं, 'उन्होंने मुझसे कहा, 'अवस्थी, आप आँवला में बहुत अच्छा काम कर रहे हो। पीपीसीएल एक खनन कम्पनी है, जो लम्बे समय से घाटे में चल रही है। मैं चाहता हूँ कि आप इसे पुनर्जीवित करें।'

अवस्थी पीपीसीएल के सीएमडी के चयन के लिए आयोजित साक्षात्कार में उपस्थित हुए। अवस्थी को ही चुना गया।

अवस्थी थोड़े आशंकित थे। वे अभी युवा थे और उन्हें खनन क्षेत्र का कोई अनुभव नहीं था। उन्होंने वासुदेव से कहा : 'सर, मैं केवल 41 वर्ष का हूँ; मेरे बच्चे छोटे हैं; अगर कम्पनी बन्द हो जाती है तो मेरा भविष्य क्या होगा?'

लेकिन वासुदेव ने उनके किसी प्रश्न का जवाब नहीं दिया। उन्होंने कहा : 'आप कम्पनी को पुनर्जीवित कर सकते हैं; इसलिए जाइए और ज्वाइन कीजिए।'

'सर, मेरे प्रबन्ध निदेशक शहर में नहीं हैं, मैं अपना इस्तीफ़ा किसे दूँ?'

वासुदेव ने आदेश दिया, 'आप फ़ोन पर इस्तीफ़ा दें।'

'उन दिनों उर्वरक सचिव बहुत शक्तिशाली अधिकारी हुआ करते थे। उनके फ़ोन से मैंने अवधानी साहब से फ़ोन पर इस्तीफ़ा देने की बात की और अगले ही दिन पीपीसीएल में शामिल हो गया। वासुदेव नहीं चाहते थे कि कम्पनी बन्द हो, इसलिए उन्होंने पीपीसीएल को पुनर्जीवित करने में मुझे पूरा सहयोग दिया। उन्होंने मुझे राजीव गांधी के साथ अपॉइंटमेंट लेने में मदद की, प्रोजेक्ट के लिए बजट बढ़ाने में मेरी मदद की और पीपीसीएल में मुझे स्थापित करने में भी मदद की। उन्हें मुझ पर पूरा भरोसा था,' अवस्थी कहते हैं।

अवस्थी पहले दिन से ही काम में जुट गए। उन्होंने तुरन्त आर.पी. सिंह को तलब किया जो प्रबन्धक, कार्मिक एवं प्रशासन विभाग का कार्यभार सँभाल रहे थे। अवस्थी कर्मचारियों से सम्बन्धित पूरी जानकारी चाहते थे। वे जानना चाहते थे कि किसी एक ग्रेड में कितने लोग हैं, कम्पनी की संरचना कैसी है, भर्ती नीति, पदोन्नति नीति वगैरह कैसी है। आर.पी. सिंह ने अवस्थी को तत्कालीन वस्तुस्थिति से अवगत कराया। बक़ौल आर.पी. सिंह, 'इस गहन चर्चा के अन्त में उन्होंने कहा, आपकी नीति स्पष्ट नहीं है। हमें नई नीति बनानी होगी।'

'हमारे पास कितने केमिकल इंजीनियर हैं?'

सिंह ने जवाब दिया, 'सर, हमारे यहाँ एक भी केमिकल इंजीनियर नहीं है।'

अवस्थी को बड़ा आश्चर्य हुआ। 'यह इतनी बड़ी कम्पनी है; यहाँ लगभग 2,000 लोग काम कर रहे हैं, लेकिन हमारे पास एक भी केमिकल इंजीनियर नहीं है?'

'सर, यह एक खनन कम्पनी है; इसलिए ज़्यादातर खनन कार्य से जुड़े लोग हैं। खनन मशीनों और उपकरणों के रखरखाव आदि के लिए कुछ मैकेनिकल और इलेक्ट्रिकल इंजीनियर हैं; बाकी सब कर्मचारी और मजदूर हैं।'

'यह एक बड़ी चुनौती है। हमें नया प्लांट लगाना है और उसे चलाना है। हमें ऐसे लोगों की ज़रूरत है जिन्हें यह काम करने की योग्यता हो।'

अवस्थी ने एसएसपी प्लांट के लिए प्रोजेक्ट रिपोर्ट तैयार करने के आदेश दिए। जब अवस्थी ने रिपोर्ट देखी तो वे समझ गए कि जिस व्यक्ति ने यह रिपोर्ट बनाई है, उसे प्लांट चलाने का कोई अनुभव नहीं है।

उन्होंने वहीं बैठकर सारा हिसाब लगाया और आर.पी. सिंह से कहा, 'हमें प्लांट लगाने और उसे व्यवस्थित ढंग से चलाने के लिए कम-से-कम 200 प्रशिक्षित लोगों की ज़रूरत पड़ने वाली है। आपको अगले तीन महीनों के भीतर इन लोगों की भर्ती करनी होगी।'

सिंह चौंक गए। उन्होंने कहा, 'सर, ऐसा करने के लिए अब समय बहुत कम है।'

'क्यों?'

'सार्वजनिक क्षेत्र में, भर्तियों के लिए एक निर्धारित प्रक्रिया है जिसका पालन किया जाता है। सबसे पहले अख़बार में विज्ञापन दिया जाता है और आवेदन करने के लिए तीस दिन का समय दिया जाता है। फिर, शॉर्टलिस्टिंग होती है और साक्षात्कार के लिए पत्र जारी किए जाते हैं। साक्षात्कार के लिए उपस्थित होने के लिए न्यूनतम पन्द्रह दिन का समय दिया जाता है। फिर चयन के बाद ज्वाइनिंग के लिए तीन माह का समय दिया जाता है। इसलिए तीन महीने में इतने लोगों की भर्ती करना सम्भव नहीं है।'

अवस्थी बोझिल प्रक्रियाओं को अपनी योजनाओं के आड़े आने देने वाले व्यक्ति नहीं हैं। उन्होंने कहा, 'यदि आप मेरी गति से काम नहीं कर सकते हैं तो मुझे किसी और की तलाश करनी होगी।' अवस्थी की बातों से सिंह सिहर-से गए।

स्थापित प्रक्रियाओं के साथ यह अवस्थी की पहली टक्कर थी। और यह उनके कैरियर के दर्जनों उदाहरणों में से पहला था जब उन्होंने अपने लक्ष्यों को पाने के लिए लालफीताशाही के शिकंजे को तोड़कर सामान्य और व्यावहारिक दृष्टिकोण अपनाया।

सिंह कहते हैं, 'अवस्थी ने हमें सर्वोत्तम पेशेवरों को ख़ोजने की पूरी आज़ादी दी। उन्होंने कहा, 'ये 200 पेशेवर अत्यन्त महत्त्वपूर्ण लोग होंगे जो इस संयंत्र के स्तम्भ होंगे।' उन्होंने हमें एक अद्‌भुत मंत्र दिया। उन्होंने कहा, 'आप पहले महाप्रबन्धक और उप महाप्रबन्धक की नियुक्ति करें और फिर उनसे ऐसे सर्वश्रेष्ठ पेशेवरों को चुनने के लिए कहें जिन्हें वे जानते हैं।'

यह युक्ति काम कर गई। महाप्रबन्धक से लेकर लाइनमैन तक क़ाबिल पेशेवरों की भर्ती कर ली गई। प्रत्येक स्तर के पदाधिकारियों ने अपने से ठीक नीचे वालों को चुना। उनसे यही कहा गया, 'आप अपने काम में माहिर हैं। अब आप अपनी सहायता के लिए सर्वश्रेष्ठ लोगों का चयन स्वयं करें।'

जब अभ्यर्थी साक्षात्कार के लिए आए तो चुने गए लोगों को उसी दिन नियुक्ति पत्र दे दिया गया। जिस तेजी से भर्ती पूरी हुई उससे सभी हैरान रह गए।

फिर, अवस्थी ने कॉरपोरेट कार्यालय के सारे इंटीरियर बदलवा दिए। पैनल्स के अखरोट जैसे रंग को देवदार की लकड़ी जैसे रंग में बदल दिया गया। इस कायापलट से कार्यालय का माहौल जीवन्त हो गया।

अवस्थी ने दफ्तर के काम करने के तरीक़े में बड़ा बदलाव किया। अवस्थी ने पहले सीएमडी रहे टी.एन. जग्गी को सीएमडी के सलाहकार के रूप में बनाए रखा। वे रोज़ ऑफिस आते रहे। अवस्थी ने जग्गी को एक सलाहकार के साथ बैठक करने के लिए कहा। बैठक शुरू होने से पहले जग्गी ने नए सीएमडी को बैठक में आमंत्रित किया।

अवस्थी ने कहा : 'बैठक में मेरी उपस्थिति की क्या ज़रूरत है?

'फिर आपको कैसे पता चलेगा कि बैठक में क्या हुआ था।'

'आप बैठक कर रहे हैं, तकनीकी निदेशक आपके साथ हैं, वित्त निदेशक भी हैं। मुझे अपनी टीम पर पूरा भरोसा है। आप मुझे बाद में बैठक के बारे में जानकारी दे दें।'

ऐसा पहले कभी नहीं हुआ था। इस एक घटना का टीम के मनोबल पर गहरा प्रभाव पड़ा। उन्हें लगने लगा कि नए सीएमडी को उन पर, टीम पर पूरा भरोसा है।

कम्पनी का जायज़ा लेने के बाद, अवस्थी ने अनुमान लगाया कि पीपीसीएल को संयंत्र के लिए अतिरिक्त 40 एकड़ भूमि की आवश्यकता होगी।

सिंह ने उनसे कहा, '40 एकड़ ज़मीन हासिल करना एक बड़ी चुनौती होगी।'

अवस्थी ने जवाब दिया, 'इसके बिना संयंत्र स्थापित नहीं किया जा सकता है।' उन्होंने आगे कहा कि वे सर्वेक्षण के लिए जल्दी ही अमझौर का दौरा करेंगे।

माफिया डॉन से मुलाक़ात

अवस्थी ने ट्रेन से अमझौर के निकटतम रेलवे स्टेशन डेहरी-ऑन-सोन की यात्रा की। उन दिनों सूर्यदेव सिंह धनबाद बेल्ट में कोयला माफिया के बतौर एक चर्चित व शक्तिशाली डॉन था। पूरे कोयलांचल में उसके नाम की धमक थी। वह अवस्थी के सामने वाली बर्थ पर बैठा था और उसके दोनों निजी अंगरक्षक पिस्तौल और बन्दूकों से लैस होकर प्रथम श्रेणी के उस डिब्बे की शेष दो बर्थ पर जमे थे। पीपीसीएल प्रमुख ने मन ही मन सोचा : मैं कहाँ आकर फँस गया?

थोड़ी देर बाद उन दोनों में बातचीत शुरू हुई। 'सर, आप इतनी सुरक्षा में यात्रा कर रहे हैं; आप कौन हैं?' अवस्थी ने पूछा।

'मैं सूर्यदेव सिंह हूँ। मेरे दुश्मन मुझे मारने की ताक में रहते हैं। इसलिए मेरी बुकिंग कभी मेरे नाम से नहीं होती। आप देख सकते हैं, यह बुकिंग भी मेरे नाम पर नहीं है।'

'लेकिन लोग पता लगा सकते हैं कि आप अपने नाम पर बुकिंग नहीं करते हैं। वे अब भी आपको नुक़सान पहुँचाने के तरीक़े खोज सकते हैं।'

'नहीं नहीं! मेरे बॉडीगार्ड कभी किसी को मेरे पास नहीं आने देंगे।'

'क्या आपको लगता है कि जो व्यक्ति आपको मारने पर तुला हुआ हो, वह आपके अंगरक्षकों से भयभीत होगा? वह आपको ज़हरीली सुई चुभाकर आपकी जान ले सकता है।'

'हाँ आप सही कह रहे हैं।'

'ईश्वर जीवन देता और लेता है।'

फिर माफिया डॉन ने पूछा : 'आप कहाँ जा रहे हैं?'

अवस्थी ने उसे अपनी नई नियुक्ति और इस यात्रा के उद्देश्य के बारे में बताया।

सिंह ने कहा : 'ओह, यह एक नक्सल प्रभावित क्षेत्र है। आपको बहुत सावधान रहना होगा। आपको अपनी सुरक्षा के लिए अंगरक्षकों की भी आवश्यकता होगी।' उसने अपने नए साथी से भोजन की पेशकश की।

अवस्थी ने साथ भोजन किया।

सूर्यदेव सिंह के साथ अवस्थी की यह एक यादगार यात्रा थी।

पीपीसीएल में हलचल

डेहरी-ऑन-सोन के कार्यालय परिसर में कुछ आवासीय कमरे थे। स्टेशन से वहाँ जाना, फ्रेश होना, साइट के लिए निकलने से पहले यह पता लगाना कि अमझौर में शान्ति है या नहीं, यह सुरक्षा के लिए निश्चित प्रक्रिया थी। पर अवस्थी ने सिंह से पूछा कि क्या अमझौर में कोई गेस्ट हाउस है? विश्रामगृह की जानकारी मिलते ही उन्होंने कहा : 'चलो वहाँ सीधे चलते हैं।'

एक घंटे की ड्राइव में वे वहाँ पहुँच गए। अवस्थी ने प्लांट देखा, ऑफिस के लोगों से मिले और रात वहीं रुके। अगली सुबह, वे लोगों से मिलने के लिए बस्ती में गए। सभी ने उन्हें ऐसे देखा जैसे वे नादिर शाह हों क्योंकि यह ख़बर फैल गई थी कि कम्पनी में छँटनी होगी। हर कोई चिन्तित और परेशान नज़र आ रहा था।

अवस्थी ने उस दोपहर सभी कर्मचारियों को बैठक के लिए बुलाया। अवस्थी ने उनसे कहा, 'देखिए, अगर आप मेरे साथ सहयोग करने के लिए तैयार हैं तो मैं भी कोशिश करूँगा और यह सुनिश्चित करूँगा कि किसी की नौकरी न जाए।'

सभी ने सहयोग करने पर सहमति जताई।

'क्या आप सब वह करेंगे जो मैं आपसे करने के लिए कहूँगा? अगर मैं आपसे यहाँ एक झील खोदने के लिए कहूँ तो क्या आप ऐसा करेंगे?'

उन्होंने समवेत स्वर में कहा, 'हाँ।'

'एक बात और, जो भी 55 वर्ष से अधिक उम्र के हैं, वे ईमानदारी से अपनी उम्र बता दें। आप सब यहाँ रोज़ एक पेड़ लगाएँगे और हम यहाँ एक झील बनाएँगे।'

सभी काम पर आने को तैयार हो गए।

फिर उन्होंने नक्सली नेताओं को सन्देश भिजवाया कि वे उनसे बात करना चाहते हैं। वहाँ सभी एक-दूसरे को जानते थे, इसलिए सन्देश पहुँचाना मुश्किल नहीं हुआ।

'हम काम शुरू करने से पहले, उन लोगों का सहयोग लेना चाहते हैं जो बन्दूक में विश्वास करते हैं। अगर वे सहमत हों तो हम काम करेंगे; अगर वे नहीं चाहते तो हम काम नहीं करेंगे,' अवस्थी ने उनसे कहा।

नक्सली नेताओं के साथ सार्थक चर्चा हुई। अवस्थी ने उन्हें आश्वासन दिया कि परियोजना से स्थानीय लोगों को लाभ होगा। उन्होंने कहा, 'हम पहले भारत सरकार से छँटनी के प्रस्ताव को वापस लेने के लिए कहेंगे। फिर हम अतिरिक्त बजट की माँग करेंगे ताकि हम यहाँ एक अच्छा प्लांट लगा सकें।'

अवस्थी के पूर्ववर्ती सीएमडी ने 158 करोड़ रुपये का बजट प्रस्तावित किया था। अवस्थी ने कहा, 'मैं 100 करोड़ रुपये में प्लांट लगाऊँगा, लेकिन इसके लिए मुझे सभी के सहयोग की ज़रूरत है। मैं केवल तकनीक लाऊँगा। हमें बहुत ईमानदारी से काम करना होगा क्योंकि पर्याप्त पैसा नहीं है। यदि आप तैयार हैं, यदि आप हमें अतिरिक्त भूमि, जिसकी हमें आवश्यकता है, देने के लिए भी तैयार हैं तो मैं यह कार्य करने के लिए तैयार हूँ।'

सबने फिर एक स्वर से 'हाँ' कहा।

राजीव गांधी से मुलाक़ात

गिरीश नारायण मिश्र उस समय के प्रसिद्ध ट्रेड यूनियन नेता थे। वे बाबू जगजीवन राम के चुनाव एजेंट भी थे। उस समय बिंदेश्वरी दुबे बिहार के मुख्यमंत्री थे। अवस्थी उन दोनों को अपने साथ लेकर राजीव गांधी से मिलने गए।

उन्होंने प्रधानमंत्री से कहा : 'यह एक नक्सल प्रभावित क्षेत्र है और यहाँ अत्यधिक ग़रीबी है। कम्पनी बन्द हुई तो तीन से चार हजार लोग बेरोज़गार हो जाएँगे। हमें वहाँ फिर एक बड़ी समस्या का सामना करना पड़ सकता है। आप मुझे 98 करोड़ रुपये दें; मैं इस धन राशि से संयंत्र स्थापित करूँगा।'

फिर उन्होंने संक्षेप में अपनी योजना की रूपरेखा के बारे में बताया। मुख्यमंत्री ने कहा कि वे कम्पनी को हरसम्भव सहयोग प्रदान करेंगे। मिश्र ने कहा कि वे सभी कार्यकर्ताओं का समर्थन सुनिश्चित करेंगे।

राजीव गांधी उन्हें 'एक मिनट रुकिए' कहकर अन्दर चले गए।

...आकर उन्होंने कहा, 'मैं आपको 78 करोड़ रुपये दूँगा; और इसके अतिरिक्त 20 करोड़ रुपये आकस्मिक निधि में होंगे। उसे ख़र्च करने के लिए आपको वित्त मंत्रालय की मंज़ूरी लेनी होगी। मैं छँटनी के प्रस्ताव को भी वापस ले रहा हूँ।'

इसके कुछ समय बाद ही साइट पर काम शुरू हो गया। पीपीसीएल को कुछ पेशेवर कार्मिक बाहर से लेने पड़े क्योंकि कम्पनी के पास केवल खनन करनेवाले लोग थे; कोई ऐसा नहीं था जो संयंत्र को स्थापित और प्रबन्धित कर सके।

अवस्थी हर महीने तीन बार, कभी-कभी चार बार भी अमझौर जाते थे। उनकी फ्लाइट रात सवा आठ बजे पटना एयरपोर्ट पहुँचती; रात 8.30 बजे वह अमझौर के लिए निकल पड़ते। पूरा इलाक़ा नक्सलियों से भरा हुआ था। सड़क पर इक्का-दुक्का वाहन भी नहीं होता था, लेकिन उन्हें कभी नुक़सान नहीं पहुँचा। वे आधी रात के बाद अमझौर पहुँच जाते थे, वहाँ एक-दो दिन बिताते थे, अपना काम ख़त्म करते थे, पटना लौटते थे, मुख्यमंत्री को रिपोर्ट देते थे और वापस नई दिल्ली की उड़ान भरते थे।

परियोजना प्रबन्धन में महारत

अवस्थी ने अब तक परियोजना प्रबन्धन में महारत हासिल कर ली थी। उन्होंने जुआरी में डॉ. सिकची और इफको में पॉल पोथन की कार्य पद्धति को आत्मसात किया था। आँवला परियोजना के प्रभारी के रूप में अर्जित अनुभवों का इस्तेमाल वे अमझौर परियोजना में कर रहे थे। वहाँ उनके स्वभाव की जो विशेषताएँ देखने को मिलीं, वे थीं स्पष्टवादिता, बला की दूरदर्शिता और व्यक्तिगत ख़तरों का सामना करने का साहस।

अवस्थी ने वहाँ जो सबसे पहला काम किया, वह था यूनियनों के साथ बिना किसी कूटनीति के बातचीत। अपनी वरिष्ठ टीम की सलाह के ख़िलाफ़ जाते हुए, उन्होंने यूनियनों को आश्वासन दिया कि किसी की नौकरी नहीं जाएगी।

इसका सुखद परिणाम यह हुआ कि यूनियन के नेताओं ने कहा, 'अगर हमारी नौकरी नहीं जाती है तो आप जो भी कहेंगे हम करने के लिए तैयार हैं। हम आपको कभी निराश नहीं करेंगे।'

फिर अवस्थी ने 40 एकड़ ज़मीन लेने की ठान ली। वे जल्दी में थे और सार्वजनिक क्षेत्र की धीमी गति वाली प्रक्रियाओं के लिए उनके पास समय नहीं था। इसलिए उन्होंने आपातकालीन प्रावधानों के तहत भूमि का अधिग्रहण करने का निर्णय लिया।

गाँव वालों को बुलाकर कहा गया, 'जो अपनी ज़मीन देगा, उसे कम्पनी में रोज़गार मिलेगा। माल की आवाजाही के लिए बहुत सारे ट्रक चलने लगेंगे। आपको व्यापार के अधिक अवसर मिलेंगे।'

कई दौर की बैठकें हुईं। गाँव के प्रमुख लोगों को भरोसे में लिया गया। आख़िरकार उन्होंने इसमें अपना लाभ देखा और वे अपनी ज़मीन देने के लिए तैयार हो गए। रोहतास के तत्कालीन जिलाधिकारी ने बातचीत में महत्त्वपूर्ण भूमिका निभाई। उन्होंने ही सुझाव दिया था कि चूँकि काग़ज़ी कार्यवाही में समय लगेगा, इसलिए इस बीच परियोजना कार्य हेतु किसानों को 80 प्रतिशत अग्रिम देकर ज़मीन पर कब्जा कर लिया जाए।

अवस्थी ने ऐसा ही किया और तुरन्त काम शुरू हो गया। लेकिन उनके इन अपरम्परागत तरीक़ों ने एक अजीब समस्या को जन्म दिया। सरकार में बैठा कोई भी विश्वास नहीं कर पा रहा था कि एक महीने में इतना काम और विशेष रूप से भूमि अधिग्रहण किया जा सकता है। उन्हें किसी घोटाले की आशंका थी।

मामले की जाँच के लिए दो सदस्यीय कमेटी का गठन किया गया। इस समिति ने परियोजना को विस्तार से देखा—निविदा दस्तावेज़, ख़रीद आदेश, बिल...सब कुछ देखा, जाँचा और बहुत प्रभावित हुए। नतीजतन जाँच समिति ने बहुत अनुकूल रिपोर्ट लिखी।

समस्या को सुलझाने और परियोजना कार्यान्वयन के अवस्थी के कौशल की परीक्षा एक बार फिर होने वाली थी। मामला यह बना कि अब शेल नामक निम्न-श्रेणी के पाइराइट के उचित निपटान की बात आई। यह खनन में प्राप्त उच्च ग्रेड पाइराइट का एक उप-उत्पाद है, जिसमें सल्फ़र होता है और जो मिट्टी को ख़राब करता है। पाइराइट से निकलने वाला सल्फ़र कुओं में जा रहा था। अमझौर में एक तरफ खड़ी पहाड़ियाँ हैं, बीच में संयंत्र है और नीचे सोन नदी है। ढलान लगभग लम्बवत है।

पाइराइट की खदानें पहाड़ियों में हैं। जब पाइराइट का खनन किया जाता है तो उसमें से सल्फ़र रिसता है, लेकिन इसके उपचार की कोई व्यवस्था नहीं थी। जब वर्षा होती थी तो पहाड़ियों का सारा पानी कुएँ में बह जाता था। सल्फ़र ने मिट्टी को अम्लीय बना दिया था और इसका खेती पर ख़राब असर पड़ रहा था। नतीज़ा यह हुआ कि आम लोगों की स्थिति दयनीय होने लगी। पहले ही इलाक़े में घोर ग़रीबी थी और नक्सलवाद की पैठ गहरी थी।

अवस्थी के दिमाग़ में विचार आया—सोन नदी से पानी लाओ और झील को भर दो। झील का पानी नीचे रिसता रहेगा और पानी से गंधक निकलकर कुओं को साफ करता रहेगा। यह विचार पाइराइट से सल्फ्यूरिक एसिड बनाने और फिर सल्फ्यूरिक एसिड से एसएसपी बनाने के दौरान आई समस्या से निपटने के लिए सोचा गया था।

लुर्गी नामक एक जर्मन कम्पनी प्रौद्योगिकी आपूर्तिकर्ता थी। अवस्थी ने उनसे कहा, 'हमें शेल का उपयोग करने का कोई तरीक़ा ख़ोजना होगा अन्यथा संयंत्र अधिक समय तक नहीं टिकेगा।'

उस कम्पनी का कहना था कि 'यह सम्भव नहीं है।' सल्फ्यूरिक एसिड बनाने की प्रक्रिया में पाइराइट को रोस्टर में गलाया जाता है। उन्होंने कहा, 'निम्न श्रेणी के पाइराइट को गलाने के लिए रोस्टर आवश्यक तापमान तक नहीं पहुँच सकता है।'

अवस्थी का कहना था कि वे मुख्य रोस्टर के साथ एक अतिरिक्त रोस्टर लगाएँ और मुख्य रोस्टर में अतिरिक्त तापमान लाने का प्रयास करें। उन्हें यह विचार पसन्द आया। उन्होंने इस पर शोध किया और एक महीने के भीतर अवस्थी को सूचित किया कि यह किया जा सकता है।

अतिरिक्त रोस्टर और 40 एकड़ भूमि के अधिग्रहण से परियोजना लागत में 20 करोड़ रुपये की वृद्धि हो गई। अवस्थी ने जी-जान लगाकर बजट स्वीकृत करा लिया।

इधर पाइराइट खनन जारी रहा और उधर भूमि तेजी से बंजर होती जा रही थी। अवस्थी ने आशंका जताई कि संयंत्र में सुधार होने से पहले ही स्थानीय स्तर पर स्थिति बहुत ख़तरनाक हो सकती है। यह आशंका सच भी हुई।

एक दिन उग्र ग्रामीणों ने डंडे लहराते हुए अवस्थी की कार घेर ली। उनके साथ कार की पिछली सीट पर आर.पी. सिंह थे। अवस्थी जान की परवाह न करते हुए कार की छत पर चढ़ गए और जोर से बोले, 'आप सब कृपया मेरी

बात सुनें। मैं एक बड़ी संस्था में उच्च पद पर था। मुझे एक चुनौती के साथ यहाँ भेजा गया है। अगर यह प्रोजेक्ट यहाँ आता है तो इससे आपके पूरे इलाक़े को बड़ा फ़ायदा होगा। हम यहाँ काम करने के लिए बाहर से लोगों को नहीं लाएँगे। आपको नौकरी मिलेगी; आपको व्यवसाय करने के अवसर प्राप्त होंगे।'

भीड़ में से एक नेतानुमा व्यक्ति आगे आया और बोला, 'हमारे खेत बर्बाद हो गए हैं। हम यहाँ किसी को कुछ नहीं करने देंगे।'

अवस्थी ने कहा, 'इस परियोजना से आपको भी लाभ होगा। अगर आप इस बारे में हमारे साथ चर्चा करना चाहते हैं तो आप हमारे कार्यालय में आ जाइए, हम बात करेंगे। यदि आप मेरी बात से सहमत नहीं हैं तो मुझे अभी और यहीं बता दें, मैं आज ही वापस चला जाऊँगा। यहाँ प्लांट नहीं लगाया जाएगा।' भारी ख़तरे के बीच उनके इस स्पष्ट बयान और अदम्य साहस के प्रदर्शन ने भीड़ के मूड को बदल दिया और वे सब रास्ते से हट गए।

जब वह स्थानीय नेता बात करने कार्यालय आया तो अवस्थी ने उस पर हल्ला बोल दिया। उन्होंने कहा, 'आप एक नेता हैं और अपने क्षेत्र को नष्ट करने पर तुले हुए हैं।' इससे वह बेचारा सन्न रह गया। 'आप ऐसा कैसे कह सकते हैं? मैंने अपने क्षेत्र के लिए बहुत कुछ किया है'।

'इस तरह के विरोध प्रदर्शनों से किसे फ़ायदा होगा। आप समझे नहीं और हंगामा करने लगे।' यह कुछ देर तक चलता रहा। अन्त में नेता ने कहा : 'हम आपका समर्थन करेंगे।' फिर वह अपने लोगों के लिए नौकरी की माँग करने लगा। अवस्थी ने कहा, 'वह समय बाद में आएगा। नौकरियाँ आपके लोगों के पास ही आएँगी। पहले हम अपना काम शुरू करते हैं।'

इस तरह मामला सुलझा और काम शुरू हुआ।

सभी ठेकेदारों को मोबिलाइजेशन एडवांस दिया गया। पीपीसीएल के लिए यह नया अनुभव था। शुरुआत में वित्त निदेशक ने इस विचार का विरोध किया।

अवस्थी ने कहा, 'आप उनसे परफॉर्मेंस बांड लेते हैं, इसलिए आपको उन्हें एडवांस देना चाहिए। इससे उनका उत्साह बढ़ेगा।' उन्होंने निर्देश दिए कि ठेकेदारों के साथ सम्मानपूर्वक व्यवहार किया जाना चाहिए और उन्हें सभी आवश्यक सुविधाएँ और सहायता दी जानी चाहिए। डेहरी से अमझौर के बीच 35 किमी के मार्ग पर ठेकेदारों को हर तरह की सुविधा उपलब्ध कराई गई। उनके रहने के लिए कई मकान किराए पर लिए गए।

सिंह कहते हैं, 'वहाँ जो उत्साह का माहौल बना वह अद्वितीय था। संयंत्र समय सीमा से एक महीने पहले स्थापित कर लिया गया। पीपीसीएल के इतिहास में पहली बार, निदेशक मंडल ने कर्मचारियों को उनकी कड़ी मेहनत के पुरस्कार के रूप में एक महीने का अतिरिक्त वेतन देने का फ़ैसला किया। एक महीने का अतिरिक्त वेतन देने की यह प्रथा तब तक जारी रही जब तक अवस्थी पीपीसीएल के सीएमडी रहे।

देवी लाल से मुलाक़ात

पीपीसीएल में एसएसपी प्लांट मार्च 1989 में चालू हुआ था और उसी साल नवम्बर में नौवीं लोकसभा के चुनाव हुए थे। वी.पी. सिंह भारत के प्रधानमंत्री बने और देवी लाल उप-प्रधानमंत्री बने। देवी लाल ने कृषि मंत्रालय अपने पास रखा। उर्वरक विभाग को भी वे अपने मंत्रालय के अन्तर्गत ले आए, जो पहले रसायन और उर्वरक मंत्रालय के अधीन था। इसका असर पीपीसीएल पर भी पड़ा।

अमझौर सासाराम निर्वाचन क्षेत्र में आता है। जगजीवन राम की बेटी मीरा कुमार को हराकर छेदी पासवान ने वहाँ से चुनाव जीता। पासवान पीपीसीएल में कर्मचारी संघ के अध्यक्ष बनना चाहते थे और उनको लगता था कि अवस्थी उनके रास्ते में बाधाएँ डाल रहे हैं। इससे पासवान अवस्थी से नाराज़ थे।

छेदी पासवान ने अवस्थी पर जातिवाद करने का आरोप लगाया। उन्होंने कई सांसदों द्वारा हस्ताक्षरित एक पत्र प्रधानमंत्री को भेजा, जिसमें उन्होंने अवस्थी पर भ्रष्टाचार का आरोप लगाते हुए तत्काल जाँच की माँग की। जीवन में पहली बार अवस्थी का जाति की राजनीति से सामना हो रहा था।

देवी लाल ने अवस्थी को तुरन्त बुलाया और कहा, 'छोरे, तू कांग्रेस का आदमी है?'

अवस्थी बोले, 'ताऊ जी, हम सरकार के नौकर हैं। तब कांग्रेस की सरकार थी, अब आपकी सरकार है।'

उन्होंने कहा, 'नहीं, मुझे पक्का पता है, तू कांग्रेस का आदमी है।'

'ताऊ जी, आप भी तो पहले कांग्रेस में थे।'

वे हँसे और बोले : 'अच्छा, जवाब देना जानता है।'

अवस्थी ने उनसे कहा, 'ताऊ जी, आप एक कमेटी बनाओ और उससे जाँच कराओ, अगर मैं गलत हूँ तो मुझे निकाल देना, नहीं तो मुझे काम करने देना।'

केन्द्र सरकार में राज्य मंत्री उपेन्द्र नाथ वर्मा की अध्यक्षता में एक समिति का गठन किया गया। छेदी पासवान समेत तीन-चार सांसद कमेटी के सदस्य थे। सभी अमझौर गए।

वे कर्मचारी यूनियनों से मिलते और यह कहते कि अवस्थी पर आरोप है कि वे एक ब्राह्मण हैं और जातिवाद व भ्रष्टाचार में लिप्त हैं उनके बारे में और भी बहुत बुरा-भला कहा गया।

लेकिन समिति के सदस्यों ने जब अवस्थी का काम और सभी आँकड़े देखे तो उन्होंने पाया कि सब कुछ व्यवस्थित था और कम्पनी बहुत अच्छा काम कर रही थी। समिति के सदस्य जब दोपहर के भोजन के लिए बैठे तो देखा अवस्थी वहाँ नहीं थे। वर्मा ने उन्हें साथ खाने के लिए बुलाया। लेकिन अवस्थी नहीं गए। उनका मानना था कि 'जिन्होंने मुझे जातिवादी और भ्रष्ट कहा है, मैं उनके साथ नहीं जाऊँगा।' तब वर्मा ने ख़ुद आकर उन्हें मनाया। 'कृपया आइए और हमारे साथ दोपहर का भोजन करिए। बैठक में हमने जो कहा उसे भूल जाइए। राजनीति में ऐसी चीज़ें होती रहती हैं। हमने सब कुछ देखा है। आप बहुत अच्छा काम कर रहे हैं।'

उपेन्द्र वर्मा, छेदी पासवान और समिति के अन्य सदस्यों ने वापस जाकर बहुत अनुकूल रिपोर्ट लिखी। छेदी पासवान अब भी राजनीति में सक्रिय हैं। अवस्थी बताते हैं, 'आज हमारे बीच बहुत अच्छे सम्बन्ध हैं।'

देवी लाल भी अवस्थी को पसन्द करने लगे थे। उर्वरक उद्योग की स्थिति पर चर्चा करने के लिए वे अक्सर उन्हें फ़ोन करते थे। जब भी अवस्थी उनसे मिलने जाते, वे कहते, 'अरे, इस छोरे को लस्सी पिला (इस लड़के के लिए लस्सी लाओ)।'

मशीनीकरण

पीपीसीएल की राजस्थान में पाइराइट की और दून घाटी में रॉक फॉस्फेट की खदानें भी हैं। जब पीपीसीएल के लिए अवस्थी के नाम पर चर्चा हो रही थी, तभी अवस्थी ने दून घाटी में दुरमाला खदानों के लिए अख़बार में एक

विज्ञापन देखा था—'माल की ढुलाई के लिए खच्चरों की ज़रूरत है।' उनका मन खट्टा हो गया। 'मैं हवाई जहाज़ में था। मैंने सोचा, हे भगवान, मैं तकनीक का आदमी हूँ और मैं एक ऐसी जगह जा रहा हूँ जहाँ खच्चर माल ढोते हैं', अवस्थी जब इस वाक़ये को याद करते हैं तो हँस पड़ते हैं।

पीपीसीएल में शामिल होते ही अवस्थी ने रोपवे विशेषज्ञ श्री आगा को बुलाया और उनसे कहा :

'सर, क्या आप मेरे लिए रोपवे बना सकते हैं?'

'आप रोपवे क्यों बनवाना चाहते हैं?' श्री आगा ने पूछा।

'मैं अपनी कम्पनी में खच्चरों को नहीं देख सकता। यह 18वीं शताब्दी का विचार है। मैं उस कम्पनी का अध्यक्ष नहीं हो सकता जहाँ खच्चर माल ढोते हैं।'

रोपवे स्थापित किया गया और खच्चरों को छुट्टी दे दी गई। इससे दुरमाला की खदानों में उत्पादन और लाभ दोनों में वृद्धि हुई। अवस्थी ने कम्पनी की हरावाला स्थित खदानों का भी उन्नयन किया।

देहरादून का ऑफिस किराये के भवन में था। उस भाड़े की इमारत की हालत बहुत ख़राब थी। उसके मालिक चाहते थे कि पीपीसीएल इसे ख़ाली कर दे। अवस्थी ने उनसे कहा, 'आप अपनी सम्पत्ति हमें क्यों नहीं बेच देते? हम आपको उचित पैसा देंगे।' यह भू-सम्पत्ति दो एकड़ में थी और पीपीसीएल ने इसे 7-8 लाख रुपये में ख़रीद लिया।

अवस्थी ने परेशान करने वाली लालफीताशाही को सिरे से ख़ारिज कर दिया। अवस्थी बतलाते हैं, 'मैंने यह सब कुछ अपनी पहल पर किया और वह भी उस संस्थान में जो पूरी तरह सरकार के नियंत्रण में था। मैं जो भी करना चाहता था उसमें मुझे पूरा सहयोग मिला है। बेशक, मुझे निदेशक मंडल को सब कुछ समझाना होता था, लेकिन जब उन्होंने देखा कि सकारात्मक परिणाम आ रहे हैं तो उन्होंने भी मेरा समर्थन किया।'

इफको में भी उनका अनुभव कुछ ऐसा ही रहा जब वह सरकार द्वारा नियंत्रित था। अवस्थी मानते हैं कि 'कठिन समय भी आया, बड़ी चुनौतियाँ भी आईं, लेकिन मेरा समग्र अनुभव यह है कि मुझे हमेशा विरोध से ज़्यादा सहयोग मिला।'

जब अवस्थी ने पीपीसीएल ज्वाइन किया तो उन्होंने देखा कि महिला कर्मचारियों ने मैले-कुचैले कपड़े पहन रखे हैं। उन्होंने सभी के लिए कम्पनी की ड्रेस पहनना अनिवार्य कर दिया। उन्होंने वहाँ पूर्ण अनुशासन सुनिश्चित किया। अब सभी को

हेलमेट और जूते पहनने होते थे तथा सुरक्षा निर्देशों का पालन करना होता था।' अवस्थी ने उनसे कहा, 'मैं किसी भी ऐसी चीज़ को बर्दाश्त नहीं करूँगा जिससे लोगों की सुरक्षा और जान ख़तरे में पड़े।' कोटा में प्रिलिंग टावर के ढहने से हताहत लोगों को वे भूले नहीं हैं। उस दुर्घटना की याद अब भी उन्हें झकझोर देती है।

उन्होंने पीपीसीएल में पहली बार अधिकारियों के अधिकारों को रेखांकित करने वाला दस्तावेज़ 'पावर ऑफ ऑफिसर्स' तैयार किया, जिसमें बताया गया कि अधिकारी अपनी शक्तियों का प्रयोग कैसे करेंगे। उन्होंने यह भी फ़ैसला किया कि वे कम-से-कम फ़ाइलें देखेंगे। बक़ौल अवस्थी, 'मेरा काम भविष्य के लिए योजना बनाकर कम्पनी का विस्तार करना है। मेरा काम छोटे-छोटे ख़र्चों के लिए फ़ाइलों पर समय बर्बाद करना नहीं है।' उन्होंने एक सीमा तय करते हुए कहा कि इससे कम ख़र्च के लिए उनकी मंज़ूरी की आवश्यकता नहीं होगी।

अनुभव की प्रयोगशाला

पीपीसीएल के अनुभवों से उन्होंने कई महत्त्वपूर्ण सबक़ सीखे, जिसने जीवन के प्रति उनके दार्शनिक दृष्टिकोण को आकार दिया। अवस्थी कहते हैं, 'पीपीसीएल की कहानी हर जगह की कहानी के समान ही है। आप कहीं विकास करने जाते हैं; वहाँ आप सकारात्मक और नकारात्मक दोनों शक्तियों का सामना करते हैं। सकारात्मक शक्तियाँ निष्क्रिय रहती हैं जबकि नकारात्मक शक्तियाँ हावी रहती हैं। ऐसे में आपको अपने आसपास के लोगों के व्यापक हितों को ध्यान में रखकर काम करना होता है। मैंने ऐसा ही करने का फ़ैसला किया। आप जो कर रहे हैं वह सही है तो लोग ख़ुद आपका समर्थन करेंगे।'

यहाँ की परिस्थितियों से जूझते हुए उन्होंने निर्णय लिया कि 'मैं वही करूँगा जो सही है। मैं उन लोगों में से नहीं हूँ जो प्रतिकूलता या विरोधियों से भयभीत होते हैं। यह गुण शायद मुझे मेरी माँ से मिला है। वे बिलकुल निडर महिला थीं। मैं किसी से नहीं डरता और भगवान के सिवा किसी के सामने कभी सिर नहीं झुकाता। मैं सभी से बात करता हूँ और सबसे अत्यन्त सम्मान के साथ व्यवहार करता हूँ। लेकिन अगर कोई सोचता है कि वह मुझे दबाव में ला सकता है तो वह गलत है।'

पीपीसीएल के अनुभव ने तकनीक की नई जानकारियों और नए प्रयोगों के लिए अवस्थी को सक्षम बनाया। वे कहते हैं, 'अधिकार का प्रयोग करने की शक्ति आपके भीतर की शक्ति से आती है...आपके ज्ञान से आती है। मैं नई चीज़ें सीखने के लिए तत्पर रहता हूँ। इसमें मुझे कोई झिझक नहीं है। मैं किसी से भी सीखने को तैयार हूँ। मैं अपने पोते-पोतियों से भी सीखता हूँ।'

अवस्थी ने पीपीसीएल का कायापलट कर दिया। उन्होंने एक नया संयंत्र स्थापित किया जो बहुत अच्छी तरह चला और कम्पनी को भारी मुनाफ़ा हुआ। उन्होंने यहाँ भी खनन कार्यों को आधुनिक बनाया।

अवस्थी बतलाते हैं, '1986 में जब मैंने पीपीसीएल ज्वाइन किया था तब मेरा ख़याल है उसका टर्नओवर लगभग 30 करोड़ रुपये था और 10-11 करोड़ रुपये लोगों की तनख़्वाह थी। 1993 में जब मैं वहाँ से निकला उस समय कम्पनी का टर्नओवर 300-400 करोड़ रुपये था और तनख़्वाह 30-40 करोड़ रुपये हो गई थी।'

एसएसपी का नाम 'सोन-गंगा' रखा गया और इस उर्वरक की पैकिंग पीले रंग के थैले में की जाती थी। चूँकि पीपीसीएल सोन नदी के तट पर है और सोन आगे चलकर गंगा में मिल जाती है इसलिए एसएसपी का नाम सोन-गंगा सबको पसन्द आया। बैग का रंग पीला इसलिए रखा गया कि एसएसपी में सल्फ़र है और सल्फ़र का रंग पीला होता है। उससे पहले बाज़ार में कभी पीला बैग नहीं आया था।

आरसीएफ का अतिरिक्त प्रभार

पीपीसीएल में उनके बेहतरीन काम को देखते हुए, सरकार ने अवस्थी को आरसीएफ (राष्ट्रीय केमिकल्स एंड फर्टिलाइजर्स लिमिटेड) के अध्यक्ष सहप्रबन्ध निदेशक का अतिरिक्त प्रभार सौंप दिया। आरसीएफ सार्वजनिक क्षेत्र की एक महत्त्वपूर्ण कम्पनी है, जो यूरिया, कॉम्प्लेक्स उर्वरक और औद्योगिक रसायनों का निर्माण करती है। मुम्बई के पास ट्रॉम्बे और थाल में इसके उत्पादन परिसर हैं।

पीपीसीएल एक सी-शेड्यूल कम्पनी थी। जबकि अवस्थी को बी-शेड्यूल में पदोन्नत किया गया था। आरसीएफ एक ए-शेड्यूल कम्पनी है। भारत में सार्वजनिक क्षेत्र की कम्पनियों का वर्गीकरण निवेश, नियोजित पूँजी, शुद्ध बिक्री के आधार

पर अनुसूची ए, बी, सी और डी के रूप में किया गया है। शुद्ध लाभ, कर्मचारियों की संख्या, इकाइयों की संख्या, राष्ट्रीय महत्त्व, प्रौद्योगिकी का स्तर, रणनीतिक महत्त्व और कई अन्य कारक इस वर्गीकरण में मायने रखते हैं। अनुसूची-ए की कम्पनियाँ सबसे बड़ी और सबसे महत्त्वपूर्ण होती हैं, इसके बाद अनुसूची-बी की कम्पनियाँ और फिर अनुसूची-सी और अनुसूची-डी की कम्पनियाँ आती हैं।

अवस्थी को शेड्यूल-ए कम्पनी का प्रभार दिया जाना उनकी कार्यकुशलता को बड़ी मान्यता प्रदान करने जैसा था। यह, स्वाभाविक रूप से, बहुत से लोगों के बीच नाराज़गी का कारण भी बना।

अवस्थी ने बताया, 'जब मैं आरसीएफ में शामिल हुआ तो मुझे बहुत विरोध का सामना करना पड़ा। अव्वल तो मैं 'पीयर-रैंकिंग' में इतना वरिष्ठ नहीं था, मैं अभी अपेक्षाकृत युवा था। दूसरे, आरसीएफ एक ऐसी संस्था थी जहाँ व्यवस्थित रूप से काम नहीं होता था।' अवस्थी कहते हैं, 'मैं पहले संगठन की संरचना को व्यवस्थित करता हूँ, पैरामीटर सेट करता हूँ और सभी के अधिकारों और जिम्मेदारियों को परिभाषित करता हूँ।'

आरसीएफ में उन्होंने सबसे पहले संस्था को सुव्यवस्थित किया और सभी की जिम्मेदारियाँ तय कीं। उदाहरण के लिए, थाल के संयंत्र में पर्याप्त लोग नहीं थे। जूनियर अधिकारी संयंत्र चला रहे थे जबकि वरिष्ठ अधिकारी चेंबूर में बैठे थे। अवस्थी ने इस व्यवस्था को बदल दिया। यहाँ भी उन्होंने 'पावर्स ऑफ ऑफिसर्स : अधिकारियों के वित्तीय व प्रशासनिक अधिकार' लिखे और यह सुनिश्चित किया कि संगठन में हर जगह अनुशासन का सख़्ती से पालन किया जाए।

आरसीएफ में दूसरी बड़ी समस्या वहाँ कई मजदूर यूनियनों की मौज़ूदगी थी। कई श्रमिक संघ थे; उनमें से एक था मथाड़ी वर्कर्स यूनियन। बाल ठाकरे इसके अध्यक्ष थे और वे बहुत आक्रामक थे। हालाँकि, कम्पनी में कार्यकाल के दौरान अवस्थी का कभी भी ठाकरे की यूनियन से सामना नहीं हुआ।

आरसीएफ में तीसरी बड़ी समस्या भी थी। ऐसा लग रहा था कि पूरी कम्पनी ख़रीदारी करने की होड़ में है। जब भी उन्होंने टोका, उन्हें बताया गया : 'यह ख़रीदारी ज़रूरी है।'

अन्य मुख्य कार्यकारी अधिकारियों के विपरीत, जो अपना सारा समय प्राय: बैठकों और वातानुकूलित कक्षों में बिताना पसन्द करते हैं, अवस्थी प्रत्येक स्थान का अनुभव प्राप्त करने के लिए अपने संयंत्रों के परिसर में घूमना पसन्द

करते हैं। उन्हें अपने संयंत्रों में युवा इंजीनियरों और अन्य लोगों से मिलना अच्छा लगता है।

आरसीएफ में घूमते हुए, उन्होंने देखा कि कई स्टोर रूम बन्द थे, उनमें से कुछ तो वर्षों से बन्द थे। किसी को पता नहीं था कि बन्द दरवाजों के पीछे क्या है। अवस्थी ने दरवाज़े खोलने का आदेश दिया, लेकिन चाबी किसी के पास नहीं थी। इसलिए ताले तोड़े गए।

धूल और जाले की परतों के नीचे असंख्य वस्तुएँ एक-दूसरे के ऊपर पड़ी थीं। अवस्थी का निर्देश था कि सारे सामान को उपयोगिता के आधार पर छांटा जाए। फिर सभी चीज़ों की एक सूची बनाई जाए। अवस्थी बताते हैं, 'मैंने चेतावनी दी कि मैं तीसरे पक्ष से निरीक्षण करवाऊँगा, इसलिए बेहतर होगा कि मुझे सही रिपोर्ट दें। अगर मुझे गलत रिपोर्ट दी गई तो मैं नौकरी से निकाल दूँगा।'

वहाँ एक वरिष्ठ अधिकारी कर्मचारियों को ब्लैकमेल कर रहा था। अवस्थी ने उससे कहा, 'आप एक सच्चे पेशेवर की तरह काम नहीं कर रहे हैं' और उसे निलम्बित कर दिया। मीडिया में उसके कुछ सम्पर्क थे और वह अपने परिचित पत्रकारों से अवस्थी के ख़िलाफ़ लिखवा रहा था। एक प्रमुख अंग्रेज़ी साप्ताहिक ने 'भारत का सबसे महँगा सीएमडी' शीर्षक के तहत अवस्थी के विरुद्ध एक लेख प्रकाशित किया। अवस्थी ने ट्रॉम्बे से थाल तक जाने के लिए बोर्ड की मंज़ूरी से एक वातानुकूलित मारुति-1000 ख़रीदी थी। अंग्रेज़ी साप्ताहिक का निशाना इसी पर था।

अवस्थी ने एक वरिष्ठ अधिकारी को भी निलम्बित कर दिया, जिसने एक फ़ाइल पर उनकी लिखावट की जालसाजी की थी। अवस्थी बताते हैं, 'मैं हमेशा अपनी टिप्पणी के आगे एक घेरा खींचता हूँ। इन सज्जन ने मेरे हस्ताक्षर के पास ओके या कुछ और बहुत छोटा शब्द लिखा। जब मैंने फ़ाइल देखी तो मुझे शरारत का आभास हुआ। मैंने उसे बुलाया और कहा : 'श्रीमान, यह मेरी लिखावट नहीं है।' उसने कहा : 'नहीं, यह आपका लिखा है।'

अवस्थी ने अपने सचिव को बुलाया और कहा कि वे उनकी टिप्पणी के साथ वाली अन्य फ़ाइलें भी लाएँ। प्रत्येक फ़ाइल में टिप्पणियों को घेरा गया था। अवस्थी ने 'अधिकारी में विश्वास की कमी' का हवाला देते हुए उस अधिकारी को निलम्बित कर दिया।'

अवस्थी ने फरवरी 1991 से मार्च 1992 तक (एक साल से कुछ अधिक समय) आरसीएफ का प्रभार सँभाला, लेकिन उनका यह कार्यकाल बहुत घटनापूर्ण रहा।

कार्यभार सँभालने के कुछ ही महीनों के भीतर उन्होंने एक बड़े घोटाले का पर्दाफाश किया। नाइट्रिक एसिड प्लांट में लगाया गया कैटेलिस्ट एक या दो महीने के भीतर ही ख़राब हो गया। कैटेलिस्ट प्लेटिनम, रोडियम और पैलेडियम के एलाय का लेपन था। वह तीन से चार साल तो चलता ही।

एक केमिकल इंजीनियर के रूप में, अवस्थी को विश्वास नहीं हो रहा था कि ऐसी मिश्रधातु पर इतनी जल्दी जंग लग जाएगा। इस कैटेलिस्ट पर 18 करोड़ रुपये की बैंक गारंटी थी और इसे न्यू जर्सी की एक प्रयोगशाला ने प्रमाण-पत्र जारी किया था। यह दुनिया की एकमात्र मान्यता प्राप्त प्रयोगशाला थी जो प्रमाणित कर सकती थी कि कैटेलिस्ट सभी आवश्यक मानदंडों पर ख़रा है।

अवस्थी ने बिना किसी को बताए पीपीसीएल के एक वरिष्ठ अधिकारी को न्यू जर्सी भेज दिया। वह प्रयोगशाला से रिपोर्ट लेकर आया जिसमें बताया गया था कि प्रमाण-पत्र नकली था। अवस्थी ने आरसीएफ के वित्त निदेशक को बैंक गारंटी भुनाने को कहा।

इससे कम्पनी में खलबली मच गई और अवस्थी को डराने के लिए तरह-तरह के गन्दे हथकंडे अपनाए जाने लगे। अवस्थी बताते हैं, 'वे सीधा प्राइम मिनिस्टर ऑफिस पहुँच गए। मुझे फ़ोन आया कि बैंक गारंटी को इनकैश मत कराइए। दिल्ली से मेरी पत्नी का फ़ोन आया कि किसी ने हमारे घर पर फ़ायरिंग की है। फिर रात में किसी महिला ने उनको फ़ोन किया कि आपके पति ने मुझसे शादी कर ली है, वे मेरे बेडरूम में सो रहे हैं। आपको वे छोड़ देंगे इसलिए आप उनसे तलाक़ ले लीजिए। लेकिन मैं टस से मस नहीं हुआ और बैंक गारंटी भुनाने के लिए प्रयास करता रहा।' अवस्थी कहते हैं, 'बैंक मैनेजर ने मुझे रोकने की कोशिश की। मैंने उससे कहा कि अगर मैं प्रेस को बुलाऊँगा और पूरी कहानी बता दूँगा तो आपकी नौकरी चली जाएगी। तब उसने पैसा आरसीएफ के खाते में स्थानान्तरित कर दिया।'

अवस्थी को मार्च 1992 में आरसीएफ के अतिरिक्त प्रभार से मुक्त कर दिया गया। पीपीसीएल तब तक स्थिर हो चुका था। तब पी.वी. कृष्णास्वामी, उर्वरक विभाग के सचिव और आर.वी. गुप्ता, अपर सचिव थे और वे दोनों अवस्थी के काम से बहुत ख़ुश थे। गुप्ता उस समय इफको के अध्यक्ष भी थे। इफको और कृभको दोनों संस्थाओं के लिए प्रबन्ध निदेशक की तलाश जारी थी। उन्होंने अवस्थी को इन पदों पर आवेदन करने के लिए प्रेरित किया। अवस्थी ने ऐसा ही किया और वे दोनों पदों के लिए पहली पसन्द बन कर उभरे। कृभको तब अधिक

समृद्ध दिख रहा था। लोगों ने अवस्थी को कृभको से जुड़ने की सलाह दी, लेकिन उन्होंने इफको को चुना।

अपनी पसन्द की वजहों को अवस्थी इन शब्दों में बताते हैं, 'मैं इफको में 10 साल बिताने के बाद पीपीसीएल गया था। मैं इफको के विस्तार और विकास में सक्रिय रूप से शामिल था। इसलिए मेरा दिल इफको के साथ था। इसके अलावा, 1988 के बाद इफको के दिन कुछ अच्छे नहीं चल रहे थे। यह मेरे लिए बहुत पीड़ादायक था। मैं इफको में लौटने और इसके पुराने गौरव को बहाल करने के अवसर की तलाश में था।'

राजनीतिक हस्तक्षेप ने कृभको में काम करने के माहौल को गम्भीर क्षति पहुँचाई थी लेकिन ग़नीमत थी कि अभी तक इफको की कार्यसंस्कृति को नुक़सान नहीं पहुँचाया जा सका था। अवधानी ने बड़ी अनिच्छा से इफको छोड़ा था और उनके बाद कई अन्य प्रबन्ध निदेशक भी इफको छोड़ गए थे। अवस्थी इफको में लौटना चाहते थे, जिसे वे कृभको की मातृ संस्था मानते थे।

पीपीसीएल से अवस्थी की विदाई शानदार रही। उन्हें विदा करने के लिए पूरी यूनिट उमड़ पड़ी। उनकी खुली जीप को एक हाथी से बाँधा गया था जो उसे परिसर के चारों ओर खींच कर घुमाता रहा। लोग उनका नाम पुकारते हुए जीप के साथ-साथ दौड़ रहे थे। इस अवसर पर अवस्थी की पत्नी भी उनके साथ थीं।

इस घटना के तीन दशक बाद भी अवस्थी अपने विदाई समारोह के उन दृश्यों को सुनाते हुए अभिभूत दिखते हैं।

अपहरण जो अपहरण नहीं था

अवस्थी का टिकट पटना-लखनऊ-दिल्ली फ्लाइट में बुक किया गया था। विमान में कई राजनेता सीताराम केसरी, रामदुलारी सिन्हा, जगन्नाथ मिश्र के बेटे...और भी कई गण्यमान्य सवार थे। जब विमान लखनऊ से रवाना हुआ तो एक व्यक्ति खड़ा हो गया। उसने अपने हाथ में बम जैसी कोई चीज़ दिखाते हुए कहा, 'मेरे हाथ में बम है, जैसा मैं कहता हूँ वैसा करो, नहीं तो मैं विमान को उड़ा दूँगा।'

उनकी पत्नी डर के मारे चीख पड़ीं।

'चुप रहो', वह उन पर चिल्लाया।

एयरहोस्टेस और क्रू-मेंबर्स अपहरणकर्ता से मिन्नतें करने लगे। उन्होंने उसे खाने-पीने की चीज़ें पेश कीं, लेकिन उसने कुछ भी लेने से मना कर दिया। 'नहीं, मैं कुछ नहीं खाऊँगा। विमान को वापस लखनऊ ले चलो।'

अवस्थी ने रेखा से फुसफुसाकर कहा, 'यह आदमी मुझे सिरफिरा लगता है। मेरा दिल कर रहा है उसे एक जोरदार थप्पड़ मारूँ और उसका बम छीन लूँ।'

'बकवास बन्द करो,' वे बोलीं।

विमान को वापस लखनऊ ले जाया गया। लैंड करते ही कमांडो ने विमान को चारों ओर से घेर लिया। अपहरणकर्ता ने अटल बिहारी वाजपेयी से मिलवाने के लिए कहा, जो उस समय लोकसभा में विपक्ष के नेता थे।

जगन्नाथ मिश्रा के बेटे ने कहा, 'मुझे वाशरूम जाना है।'

अपहरणकर्ता ने मना कर दिया।

'मैं और नहीं रुक सकता। यह जगह गन्दी हो जाएगी...' उसने निवेदन किया।

'ठीक है, जाओ', अपहरणकर्ता नरम पड़ गया।

यह एक एवरो प्लेन था, जिसके बाथरूम में इमरजेंसी एग्जिट था। उसने दरवाजा खोला और कमांडो को अन्दर आने का इशारा किया। समान कद-काठी के कमांडो में से एक ने उसके कपड़े पहन लिये और आकर सीट पर बैठ गया।

रेखा बेहद डरी हुई थीं। कमांडो, जो अवस्थी के ठीक पीछे बैठा था, फुसफुसाया, 'अपनी पत्नी को सँभालिए। मैं उसे शूट करने जा रहा हूँ।'

अवस्थी ने पत्नी का हाथ मज़बूती से पकड़ रखा था। कमांडो ने गोली नहीं चलाई, इसके बजाय, उसने अपहरणकर्ता पर झपट्टा मारा और उसे नीचे गिरा दिया। बम नकली था और आटे का बना था।

इफको की कमान : प्रगति की उड़ान

1 फरवरी, 1993 को अवस्थी ने इफको के प्रबन्ध निदेशक का कार्यभार सँभाला। यह वही समय था जब तत्कालीन प्रधानमंत्री पी.वी. नरसिम्हा राव और वित्त मंत्री मनमोहन सिंह ने भारतीय अर्थव्यवस्था को वैश्विक बाज़ार के लिए खोलना शुरू कर दिया था।

इफको में यह अनिश्चितता और उथल-पुथल का दौर था। अवस्थी 1986 में इफको से पीपीसीएल गए थे। 1986 से 1993 के बीच इफको में चार अध्यक्ष और तीन प्रबन्ध निदेशक बदल चुके थे। प्रबन्धन की दिशाहीनता से कर्मचारियों का मनोबल भी टूट रहा था। नतीजतन, इफको का विकास रुक-सा गया था। इसकी साख़ पर सवाल उठने लगे थे।

अवस्थी को यह सब कुछ पता था फिर भी इफको से भावनात्मक रूप से जुड़े होने के कारण उन्होंने लौटने का फ़ैसला किया। वे 10 वर्षों तक इसके विस्तार की विभिन्न परियोजनाओं में शामिल रहे थे। इसलिए इसके पूर्व गौरव को बहाल करने के अवसर की उन्हें प्रतीक्षा थी।

प्रबन्ध निदेशक के रूप में अवस्थी के कार्यभार सँभालने के एक महीने बाद मार्च के पहले सप्ताह में निदेशक मंडल की बैठक हुई। उन्होंने वर्ष 1993-94 का बजट पेश किया और बोर्ड को बताया कि अब इफको सरकार को आयकर का भुगतान करेगा। ऐसा पहली बार हो रहा था जब इफको द्वारा सरकार को आयकर का भुगतान करने का निर्णय लिया जा रहा था। अमूमन निवेश भत्ता और अन्य चीज़ों की वजह से कम्पनी अब तक इनकम टैक्स देने से बचती रही थी।

बोर्ड की पहली बैठक

आरम्भ से ही, अवस्थी बेबाक थे। उनके पास स्पष्ट दृष्टि थी। कम्पनी को कहाँ, किस मुकाम तक ले जाना है, इसको लेकर वे दृढ़ थे, भले ही इसके लिए उन्हें कुछ शक्तिशाली लोगों के आदेशों की अवहेलना करनी पड़ी हो।

अवस्थी बताते हैं, 'निदेशक मंडल की पहली बैठक में बहस भी हुई थी। मानव संसाधन नियोजन[1] को लेकर निदेशकों में मतभेद था। निदेशक मंडल में वित्तीय संस्थानों के जो प्रतिनिधि थे वे चाहते थे कि इसके लिए किसी बाहरी प्रोफ़ेशनल एजेंसी को सलाहकार बनाया जाए। मैंने कहा, 'मानव संसाधन नियोजन के लिए मैंने अपने अधिकारियों की एक उच्चस्तरीय कमेटी बनाई है जिसमें बाहर से भी एक विशेषज्ञ को लिया गया है। किसी बाहरी एजेंसी को सलाहकार बनाने से पहले हमें इस कमेटी की सिफ़ारिशों की प्रतीक्षा करनी चाहिए।' फिर मैंने कहा, 'दिस इज हाउ आई वुड लाइक टु फंक्शन।'[2]

बाहरी एजेंसी की सेवा लेना महँगा सौदा था। अवस्थी की प्राथमिकता थी कि ग़ैरज़रूरी ख़र्चों को बन्द करके उस बचत से उत्पादन क्षमता का विस्तार किया जाए। उसी बैठक में उन्होंने यह प्रस्ताव भी पारित कराया कि वित्तीय संस्थानों के जितने ऋण हैं और जितने विदेशी मुद्रा ऋण हैं उनका वे पूर्वभुगतान (प्री-पे) करेंगे। इससे दो फ़ायदे हुए—पहला तो यह कि वित्तीय संस्थानों को पूर्वभुगतान कर देने से निदेशक मंडल से उनके मनोनीत निदेशक हट गए। वे निदेशक मंडल के निर्णय में हस्तक्षेप कर रहे थे। दूसरा, विदेशी मुद्रा की दर में आने वाले उतार-चढ़ाव की वजह से विदेशी मुद्रा ऋण की अदायगी में इफको को बहुत नुक़सान उठाना पड़ रहा था। 1997 में इफको विदेशी मुद्रा ऋण से पूर्णतः मुक्त हुआ। अब तक संस्था को 250 करोड़ रुपये का घाटा हो चुका था।

इस क्रम में उनका ध्यान कांडला बन्दरगाह पर इफको द्वारा दिए जा रहे डेमरेज[3] की ओर भी गया। अवस्थी कहते हैं, 'हम अपने कांडला संयंत्र के लिए फॉस्फोरिक एसिड का आयात करते हैं, लेकिन कांडला बन्दरगाह पर जहाज़ों की

1. मैनपावर प्लानिंग
2. मैं इसी तरह काम करना पसन्द करूँगा।
3. माल उतारने या चढ़ाने में देरी करने के कारण जो हर्जाना भरना पड़ता है।

भीड़ के कारण, हम समय सीमा के भीतर माल उतार नहीं पाते थे। इसलिए हमें विलम्ब शुल्क के रूप में बड़ी रकम चुकानी पड़ती थी।'

इस समस्या के समाधान के लिए अवस्थी ने लिक्विड कार्गो की अपनी जेटी[1] बनाने का फ़ैसला किया ताकि इफको के तरल माल का परिवहन शीघ्र हो सके। इसके लिए अनुमति प्राप्त करने में ढाई साल लग गए। जेटी 1996 में बनकर तैयार हुई और उसके बाद से इस मद में इफको को बचत होने लगी। आगे चलकर अवस्थी ने सॉलिड कार्गो (ठोस माल) के लिए भी अपनी जेटी बनाई। अब बीच समन्दर में माल उतार लिया जाता है और उसे बजरे पर लाद कर संयंत्र में ले आया जाता है।

अवस्थी कहते हैं, 'जहाँ-जहाँ ग़ैरज़रूरी ख़र्चे हो रहे थे उनको मैंने कम किया और उससे हुई बचत को संस्था के विस्तार में लगाना शुरू किया।'

यूनियनों से सौहार्द्र

अवस्थी ने यूनियन और एसोसिएशन के साथ वेतन सम्बन्धी वार्ता शुरू की। संस्था में दीर्घकालीन वेतन समझौते का मामला अटका हुआ था। पहले वेतन संशोधन पाँच वर्षों पर होता था। इफको 1967 में स्थापित हुआ था और इसका पहला वेतन संशोधन 1972-76 की अवधि के लिए हुआ था। उस समय पॉल पोथन प्रबन्ध निदेशक थे। उसके बाद जो दो वेतन संशोधन हुए—1977-81 और 1982-86 की अवधियों के लिए—उन पर मतभेद था।

कांडला ने संशोधित वेतनमान स्वीकार कर लिया था लेकिन फूलपुर और कलोल इसका विरोध कर रहे थे। इससे उत्पन्न हुए विवाद का निर्णय राष्ट्रीय न्यायाधिकरण[2] द्वारा किया गया। राष्ट्रीय न्यायाधिकरण के फ़ैसले से असन्तुष्ट यूनियन ने सुप्रीम कोर्ट का रुख़ किया था। अवस्थी ने सबको विश्वास में लेकर उन दोनों वेतन संशोधनों का मामला सुलझाया और वर्ष 1987 से आगे के वेतन

1. जेटी समुद्र या नदी में उस प्लेटफ़ॉर्म को कहते हैं जहाँ नौकाएँ व जहाज़ रुकते हैं और माल उतारा जाता है।
2. नेशनल ट्रिब्यूनल

संशोधन के लिए वार्ता शुरू की। इससे यूनियन का प्रबन्धन में विश्वास वापस आया। यूनियन ने सुप्रीम कोर्ट से केस वापस ले लिया और यह सहमति बनी कि भविष्य में हर कानूनी मामला प्रबन्धन के साथ बैठकर सुलझाया जाएगा, कानूनी विवाद के हल के लिए यूनियन बाहर नहीं जाएगी। असहमति की अन्तिम स्थिति में ही कोर्ट का सहारा लिया जाएगा। इससे संस्था में अच्छे औद्योगिक सम्बन्ध का माहौल बना और कर्मचारियों में संस्था के प्रति सकारात्मक सोच विकसित हुई।

अवस्थी ने इफको कार्यालय में कर्मचारियों के लिए सुविधाओं तथा सेवा शर्तों को और बेहतर बनाने के लिए कई कदम उठाए। कम्पनी में हर जगह अन्तरराष्ट्रीय मानक अपनाए। वे कहते हैं, 'हमने रविवार के अतिरिक्त शनिवार को भी अवकाश[1] घोषित कर दिया ताकि कर्मचारियों को अपने परिवारों के साथ अधिक समय बिताने का अवसर मिले। पूरे कार्यालय भवन को नो स्मोकिंग ज़ोन बनाया गया। आवास ऋण की धनराशि को बढ़ाया गया, चिकित्सा सुविधाओं में सुधार किया गया और नई प्रोन्नति नीति का मसौदा तैयार करने के लिए एक उच्चस्तरीय समिति का गठन किया गया।'

अवस्थी ने पहले ही साल 'पावर्स ऑफ ऑफिसर्स' लिखकर अधिकारियों के अधिकारों को परिभाषित किया तथा ख़रीद और अनुबन्ध प्रक्रियाओं को सरल बनाया। इससे संस्था पूरी तरह स्वचालित मोड में आ गई।

अवस्थी के प्रबन्धन मंत्र

अवस्थी अपने फ़ैसलों के पीछे निहित तर्क को समझाते हुए कहते हैं, 'आप किसी संस्था में जाते हैं तो सबसे पहले आप यह देखते हैं कि वहाँ कौन-कौन से पक्ष कमज़ोर हैं और आप उनको ठीक करते हैं। फिर आप उसकी बुनियाद को और मज़बूत बनाते हैं और वहाँ के कर्मचारियों में उत्साह उत्पन्न करते हैं। उसके बाद संयंत्र में जो समस्याएँ हैं उनका समाधान करते हैं। अगर किसी संयंत्र को रिवाइव किया जा रहा है तो आप उसमें बुद्धिमत्ता के साथ एक-एक पहलू का

1. सप्ताह में पाँच दिवसीय कार्यालय

ध्यान रखते हैं। विस्तार की योजना बनाते हैं और उसको सुनियोजित ढंग से लागू करना शुरू करते हैं। ये सारे काम हमने पहले वर्ष में शुरू किए।'

प्रबन्ध निदेशक के रूप में अवस्थी द्वारा किए गए इन परिवर्तनों के परिणामस्वरूप, इफको ने अपने पहले ही वर्ष में 1.36 लाख टन अधिक उत्पादन किया—वर्ष 1992-93 पहले के 26 लाख टन की तुलना में 27.36 लाख टन। यह पहले के उत्पादन से लगभग 5.2 प्रतिशत अधिक था।

इफको गोदावरी फर्टिलाइजर[1] का को-प्रमोटर था। यह आन्ध्र प्रदेश में मिश्रित उर्वरकों की कम्पनी है। आन्ध्र प्रदेश की सरकार उसकी प्रमुख शेयरहोल्डर थी। इफको का शेयर 25 प्रतिशत था। 1992 में डीएपी/एनपीके के विनियंत्रण के बाद से वह कम्पनी घाटे में आ गई थी। उसकी 80 प्रतिशत इक्विटी नष्ट हो गई थी। आन्ध्र प्रदेश सरकार की ओर से प्रस्ताव आया कि कम्पनी को रिवाइव करने के लिए इफको उसमें निवेश करे। अवस्थी कहते हैं, 'हमने इस प्रस्ताव पर पूरी गम्भीरता से विचार करना शुरू किया।'

संस्था सर्वोपरि

इफको के प्रबन्ध निदेशक के रूप में अपने कार्यकाल की शुरुआत में अवस्थी की प्रधानमंत्री पी.वी. नरसिम्हा राव से उलझन की स्थिति उत्पन्न हो गई। मामला राव के संसदीय क्षेत्र नांदियाल की एक चीनी मिल के निष्क्रिय होने से जुड़ा था। इफको पर चीनी मिल को यथाशीघ्र पुनर्जीवित करने के लिए दबाव डाला गया। यह मिल भारी कर्ज के बोझ से दबी हुई थी।

अवस्थी इसमें शामिल नहीं होना चाहते थे क्योंकि इफको के पास चीनी मिल के क्षेत्र में कार्य करने की विशेषज्ञता नहीं थी। इफको के चेयरमैन पी. रामचन्द्र रेड्डी आन्ध्र प्रदेश के थे और राव के काफी क़रीबी थे। वे इस बीमारु चीनी मिल को पुनर्जीवित करना चाहते थे।

---

1. अन्ततः इफको ने वर्ष 2007 में गोदावरी फर्टिलाइजर्स के अपने शेयर कोरोमंडल इंटरनेशनल को 120.01 करोड़ रुपये में बेच दिए।

विजय भास्कर रेड्डी उस समय आन्ध्र प्रदेश के मुख्यमंत्री थे। अवस्थी को इफको के अध्यक्ष पी. रामचन्द्र रेड्डी के साथ कई बार उनसे मिलने जाना पड़ता था। मुख्यमंत्री बहुत सख़्त मिजाज़ के व्यक्ति थे। एक बार वे अवस्थी पर बहुत क्रोधित हुए और गुस्से से बोले, 'आप मेरी बात समझ क्यों नहीं रहे हैं?'

अवस्थी भी प्रत्युत्तर में जोर से ही बोले 'मैं इफको के पैसे बर्बाद नहीं करूँगा।'

इससे रामचन्द्र रेड्डी बहुत घबरा गए। वे अवस्थी को बाहर ले गए और कहा : 'यह आप क्या कर रहे हैं, आप ऐसा मत कीजिए।'

तब अवस्थी ने सुझाव दिया कि इफको चीनी मिल को पुनर्जीवित करने के लिए ऋण प्रदान कर सकता है। उन्होंने यह सुझाव मान लिया। अवस्थी बताते हैं, 'हमने 1994 में उस चीनी मिल को 4 करोड़ रुपये का ऋण दिया। 2003 में वह पैसा वापस तो मिला, लेकिन बिना किसी ब्याज के।'

एक बार, इफको के नेहरू प्लेस कार्यालय में एक वीआईपी का आना हुआ जो ख़ुद को एक पूर्व प्रधानमंत्री का रिश्तेदार बता रहे थे। उन्हें ज़ेड प्लस सुरक्षा मिली हुई थी। इससे इफको के कार्यालय में हड़कम्प सा मच गया।

उस व्यक्ति के साथ हुए वार्तालाप को याद करते हुए अवस्थी बतलाते हैं, 'उन्होंने मुझे एक बैंक में 100 करोड़ रुपये जमा करने के लिए कहा। मैंने उनसे कहा, 'अगर मेरी संस्था के नियम ऐसी अनुमति देते तो मुझे पैसे जमा करने में कोई आपत्ति नहीं होती। हमारे पैनल में केवल ए-श्रेणी के बैंक हैं और हम उन्हीं बैंकों में अपना पैसा जमा करते हैं। उन्होंने जिस बैंक की सिफारिश की थी, वह हमारे पैनल में नहीं था।'

अवस्थी ने एम.के. टंडन के साथ इस मुद्दे पर चर्चा की, जो उस समय इफको के वित्त निदेशक थे। उन्होंने कहा कि यह काम बहुत जोख़िम भरा होगा। अवस्थी का अन्तर्मन भी कह रहा था कि यह ठीक नहीं होगा। इसलिए अवस्थी ने उनसे कहा : 'यह हमारे लिए सम्भव नहीं है।'

उन्हें अवस्थी की ना अच्छी नहीं लगी। 'इस प्रस्ताव में क्या गलत है?' उन्होंने जानना चाहा। 'आपको अपना पैसा एक बैंक से दूसरे बैंक में जमा करना है। इसमें क्या अवैध है?'

अवस्थी बोले, 'आपकी बात ठीक है, लेकिन मेरी संस्था के नियम मुझे इसकी अनुमति नहीं देते हैं।'

उन्होंने तरह-तरह के तर्क दिए, लेकिन अवस्थी विनम्रतापूर्वक कहते रहे कि ऐसा नहीं हो पाएगा। आगंतुक कुपित होकर लौटे। बाद में उसी दिन, प्रधानमंत्री कार्यालय से अवस्थी को फ़ोन आया, 'इतनी छोटी-सी बात के लिए आपने उनको मना कर दिया।'

'सर, काश मैं ऐसा कर पाता, लेकिन मैं अपनी संस्था के नियमों से बँधा हुआ हूँ। मुझे ख़ेद है कि मैंने उन्हें निराश किया। मैं आपके लिए या उनके लिए कुछ ऐसा करने को अवश्य तैयार हूँ जिसके लिए मेरी संस्था के नियम अनुमति प्रदान करें।' उन्होंने कहा 'ठीक है' और फ़ोन रख दिया।

अवस्थी को पिछले तीन दशकों में ऐसी कई प्रतिकूल परिस्थितियों का सामना करना पड़ा है, लेकिन उन्होंने इफको या किसानों के हितों से कभी समझौता नहीं किया।

इफको : पूर्ण स्वायत्तता की ओर

इफको के अध्यक्ष रामचन्द्र रेड्डी का 12 अक्टूबर, 1995 को अचानक निधन हो गया। उस समय, निदेशक मंडल का गठन तीन साल के लिए किया जाता था और अध्यक्ष का कार्यकाल बोर्ड के कार्यकाल के साथ समाप्त होता था। रेड्डी ने अध्यक्ष के रूप में एक कार्यकाल पूरा कर लिया था और मई 1995 में वे इस पद पर फिर से चुने गए थे।

सरकार ने डी.पी. यादव को उनके स्थान पर इफको के बोर्ड में शामिल कर लिया। यादव बिहार से लोकसभा सांसद थे और उन्हें भारतीय कृषि की गहरी समझ थी। उस समय तक इफको में परम्परा यह थी कि सरकार द्वारा नामित निदेशक को अध्यक्ष चुन लिया जाता था, इसलिए यादव को रेड्डी के शेष कार्यकाल के लिए दिसम्बर 1995 में अन्तरिम अध्यक्ष चुना गया था।

जनवरी 1997 में, सरकार ने यादव को वापस बुला लिया और उनकी जगह मेजर जनरल समय राम को नामित किया। इफको बोर्ड को सरकार का यह एकतरफा फ़ैसला रास नहीं आया। इफको ने सरकार की पसन्द के व्यक्ति को अध्यक्ष के रूप में चुनने की परिपाटी समाप्त करने का निर्णय लिया। एक सामूहिक निर्णय लिया गया कि अब से, केवल सहकारिता क्षेत्र के व्यक्ति को अध्यक्ष चुना जाएगा।

इसलिए बोर्ड के किसी भी सदस्य ने मेजर जनरल समय राम का नाम प्रस्तावित नहीं किया। इसके बजाय, सुरिन्दर जाखड़ को सर्वसम्मति से इफको अध्यक्ष चुना गया। शीश राम ओला उस समय केन्द्रीय रसायन और उर्वरक राज्य मंत्री (स्वतंत्र प्रभार) थे। उन्होंने सोचा कि अवस्थी ने ही अध्यक्ष की चयन प्रक्रिया में हस्तक्षेप किया है और इसी के तहत जाखड़ को चुना गया है।

अवस्थी कहते हैं, 'मैंने जाकर उन्हें समझाया कि इफको एक सहकारी समिति है और इसके सदस्यों ने सर्वसम्मति से फ़ैसला किया है कि अब से वे सहकारी आन्दोलन में सक्रिय किसी व्यक्ति को ही अध्यक्ष के रूप में चुनेंगे।'

इफको के इतिहास में यह एक नए अध्याय की शुरुआत थी। इससे इफको पूर्णत: सहकारी स्वामित्व की दिशा में एक कदम और आगे बढ़ी। यह नई परम्परा 22 जनवरी, 1997 को निदेशक मंडल की 242वीं बैठक से शुरू हुई। अवस्थी कहते हैं, 'यह इफको के लिए बहुत गर्व का समय था और मुझे ख़ुशी है कि मैं इस गौरवशाली अवसर का हिस्सा था।'

कुछ साल बाद 1999 में, जब अटल बिहारी वाजपेयी भारत के प्रधानमंत्री थे, अवस्थी को प्रधानमंत्री कार्यालय (पीएमओ) से फ़ोन आया। प्रधानमंत्री के निजी सचिव शक्ति सिन्हा फ़ोन लाइन पर थे। उन्होंने अवस्थी से कहा कि प्रधानमंत्री चाहते हैं कि आप कृभको के अध्यक्ष पद के चुनाव में श्रीनिवास गौड़ा को वोट दें। उन दिनों इफको और कृभको के कई निदेशक एक-दूसरे के बोर्ड में होते थे।

अवस्थी ने कहा, 'पहले ही किसी और को वचन दे चुका हूँ।' चन्द्रपाल सिंह यादव को अवस्थी का समर्थन हासिल था, जो उस वक़्त सहकारी दुनिया में एक बड़ा नाम थे।

क़रीब एक घंटे बाद अवस्थी के पास फिर से शक्ति सिन्हा का फ़ोन आया। उन्होंने अवस्थी से कहा, 'प्रधानमंत्री कह रहे हैं कि ठीक है।'

अवस्थी कहते हैं, 'यह एक अप्रत्याशित सुखद घटना है। वाजपेयी जी के प्रति मैं श्रद्धानत हूँ।'

यह उर्वरक उद्योग और सहकारी क्षेत्र की चर्चित घटना रही है। कृभको बोर्ड में सरकार द्वारा मनोनीत सदस्यों की संख्या 50 प्रतिशत थी। उन सभी को श्रीनिवास गौड़ा को वोट देने के लिए निर्देशित किया गया था। लेकिन अवस्थी यादव के पीछे मज़बूती से डटे रहे।

सहकारिता पूरी तरह लोकतांत्रिक प्रक्रियाओं से जुड़ा आन्दोलन है। सरकारी नियंत्रण व हस्तक्षेप से इसकी मूल प्रकृति को नुक़सान पहुँच रहा था। इफको, कृभको, नैफेड और अन्य बहुराज्यीय सहकारी समितियों के अध्यक्ष सरकारी नुमाइन्दे होते थे। लम्बे समय से यही परिपाटी चली आ रही थी क्योंकि सरकार उनमें सबसे बड़ी अंशधारक होती थी। ऐसे कई मौक़े आए जब सरकार ने लोकतंत्र के सिद्धान्तों के विरुद्ध मनमाने ढंग से अध्यक्ष हटाए और नियुक्त किए।

चन्द्रपाल सिंह यादव कहते है, 'अवस्थी ने ही सर्वप्रथम सहकारी समितियों को लोकतांत्रिक सिद्धान्तों के लिए खड़े होने और अपनी पसन्द के अध्यक्ष चुनने के लिए प्रेरित किया। पहले इफको में और फिर देश की अन्य बहु-राज्य सहकारी समितियों में अवस्थी की इस प्रेरणा का सकारात्मक असर हुआ।'

यादव आगे कहते हैं, 'उन्होंने जो किया वह असाधारण था। लोग पीएमओ के नाम से भयभीत हो जाते हैं। लेकिन यहाँ कोई था जो पीएम के निर्देश के ख़िलाफ़ अपनी ज़मीन पर खड़ा था। यह वास्तव में एक बड़ी बात थी।'

इसके बाद नैफेड[1] का चुनाव आया। नैफेड के चुनाव में भी, सहकारी समितियों ने सरकारी नियंत्रण तोड़ते हुए अपने ही प्रतिनिधि को संस्था का अध्यक्ष चुना।

एक अनुभवी सहकार मुस्कुराते हुए कहते हैं, 'हम सभी भारत में सहकारिता आन्दोलन के प्रति अवस्थी के समर्पण को समझते हैं और उनकी प्रशंसा करते हैं।'

विस्तार योजनाएँ

अवस्थी ने इफको के प्रबन्ध निदेशक के रूप में अपने कार्यकाल के प्रथम वर्ष से ही संयंत्रों का विस्तार करना शुरू कर दिया। कलोल को कम्पनी का मातृ संयंत्र माना जाता है। वहाँ गैस आपूर्ति का प्रवाह कम हो गया था। अवस्थी ने कहा, 'लेट्स हैव प्री-रिफ़ॉर्मर एंड फ़ायर नैप्था।'[2] प्री-रिफ़ॉर्मर नैप्था को गैस में बदलता है। अवस्थी कहते हैं, 'इस प्रक्रिया में हमने कलोल की उत्पादन क्षमता भी बढ़ाई थी।'

1. राष्ट्रीय कृषि सहकारी विपणन संघ
2. हम लोग प्री-रिफ़ॉर्मर लगाकर नैप्था से गैस बनाएँ।

जब अवस्थी इफको में प्रबन्ध निदेशक बने तब आँवला संयंत्र के विस्तार की योजना पर पहले से ही काम चल रहा था। अवस्थी कहते हैं, 'हमने इसका पुनर्मूल्यांकन किया और इसके बजट को 1,100 करोड़ रुपये से घटाकर 960 करोड़ रुपये कर दिया।' आँवला विस्तार के लिए सरकार से मंज़ूरी सितम्बर 1993 में मिली।

अवस्थी ने आँवला विस्तार की लागत को कम करने के लिए एक कुशल रणनीति तैयार की। एनएफएल[1] उस समय अपने विजयपुर प्लांट का विस्तार करने जा रही थी। दोनों 'एचबीजे पाइपलाइन' के संयंत्र थे, दोनों की एक ही प्रौद्योगिकी थी और दोनों की कमीशनिंग एक ही समय हुई थी। इसलिए उन्होंने सरकार से बात करके दोनों परियोजनाओं को एक साथ शुरू करने की अनुमति प्राप्त कर ली।

बक़ौल अवस्थी, 'इससे हमें सलाहकारों और उपकरण के आपूर्तिकर्ताओं पर अपेक्षाकृत कम पैसे ख़र्च करने पड़े। इससे जो बचत हुई उससे हमने आँवला में डुअल-फीडस्टॉक रखा ताकि अगर गैस की आपूर्ति में कोई समस्या आती है तो हम लोग नैप्था से गैस बना लें। अगले साल (1994) हमने फूलपुर का विस्तार शुरू किया और नेल्लोर (आन्ध्र प्रदेश) में एक अमोनिया-यूरिया कॉम्प्लेक्स लगाने की तैयारी शुरू की। हमने इस विकल्प पर भी काम करना शुरू किया कि मध्य पूर्व (मिडिल ईस्ट) के किस देश में मिश्रित उर्वरकों का नया संयंत्र लगाया जा सकता है।'

इफको ने ईरान में मिश्रित उर्वरकों का एक संयंत्र स्थापित करने का प्रयास किया था, लेकिन यह प्रयास सफल नहीं हुआ। इसके बाद इफको ने पश्चिम अफ्रीका में सेनेगल में अपनी फॉस्फोरिक एसिड उत्पादन क्षमता का विस्तार किया।

अवस्थी कहते हैं, '1994 में, हमने इफको में महाप्रबन्धकों और संयुक्त महाप्रबन्धकों की संख्या में वृद्धि की क्योंकि संयंत्रों का विस्तार किया जा रहा था। आँवला विस्तार शुरू हो चुका था और फूलपुर विस्तार शुरू होने वाला था। फूलपुर विस्तार की लागत कम करने और परियोजना को समय पर पूरा करने के लिए हमने एक नया तरीक़ा अपनाया।'

लॉन्ग डिलीवरी आइटम[2] के जो ऑर्डर आँवला के विस्तार के लिए दिए गए थे वही ऑर्डर फूलपुर के विस्तार के लिए भी दे दिए गए थे। इस तरह, आँवला

---

1. नेशनल फर्टिलाइजर्स लिमिटेड
1. जिन उपकरणों और मशीनों की अदायगी में आपूर्तिकर्ताओं द्वारा 48 महीने से अधिक समय लगनेवाले थे।

विस्तार की प्रौद्योगिकी का उपयोग फूलपुर के लिए भी किया गया और दोनों विस्तार परियोजनाओं को कम-से-कम समय—क्रमश: 42 महीने और 32 महीने में पूरा कर लिया गया।

उर्वरक उद्योग में यह रिकॉर्ड था। इससे पहले ओसवाल केमिकल्स को इसी तरह की परियोजनाओं को पूरा करने में 45 महीने, नागार्जुन फर्टिलाइजर्स को 47 महीने, नेशनल फर्टिलाइजर्स को 49 महीने, चम्बल फर्टिलाइजर्स को 52 महीने और टाटा फर्टिलाइजर्स को 53 महीने लगे थे।

इफको ने कड़ी बाधाओं को पार करते हुए इस उपलब्धि को हासिल किया था। अवस्थी इसका श्रेय इफको बोर्ड को देने से नहीं कतराते। अवस्थी कहते हैं, 'मैं यह जोर देकर कह रहा हूँ, इफको बोर्ड की इसमें बड़ी भूमिका थी। हमारा बोर्ड बहुत ईमानदार है और इसका दृष्टिकोण बहुत सकारात्मक है। वह सवाल ज़रूर पूछता है लेकिन जब आश्वस्त हो जाता है कि निर्णय कम्पनी के हित में है तो सहमति देने और किसी भी तरह के सहयोग की पेशकश करने में संकोच नहीं करता।'

पॉल पोथन उस समय बोर्ड में एक मनोनीत सदस्य थे। उन्होंने इफको के विस्तार के चरण में उत्पन्न विभिन्न संकटों के दौरान अवस्थी को कुशल मार्गदर्शन प्रदान किया।

लीक से हटकर

समस्या का शीघ्र समाधान करने का कौशल और लीक से हटकर सोचने की अवस्थी की ख़ासियत तब उभरकर सामने आई जब संयंत्रों का विस्तार किया जा रहा था। इफको ने बीएचपीवी[1] को एचटीएलटी कन्वर्टर का ऑर्डर दिया था। वहाँ प्रबन्धन और कर्मचारियों के बीच विवाद था जिसकी वजह से कन्वर्टर की डिलीवरी निर्धारित समय पर नहीं हो पा रही थी। एचटीएलटी कन्वर्टर लगभग 60 से 70 मीटर लम्बा और 5 से 7 मीटर चौड़ा होता है। वह वहाँ दो टुकड़ों में था, उसकी वेल्डिंग का काम अभी बाकी था।

1. भारत हेवी प्लेट्स एंड वेसेल्स

अवस्थी ने विशाखापत्तनम से कन्वर्टर के दोनों हिस्से आँवला संयंत्र में मंगाने और इसका ऑनसाइट वेल्डिंग कराने का साहसिक निर्णय लिया। यह एक बहुत ही कठिन और चुनौतीपूर्ण कार्य था क्योंकि मानसून शुरू होने वाला था। इसलिए उन्होंने रोड-टु-सी-टु-रोड वाया कांडला का रूट अपनाया। कन्वर्टर को विशाखापत्तनम से समन्दर के रास्ते कांडला लाया गया और फिर वहाँ से सड़क मार्ग से आँवला पहुँचाया गया। वास्तव में अवस्थी ने दशकों पहले आज की लोकप्रिय इस बहु-नोडल परिवहन प्रणाली का उपयोग किया था।

इस परिवहन कार्य के लिए ठेकेदार ने 15 दिन का समय अनुमानित किया था। इसकी वजह से परिवहन का ख़र्चा ज़रूर थोड़ा बढ़ रहा था लेकिन कन्वर्टर की डिलीवरी समय से हो रही थी। मगर मूवमेंट जैसे ही शुरू हुआ, मानसून आ गया। मार्केटिंग के लोगों ने मोर्चा सँभाला। जहाँ भी सड़क ख़राब हो गई थी वहाँ स्थानीय लोगों की मदद से सड़क ठीक की, पुलों को दुरुस्त किया, सारी कठिनाइयों को पार करते हुए कन्वर्टर समय पर आँवला पहुँचा दिया। यह मार्केटिंग टीम का बहुत बड़ा योगदान था।

इसी तरह, लॉयड स्टील में भी अशान्ति थी। वहाँ से भी कुछ ज़रूरी उपकरणों की आपूर्ति होनी थी। अवस्थी इस विकट परिस्थिति से भी भलीभाँति निबटने में सक्षम रहे। अवस्थी बताते हैं, 'हमने उनके साथ बात की। यह निर्णय लिया गया कि हम उनकी सामग्री की ख़रीद के पहले भुगतान करेंगे। हमने वहाँ काम की निगरानी के लिए अपने तकनीकी और वित्त विभाग के वरिष्ठ अधिकारियों को भेजा। हमें लॉयड स्टील में एक अलग जगह दी गई, जहाँ हमारे श्रमिकों और वेल्डरों ने अपना काम पूरा कर लिया।'

इसी बीच राजस्थान के भरतपुर में बाढ़ आ गई, जहाँ कुछ और उपकरण बनाए जा रहे थे। अवस्थी बताते हैं, 'हमने तुरन्त अपनी टीम वहाँ भेजी और उपकरणों को लिफ़्ट करके आँवला ले आए। हम लोग हमेशा सजग रहे। हर समस्या का तत्काल समाधान किया और परियोजना को बिलकुल समय से पूरा किया।'

आँवला विस्तार परियोजना 1 जनवरी, 1997 को पूरी होनी थी। लेकिन इसे समय से पहले 13 दिसम्बर, 1996 को पूरा कर लिया गया। 5 करोड़ रुपये की बचत भी हुई। उस समय यह सबसे कम समय में पूरी होनेवाली परियोजना थी। यह एक रिकॉर्ड था जिसे इफको ने सारी चुनौतियों का सामना करते हुए स्थापित किया।

देश-हित में सदैव तत्पर

आँवला परियोजना के कुछ रोचक पहलू थे। इफको के तत्कालीन जीएम, प्लानिंग एंड डेवलपमेंट और अब आईटीआईएस[1] के अध्यक्ष एन.के. केडिया कहते हैं, 'हम लोग आपस की बातचीत में डॉ. अवस्थी को 'उस्ताद' कहा करते थे। उनमें एक बड़ी ख़ूबी यह है कि किस व्यक्ति में क्या योग्यता है इसको वे तुरन्त पहचान लेते हैं। उन्होंने हमेशा सही व्यक्ति को सही काम के लिए सही जगह पर रखा। हम लोगों की कोई भी समस्या होती थी, वह चाहे व्यावसायिक हो या व्यक्तिगत या किसी और तरह की, वे हमारे लिए हमेशा उपलब्ध रहते थे।'

केडिया एक घटना को याद करते हैं जब वे मिलान में स्नैमप्रोजेत्ती के मुख्य कार्यालय में नियुक्त थे। यूरिया संयंत्र में कार्बन डाइऑक्साइड कम्प्रेसर की आपूर्ति के लिए किसे चुना जाएगा, इस पर कुछ विवाद था। कुछ लोग चाहते थे कि ठेका किसी बहुराष्ट्रीय कम्पनी को दिया जाए।

टेंडर खुलने से एक दिन पहले, विदेशी सलाहकार की ओर से एक अधिकारी ने केडिया से आकर कहा, 'यह ऑर्डर हमें मिलना चाहिए।'

'कल हम लोग टेंडर खोल रहे हैं, देखते हैं क्या होता है,' केडिया ने जवाब दिया।

अगले दिन जब टेंडर खोले गए तो पता चला कि जिस कम्पनी को वे ऑर्डर देना चाहते थे वह एल-4 है, मतलब उस कम्पनी ने उपकरण की जो क़ीमत लगाई है वह टेंडर में शामिल कम्पनियों में तीन कम्पनियों द्वारा लगाई गई क़ीमत से ज़्यादा है। एक भारतीय कम्पनी एल-1 थी, मतलब वह कम्पनी सबसे कम दाम पर उपकरण की आपूर्ति करने को तैयार थी।

वह अधिकारी फिर आया और कहने लगा, 'हमें यह ऑर्डर हर सूरत में चाहिए। याद रखना, यह ऑर्डर अगर हमें नहीं मिला तो आपके प्रबन्ध निदेशक बदल दिए जाएँगे।' उसने भारत सरकार के एक बहुत बड़े अधिकारी का नाम लिया।

केडिया ने अवस्थी को फ़ोन पर सारी बात बताई। केडिया बताते हैं, 'उन्होंने मुझसे कहा कि टेंडर के सारे इवैल्यूएशन (मूल्यांकन) लेकर तुम हिन्दुस्तान आ जाओ। मैं टेंडर के डिटेल्ड इवैल्यूएशन (विस्तृत मूल्यांकन) लेकर आ गया।'

1. इफको टोकियो इंश्योरेंस सर्विसेज

अमूमन ऐसा होता है कि जिस दिन टेंडर खुलता है उस दिन से 15 सप्ताह के भीतर अन्तिम ऑर्डर दे दिया जाता है। डॉ. अवस्थी ने निदेशक मंडल की एक विशेष मीटिंग की व्यवस्था कराई जिसमें एल-1 वेंडर को ऑर्डर दे दिया गया। वेंडर से ऑर्डर की स्वीकृति भी रिकॉर्ड में डाल दी गई। इस पूरी प्रक्रिया को छह सप्ताह के भीतर निपटा लिया गया।

विदेशी सलाहकार का वह अधिकारी कुछ दिन बाद उस ऑर्डर की जानकारी लेने हिन्दुस्तान आया। वह समझ रहा था कि ऑर्डर अभी नहीं दिया गया होगा। जब उसको पता चला कि ऑर्डर एल-1 वेंडर को दे दिया गया है तो वह बौखला गया।

केडिया कहते हैं, 'हमें मंत्रालय द्वारा स्पष्टीकरण के लिए बुलाया गया।'

अवस्थी ने उन्हें सारे काग़ज़ात के साथ मंत्रालय भेजा और सक्षम प्राधिकारी को सब कुछ समझा दिया। उसके बाद किसी तरह का कोई विवाद नहीं हुआ।

विरोध के प्रतिकार की यह क्षमता इफको के प्रबन्ध निदेशक के रूप में अवस्थी के लम्बे कार्यकाल की पहचान रही है। वे हमेशा ऑर्डर देने में भारतीय कम्पनियों, विशेष रूप से सार्वजनिक क्षेत्र की इकाइयों को अधिक से अधिक प्राथमिकता देने की कोशिश करते रहे हैं। वे उनके साथ अच्छा तालमेल बनाकर रखते हैं। भारतीय कम्पनियाँ इफको को अच्छी क़ीमत पर उपकरण देती हैं और समय पर डिलीवरी करने के लिए भी प्रतिबद्ध रहती हैं।

यह स्ट्रेटेजी सरकारी विभागों के साथ अच्छा तालमेल बनाए रखने में अवस्थी की फिलोसोफी के अनुरूप है।

अवस्थी कहते हैं, '1996 का साल मेरे लिए बहुत सन्तोषजनक रहा।'

आईएफए[1] के पहले एशियाई अध्यक्ष

अवस्थी के लिए वर्ष 1997 क़ामयाबियों का साल रहा। एक झटके को छोड़ दें तो पूरी तरह उपलब्धियों से भरा हुआ। इस साल वे आईएफए के अध्यक्ष चुने गए। आईएफए के 80 साल के इतिहास में ऐसा पहली बार हुआ जब किसी एशियाई व्यक्ति को उसका अध्यक्ष चुना गया था।

---

1. इंटरनेशनल फर्टिलाइजर एसोसिएशन (अन्तरराष्ट्रीय उर्वरक संघ)

उस समय तक आईएफए में अमेरिका और यूरोप के उर्वरक उद्योग के लोगों का दबदबा था। लेकिन इफको के प्रबन्ध निदेशक बनने से पहले ही अवस्थी प्रभावशाली लोगों के दिल में जगह बना चुके थे।

कई वर्षों तक आईएफए के महानिदेशक रहे लुक मान कहते हैं, 'मैं अवस्थी से तब मिला था जब वे पीपीसीएल में थे। मैं सबसे कहता था, 'पीपीसीएल इतनी छोटी कम्पनी है। इस आदमी को कुछ और करना चाहिए।' अवस्थी के पास एक दृष्टि थी। वे ऐसी बातें कह रहे थे जो मैंने उर्वरक उद्योग में कहीं और नहीं सुनी थी।'

जब लुक मान आईएफए में आए तो उन्होंने अमेरिका और यूरोप के बाहर के लोगों को इसके बोर्ड का सदस्य और अन्ततः आईएफए का अध्यक्ष बनाने का फ़ैसला किया। सम्भावित उम्मीदवारों में अवस्थी अव्वल रहे।

आईएफए की कार्य प्रणाली के तहत कोई व्यक्ति पहले उपाध्यक्ष और उसके बाद वरिष्ठ उपाध्यक्ष के रूप में कार्य करता है और फिर छह साल बाद अध्यक्ष बन जाता है। लुक मान बताते हैं, 'हमने अवस्थी को कार्यभार सँभालने के लिए तैयार किया। वे एक शानदार विकल्प थे।' वे आगे कहते हैं, 'वे एक करिश्माई व्यक्ति हैं। इसलिए उन्हें तैयार करके मैं बहुत ख़ुश था और वे एक बेहतरीन अध्यक्ष साबित हुए।'

अवस्थी को सहकारी क्षेत्र से होने का भी लाभ मिला, क्योंकि यह सार्वजनिक और निजी के बीच का क्षेत्र है। इसलिए वे सभी के लिए स्वीकार्य थे—एक सर्वसम्मत पसन्द की तरह।

अवस्थी ने आईएफए में कई नई परम्पराओं की शुरुआत की। आईएफए के प्रमुख के पद का नाम एग्जीक्यूटिव सेक्रेटरी होता था जो उसकी गरिमा के अनुरूप नहीं था, उसको बदलकर डायरेक्टर जनरल कर दिया। आईएफए के सम्मेलनों में शाकाहारी भोजन की कोई व्यवस्था नहीं होती थी। उन्होंने शाकाहारी भोजन का समावेश किया। सम्मेलनों में जो लोग आते थे उनको अपनी पत्नी को साथ लाने के लिए अतिरिक्त पैसे देने पड़ते थे। अवस्थी ने उस व्यवस्था को बदला। उन्होंने कहा, 'पत्नियाँ भी अतिथि होंगी।'

अमेरिकी-यूरोपीय विरासत के कारण आईएफए में ब्लैक-टाई डिनर की परम्परा थी। अवस्थी कहते हैं, 'मैंने कहा, यह ब्लैक-टाई डिनर क्या है? इस औपचारिकता की क्या ज़रूरत है? ठीक है, आईएफए औपचारिक सम्मेलन है

लेकिन इस अवसर पर होने वाला मेलजोल अनौपचारिक है, इसलिए हम ड्रेस-कोड स्मार्ट कैज़ुअल रखें। यू शुड बी स्मार्टली ड्रेस्ड, नॉट ऑफिशियली ड्रेस्ड।'[1]

ये सभी नई परम्पराएँ आज भी आईएफए में जारी हैं। बाद में, अवस्थी के नक़्शेकदम पर चलते हुए, इफको के संयुक्त प्रबन्ध निदेशक, राकेश कपूर, आईएफए के अध्यक्ष बने।

डीसीएम श्रीराम कम्पनी से अवस्थी ने अपने पेशेवर जीवन की शुरुआत की थी। उसके अध्यक्ष और वरिष्ठ प्रबन्ध निदेशक अजय श्रीराम, अवस्थी को एक दोस्त के साथ-साथ प्रतिस्पर्धी भी मानते हैं। वे बिना किसी झिझक के कहते हैं, 'अवस्थी ने एफएआई के महानिदेशक प्रताप नारायण के साथ मिलकर अन्तरराष्ट्रीय उर्वरक बिरादरी में भारतीय उर्वरक उद्योग का झंडा गाड़ दिया।'

श्रीराम बताते हैं कि अवस्थी आईएफए के समारोह में 'इफको सन्ध्या' का भी आयोजन किया करते थे। वे बताते हैं, 'एक बार अवस्थी ने इस्तांबुल में 'इफको सन्ध्या' का आयोजन किया था जिसमें दो-ढाई सौ लोगों को वे क्रूज शिप पर डिनर के लिए ले गए थे। हम लोग ढाई घंटे क्रूज पर थे। बैंड की धुन के साथ गायक गा रहे थे, स्वादिष्ट व्यंजन परोसे जा रहे थे। शानदार माहौल था। विश्व उर्वरक उद्योग के सभी नामीगिरामी लोग वहाँ मौजूद थे। वह एक यादगार शाम थी।'

अवस्थी कहते हैं, 'यह मेरे और इफको दोनों के लिए गर्व की बात है कि आज अगर आप आईएफए के सम्मेलनों में जाएँगे तो देखेंगे कि ये पेशेवर बातचीत और सामाजिक मेलजोल दोनों के लिए एक अद्भुत मंच है।'

इससे पहले अवस्थी 1994 में देश के उर्वरक क्षेत्र का प्रतिनिधित्व करनेवाली संस्था एफएआई[2] के अध्यक्ष चुने गए थे। यहाँ भी उन्होंने कार्य-पद्धति व संस्कृति सम्बन्धी अनेक सकारात्मक बदलाव किए थे। यहाँ, एसोसिएशन के प्रमुख को एग्जीक्यूटिव डायरेक्टर कहा जाता था। अवस्थी ने इस पद का नाम बदलकर डायरेक्टर जनरल कर दिया। यहाँ भी उन्होंने सम्मेलनों में पत्नी को साथ लाने की परम्परा शुरू की।

अवस्थी कहते हैं, 'मैं जहाँ भी गया हूँ वहाँ मैंने ऐसे पारिवारिक मूल्यों को शामिल करने की कोशिश की है, जिसे सब पसन्द करें।'

---

1. आप सलीक़े से कपड़े पहन कर आएँ, औपचारिक कपड़े पहनना ज़रूरी नहीं।
2. फर्टिलाइजर एसोसिएशन ऑफ इंडिया

सबसे महत्त्वपूर्ण बात यह है कि अवस्थी एफएआई को उर्वरक उद्योग के वैश्विक निकायों की सूची में शामिल कराने में सफल रहे। अवस्थी के प्रयासों का ही नतीज़ा है कि भारत आज विश्व उर्वरक परिदृश्य पर प्रमुखता से क़ाबिज़ है। उर्वरक उद्योग जगत में आज कुछ भी नया होता है तो भारतीय उर्वरक क्षेत्र को तुरन्त इसकी जानकारी मिल जाती है; वह तुरन्त अनुकूलता के आधार पर उन परिवर्तनों को अपने यहाँ लागू कर सकता है।

अवस्थी कुछ उदास स्वर में कहते हैं, 'लोग हमारे साथ तकनीक साझा करने से कतराते नहीं हैं। वे हमारे साथ संयुक्त उद्यम स्थापित करने के लिए तैयार रहते हैं। हमने वह सब कुछ किया जो हम उर्वरक उद्योग की तरफ से कर सकते थे; लेकिन सरकार की तरफ से उन सुधारों को लागू नहीं किया जा सका, जो अधिक व्यावहारिक होने के साथ-साथ उर्वरक उद्योग और हमारे देश के किसानों की आवश्यकताओं के अनुकूल हो सकते थे।'

एकदम अप्रत्याशित

वर्ष 1997 अवस्थी के लिए एक आदर्श वर्ष साबित हो रहा था। आँवला और कलोल प्लांट का विस्तार पूरा हो चुका था। फूलपुर का विस्तार पूरा होने वाला था, कांडला और सेनेगल का विस्तार शुरू होने वाला था।

उस साल 30 सितम्बर को अवस्थी सहित इफको के 10 वरिष्ठ अधिकारियों पर आयकर विभाग का छापा पड़ा। अवस्थी की बड़ी बहन विद्या पांडेय और अवस्थी के सचिव आर.के. चावला के घरों पर भी छापा मारा गया।

छापे में किसी के ख़िलाफ़ कुछ भी नहीं निकला। अवस्थी बताते हैं, 'मेरे घर में उन्हें 10-15 हजार रुपये नक़द मिले। हमारे सारे लॉकर खोले गए, कहीं भी ऐसा कुछ नहीं मिला जो अघोषित या नाजायज़ हो। छापे के बाद यह ज़रूर हुआ कि मेरी दस साल की आमदनी पर आयकर विभाग ने मुझे 8 हजार रुपये लौटाए।'

लेकिन आयकर विभाग के छापे ने अवस्थी की पत्नी रेखा के मानसपटल पर एक गहरा निशान छोड़ दिया। उनकी शादी के शुरुआती दिनों के कुछ बहुत ही

निजी पत्र थे जिन्हें रेखा ने बहुत सँभाल कर रखा हुआ था। आयकर अधिकारियों ने उन पत्रों को खोला और पढ़ा। इससे उन्हें बहुत पीड़ा हुई। इस घटना ने रेखा को इतना आहत कर दिया कि छापे के बाद उन्होंने सारे पत्रों को जला दिया और राख को यमुना में प्रवाहित कर दिया।

लेकिन अवस्थी ने इस छापेमारी को निजी अपमान नहीं माना। अवस्थी कहते हैं, 'मैं मानता हूँ कि लोकतंत्र में व्यवस्था को यह अधिकार है कि किसी के बारे में वे जो जानकारी लेना चाहें, ले सकते हैं। मैंने अपनी पत्नी से भी यही कहा कि हमें इस बात का बुरा नहीं मानना चाहिए। यह सार्वजनिक जीवन का हिस्सा है। सार्वजनिक जीवन में मेरा एक स्थान है और लोग मेरे बारे में जानना चाहते हैं। हमें इसमें कोई आपत्ति नहीं होनी चाहिए। लेकिन मेरी पत्नी के लिए वह घटना घोर अपमान का विषय थी। मेरी बड़ी बहन बहुत वृद्ध थीं, उनके घर पर छापा पड़ा। उनका पूरा लॉन खोद डाला गया कि कहीं सोना तो नहीं गाड़ कर रखा गया है। ये दो ऐसी घटनाएँ हैं जिनका मलाल है अन्यथा मुझे कोई शिकायत नहीं है।'

फिर, एक पल की चुप्पी के बाद वे कहते हैं, 'बेआबरू भी अपने ही करते हैं। यह होता है अपने देश में और मेरे साथ तो ऐसा लगातार होता रहता है। लेकिन इससे डरकर मैंने कभी अपने सिद्धान्तों के साथ समझौता नहीं किया। मेरे लिए मेरी संस्था, मेरा देश सदैव सर्वोपरि है। उसके साथ कोई समझौता नहीं हो सकता।'

इस छापे के बाद अवस्थी का जीवन दर्शन खुलकर सामने आया। यह समझाते हुए कि कैसे कभी-कभी अशान्ति के बीच वे अपना मानसिक समभाव बनाए रखते हैं, अवस्थी कहते हैं, 'मैं इस तरह नहीं रहता कि मैं अनावश्यक रूप से विनम्र दिखूँ। मैं बचपन से ऐसा ही हूँ। मेरे पास भले कुछ न हो, लेकिन मैं ऐसे चलता हूँ जैसे मेरे साथ पूरी दुनिया हो। क्योंकि मुझे ख़ुद पर भरोसा है, मेरा मानना है कि मैं किसी भी जिम्मेदारी को उठाने में सक्षम हूँ। मेरे मन में विश्वास है और मुझे भगवान पर भरोसा है। चूँकि मैंने सही रास्ता अपनाया है, मैं निश्चित रूप से सफल होऊँगा। मैं कभी भी असफलता के बारे में नहीं सोचता।'

'दूसरी बात, मैं किसी को ख़राब नहीं मानता। अगर कोई मेरा कुछ बुरा करता है तो मुझे लगता है कि उसने किसी मजबूरी में ऐसा किया होगा। मैंने यह जानने के लिए कभी पीछे मुड़कर नहीं देखा कि किसने मेरे साथ क्या किया। क्योंकि दुःख मन की एक अवस्था है। अगर मैं इसे अनदेखा कर दूँ तो कोई दुःख नहीं

है। मुझे हमेशा कबीर की यह पंक्ति याद रहती है : 'लम्बी मार कबीर की, चित से दियो उतार' अर्थात् जिसने तुझे दु:ख पहुँचाया उसे तू दिल से निकाल दे, यही अचूक उपाय है।

पश्चिम एशिया में विस्तार

जुलाई 1994 में, भारत सरकार और ओमान की सल्तनत ने ओमान में एक टिकाऊ, विश्वस्तरीय अमोनिया-यूरिया परिसर स्थापित करने के लिए एक समझौता ज्ञापन पर हस्ताक्षर किए। भारत की ओर से आरसीएफ और कृभको तथा ओमानी सल्तनत की ओर से ओमान ऑयल कम्पनी इस परियोजना के प्रायोजक थे।

तीन प्रायोजकों ने ओमिफको[1] नामक एक नई कम्पनी स्थापित करने के लिए एक संयुक्त उद्यम समझौता किया, जिसमें ओमान ऑयल कम्पनी की 50 प्रतिशत हिस्सेदारी और आरसीएफ और कृभको प्रत्येक की 25 प्रतिशत हिस्सेदारी होनी तय हुई। तीनों प्रायोजकों के बीच इस बात पर सहमति बनी कि ओमान ऑयल कम्पनी एक निश्चित क़ीमत पर परियोजना को गैस की आपूर्ति करेगी और आरसीएफ और कृभको मौजूदा अन्तरराष्ट्रीय क़ीमत पर यूरिया ख़रीदेंगे।

सितम्बर 1998 में, भारत सरकार ने प्रस्ताव दिया कि इफको भी आरसीएफ और कृभको के बराबर भागीदार के रूप में इस संयुक्त उद्यम में शामिल हो क्योंकि उसे विदेशी परियोजनाओं को स्थापित करने का बेहतरीन अनुभव था।

अवस्थी इस प्रस्ताव को बोर्ड के पास ले गए। ज़्यादातर निदेशक इसके ख़िलाफ़ थे। उर्वरक विभाग के दो संयुक्त सचिव भी ओमिफको में निवेश के पक्ष में नहीं थे। लेकिन अवस्थी की राय थी कि यह परियोजना देश में उर्वरक आपूर्ति और खाद्य सुरक्षा के लिए महत्त्वपूर्ण है इसलिए इसे आगे बढ़ाया जाना चाहिए।

इस प्रस्ताव से असहमत लोगों की आम राय थी कि 'ओमान के पास पर्याप्त गैस नहीं है।' इसके अलावा, अन्तरराष्ट्रीय बाज़ार में तेल की क़ीमत 9 डॉलर प्रति बैरल तक गिर गई थी; अमोनिया और यूरिया की क़ीमतों में भी भारी गिरावट आई थी; इसलिए आशंका थी कि यह परियोजना सफल नहीं होगी।

1. ओमान-इंडिया फर्टिलाइजर कम्पनी

1994 और 1998 के बीच यूरिया की क़ीमत भी 200 डॉलर प्रति टन से गिरकर 80 डॉलर प्रति टन हो गई थी। परियोजना को वित्तपोषित करनेवाले बैंकों ने सोचा कि इससे कम्पनी का नक़दी प्रवाह कम हो जाएगा और उन्होंने इस परियोजना की व्यावहार्यता के बारे में सन्देह व्यक्त करना शुरू कर दिया। बैंकों ने अग्रिम ऋण प्रदान करने के लिए भारत सरकार से सॉवरेन गारंटी[1] माँगने जैसी बहुत कठिन शर्तें रख दीं।

संसद में इस परियोजना को लेकर गरमागरम बहस हुई। तर्क दिया गया कि यह परियोजना व्यावहारिक नहीं है। वास्तव में, यह एक गतिरोध था—भारत सरकार ने सॉवरेन गारंटी देने से इनकार कर दिया और बैंकों ने इस आश्वासन की सुरक्षा के बिना अपने रुख़ से पीछे हटने से इनकार कर दिया।

इस गतिरोध से निकलने का कोई आसान रास्ता नज़र नहीं आ रहा था। लेकिन अवस्थी अपने विचार पर अडिग थे कि 'यह परियोजना देश के लिए बहुत महत्त्वपूर्ण है।' उन्होंने प्रस्ताव दिया कि भारत सरकार ओमिफको द्वारा उत्पादित यूरिया को अन्तरराष्ट्रीय मूल्य के बजाय पूर्वनिर्धारित मूल्य पर ख़रीदे।

सरकार इसके लिए सहमत हो गई और इफको ने उत्पादित अमोनिया को ख़रीदने का बीड़ा उठाया। इस प्रस्ताव की स्वीकृति से संयुक्त उद्यम के नक़दी प्रवाह के लिए एक निश्चितता क़ायम हुई और ऋण-जोख़िम से डरे हुए बैंकर आश्वस्त हुए कि उनके ऋण बिना रुकावट के चुका दिए जाएँगे।

अवस्थी ने प्रस्तावित परियोजना की संरचना पर भी काम किया। परियोजना की लागत कम की और बैंकों के साथ ऋण निर्धारण व कर्ज अदायगी की किस्तों पर बात की। चूँकि 15 वर्षों के लिए यूरिया का मूल्य निर्धारित करना था और हर वर्ष का मूल्य अलग-अलग था, इसलिए उसका एक व्यवस्थित आकलन किया। यूरिया के दीर्घकालिक मूल्य निर्धारण पर ओमान सरकार के साथ चर्चा की। उन्होंने अन्तरराष्ट्रीय दरों के आधार पर अमोनिया की क़ीमतों को लेकर भी बातचीत की।

इफको के कॉरपोरेट सर्विसेज विभाग के निदेशक बिरिन्दर सिंह, जो इफको के प्रतिनिधि के रूप में ओमान परियोजना में सक्रिय रूप से शामिल थे, बताते हैं, 'हालाँकि 1994 में प्रारम्भिक समझौता ज्ञापन पर हस्ताक्षर किए गए थे, किन्तु 1998 में इफको के इसमें शामिल होने तक परियोजना अधर में लटकी हुई थी।

1. सॉवरेन गारंटी का मतलब है कि भारत सरकार गारंटी देगी कि कम्पनी में नक़दी का प्रवाह कम होने की स्थिति में कम्पनी का ऋण भारत सरकार अदा करेगी।

चूँकि परियोजना की पूँजी लागत बहुत अधिक थी, इसलिए कृभको और आरसीएफ को एक और भागीदार लाने की आवश्यकता महसूस हुई।' वे आगे कहते हैं, 'डॉ. अवस्थी ने परियोजना का विश्लेषण किया और महसूस किया कि 1.106 बिलियन डॉलर की लागत बहुत अधिक है। उन्होंने प्रौद्योगिकी आपूर्तिकर्ताओं, स्नैमप्रोजेत्ती और टेक्नीप-कोफ्लेक्सी के साथ बातचीत की और कुछ अनुपयोगी उपकरणों को हटाकर वे लागत कम करने में क़ामयाब रहे।'

बिरिन्दर सिंह बताते हैं, 'परियोजना लागत घटाकर 969 मिलियन डॉलर कर दी गई और उत्पादन क्षमता 14.52 लाख टन से बढ़ाकर 16.52 लाख टन कर दी गई।' वे मानते हैं कि 'अवस्थी जी के हस्तक्षेप से परियोजना की व्यावसायिक व्यावहार्यता बहुत बढ़ गई।'

'सीआरयू'[1] नामक वैश्विक संस्था अन्तरराष्ट्रीय बाज़ार में यूरिया की क़ीमतों का अनुमान लगाती है। सीआरयू द्वारा अगले 15 वर्षों के लिए अन्तरराष्ट्रीय बाज़ार में यूरिया की क़ीमतों का अनुमान बहुत हद तक अवस्थी की टीम के अनुमानों के अनुरूप ही था। इससे ऐसा सोचा गया कि सरकार को अब कुछ राहत मिलेगी।

इफको की परियोजना को लेकर चल रही बातचीत के बारे में इफको के संयुक्त उद्यम और रणनीति प्रभाग के निदेशक मनीष गुप्ता, जो तब भारतीय राजस्व सेवा के अधिकारी तथा उर्वरक विभाग में उपसचिव थे, बताते हैं, 'मंत्रालय में इस बात पर चर्चा हुई कि क्या 15 साल के लिए निर्धारित यूरिया की क़ीमतें उचित हैं और क्या सरकार को ओमान परियोजना से इन पूर्वनिर्धारित क़ीमतों पर यूरिया ख़रीदना चाहिए। उस समय अन्तरराष्ट्रीय बाज़ार में यूरिया की क़ीमत 80 डॉलर प्रति टन थी।'

सरकार को पहले वर्ष में प्रति टन 150 डॉलर का भुगतान करने के लिए कहा जा रहा था। उसके बाद यह क्रमशः 140 डॉलर और 130 डॉलर होता, इस तरह क़ीमतें घटती जातीं।

गुप्ता कुछ दिलचस्प तथ्यों को उद्‌घाटित करते हुए कहते हैं, 'सरकार के लिए 80 डॉलर की कोई चीज़ 150 डॉलर की दर पर ख़रीदना आसान नहीं है। वित्त मंत्रालय और योजना आयोग पूरी तरह इस परियोजना के ख़िलाफ़ थे।

1. सीआरयू अन्तरराष्ट्रीय बाज़ार में खनन धातु और उर्वरक उत्पादों से सम्बन्धित सूचनाएँ प्रदान करती है, उनका विश्लेषण करती है और उनके सम्भावित मूल्यों का पूर्वानुमान करती है।

वाणिज्य मंत्रालय भी इसके पक्ष में नहीं था। उर्वरक विभाग परियोजना के पक्ष में था क्योंकि देश को यूरिया की ज़रूरत थी। विदेश मंत्रालय चाहता था कि यह परियोजना आगे बढ़े क्योंकि ओमान और भारत के बीच बहुत अच्छे राजनयिक सम्बन्ध थे। 1999 से 2002 तक मतभेद जारी रहे। किसी को विश्वास नहीं था कि यह परियोजना कभी शुरू होगी।'

फिर उसमें पेंच फँसा अमोनिया को लेकर। कुछ अतिरिक्त अमोनिया भी बन रही थी। ज़्यादा मात्रा नहीं थी लेकिन परियोजना के ऋणदाता कहने लगे कि इसको बेचने का भी कोई इन्तज़ाम होना चाहिए। उस समय फिर अवस्थी आगे आए। उन्होंने कहा कि 'ठीक है, हम ख़रीद लेते हैं।'

अमोनिया 100 डॉलर (प्रति मीट्रिक टन) की निश्चित क़ीमत पर 10 वर्षों के लिए ख़रीदने की बात तय हुई। इफको ने तो 15 साल के लिए कहा था लेकिन 10 साल का अनुबन्ध हुआ। उस समय ऋणदाताओं और ओमान ऑयल कम्पनी के लोगों को यह आशा थी कि अन्तरराष्ट्रीय बाज़ार में उन्हें 100 डॉलर से ज़्यादा क़ीमत मिल सकती है।

अवस्थी ने कहा, 'ठीक है, आप अन्तरराष्ट्रीय बाज़ार में पता कीजिए, अगर कोई आपको 100 डॉलर से अधिक क़ीमत देता है तो आप उन्हीं को अमोनिया बेचिए।' उनलोगों ने अन्तरराष्ट्रीय बाज़ार में कोशिश की लेकिन कोई 100 डॉलर से ज़्यादा देने को तैयार नहीं था। इस तरह अमोनिया वाला मामला भी सुलझ गया।

जब सारे मामले सुलझ गए तब बारी आई परियोजना में इफको के शामिल होने की। कृभको और आरसीएफ पहले से सहभागी थे और अब इफको को शामिल होना था।

इस परियोजना के स्वीकृत होने की बड़ी दिलचस्प दास्तान गुप्ता सुनाते हैं, 'एक दिन अचानक, हमें बताया गया कि अगले दिन कैबिनेट की बैठक में इस परियोजना पर चर्चा होगी। तुरन्त एक नोट तैयार किया गया और मंत्रिमंडल की बैठक में इसे पेश किया गया। प्रधानमंत्री ने पहले सबको अपना पक्ष रखने को कहा। वित्त मंत्रालय, वाणिज्य मंत्रालय, योजना आयोग, सबने परियोजना का विरोध किया। जसवन्त सिंह उस समय विदेश मंत्री थे। उनकी बारी आई तो उन्होंने कहा कि इस परियोजना के विरोध में जितनी भी बातें कही गई हैं वह सब निवेश को लेकर हैं कि निवेश सही है या गलत, लेकिन मेरा यह मानना है इस परियोजना से हमें जो राजनयिक लाभ हो रहा है उसको देखते हुए निवेश जायज़

है। प्रधानमंत्री ने सबकी बातों को निर्विकार भाव से सुना और अन्त में दो शब्द कहे, 'परियोजना अनुमोदित।'

आठ साल से मामला लटका हुआ था। किसी को नहीं पता था कि परियोजना को कभी मंज़ूरी मिल पाएगी या नहीं। एक रात फ़ोन आया और अगली सुबह प्रोजेक्ट मंज़ूर हो गया।

इफको अब कृभको और आरसीएफ के साथ बराबर के भागीदार के रूप में परियोजना में शामिल हो सकता था, लेकिन कहानी में अभी एक और मोड़ था। इतना सब कुछ हो जाने के बाद आरसीएफ को लगा कि इस नई व्यवस्था में परियोजना का वित्तीय पक्ष कमज़ोर है इसलिए वे परियोजना से बाहर हो गए।

अवस्थी फिर से परियोजना में आरसीएफ की हिस्सेदारी ख़रीदने के लिए प्रतिबद्ध होकर परियोजना के बचाव में आए। कुछ बातचीत के बाद, यह निर्णय लिया गया कि ओमान ऑयल कम्पनी संयुक्त उद्यम में 50 प्रतिशत हिस्सेदारी बनाए रखेगी, जबकि इफको और कृभको प्रत्येक की 25-25 प्रतिशत हिस्सेदारी होगी।

बिरिन्दर सिंह कहते हैं, 'हम 2002 में औपचारिक रूप से परियोजना में शामिल हो गए। तब तक, यह उस चरण पर पहुँच गई थी जहाँ इसे शुरू किया जा सकता था। परियोजना की ज़ीरो डेट[1] 15 अगस्त, 2002 को शुरू हुई।'

इस परियोजना के निर्माण में अवस्थी का महत्त्वपूर्ण योगदान माना जाता है। उनके मार्गदर्शन में संयंत्र लगाने का काम समय पर, बजट के भीतर पूरा हुआ। आम तौर पर संयंत्र अपने पहले साल में 85 प्रतिशत से 90 प्रतिशत क्षमता पर ही चल पाते हैं, लेकिन यह संयंत्र इतना नायाब बना था कि 15 दिनों में ही शत-प्रतिशत क्षमता पर चलने लगा।

2005 में जब इससे वाणिज्यिक उत्पादन शुरू हुआ तो यूरिया और अमोनिया की क़ीमतें अन्तरराष्ट्रीय बाज़ार में फिर से बढ़ गई थीं—उनकी पूर्वनिर्धारित क़ीमतों से बहुत अधिक। इससे भारत सरकार को सब्सिडी में हजारों डॉलर की बचत हुई—कुछ अनुमानों के अनुसार यह आंकड़ा 22,300 करोड़ रुपये है। परियोजना के प्रायोजकों ने भी बहुत अच्छा मुनाफ़ा कमाया।

---

1. ज़ीरो डेट परियोजना के प्रारम्भ की तिथि को कहते हैं जो तकनीकी, वित्तीय और नियामक एजेंसी के पूर्ण अनुमोदन के बाद शुरू होती है।

मौज़ूदा संयंत्रों का विस्तार

इफको के प्रबन्ध निदेशक के रूप में अपने प्रारम्भिक वर्षों में, अवस्थी ने ग्रीनफील्ड परियोजनाओं[1] की बजाय मौज़ूदा संयंत्रों के विस्तार पर ध्यान केन्द्रित किया।

अवस्थी बताते हैं, 'हमने नए प्लांट लगाने की कोशिश की थी, लेकिन वो कोशिशें क़ामयाब नहीं हुईं। 1995 में, हमने अमोनिया-यूरिया कॉम्प्लेक्स स्थापित करने के लिए आन्ध्र प्रदेश के नेल्लोर में 3,000 एकड़ ज़मीन ख़रीदी। हमारे तत्कालीन अध्यक्ष रामचन्द्र रेड्डी नेल्लोर से थे। परियोजना को पहले चरण में अनुमति मिल गई थी, लेकिन दूसरे चरण में नैप्था आधारित संयंत्र होने के कारण अनुमति नहीं मिल सकी। सरकार ने देश में नैप्था आधारित संयंत्र नहीं लगाने का फ़ैसला किया था।'

प्राकृतिक गैस की उपलब्धता के कारण इफको ने उत्तर-पूर्व में भी यूरिया प्लांट लगाने की कोशिश की थी लेकिन यह काम भी पहले चरण से आगे नहीं बढ़ सका।

अवस्थी कहते हैं, 'मौज़ूदा संयंत्रों के विस्तार से जुड़े कई फ़ायदे हैं। अनुभव से पैदा हुए ज्ञान के साथ आप लागत और समय दोनों बचाते हैं क्योंकि संयंत्र में बुनियादी संरचना और मानव संसाधन की उपलब्धता पहले से ही रहती है।'

इफको ने चार-साढ़े चार साल में अपने चारों संयंत्रों का विस्तार कर लिया था। उस समय इसकी बहुत प्रशंसा हुई थी—निदेशक मंडल, सरकार, उर्वरक उद्योग और मीडिया, सबने मुक्त कंठ से प्रशंसा की थी। कार्यक्रम कार्यान्वयन विभाग[2] ने अवस्थी को एक विशेष प्रशस्ति पत्र भेजा था। अपर सचिव ने अवस्थी को प्रशस्ति पत्र में लिखा, 'कृपया मेरी हार्दिक बधाई स्वीकार करें, आपके नेतृत्व में टीम के सदस्यों ने सराहनीय कार्य किया है। जब कई क्षेत्रों में बड़ी संख्या में परियोजनाएँ निर्धारित समय से पीछे चल रही हैं तो यह सन्तोष की

---

1. एक ग्रीनफील्ड परियोजना आम तौर पर शहर के बाहरी इलाक़े में स्थित कृषि भूमि पर बनाई जाती है। ग्रीनफील्ड परियोजनाएँ भूमि के उन क्षेत्रों पर कब्जा करती हैं जिनमें न्यूनतम या कोई संरचना नहीं होती है। चूँकि यह निर्माण ऐसी भूमि पर की जाती है जो पूरी तरह नई थी, इसलिए ग्रीनफील्ड परियोजना शब्द अस्तित्व में आया।
2. डिपार्टमेंट ऑफ प्रोग्राम इम्प्लीमेंटेशन

बात है कि कम-से-कम कुछ परियोजनाएँ निर्धारित समय से पहले भी पूरी हुईं हैं...आगे हम समय से पहले पूरी की गई इन तीन परियोजनाओं का कार्योत्तर[1] मूल्यांकन करना चाहेंगे। इन मामलों का अध्ययन बेहद शिक्षाप्रद होगा और प्रशिक्षण कार्यक्रमों में भी इनका उपयोग किया जा सकेगा। परियोजना प्रबन्धकों को इस बात का अन्दाज़ा हो जाएगा कि बड़ी परियोजनाओं को समय पर कैसे पूरा किया जाए।'

1998 में जब कांडला संयंत्र का विस्तार किया जा रहा था, तब अवस्थी ने गुड़गाँव के सेक्टर-29 में 4.26 एकड़ ज़मीन ख़रीदी, जहाँ उन्होंने इफको का नया मुख्यालय बनाने की योजना बनाई थी। हालाँकि, बाद में इस योजना को ठंडे बस्ते में डाल दिया गया और वहाँ इफको ट्विन टावर्स का निर्माण किया गया।

कांडला में चक्रवात

इफको ने आँवला, कलोल और फूलपुर संयंत्रों का विस्तार पूरा कर लिया था। कांडला संयंत्र के विस्तार पर काम चल रहा था। इसी दौरान 9 जून, 1998 को वहाँ भीषण तूफ़ान आया। कच्छ में ऐसा तूफ़ान पिछले 100 सालों में नहीं आया था। यह बिलकुल सुनामी जैसा था। संयंत्र में तीन-चार फुट ऊँचाई तक पानी भर गया था।

अवस्थी बताते हैं, 'सूचना मिलते ही हम अपनी आपदा प्रबन्धन योजना को अमल में लाए। पीड़ितों के खाने-पीने और चिकित्सा सुविधा के लिए ज़िलाधिकारी को डोनेशन भेजा। संयंत्र को हम लोगों ने पहले ही बन्द कर दिया था इसलिए सभी लोग सुरक्षित रहे। अपने जहाज़ों को भी हमने हटा लिया था लेकिन बग़ल की सरकारी जेटी से जहाज़ आकर हमारी जेटी से टकरा गया। उसकी मरम्मत में 5 करोड़ रुपये का ख़र्च आया था।'

ग़नीमत थी कि कांडला संयंत्र का विस्तार नियत समय से पहले किया जा चुका था जिसमें 7 करोड़ रुपये की बचत भी हुई थी। पर गुजरात बिजली बोर्ड

1. Ex-post facto evaluation (कार्य पूरा हो जाने के उपरान्त परियोजना का मूल्यांकन)

के बिलकुल ठप हो जाने के कारण एक सप्ताह के बाद जेनेरेटर से संयंत्र को आंशिक रूप से चलाना शुरू किया गया। लगभग एक महीने बाद ही संयंत्र की स्थिति सामान्य हो पाई थी।

1993 से 1998 के इन पाँच वर्षों में अवस्थी के नेतृत्व में इफको का कायापलट हो गया। इफको के चारों संयंत्रों सहित सेनेगल के संयुक्त उद्यम संयंत्रों के समय पूर्व विस्तार, उत्पादन और कुल लाभ में अभूतपूर्व वृद्धि तथा परियोजना बचत से अवस्थी की पहचान एक सिद्धहस्त प्रशासक के रूप में स्थापित हो गई। इफको अब एक लम्बी छलांग लेने के लिए उत्साह से तैयारी कर रहा था।

इक्कीसवीं सदी : नई पहल, नई दिशाएँ

इक्कीसवीं सदी अपने साथ नई आशा, नए अवसर और नई चुनौतियाँ लेकर आई। देश में आर्थिक उदारीकरण की नीति को व्यापक स्वीकृति मिलने लगी थी। इसका असर बढ़ती विकास दर में दिखने लगा था। बाज़ार में सक्रिय विभिन्न कम्पनियों को यह उदार व्यवस्था आर्थिक सबलता प्रदान कर रही थी। निवेश को बढ़ावा देने के लिए निजी भागीदारी को प्रोत्साहित करते हुए नए क्षेत्र सृजित किए जा रहे थे। कुल मिलाकर इस दौर में भारत अभूतपूर्व रूप से विकास कर रहा था।

इफको का व्यवसाय उर्वरकों तक ही सीमित था। सुधार प्रक्रियाओं के बावज़ूद, उर्वरकों की क़ीमतें अब भी सरकार द्वारा नियंत्रित थीं। जिस कारण उर्वरक उद्योग में लाभ कमाने की क्षमता सीमित रह गई थी। व्यावसायिक दृष्टि से यह नीति ठीक नहीं थी। अवस्थी ने इफको की व्यावसायिक सीमा के भीतर ऐसे अवसरों की तलाश शुरू की जिससे किसानों की मदद हो सके और कम्पनी को बदले में अच्छा लाभ भी मिल सके। अवस्थी कहते हैं, 'यू शुड नॉट पुट ऑल योर एग्स इन वन बास्केट।'[1]

सरकार ने 1998 में बीमा क्षेत्र को निजी निवेशकों के लिए खोलने का फ़ैसला किया। उस समय, एलआईसी (जीवन बीमा निगम) एकमात्र सरकारी जीवन बीमा कम्पनी थी और अन्य चार सामान्य बीमा कम्पनियाँ भी सक्रिय थीं। अवस्थी कहते हैं, 'चूँकि बीमा क्षेत्र पहली बार निजी निवेशकों के लिए खोला जा रहा था, हमने सोचा कि इस क्षेत्र में प्रतियोगिता कम है और अवसर अधिक। साथ ही यह निर्णय किसानों को दुर्घटनाओं, असामयिक मौतों और मानसून की अनिश्चितताओं से होने वाली कठिनाइयों की स्थिति में आर्थिक सुरक्षा प्रदान करने में भी सक्षम बनाता। इसलिए बीमा उद्योग में दोतरफा अनुकूलता नज़र आ रही थी।'

1. आप अपने सारे अंडे एक ही टोकरी में न रखें। इस कहावत का यहाँ अर्थ है कि आप अपना व्यवसाय एक ही क्षेत्र में सीमित न रखें।

यह महसूस किया गया कि इफको की सहकारी समितियों का नेटवर्क और ग्रामीण क्षेत्रों में इसकी व्यापक पहुँच इसे अच्छा व्यवसाय करने में सक्षम बनाएगी। अवस्थी ने भारत में बीमा व्यवसाय और इस क्षेत्र में इफको के लिए सम्भावनाओं की जानकारी पर रिपोर्ट तैयार करने के लिए इफको के अधिकारियों की एक समिति गठित की। इस समिति ने बीमा क्षेत्र में कम्पनी के प्रवेश के पक्ष में अपनी रिपोर्ट प्रस्तुत की। बोर्ड ने 24 जनवरी, 2000 को इफको के सामान्य बीमा कारोबार में प्रवेश करने के लिए सैद्धान्तिक मंज़ूरी दे दी।

अब इफको को एक विश्वसनीय व्यावसायिक साझीदार (बिजनेस पार्टनर) की तलाश थी। इसके लिए फिर से बाज़ार का जायज़ा लिया गया। इफको की एक टीम ने वैश्विक बाज़ार में उपलब्ध सभी विकल्पों पर शोध किया। टोकियो मरीन उस समय दुनिया की पाँचवीं सबसे बड़ी बीमा कम्पनी थी जिसकी उपस्थिति उस वक़्त 41 देशों में थी। बीमा व्यवसाय के लिए अपने भागीदार के रूप में इफको ने इसे ही चुना।

फिर, गतिविधियाँ तेजी से आगे बढ़ीं। सितम्बर 2000 में, इफको-टोकियो जनरल इंश्योरेंस नामक एक संयुक्त उद्यम कम्पनी का गठन किया गया। अक्टूबर 2000 में, कम्पनी को आईआरडीए[1] से लाइसेंस मिला और दिसम्बर 2000 में, कम्पनी ने कारोबार शुरू कर दिया।

इफको के पास कई अन्य विकल्प उपलब्ध थे। कम-से-कम 32 विदेशी बीमा कम्पनियों ने इफको के साथ साझेदारी करने में रुचि दिखाई थी। उनमें से कई अमेरिका और यूरोप की प्रमुख कम्पनियाँ थीं, लेकिन अवस्थी ने शुरू में ही यह स्पष्ट कर दिया था कि सहयोगी ढूँढ़ने की हमारी पहली शर्त वैचारिक और नैतिक मूल्यों में समानता होनी चाहिए।

जापान एक एशियाई देश है। उसके सांस्कृतिक और नैतिक मूल्य हमारी ही तरह हैं। भारतीयों की तरह, जापानी मानवीय सम्बन्धों, पारिवारिक मूल्यों, आतिथ्य और समाज में बड़ों के लिए सम्मान और उनकी देखभाल को महत्त्व देते हैं। फिर, जापान में कृषि, बीमा और अन्य क्षेत्रों में बहुत अच्छी सहकारी व्यवस्था है। जापान की सहकारी कम्पनियों ने फ़सल बीमा योजना और बचत से जुड़ी कई बीमा योजनाओं में बहुत अच्छा काम किया है।

---

1. इंश्योरेंस रेगुलेटरी एंड डेवलपमेंट अथॉरिटी (बीमा नियामक और विकास प्राधिकरण)

इसलिए इफको ने जापानी कम्पनी टोकियो मरीन को अपना भागीदार चुना। संयुक्त उद्यम कम्पनी आईटीजीआई[1] का गठन 125 करोड़ रुपये की अधिकृत शेयर पूँजी और 100 करोड़ रुपये की जारी और सदस्यता वाली पूँजी के साथ किया गया था। समझौते के दौरान इस बात पर सहमति हुई कि संयुक्त उद्यम में इफको की 74 प्रतिशत हिस्सेदारी होगी और टोकियो मरीन की शेष 26 प्रतिशत हिस्सेदारी होगी।

दोनों साझीदारों के बीच समझौते की शर्तों में यह निर्धारित किया गया था कि कम्पनी का अध्यक्ष इफको द्वारा और उपाध्यक्ष टोकियो मरीन द्वारा मनोनीत किया जाएगा। प्रबन्ध निदेशक का चयन दोनों कम्पनियों द्वारा संयुक्त रूप से किया जाएगा। वित्त निदेशक की नियुक्ति में इफको का विशेष अधिकार होगा।

एक शर्त यह थी कि संयुक्त उद्यम में किसी भी स्थिति में टोकियो मरीन का शेयर इफको के शेयर से ज़्यादा नहीं होगा और निदेशक मंडल में टोकियो मरीन के निदेशकों की संख्या इफको के निदेशकों की संख्या से ज़्यादा नहीं होगी।

आर.पी. सिंह कहते हैं, 'यह गर्व की बात है कि हमारे द्वारा तैयार किया गया संयुक्त उद्यम समझौते का मसौदा भविष्य के लिए एक मानक साबित हुआ। आईआरडीए भारत में संयुक्त उद्यमों के लिए अपने दिशा-निर्देशों में इसका उपयोग करता है।'

मुनाफ़ा कमाने की चुनौती

इस संयुक्त उपक्रम की व्यावसायिक सम्भावना को लेकर एक दिलचस्प घटना हुई। टोकियो मरीन के लोगों ने कहा कि कम्पनी पहले पाँच साल तक घाटे में चलेगी, फिर लाभ-हानि बराबर की स्थिति में आएँगे और उसके बाद धीरे-धीरे कम्पनी को मुनाफ़ा मिलना शुरू हो जाएगा। अवस्थी ने उनसे कहा, 'यह हमारे लिए चिन्ता की बात है क्योंकि इफको ग़रीब किसानों की संस्था है। वे ही इसके मालिक हैं। हम ऐसा व्यवसाय नहीं कर सकते जिसमें लाभ इतने दिनों के बाद सम्भव हो। हम तो अगले वर्ष से ही लाभ की उम्मीद करते हैं।'

1. इफको-टोकियो जनरल इंश्योरेंस

इस पर टोकियो मरीन के प्रतिनिधि हँसने लगे। उन्होंने कहा, 'हम लोग बीमा व्यवसाय को जानते हैं और इस व्यवसाय का ध्रुव सत्य यह है कि पाँच साल के पहले लाभ नहीं होता है। आपको इसके लिए चिन्ता नहीं करनी चाहिए। हम भी आपके साथ इस कम्पनी में निवेश कर रहे हैं। हम लाभ ज़रूर कमाएँगे लेकिन वह पाँच वर्षों के बाद ही सम्भव होगा।'

अवस्थी ने कहा, 'ठीक है, आप निवेश कर रहे हैं और आपके अनुभव से भी मुझे इनकार नहीं है कि बीमा व्यवसाय में साधारणतया पाँच साल के बाद ही लाभ होता है, लेकिन हम लोगों को असाधारण परिणाम लाने की आदत है इसलिए मैं उम्मीद करता हूँ कि हम लोग पाँच साल से पहले ही लाभ कमाने में सफल रहेंगे।'

अवस्थी ने इसे एक चुनौती की तरह लिया। इफको के अपने ही संयंत्रों के बीमा का प्रीमियम (बीमा-क़िस्त) लगभग 40-50 करोड़ रुपये था। उन्होंने कहा कि, 'इतना प्रीमियम तो इफको ही दे देगी।' लेकिन उसमें आईआरडीए ने एक सीमा बाँध रखी है कि कोई संस्था अपना पूरा बीमा अपनी सहयोगी संस्था को नहीं दे सकती है। इसलिए अवस्थी ने अपने प्रभाव और सम्बन्धों का इस्तेमाल कर बड़ी-बड़ी संस्थाओं का बीमा इफको-टोकियो को दिलाया।

तीन साल में कम्पनी ब्रेक-इवन (बराबर लाभ-हानि) पर आ गई। उसके बाद से लाभ आना शुरू हो गया। कम्पनी तब से लगातार प्रगति कर रही है। साधारण बीमा के क्षेत्र में इफको-टोकियो आज भारत की चौथी सबसे बड़ी निजी बीमा कम्पनी है। इसका स्लोगन है, 'मुस्कुराते रहो'।

जादुई भर्ती प्रक्रिया

जब इफको-टोकियो में भर्तियाँ शुरू हुईं तो एक अलग तरह की चुनौती का सामना करना पड़ा। चूँकि बीमा अब तक निजी क्षेत्र के लिए खुला हुआ नहीं था इसलिए केवल सार्वजनिक क्षेत्र की बीमा कम्पनियों में प्रशिक्षित और अनुभवी कर्मचारी थे। सभी कम्पनियों की उन पर नज़र थी और उनको बहुत ऊँचे वेतन के प्रस्ताव मिल रहे थे।

यदि इफको-टोकियो में बाहरी लोगों को बहुत अधिक वेतन पर रखा जाता तो इससे इफको में पहले से काम कर रहे लोगों में असन्तोष पैदा होता। वे कहते कि अपनी ही कम्पनी की एक दूसरी संस्था में लोगों को हमसे अधिक वेतन मिल रहा है, फिर इफको में काम करने का क्या फ़ायदा है।

अवस्थी के पास एक वैकल्पिक योजना थी। उन्होंने जापानी साझीदार से कहा, 'आप जिन लोगों को अपनी संस्था में लाना चाहते हैं उनका चयन कर लीजिए, उनसे वेतन सम्बन्धी बातचीत की ज़िम्मेदारी आप हम पर छोड़िए। मैं आप लोगों को आश्वस्त करता हूँ कि कोई व्यक्ति यदि बजाज या रिलायंस या चोलामंडलम् में एक लाख रुपये पर जाता है तो वह इफको-टोकियो में 80 हजार पर आ जाएगा।'

जापानी साझीदार को इसपर सन्देह हो रहा था। उन्होंने पूछा, 'वे ऐसा क्यों करेंगे?'

'आप वक़्त आने पर समझ जाएँगे।'

जब चयन की प्रक्रिया शुरू हुई तो अवस्थी ने सभी अभ्यर्थियों से ईमानदारी से, स्पष्ट शब्दों में कहा कि 'देखिए, हम मानते हैं कि बीमा क्षेत्र में अभी अनुभवी और योग्य लोगों की कमी है। जो नई-नई कम्पनियाँ स्थापित हुई हैं आप अगर उनमें जाते हैं तो आपको बहुत अच्छे पैसे मिलेंगे। हम आपको उतने पैसे नहीं दे सकते। लेकिन हमारी एक स्थापित संस्था है जिसकी बाज़ार में अपनी प्रतिष्ठा है। हमारे यहाँ काम करने का माहौल बहुत अच्छा है, किसी तरह का कोई तनाव नहीं है, लेकिन तनख़्वाह इतनी ज़्यादा नहीं है। अब निर्णय आपको लेना है कि आपकी वरीयता क्या है?'

लगभग 90 प्रतिशत उम्मीदवारों ने इफको-टोकियो के प्रस्तावों को स्वीकार कर लिया। अवस्थी इसका श्रेय मूल कम्पनी 'इफको' की ट्रेडमार्क और साख़ को देते हैं।

किसान हितैषी बीमा योजनाएँ

अवस्थी के दिमाग़ में पहले दिन से ही स्पष्ट था कि इफको-टोकियो के माध्यम से किसानों को लाभ पहुँचाना है। इसलिए इफको-टोकियो ने 'संकट हरण बीमा योजना' शुरू की। इसके अन्तर्गत जब कोई किसान किसी सहकारी समिति से

इफको खाद की एक बोरी ख़रीदता है तो उसे एक वर्ष के लिए व्यक्तिगत दुर्घटना की स्थिति में 4,000 रुपये का मुफ़्त बीमा मिलता है। ख़रीद की रसीद उसकी बीमा पॉलिसी है; रसीद में उसका नाम, उसके द्वारा नामित व्यक्ति का नाम और उसका पता होता है। संकट हरण बीमा योजना के तहत मुआवज़े की अधिकतम सीमा एक लाख रुपये है। इसका नारा है—'खाद तो खाद, बीमा भी साथ'।

यह बीमा पॉलिसी पूरी तरह किसान-हितैषी है। यहाँ दावों का निपटारा बिना किसी सौदेबाजी के किया जाता है। इफको-टोकियो बीमा दावों को निपटाने के लिए बाहरी सर्वेक्षकों को जाँच में शामिल नहीं करता है। चूँकि इफको की सहयोगी सहकारी समितियाँ इस नीति के लिए वितरण चैनल हैं, वे इफको-टोकियो को आवश्यक रिकॉर्ड और रसीदें बनाए रखने में सहायता करती हैं, जो मुआवज़े के भुगतान के लिए साक्ष्य का काम करती हैं। सहयोगी इकाइयाँ दावों के लिए काग़ज़ी कार्यवाही पूरी करने में किसानों की सहायता भी करती हैं और दावे की राशि वितरित होने तक इफको-टोकियो के साथ समन्वय करती हैं।

यह योजना सितम्बर 2001 में शुरू की गई थी। तब से अब तक दो करोड़ से अधिक किसान इससे लाभान्वित हो चुके हैं। इफको की सदस्य सहकारी समितियाँ किसानों को जो खाद बेचती हैं उसमें इफको प्रत्येक बोरी पर इफको-टोकियो को एक रुपया प्रीमियम देता है। इस प्रक्रिया में इफको-टोकियो प्रति वर्ष जितना राजस्व एकत्रित करती है वह किसानों को प्रति वर्ष वितरित मुआवज़े से ज़्यादा होता है। इस तरह इस योजना से इफको-टोकियो लाभ कमाती है और किसानों को राहत मिलती है।

अवस्थी कहते हैं, 'टोकियो मरीन के लोगों ने शुरू में इस योजना का विरोध किया था लेकिन जब मैंने उनको यह समझाया कि गाँवों में बीमा को लोकप्रिय बनाने के लिए यह योजना आवश्यक है तो वे सहमत हो गए। आज साधारण बीमा के क्षेत्र में संकट हरण योजना की पूरे विश्व में चर्चा है। संयुक्त राष्ट्र संघ ने भी संकट हरण बीमा की प्रशंसा की है।'

इसी तरह, इफको के सहयोगी उद्यम इफको-एमसी[1] ने 'किसान सुरक्षा बीमा योजना' शुरू की है। इसके तहत यदि कोई किसान इफको से 150 रुपये या उससे अधिक का कृषि रसायन ख़रीदता है तो उसे उस ख़रीद की 6.67 गुना राशि की बीमा सुरक्षा स्वतः मिल जाती है।

---

1. इफको-एमसी कृषि रसायन का उत्पादन करती है।

यदि कोई किसान 10,000 रुपये का कृषि रसायन ख़रीदता है तो उसे 67,000 रुपये की बीमा सुरक्षा मिलती है। 15,000 रुपये की ख़रीदारी पर उसे एक लाख रुपये की बीमा सुरक्षा मिलती है। यह धनराशि इस बीमा योजना की अधिकतम सीमा है। इसका प्रीमियम इफको-एमसी देता है और इफको-टोकियो बीमा करती है। यह आवश्यक नहीं है कि किसान एक बार में ही ख़रीद करे। ख़रीद क़िस्तों में भी हो सकती है। ख़रीद के एक महीने बाद बीमा पॉलिसी शुरू हो जाती है और एक वर्ष तक लागू रहती है।

छोटे किसानों और उनके परिवारों को लाभ पहुँचाने के लिए कई अन्य योजनाएँ भी शुरू की गई हैं।[1] 'महिला सुरक्षा बीमा योजना' के तहत महिलाओं को 20 रुपये के वार्षिक प्रीमियम पर दुर्घटना की स्थिति में 50,000 रुपये की बीमा सुरक्षा प्रदान की जाती है। 'महिला सुरक्षा बीमा योजना' वर्ष 2005 में अन्तरराष्ट्रीय महिला दिवस (8 मार्च) के दिन शुरू की गई थी।

अवस्थी कहते हैं, 'यह हमारी सबसे बड़ी उपलब्धि है कि हमने भारत के गाँवों तक बीमा सुरक्षा योजना को पहुँचाया है। इससे देश के किसानों को बहुत राहत मिली है।'

नीतिगत विनिवेश

इफको-टोकियो का कुल बाज़ार मूल्य वर्ष 2022 में 20,000 करोड़ रुपये से अधिक है। वर्ष 2016 में, इफको ने कम्पनी में अपनी 21.64 प्रतिशत हिस्सेदारी टोकियो मरीन के पक्ष में 2,380.40 करोड़ रुपये में बेच दी। आईपीएल (इंडियन पोटाश लिमिटेड) की कम्पनी में 1.36 प्रतिशत हिस्सेदारी थी। उसने अपनी हिस्सेदारी टोकियो मरीन को 149.60 करोड़ रुपये में बेच दी। फ़िलहाल इफको-टोकियो में इफको की हिस्सेदारी 51 फ़ीसदी और टोकियो मरीन की हिस्सेदारी 49 फ़ीसदी है।

1. किसानों की सुरक्षा और उनके जीवन-स्तर को बेहतर बनाने के लिए इफको-टोकियो की कई और लघु बीमा योजनाएँ हैं जैसे 'जनता सुरक्षा बीमा योजना', 'जन सेवा बीमा योजना', 'महिला सुरक्षा बीमा योजना', 'पशु धन बीमा योजना' आदि इन बीमा योजनाओं में किसानों को बहुत कम प्रीमियम पर पूरे वर्ष आग और अन्य ख़तरों जैसे बाढ़, भूकम्प, चोरी आदि के ख़िलाफ़ बीमा सुरक्षा प्रदान की जाती है।

गुजरात भूकम्प : इफको का बचाव अभियान

26 जनवरी, 2001 की सुबह, जब समूचा देश गणतंत्र दिवस मना रहा था, सुबह नौ बजे गुजरात में एक भीषण भूकम्प आया। इस हादसे में लगभग 20 हजार लोगों की जान गई जबकि 6 लाख से अधिक लोग बेघर हो गए। भूकम्प का केन्द्र इफको के कांडला संयंत्र से क़रीब 20-30 किलोमीटर दूर अंजार में था।

अवस्थी उसी शाम अहमदाबाद आ गए और वहाँ से 30 किलोमीटर की यात्रा करके रात में कलोल पहुँचे।

अवस्थी रात में ही कांडला पहुँचना चाहते थे लेकिन ड्राइवर उस ओर जाने में हिचकिचा रहे थे। उस क्षेत्र में अब भी भूकम्प के झटके महसूस किए जा रहे थे। अन्त में, पांडेजी नाम का एक ड्राइवर उन्हें कांडला ले जाने के लिए तैयार हो गया। कलोल से कांडला की दूरी 300 किलोमीटर से कुछ ज़्यादा है। वे रात के दस-ग्यारह बजे निकले थे। पूरे रास्ते में बिलकुल सन्नाटा, न कोई लाइट, न कोई आदमी।

अवस्थी कहते हैं, 'बहुत धीमी रफ़्तार से हम लोग सुबह चार बजे कांडला पहुँचे। ऐसा लग रहा था कि सब कुछ ठहर-सा गया है। कांडला भूतों के शहर की तरह लग रहा था।'

कांडला इकाई के प्रमुख एस.के. मिश्रा बहुत घबराए हुए थे। अवस्थी ने आते ही स्थिति का जायज़ा लिया और आगे के लिए मोर्चा सँभाल लिया।

सौभाग्य से, भूकम्प से संयंत्र को ज़्यादा नुक़सान नहीं पहुँचा था। इसकी चहारदीवारी का एक हिस्सा धँस गया था और इफको टाउनशिप की इमारतों में कुछ छोटी-मोटी दरारें आई थीं।

इफको टाउनशिप के सामने स्थित आईओसी[1] की टाउनशिप पूरी तरह ढह गई थी। अवस्थी कहते हैं, 'हमारी टाउनशिप नहीं गिरी थी लेकिन गेस्ट हाउस को बहुत नुक़सान हुआ था। वहाँ रहना सम्भव नहीं था।' संयंत्र में जो डीजल था वह तो था ही, अवस्थी ने एक आदमी को आईओसी भेजा कि वे उन्हें तेल का एक टैंकर दे दें।

टैंकर आ गया। सभी क्रेनों और बसों की टंकी पूरी तरह भर दी गई। सबके साथ मिलकर संकट में काम करने की अवस्थी की भावना ने उदास माहौल में भी

1. इंडियन ऑयल कॉरपोरेशन

उनके अधिकारियों में नई ऊर्जा भर दी। अवस्थी के नेतृत्व में पूरी टीम सहायता कार्य में जुट गई।

उन्होंने सभी क्रेनों और बसों को बचाव अभियान में लगा दिया। पहले मलबे में फँसे लोगों को निकालने का काम शुरू हुआ। अंजार में एक तीन मंज़िला स्कूल की इमारत धँस गई थी। अन्दर बहुत सारे बच्चे फँसे थे। इफको के क्रेन चालकों ने कई बच्चों को बाहर निकाला। कुछ घंटों के बाद सरकारी सहायक एजेंसियाँ आईं। तब तक इफको की टीम ही पीड़ितों के लिए उम्मीद की एकमात्र किरण थी।

खिचड़ी बनवाने का सिलसिला लगातार जारी रहा। खिचड़ी के लिए लोगों का ताँता लगा था। वहाँ कोई फ़ोन काम नहीं कर रहा था। जब सैटेलाइट फ़ोन चालू हुए तो अवस्थी ने कलोल में अपनी टीम को खाद्य व अन्य आपूर्ति भेजने का निर्देश दिया। अगले दिन कम्बल, तिरपाल, चावल, दाल, सब्ज़ियाँ और अन्य सामान कांडला पहुँचाया गया।

अवस्थी याद करते हुए बताते हैं, 'हमारे लोग कच्छ के अन्दरूनी इलाक़ों और दूर-दराज के गाँवों तक गए जहाँ आमतौर पर बचाव दल नहीं जाते हैं। कई लोगों की जान बचाई गई। मैं सप्ताह भर एक तम्बू में रहा।'

अवस्थी ने इफको मुख्यालय में एक नियंत्रण कक्ष स्थापित किया और एक कार्यकारी निदेशक को राहत कार्यों के समन्वय और सरकारी एजेंसियों के साथ संचार बनाए रखने की जिम्मेदारी दी गई।

हेड ऑफिस आकर अवस्थी ने निदेशक मंडल की एक विशेष बैठक बुलाई। बैठक में उन्होंने यह प्रस्ताव रखा कि प्राकृतिक आपदा से पीड़ित लोगों के पुनर्वास के लिए एक अलग कोष बनाना चाहिए। निदेशक मंडल ने प्रस्ताव का समर्थन किया और 10 करोड़ रुपये की पूँजी से 'किसान सेवा फंड' की स्थापना हुई। इफको के अधिकारियों और कर्मचारियों ने इसमें एक करोड़ रुपये का अतिरिक्त योगदान दिया। 'किसान सेवा फंड' ने कच्छ में बहुत अच्छा काम किया।

अवस्थी कहते हैं, 'हमने पुनर्वास के लिए कच्छ के सात गाँवों को गोद लिया, वहाँ 600 से ज़्यादा घर बनवाए। अटल बिहारी वाजपेयी जी उस समय भारत के प्रधानमंत्री थे। हम लोगों ने उनसे मुलाक़ात की और प्रधानमंत्री राहत कोष में 50 लाख रुपये का योगदान दिया। आगे चलकर 'किसान सेवा फंड' को हमने 'किसान सेवा ट्रस्ट'[1] के नाम से एक ट्रस्ट में परिवर्तित कर दिया जो प्राकृतिक

---

1. 9 फ़रवरी, 2001 को 'किसान सेवा फंड' को 'किसान सेवा ट्रस्ट' में बदला गया।

आपदा से पीड़ित लोगों की मदद करने के साथ-साथ गाँवों में ग़रीब लोगों की चिकित्सा में भी मदद करता है।'

नेपाल में 2015 में भूकम्प आया था। अवस्थी ने तुरन्त वहाँ राहत सामग्री भेजने का निर्णय लिया। दैनिक ज़रूरत की वस्तुओं से युक्त राहत पैकेट से भरे ट्रकों को नेपाल रवाना किया गया। पहले चरण में 10,000 पैकेट भेजने थे। इसके लिए डेढ़ करोड़ रुपये का व्यय प्रस्ताव तुरन्त स्वीकृत किया गया। 5 नवम्बर, 2015 को राहत सामग्री की पैकेजिंग का काम शुरू हुआ। इफको की राहत टीम को 1 लाख, 60 हजार पैकेट तैयार करने थे, फिर उन्हें 10,000 बड़े पैकेटों में डालना था। युद्ध स्तर पर काम शुरू हुआ और 8 नवम्बर, 2015 को सारे ट्रक रवाना कर दिए गए।

नेपाल में इन पैकेटों का बड़े व्यवस्थित ढंग से वितरण हुआ। नेपाल कोऑपरेटिव फ़ेडरेशन को फ़ोन कर दिया गया था कि वे 10,000 लोगों की सूची बनाकर उन्हें टोकन आवंटित कर दें। ट्रकों को कहाँ जाना है यह पहले से तय था। लोगों ने अपने टोकन दिए और उन्हें राहत पैकेट मिल गए। बिना किसी आपाधापी के बिलकुल व्यवस्थित ढंग से पैकेट वितरित हुए। फिर अवस्थी ने कहा कि किसानों के लिए कुछ और करो। उनके लिए एक लाख पैकेटों में सब्ज़ी के बीज, जल में घुलनशील उर्वरक और उनके छिड़काव के उपकरण डाले गए और उन पैकेटों को भी उसी व्यवस्थित तरीक़े से वहाँ वितरित कराया गया।

किसानों के लिए सुरक्षा चक्र

राजकुमार त्रिपाठी[1] इफको के बोर्ड में सहयोजित (कोऑप्टेड) निदेशक रहे हैं। त्रिपाठी बताते हैं, 'केवल किसान ही नहीं, किसानों के परिवार की भी वे हर सम्भव मदद करते हैं। उनकी मदद के लिए उन्होंने 'इफको किसान सेवा ट्रस्ट' की स्थापना की है। इसमें बस एक ही शर्त है कि लाभार्थी का नाम इफको के किसी अधिकारी, कर्मचारी अथवा प्रतिनिधि द्वारा प्रस्तावित होना चाहिए। ऐसा कोई नहीं होगा जो ख़ाली हाथ वापस गया हो।'

1. राजकुमार त्रिपाठी का वर्ष 2019 में निधन हो गया।

आईकेएसटी ग़रीब किसानों के बच्चों को छात्रवृत्ति देता है। यदि बच्चा पढ़ाई में अच्छा है तो उसको उच्च शिक्षा के लिए छात्रवृत्ति दी जाती है। त्रिपाठी कहते हैं, 'एक मज़दूर के बेटे ने उत्तर प्रदेश बोर्ड में टॉप किया। जिस दिन शाम को रिज़ल्ट निकला उसके अगले दिन सुबह सात बजे इफको का एरिया मैनेजर दो लाख रुपये का चेक लेकर उसके घर पहुँच गया था। उस मज़दूर ने सपने में भी नहीं सोचा होगा कि उसको कहीं से ऐसी मदद मिलेगी। ऐसे कई उदाहरण हैं।'

अवस्थी कहते हैं, 'हम जो कुछ भी कर सकते हैं, उन उपायों द्वारा किसानों का समर्थन करते हैं। हम उन्हें आईकेएसटी के माध्यम से चिकित्सा और शैक्षिक सहायता उपलब्ध कराते हैं। आपदा की स्थिति में लोगों के पास हम राहत सामग्री भेजते हैं। हमारा उनसे गहरा रिश्ता है। यह केवल उन्हें उर्वरक देने तक सीमित नहीं है।'

त्रिपाठी कहते हैं, 'उत्तर प्रदेश में सहकारिता आन्दोलन एक तरह से मृतप्राय था। उदय शंकर अवस्थी ने उसमें इफको के माध्यम से जान फूँकी। उनके मन में सदैव यह फ़िक्र रहती है कि किसान कैसे समर्थ बनें और सहकारिता कैसे मज़बूत हो।'

नए बोर्ड के गठन में पेंच

वर्ष 2001 में अवस्थी को एक अप्रिय प्रसंग से गुजरना पड़ा। मौज़ूदा निदेशक मंडल का कार्यकाल समाप्त हो गया था। नए बोर्ड का गठन किया जाना था। उस वक़्त ओम प्रकाश चौटाला हरियाणा के मुख्यमंत्री थे। वे चाहते थे कि उनका पुत्र अजय चौटाला इफको का अध्यक्ष बने।

यह चिन्ता की बात थी क्योंकि इफको की परम्परा के अनुसार सक्रिय राजनीति में शामिल कोई व्यक्ति अभी तक इफको का अध्यक्ष नहीं चुना गया था। ऐसे बहुत से अध्यक्ष हुए जो बाद में सक्रिय राजनीति में गए लेकिन अपने अध्यक्षीय कार्यकाल में वे सक्रिय राजनीति में नहीं थे।

अवस्थी कहते हैं, 'हमारे निदेशक मंडल के सदस्य देश की सभी राजनीतिक पार्टियों से आते हैं लेकिन हमारा निदेशक मंडल दलगत राजनीति से सदैव अप्रभावित रहा है। इसलिए हमारे लिए यह बहुत महत्त्वपूर्ण था कि यह परम्परा जारी रहे।'

उस समय केन्द्र में एनडीए (राष्ट्रीय जनतांत्रिक गठबंधन) की सरकार थी। ओम प्रकाश चौटाला की पार्टी एनडीए की अहम घटक थी। केन्द्रीय रसायन और उर्वरक मंत्री सुखदेव सिंह ढींढसा ने इफको के निदेशकों को एक दिन रात्रिभोज पर आमंत्रित किया।

इफको के अधिकांश निदेशक रात्रिभोज में शामिल नहीं हुए। अवस्थी दो-तीन निदेशकों के साथ उस कार्यक्रम में उपस्थित हुए। ओम प्रकाश चौटाला ने उनसे कहा, 'अरे, सहकारिता में तो सब कुछ सर्वसम्मति से होता है, कल अजय को अध्यक्ष बना देना।'

आर.पी. सिंह बताते हैं, 'इफको के अध्यक्ष के रूप में अजय चौटाला को पदासीन करने का अभियान सतबीर सिंह कादियान के दिमाग़ की उपज थी। वे इफको के अध्यक्ष रह चुके थे।'

कादियान, चौटाला की पार्टी इंडियन नेशनल लोकदल (इनेलो) में शामिल हो गए थे और उस समय हरियाणा विधानसभा के अध्यक्ष थे। जब यह ख़बर फैली कि अजय चौटाला इफको के अध्यक्ष बनना चाहते हैं तो इफको में हर कोई चिन्तित हो गया।

लेकिन इफको में अजय चौटाला के विरुद्ध अध्यक्ष पद का चुनाव लड़ने के लिए कोई मज़बूत उम्मीदवार नहीं था। सुरिन्दर जाखड़ दो बार चेयरमैन रह चुके थे। इफको का नियम है कि कोई भी दो बार से ज़्यादा चेयरमैन नहीं बन सकता। चौटाला के ख़िलाफ़ कोई और खड़ा होने को तैयार नहीं था।

बिहार के एक सहकारी सदस्य, अजीत सिंह, अजय चौटाला के ख़िलाफ़ चुनाव में उतरने के लिए राज़ी हुए। एजीएम[1] का आयोजन तालकटोरा स्टेडियम में किया गया था। आशंका थी कि असामाजिक तत्त्व अजय चौटाला के पक्ष में चुनाव को मोड़ने के लिए बल प्रयोग करने की कोशिश कर सकते हैं। लेकिन दिल्ली पुलिस ने सुरक्षा के कड़े इन्तज़ाम किए थे और किसी भी अनधिकृत व्यक्ति को कार्यक्रम स्थल पर प्रवेश नहीं करने दिया गया।

अजय चौटाला हरियाणा स्टेट मार्केटिंग फेडरेशन के निदेशक होने के नाते, इफको की एजीएम में एक प्रतिनिधि के रूप में आए थे। उन्होंने माँगी लाल डांगा को हराकर निदेशक का चुनाव आसानी से जीत लिया। उनके समर्थन में नारेबाजी करते लोग हरियाणा से बसों में भरकर दिल्ली पहुँचे। ट्रक से माला और फूल भी आ गए। उनके समर्थक उनकी जीत को लेकर आश्वस्त थे।

---

1. एनुअल जनरल मीटिंग

एजीएम के दौरान अवस्थी खड़े हुए और कहा, 'इफको के इतिहास में अब तक सभी अध्यक्ष सर्वसम्मति से चुने गए हैं। चुनाव की कभी नौबत नहीं आई। चुनाव प्रक्रिया का मतलब है कि आपस में विश्वास की कमी है। इफको के निदेशक मंडल में मतभेद हुए हैं लेकिन अन्तिम निर्णय सदैव सर्वसम्मति से हुआ है। इसलिए निदेशक मंडल से मेरी प्रार्थना है कि अध्यक्ष और उपाध्यक्ष सर्वसम्मति से चुने जाएँ।'

कुछ निदेशकों ने भी अपने विचार रखे। जाखड़ ने कहा कि 'श्रीनिवास गौड़ा को अध्यक्ष बनाया जाना चाहिए क्योंकि वे कृभको के अध्यक्ष रह चुके हैं, उन्हें अनुभव है। अजय चौटाला को इस बार उपाध्यक्ष बनाया जाए, अगली बार वे अध्यक्ष बन जाएँगे।'

लेकिन अजय चौटाला उपाध्यक्ष पद के लिए सहमत नहीं हुए। उन्होंने कहा कि अध्यक्ष पद के अलावा उन्हें कोई दूसरा पद स्वीकार नहीं है। तय हुआ कि जब सर्वसम्मति नहीं बन रही है तब चुनाव किया जाए।

मतपेटियों को सील किया जाने लगा ताकि चुनाव की प्रक्रिया शुरू हो। इसी बीच अजय चौटाला ने घोषणा की कि वे अपनी उम्मीदवारी वापस ले रहे हैं। उन्होंने आकलन कर लिया होगा कि कुछ वोटों से उनकी हार हो सकती है। श्रीनिवास गौड़ा को सर्वसम्मति से अध्यक्ष चुना गया और एन.पी. पटेल उपाध्यक्ष बने।

सेनेगल संकट

इफको के संयुक्त उपक्रम और रणनीति प्रभाग के निदेशक मनीष गुप्ता कहते हैं, 'मैं 2003 में इफको आया और पहली चुनौती जो मेरे सामने आई वह आईसीएस (इंडस्ट्रीज़ शिमिक डु सेनेगल) की समस्या थी। यह परियोजना वित्तीय समस्याओं से जूझ रही थी। अपने वित्तीय दायित्वों को पूरा करने के लिए यह पर्याप्त राजस्व नहीं जुटा पा रही थी।'

आईसीएस की स्थापना 1977 में सेनेगल में फॉस्फोरिक एसिड के उत्पादन के लिए की गई थी जिसकी आवश्यकता भारत में उर्वरक उत्पादन के लिए कच्चे माल के रूप में होती है। यह संयंत्र इफको को कच्चे माल की वैश्विक आपूर्ति

के जरिये भारत की खाद्य सुरक्षा सुनिश्चित करने के लिए उपयुक्त था। भारत में पर्याप्त मात्रा में फॉस्फोरिक एसिड बनाने के लिए कच्चे माल की कमी है।

यह कम्पनी सेनेगल सरकार के नियंत्रण में थी, जिसके पास इसके 46 प्रतिशत शेयर थे। इफको 26 प्रतिशत शेयर के साथ दूसरी प्रमुख शेयरधारक थी। कैमरून, नाइजर और कुछ अन्य पश्चिम अफ्रीकी सदस्य देशों में से प्रत्येक के 2-3 प्रतिशत शेयर थे। भारत सरकार और स्पिक (सदर्न पेट्रोकेमिकल्स इंडस्ट्रीज़ कॉर्पोरेशन) भी अपने छोटे-छोटे शेयर के साथ कम्पनी में शामिल थी।

परियोजना शुरू होने के दौरान सेनेगल में सत्ता परिवर्तन हो गया। नए राष्ट्रपति ने अवस्थी को मिलने बुलाया। बातचीत के दौरान उन्होंने टूटी-फूटी अंग्रेज़ी में अवस्थी से सांकेतिक माँग की। अवस्थी को यह उम्मीद नहीं थी कि एक राष्ट्र-प्रमुख इस तरह की बात करेंगे। अवस्थी ने उनसे कहा, 'राष्ट्रपति महोदय, मैं ऐसा कुछ नहीं करूँगा।' फिर वे उठे और कमरे से बाहर चले गए।

अवस्थी कहते हैं, 'मुझे नहीं पता कि उन्होंने गलती की या मैंने गलती की। शायद मुझे स्थिति को और अधिक कूटनीतिक रूप से सँभालना चाहिए था। वे इतने परेशान हो उठे कि उन्होंने आईसीएस को बन्द करने को अपना निजी एजेंडा बना लिया था और मैं इस कम्पनी को ख़त्म नहीं होने देने पर तुला हुआ था।'

इसके बाद, नव-नियुक्त राष्ट्रपति ने प्रबन्ध निदेशक कामा को बदलने के लिए कहा क्योंकि कामा पूर्व राष्ट्रपति के क़रीबी थे।

अवस्थी ने कहा, 'नहीं, मैं ऐसा नहीं करूँगा।'

छह महीने तक यह रस्साकशी चलती रही।

एक दिन, सावने नाम के एक मंत्री ने उन्हें बुलाया। वे अच्छी अंग्रेज़ी बोलते थे। उन्होंने अवस्थी से शिष्टाचार के साथ मुलाक़ात की, कॉफी और स्नैक्स की पेशकश की और फिर मुद्दे पर आए, 'श्री अवस्थी, अगर श्री कामा आज इस्तीफ़ा नहीं देंगे तो हम उन्हें गिरफ़्तार कर लेंगे। आप जाएँ और उनसे इस्तीफ़ा देने को कहें।'

उन्होंने बताया, 'एक सज्जन बाहर इन्तज़ार कर रहे हैं। वह मिस्टर गोम्स हैं। वही नए प्रबन्ध निदेशक होंगे।'

अब यह आपातस्थिति थी! अब तक अवस्थी को यह समझ में आ चुका था कि अफ्रीका में यह प्रथा-सी है कि जब वहाँ सरकार बदलती है तब कम्पनियों के शीर्ष अधिकारीगण भी बदलते हैं।

वे कामा से मिलने गए और उन्हें बताया कि क्या घटित हुआ था। कामा स्थिति समझ गए। उन्होंने कहा, 'मैं इस्तीफ़ा दे दूँगा।'

आईसीएस को पैसा उधार देने वाले बैंकरों ने कहा, 'अगर कामा इस्तीफ़ा देते हैं तो अध्यक्ष और प्रबन्ध निदेशक के संयुक्त पद को अलग करना होगा।' उस समय वहाँ जो विस्तार की परियोजना चल रही थी उसमें यह निर्दिष्ट था कि परियोजना समाप्त होने तक कामा प्रबन्ध निदेशक और अध्यक्ष बने रहेंगे। बैंक के लोगों ने कहा कि 'वे नए प्रबन्ध निदेशक को अध्यक्ष के रूप में स्वीकार नहीं करेंगे। श्री अवस्थी को अध्यक्ष बनना चाहिए। श्री गोम्स प्रबन्ध निदेशक बन सकते हैं।'

अवस्थी इस सहसा थोपी जा रही जिम्मेदारी को लेने के लिए अनिच्छुक थे। लेकिन बैंकर अपनी जिद पर अड़े थे। अवस्थी ने सावने को इस नए घटनाक्रम के बारे में बताया।

सावने ने कहा, 'हमें इस व्यवस्था से कोई आपत्ति नहीं है, लेकिन कामा को अपने पद से इस्तीफ़ा देना होगा।'

अवस्थी 2000 में आईसीएस के अध्यक्ष बने।

आईसीएस परियोजना के तहत सेनेगल की स्थानीय ज़रूरतों के लिए फॉस्फोरिक एसिड के उत्पादन का कुछ हिस्सा उर्वरक बनाने में प्रयुक्त करने का विचार था। आईसीएस के पास कॉम्प्लेक्स उर्वरक बनाने का अपना संयंत्र था। इसका 85 फ़ीसदी उत्पादन इफको को भेजा जाना था।

यद्यपि इफको इस उद्यम में एक छोटा भागीदार था, लेकिन सभी अवस्थी का सम्मान करते थे तथा सलाह और मार्गदर्शन के लिए उनकी ओर देखते थे।

इफको ने आईसीएस का विस्तार करने का फ़ैसला उस समय किया था जब कांडला का विस्तार चल रहा था। अवस्थी कहते हैं, 'हमारे फॉस्फोरिक एसिड प्लांट को रॉक फॉस्फेट की आपूर्ति जिस खदान से होती थी, वह एक अलग कम्पनी थी। हमने सेनेगल की सरकार को सुझाव दिया कि इन दोनों कम्पनियों का विलय कर दिया जाए। उन्हें हमारा विचार पसन्द आया और दोनों कम्पनियों का विलय कर दिया गया। उसके बाद, हमने सेनेगल संयंत्र का विस्तार किया।'

लेकिन सेनेगल संयंत्र में दिक्कतें आती रहीं। उत्पादन प्रभावित होने के कारण संयंत्र की मरम्मत और रखरखाव में निवेश करने के लिए पर्याप्त पैसे नहीं होते थे।

मनीष गुप्ता बताते हैं, 'बाज़ार की स्थिति पहले से ही ख़राब थी। लगभग इसी समय, सेनेगल की सरकार ने आईसीएस को प्रबन्धन में बदलाव करने पर मजबूर किया। इसके अलावा कुछ अन्य कारकों ने मिलकर कम्पनी को बीमार कर दिया।'[1]

यह संयंत्र किसी तरह फॉस्फोरिक एसिड का उत्पादन जारी रखने में क़ामयाब रहा लेकिन कम क्षमता पर। संयंत्र के ख़राब होने के कारण इसका उत्पादन हर साल कम होता गया। आईसीएस दिवालियापन की ओर धीरे-धीरे किन्तु अनिवार्य रूप से आगे बढ़ रहा था।

अवस्थी किंचित जोश के साथ कहते हैं, 'मैंने कम्पनी बन्द नहीं होने दी। वहाँ कार्यरत लोग ग़रीब थे; संयंत्र बन्द होने से वे प्रभावित होते। साथ ही, भारत को फॉस्फोरिक एसिड की ज़रूरत थी और इफको को कच्चे माल की सुनिश्चित आपूर्ति की। यदि आईसीएस बन्द हो जाता तो फॉस्फोरिक एसिड की क़ीमतें आसमान छूतीं। इसलिए मैंने हर सम्भव प्रयास किया और सुनिश्चित किया कि कम्पनी बची रहे। और मैं सफल रहा!'

आईसीएस का प्रतिनिधित्व करने वाले वकील बुर्जी कहते हैं, 'जैसे ही अवस्थी को पता चला कि कम्पनी दिवालियेपन के कगार पर है, उन्होंने दिन-रात परिश्रम किया। उन्होंने सेनेगल की लगातार यात्रा की तथा प्रबन्धकों, श्रमिकों और राजनेताओं से मिले। संयंत्र को उबारने के लिए बहुत पैसे की ज़रूरत थी...लेनदारों के साथ नए समझौते करने थे। लेकिन उनके व्यक्तित्व और उनकी व्यक्तिगत कर्तव्यनिष्ठा की वजह से ऋणदाताओं ने आईसीएस पर भरोसा करना जारी रखा।'

14-15 सालों तक किसी न किसी तरीक़े से अवस्थी ने कम्पनी को ज़िंदा रखा। बैंकों से कहा गया कि वे अपने कर्ज का पुनर्गठन करें। लेकिन और पैसों की ज़रूरत थी। अवस्थी अपने सम्पर्क और साख़ का इस्तेमाल करते हुए 2008 में कम्पनी में निवेश करने के लिए चेन्नई से आर्चियन ग्रुप को लाए।

इफको सेनेगल संयंत्र का सक्रिय भागीदार बना रहा। आर्चियन ग्रुप इफको पर बहुत निर्भर था क्योंकि इफको लम्बे समय से आईसीएस में साझीदार था। अवस्थी ने अध्यक्ष के रूप में कम्पनी का नेतृत्व करना जारी रखा और कम्पनी

---

1. जब किसी कम्पनी का शुद्ध मूल्य बाज़ार भाव से 50 प्रतिशत तक कम हो जाए तो वह कम्पनी कानूनी रूप से बीमार हो जाती है। आईसीएस के साथ यही हुआ।

ने अच्छा प्रदर्शन करना शुरू कर दिया। लेकिन कुछ सालों बाद कम्पनी में एक बड़ा हादसा हुआ जिससे वह कभी उबर नहीं पाई।

कम्पनी की वित्तीय स्थिति फिर से कमज़ोर हो गई और इससे एक बार फिर दिवालियेपन की नौबत आ गई। आईसीएस ने अपने ऋण भुगतान में विलम्ब करना शुरू कर दिया। तब ऋण पुनर्गठन का एक और चरण शुरू हुआ, जो 2016 में इंडोरामा ग्रुप के आईसीएस में एक निवेशक के रूप में शामिल होने के साथ समाप्त हुआ। इंडोरामा के आने पर अवस्थी ने अध्यक्ष पद से इस्तीफ़ा दे दिया।

अब आईसीएस के तीन प्रमुख शेयरधारक हैं—इंडोरामा (78 प्रतिशत), सेनेगल सरकार (15 प्रतिशत) और इफको (7 प्रतिशत)। भारत सरकार का भी 0.5 प्रतिशत शेयर है जो इफको ने अपने शेयर से भारत सरकार को सम्मान के रूप में दिया है। कम्पनी एक बार फिर से अब अच्छा प्रदर्शन कर रही है।

मनीष गुप्ता कहते हैं, 'आईसीएस के साथ हुए नए समझौते के तहत, इसके फॉस्फोरिक एसिड उत्पादन का 85 प्रतिशत इफको को भेजा जाता है। हमने जॉर्डन में एक फास्फोरिक एसिड प्लांट लगाया है इसलिए अब इफको में फॉस्फोरिक एसिड की कोई कमी नहीं है।'

इस पूरी प्रक्रिया में अवस्थी की भूमिका अहम रही। उनकी यह ख़ासियत है कि वे अपनी टीम को निर्णय लेने और प्रक्रिया को पूरा करने की स्वतंत्रता देते हैं। वे मानदंड निर्धारित करते हैं। टीम को जब लगता है कि उस मानदंड से कुछ भिन्न करना पड़ रहा है तब वे अवस्थी से सलाह लेते हैं।

स्वायत्तता की ओर

बहुराज्यीय सहकारी समिति अधिनियम, 2002 के तहत इफको ने वर्ष 2004 के जुलाई महीने में पूर्ण सहकारी स्वामित्व अर्थात स्वायत्तता प्राप्त की। उस समय केन्द्र में अटल बिहारी वाजपेयी के नेतृत्व वाली एनडीए सरकार थी।

अब तक की यात्रा में, इफको पहले मल्टी-यूनिट कोऑपरेटिव सोसाइटीज एक्ट, 1942 और फिर मल्टी-स्टेट कोऑपरेटिव सोसाइटीज एक्ट, 1984 द्वारा शासित था। इन अधिनियमों के कारण सहकारिताओं के ऊपर सरकारी वर्चस्व

वाला ढाँचा हावी था। देश में लम्बे समय से सहकारिता आन्दोलन यह माँग कर रहा था कि सहकारी समितियों पर सरकार का नियंत्रण कम होना चाहिए और उन्हें कार्य करने और निर्णय लेने की स्वतंत्रता मिलनी चाहिए।

हालाँकि 2002 के अधिनियम ने इफको जैसी सहकारी समितियों को पूर्ण स्वायत्तता तो प्रदान की, लेकिन इससे एक व्यावहारिक समस्या भी उत्पन्न हुई। सहकारी समितियों से सरकार की हिस्सेदारी (शेयर) को वापस लेने में समस्या आ रही थी। प्रश्न उठा सहकारी समितियों में सरकार के शेयर का मूल्यांकन किस आधार पर किया जाएगा?

बहुराज्यीय सहकारी समिति अधिनियम, 2002 ने इस जटिलता को सुलझाते हुए निर्दिष्ट किया कि सहकारी समितियों से सरकारी शेयर की वापसी सममूल्य (पार वैल्यू) पर की जाएगी। इसका मतलब यह हुआ कि कोई शेयर अगर दस रुपये की क़ीमत पर ख़रीदा गया है या किसी शेयर का सममूल्य (पार वैल्यू) अगर दस रुपया है तो सरकार को उस शेयर के बदले दस रुपये ही मिलेंगे। यदि दस रुपये सममूल्य के एक लाख शेयर हैं तो शेयरों का कुल मूल्य दस लाख रुपये माना जाएगा। यही सिद्धान्त सहकारी समितियों के शेयर ख़रीदनेवाले अन्य लोगों पर भी लागू होगा।

एक और नया प्रावधान यह था कि शेयर वापसी या तो सरकार की सहमति से होगी या सहकारी समितियों के उपनियमों के प्रावधानों के अनुसार होगी। यह कम्पनी अधिनियम के उपनियमों की तरह है।

अब, प्रत्येक सहकारी समिति के अपने उपनियम हैं, जो अनिवार्य रूप से बहुराज्यीय सहकारी सोसायटी अधिनियम, 2002 के प्रावधानों के अधीन हैं। अधिनियम की घोषणा के बाद, यह अनिवार्य कर दिया गया था कि प्रत्येक सहकारी समिति अपने उपनियमों में संशोधन करके उन्हें नए अधिनियम के अनुरूप बनाए। जो उपनियम इस नए अधिनियम के साथ असंगत थे, उन्हें निष्क्रिय और शून्य माना गया और उनके स्थान पर बहुराज्यीय सहकारी सोसायटी अधिनियम, 2002 लागू किया गया।

उपनियमों में संशोधन की प्रक्रिया यह है कि सहकारी समिति की आम सभा पहले दो-तिहाई बहुमत से उनमें संशोधन करती है और फिर संशोधित उपनियमों को केन्द्रीय सहकारी समितियों के रजिस्ट्रार के पास पंजीकरण के लिए भेजा जाता है।

आर.पी. सिंह कहते हैं, 'हमने यह फॉर्मूला बनाया कि हर तिमाही हम सरकार को उसके उतने शेयर वापस करेंगे जितने शेयर मौजूदा और नई समितियाँ ख़रीदेंगी। इस फॉर्मूले को आम सभा के दो-तिहाई बहुमत द्वारा पारित किए जाने के बाद संशोधित उपनियमों को केन्द्रीय रजिस्ट्रार के पास पंजीकरण के लिए भेजा गया।'

केन्द्रीय रजिस्ट्रार ने उर्वरक विभाग को अपनी प्रतिक्रिया व्यक्त करने के लिए पत्र लिखा लेकिन उर्वरक विभाग ने कोई उत्तर नहीं दिया। जब उर्वरक विभाग की तरफ से कोई जवाब नहीं आया तो केन्द्रीय रजिस्ट्रार ने संशोधित उपनियमों को पंजीकृत कर लिया।

बहुराज्यीय सहकारी समिति अधिनियम, 2002 का एक और प्रावधान बहुत महत्त्वपूर्ण है। इसके तहत सहकारी समितियों को सरकार की हिस्सेदारी के आधार पर अलग-अलग श्रेणियों में रखा गया है। अगर सरकार की हिस्सेदारी किसी सहकारी समिति में 51 प्रतिशत से ज़्यादा है तो सरकार उसकी विशेष लेखापरीक्षा करा सकती है, उसके निदेशक मंडल में बदलाव कर सकती है और उसमें प्रबन्ध निदेशक की नियुक्ति सरकार की सहमति से होगी। ऐसे कई विशेष प्रावधान हैं।

इफको के निदेशक-मंडल में पाँच सरकारी निदेशक हुआ करते थे। लेकिन नए अधिनियम में स्पष्ट निर्देश है कि सहकारी संस्था में सरकार की हिस्सेदारी अगर 51 प्रतिशत से अधिक है तो उसके निदेशक मंडल में तीन सरकारी निदेशक, 26 प्रतिशत से 51 प्रतिशत के बीच है तो दो सरकारी निदेशक और 26 प्रतिशत से कम है तो एक सरकारी निदेशक होगा।

नए अधिनियम में यह भी निर्दिष्ट किया गया कि उन सहकारी समितियों की विशेष लेखापरीक्षा नहीं होगी जहाँ सरकार की हिस्सेदारी 51 प्रतिशत से कम है। आर.पी. सिंह कहते हैं, 'यह कमोबेश कम्पनी कानून की तरह हो गया जहाँ सरकार उस कम्पनी के मामले में हस्तक्षेप नहीं करती है जो सरकारी नहीं है।'

एक और प्रावधान था—यह प्रावधान 1984 के अधिनियम में भी था—कि यदि किसी सहकारी समिति में सदस्यों की संख्या बहुत ज़्यादा है और इससे आम सभा की बैठक (जनरल बॉडी मीटिंग) को सुगमता से सम्पन्न करने में समस्या आ रही है तो इसके लिए एक छोटी प्रतिनिधि आम सभा का गठन किया जा सकता है जिसमें सदस्यों की अधिकतम संख्या 1,000 होगी।

इफको की भी 1,000 सदस्यों की एक प्रतिनिधि आम सभा (रिप्रेजेंटेटिव जनरल बॉडी) है जिसमें देश भर में कार्यरत सहकारी समितियों से सदस्य चुनकर

आते हैं। नए अधिनियम में यह भी स्पष्ट रूप से निर्दिष्ट किया गया कि कार्यात्मक (फंक्शनल) और सहयोजित (कोऑप्टेड) निदेशकों को छोड़ कर निदेशकों की कुल संख्या 21 से अधिक नहीं होनी चाहिए।

अब चूँकि इफको में सरकार का शेयर 51 प्रतिशत से अधिक था, इसलिए इफको में सरकार के 3 ही निदेशक हो सकते थे। इफको ने 18 में से दस निदेशक पद राज्य सहकारी विपणन संघों (स्टेट मार्केटिंग फेडरेशन) को आवंटित किए जो संख्या में 18 थे। इन 18 राज्य सहकारी विपणन संघों ने अपने बीच से दस निदेशकों को चुना। शेष आठ निदेशक देश भर में फैली इफको की 36,000 सदस्य सहकारी समितियों से चुनकर आए।

जैसे-जैसे इफको ने सरकार के शेयर वापस करने शुरू किए वैसे-वैसे सरकारी निदेशकों की संख्या घटने लगी और 36,000 सदस्य सहकारी समितियों द्वारा चुने गए निदेशकों की संख्या बढ़ने लगी—पहले आठ से नौ हुए, फिर नौ से दस और अन्ततः ग्यारह निदेशक हो गए—और इफको देश की एक स्वायत्त बहुराज्यीय सहकारी समिति बन गई। इफको ने आख़िरकार अपने दीर्घकालिक लक्ष्य को प्राप्त कर लिया!

2003 के जनवरी महीने से शेयर वापसी की प्रक्रिया शुरू हुई और 2004 के जुलाई महीने में पूरी हो गई। डेढ़ साल में देश की सहकारी समितियों ने सरकार के 289 करोड़ रुपये के शेयर वापस कर दिए।

लेकिन उर्वरक विभाग के कुछ उच्च अधिकारियों को यह नागवार गुज़रा। उनकी शिकायत थी कि शेयर वापसी के पहले उर्वरक विभाग और इफको के बीच इस आशय का अनुबन्ध होना चाहिए था। इस विरोध में उनके साथ वित्त मंत्रालय के कुछ वरिष्ठ अधिकारी भी आ गए। उन्होंने कहा कि 'सममूल्य (पार वैल्यू) पर शेयर की वापसी न्यायोचित नहीं है।'

लेकिन कृषि और सहकारिता विभाग ने उनकी आपत्ति को इस आधार पर ख़ारिज कर दिया कि कोई सदस्य लाभ कमाने के लिए सहकारी समितियों में निवेश नहीं करता है। अगर लाभ कमाना मक़सद होगा तो वह उन कम्पनियों में निवेश करेगा जिनके शेयर की ख़रीद-फ़रोख़्त शेयर बाज़ार में होती है। साथ ही, स्वायत्तता का प्रावधान संसद द्वारा पारित अधिनियम में सुनिश्चित किया गया है। इस अधिनियम में किसी तरह का बदलाव लाने का अधिकार संसद को ही है।

अवस्थी कहते हैं, 'कृषि और सहकारिता विभाग के इस निर्णय से मुद्दा सुलझ गया और उर्वरक विभाग शेयर वापसी के हमारे भुगतान को स्वीकार करने लगा।'

लेकिन इससे पहले कि शेयर वापसी की प्रक्रिया पूरी हो पाती देश में चौदहवीं लोकसभा (2004) का चुनाव हुआ और केन्द्र में नई सरकार आ गई। रसायन और उर्वरक मंत्रालय में जो नए मंत्री आए उन्होंने इस मुद्दे पर नया विवाद शुरू कर दिया। उन्होंने कहा कि यह तो बहुत बड़ा घपला है, इतना बड़ा विनिवेश बिना मूल्यांकन के हो गया। पहले उन्होंने कृषि, सहकारिता एवं किसान कल्याण विभाग को पत्र लिखे लेकिन वहाँ से उन्हें यह जवाब मिला कि इसमें कहीं कोई गड़बड़ी नहीं है, शेयर वापसी बहुराज्यीय सहकारी समिति अधिनियम, 2002 के प्रावधानों के अनुरूप है। तब उन्होंने विधि और न्याय मंत्रालय, मंत्रिमंडल सचिवालय और व्यय विभाग को लिखा।

इस बार अवस्थी भारत सरकार के इस मंत्री के साथ रस्साकशी में उलझ गए। आम तौर पर लोग सरकार की ताक़त के सामने झुक जाते हैं लेकिन अवस्थी अपनी स्थिति से एक इंच भी नहीं डिगे।

पूरे मामले की हर दृष्टि से दुबारा जाँच हुई। अन्त में विधि मंत्रालय ने अपनी राय दी कि शेयर वापसी अपरिवर्तनीय है। अटॉर्नी जनरल ने कहा कि सरकार द्वारा पूरा पैसा स्वीकार कर लेने का मतलब ही है कि इसमें सरकार की सहमति थी। इस तरह उस समय यह मामला सुलझ गया।

एक नया विवाद एक बार फिर तब शुरू हो गया जब कृभको ने सरकार के शेयर लौटाने शुरू किए। उर्वरक विभाग ने कृभको को शेयर वापसी रोकने और यथास्थिति बहाल करने के लिए अपने उपनियमों में संशोधन करने का निर्देश जारी किया। बहुराज्यीय सहकारी सोसायटी अधिनियम, 2002 में एक धारा है, जो सरकार को किसी सहकारी समिति में 51 प्रतिशत या उससे अधिक इक्विटी रखने पर निर्देश जारी करने का अधिकार देती है।

कृभको ने इफको की मिसाल और अटॉर्नी जनरल की राय का हवाला देते हुए उर्वरक विभाग के निर्देश के ख़िलाफ़ दिल्ली उच्च न्यायालय का रुख़ किया। दिल्ली उच्च न्यायालय ने 2008 में कृभको के पक्ष में फ़ैसला सुनाया। सरकार इस फ़ैसले के विरुद्ध उच्चतम न्यायालय नहीं गई, इसलिए मामला वहीं ख़त्म हो गया।

फिर से, 2010-11 में, एक राजनेता ने अवस्थी और इफको को 'बेनक़ाब' करने का बीड़ा उठाया। उन्होंने इफको और अवस्थी दोनों के ख़िलाफ़ गम्भीर

आरोप गढ़े और उन्हें शिकायत पत्र के रूप में राष्ट्रपति, प्रधानमंत्री, वित्त मंत्री और सभी सम्बन्धित विभागों के पास भेजा। पूरे मामले की एक बार फिर से पड़ताल की गई। लेकिन चूँकि उच्च न्यायालय ने पहले ही कृभको के पक्ष में फ़ैसला सुना दिया था और सरकार द्वारा सर्वोच्च न्यायालय में कोई अपील दायर नहीं की गई थी, इसलिए यह मुद्दा एक बार फिर अपनी गति को प्राप्त हुआ।

अवस्थी कहते हैं, 'जब भी नई सरकार आती है यह मुद्दा उठता है, सिर्फ़ तरीक़े बदल जाते हैं। 2014 में केन्द्र में नई सरकार आई और 2016 में यह मुद्दा फिर उठा। उर्वरक विभाग में एक नए सचिव आए। पता नहीं उनको इफको से क्या परेशानी थी कि आते ही उन्होंने इस मुद्दे को फिर उठाया।'

उन्होंने केन्द्रीय रजिस्ट्रार को चिट्ठी लिखी कि इफको के उपनियमों का पंजीकरण गलत था। उन्होंने तर्क दिया कि बहुराज्यीय सहकारी समिति अधिनियम, 2002 के आने के पहले इफको के उपनियमों में यह प्रावधान था कि जब तक सरकार की हिस्सेदारी रहेगी तब तक किसी भी उपनियम को सरकार की अनुमति के बिना संशोधित नहीं किया जा सकता है।

नए सचिव ने तर्क दिया कि चूँकि यह संशोधन सरकार की अनुमति लिए बिना किया गया था, इसलिए इसका पंजीकरण रद्द किया जाना चाहिए और पूर्वस्थिति बहाल की जानी चाहिए। रजिस्ट्रार ने कहा कि ऐसा करना मेरे अधिकार क्षेत्र में नहीं है। तब उन सचिव महोदय ने विधि मंत्रालय, प्रवर्तन निदेशालय, केन्द्रीय जाँच ब्यूरो और नियंत्रक एवं महालेखा परीक्षक को पत्र लिखे।

उन्होंने 14 साल से अधिक समय बीत जाने के बाद वर्ष 2017 में बहुराज्यीय सहकारी समिति अधिनियम के तहत अपीलीय प्राधिकरण के समक्ष भी अपील की। अब मामला एक बार फिर कोर्ट में है। दिल्ली उच्च न्यायालय से इफको को अन्तरिम राहत मिली हुई है।

इफको और कृभको का अलगाव

बहुराज्यीय सहकारी समिति अधिनियम, 2002 में एक प्रावधान है कि कोई भी सहकारी समिति किसी अन्य ऐसी सहकारी समिति की अंशधारक नहीं

हो सकती, जो व्यवसाय में उसकी प्रतिस्पर्धी हो। चूँकि इफको और कृभको एक ही व्यवसाय में हैं इसलिए उर्वरक विभाग ने कृभको को अपने निदेशक मंडल से इफको के मनोनीत सदस्यों को हटाने और इफको के शेयर वापस करने के लिए अपने उपनियमों में संशोधन करने का निर्देश जारी किया।

कृभको ने अपने उपनियमों में संशोधन किया और इफको को 97 करोड़ रुपये लौटा दिए। इफको ने भी कृभको के 5 लाख रुपये के शेयर वापस कर दिए। यह अलगाव 2004 की अन्तिम तिमाही में हुआ।

भारत के किसानों के लिए प्रौद्योगिकी

2007 में इफको किसान संचार लिमिटेड (आईकेएसएल) शुरू करने के लिए इफको ने भारत के उस वक़्त के सबसे बड़े मोबाइल टेलीफ़ोन ऑपरेटर भारती एयरटेल और स्टार ग्लोबल रिसोर्सेज़ के साथ समझौता किया। यह इफको किसान कृषि ऐप के माध्यम से किसानों को मोबाइल सलाहकार सेवाएँ प्रदान करता है और उनको इफको किसान कॉल सेंटर तक पहुँच प्रदान करता है। इन सेवाओं के अलावा, यह पशुओं के चारे और शहद जैसी वस्तुओं की बिक्री करता है। इफको किसान संचार किसानों को उनके उत्पादों की गुणवत्ता बढ़ाने में मदद करता है। यह उन्हें अपनी उपज सीधे निर्माण इकाइयों को बेचने के लिए अवसर प्रदान करता है।

अवस्थी कहते हैं, 'टेलीविजन है, टेलीफ़ोन है, संचार के कई अन्य साधन हैं, लेकिन किसान अब भी जानकारी के अभाव में है। वह जो जानकारी चाहता है वह उसे नहीं मिल पाती। और कई बार इसकी वजह से वह सही फ़ैसला नहीं ले पाता है। यही कारण है कि हमने इस ग्रामीण संचार सेवा की स्थापना की।'

इस योजना के तहत सेवाओं का लाभ उठाने के लिए किसान को 45 रुपये ख़र्च करने पड़ते हैं। किसान एक 'ग्रीन सिम कार्ड' ख़रीदकर 'इफको किसान संचार' का ग्राहक बन जाता है। यह सिम कार्ड उसके लिए सूचनाओं का भंडार है। उसको प्रति दिन पाँच सूचनाएँ निःशुल्क प्राप्त होती हैं जैसे मौसम की जानकारी,

मंडियों में उत्पादों के भाव, फ़सलों और मवेशियों में लगनेवाली बीमारियाँ और उनसे बचाव के उपाय और इस तरह की तमाम अन्य जानकारियाँ। यदि वह टॉक-टाइम बनाए रखता है तो वह 24 घंटे की हेल्पलाइन सेवा से जुड़ा रहता है। कम्पनी अच्छी प्रगति कर रही है। इसने ऐप विकसित किए हैं जिनके माध्यम से किसान अपनी उपज की ख़रीद-फ़रोख्त कर सकता है। अब इस ऐप ने ऋण देना भी शुरू कर दिया है।

इफको किसान संचार के सीईओ सन्दीप मल्होत्रा कहते हैं, 'इफको किसान संचार सेवा शुरू करने के मूल में व्यापक उद्देश्य निहित रहे हैं। जब इसे लॉन्च किया गया था, तब यह अपने समय से आगे की सोच थी। तब किसी ने मोबाइल सेवा के घर-घर पहुँचने की कल्पना भी नहीं की थी। अब हमारे द्वारा और अधिक प्रयास किए जाने की ज़रूरत है...ताकि किसानों को हम सार्थक तरीक़े से इससे जोड़ सकें। हम मोबाइल के माध्यम से हेल्पलाइन नं. पर परामर्श सेवा की सुविधा देकर ऐसा ही कर रहे हैं।'

इफको किसान संचार के काम करने का तरीक़ा अनूठा है। इसके कृषि विज्ञानी हर राज्य में मौजूद हैं। वे खेतों में जाते हैं, किसानों को समूहों में संगठित करते हैं, उनकी समस्याओं को समझते हैं और उन्हें कृषि के उत्तम तौर-तरीक़ों को अपनाने में मदद करते हैं। किसानों को फ़सल की बुवाई से लेकर कटाई तक और उसके बाद इसके रखरखाव के सभी गुर बताए जाते हैं।

सन्दीप कहते हैं, 'इतना सब कुछ हो जाने पर किसानों को उनकी उपज के लिए बेहतर क़ीमत दिलाने में मदद करते हैं।'

विगत दो दशकों में उभरे नए कारोबारी समूहों के कारण दूरसंचार क्षेत्र को तीव्र प्रतिस्पर्धा का सामना करना पड़ा, इसलिए 'इफको किसान संचार' में व्यवसाय की एक नई शाखा शुरू करना वांछनीय समझा गया। कुछ विचार-विमर्श और एक पायलट प्रोजेक्ट के बाद, एक पूर्ण स्वामित्व वाली सहायक कम्पनी, 'इफको किसान फाइनेंस' का गठन किया गया। इसने एनबीएफसी[1] लाइसेंस के लिए आवेदन किया था, जिसे जून 2018 में मंज़ूरी मिल गई। कम्पनी ने उसी महीने ऋण देने का कारोबार शुरू कर दिया।

अन्तत: इफको के साथ स्टार ग्लोबल और अन्य निवेशक भी इससे जुड़े। बाद में आईसीआईसीआई बैंक और दक्षिण कोरिया के सहकारी उद्यम एनएच

1. नॉन-बैंकिंग फिनान्सियल कम्पनी

फाइनेंशियल ग्रुप ने भी इस कम्पनी में निवेश किया। कम्पनी ने किसानों को औसतन 3.6 लाख रुपये के 'टिकट साइज'[1] का सुरक्षित ऋण वितरित किया है। अपने व्यापार को नैतिक और पारदर्शी तरीक़े से संचालित करके इसने अच्छी प्रतिष्ठा अर्जित की है।

इस प्रकार, 'इफको किसान संचार' ने किसान फाइनेंस के माध्यम से किसानों को ऐसे औपचारिक बैंकिंग चैनलों से परिचित कराया जो उन्हें स्थानीय साहूकारों की तुलना में कम दरों पर ऋण देते हैं। इसने सही बीजों, सही कीटनाशकों और सही उर्वरकों के चयन से कटाई के बाद के चरण तक किसानों की मदद की है। इस प्रकार पूरे फ़सल-चक्र के दौरान किसानों को सहायता उपलब्ध करवाई जाती है।

इफको किसान एसईज़ेड[2]

इफको ने अमोनिया-यूरिया कॉम्प्लेक्स के लिए नेल्लोर में 2,700 एकड़ ज़मीन का अधिग्रहण किया था। जब उस परियोजना को ठंडे बस्ते में डाल दिया गया तो इफको ने वहाँ एक कृषि-प्रसंस्करण क्षेत्र विकसित करने के बारे में सोचा।

यह क्षेत्र विभिन्न खट्टे रसीले फलों और सब्ज़ियों तथा अन्य बागवानी उत्पादों से बहुत समृद्ध था। फिर, चेन्नई और बेंगलुरु दोनों से क़रीब होने के कारण नेल्लोर में बागवानी और स्थानीय उत्पादों के लिए बड़ी सम्भावनाएँ थीं।

अवस्थी कहते हैं, 'मैंने चीन से मॉडल उठाया। चीन में कृषि बहुत उन्नत है। वहाँ के किसान रासायनिक खाद के साथ जैविक और हरी खाद मिलाते हैं। वहाँ किसानों के लिए पशु पालना अनिवार्य है। उन्होंने 30 हजार एकड़ का कृषि-प्रसंस्करण क्षेत्र विकसित किया है, जो जीवाश्म-ईंधन मुक्त है। मैंने किसान एसईज़ेड में उसी मॉडल को दोहराने की कोशिश की है।'

अवस्थी ने इस परियोजना के सिलसिले में आन्ध्र प्रदेश के मुख्यमंत्री से मुलाक़ात की। उन्होंने सरकार को बताया कि हमने पूरे क्षेत्र को एक एग्रोपार्क के रूप में विकसित करने की योजना बनाई है।

---

1. ख़रीद-बिक्री की सामग्री का आकार
2. इफको किसान स्पेशल इकॉनोमिक ज़ोन

एग्रोपार्क कृषि-प्रसंस्करण उद्योगों का समूह है जो सामान्य बुनियादी ढाँचे को साझा करता है। इफको ने नीदरलैंड की एक कंसल्टेंसी से सम्पर्क किया जिसने इस तरह के पार्क विकसित करने के लिए अन्य देशों में बहुत काम किया है। विदेशी कंसल्टेंसी को लगा कि यूरोपीय निवेशक कृषि प्रसंस्करण इकाइयों की स्थापना के लिए भारत आने को अवश्य इच्छुक होंगे।

सरकार ने 'इफको किसान एसईज़ेड' की स्थापना के लिए अनुमति दे दी। यूरोप के कुछ निवेशकों ने साइट देखी और निवेश में रुचि दिखाई। लेकिन 2008 की आर्थिक मन्दी के कारण निवेश के सभी रास्ते बन्द हो गए। ये निवेशक वापस नहीं लौटे।

इफको के संयुक्त प्रबन्ध निदेशक राकेश कपूर इस परियोजना को देख रहे हैं। वे बताते हैं, 'हमने देखा कि कई निवेशक भारत को एक बड़े बाज़ार के रूप में देख रहे थे। यूरोप की एक फूड कम्पनी ने कहा कि आपके देश में ही इसकी बहुत माँग है, इसे निर्यात करने की ज़रूरत क्यों पड़ेगी? हमने महसूस किया कि कृषि-प्रसंस्करण के लिए एसईज़ेड काम नहीं करेगा।'

लिहाज़ा, इफको ने ज़मीन के एक हिस्से को डोमेस्टिक टैरिफ़ ज़ोन में बदल दिया है। इफको एसईज़ेड इस उद्यम क्षेत्र का विकास कर रहा है। इसने इसके अन्दर पानी, बिजली, सड़कें, जल निकासी आदि का बुनियादी ढाँचा विकसित किया है। इसकी एक चहारदीवारी व्यस्ततम कोलकाता-चेन्नई रेल मार्ग से लगती है।

इस जगह में अद्‌भुत कनेक्टिविटी है। यह चेन्नई-कोलकाता राजमार्ग एनएच-5 पर है। आप यहाँ से वैगन लोड करके चेन्नई बन्दरगाह तक ले जा सकते हैं, जो लगभग 45 किलोमीटर दूर है। इफको वहाँ रेलवे साइडिंग के लिए कुछ पार्टियों के साथ चर्चा कर रहा है।'

कुछ बड़ी कम्पनियों ने इस इलाक़े में संयंत्र स्थापित किए हैं। सिमंस गमीसा नाम की एक स्पेन की कम्पनी है जो पवन चक्की के पंखे (विंड मिल ब्लेड्स) और सौर इन्वर्टर (सोलर इन्वर्टर) बनाती है। उसने 150 एकड़ में अपनी इकाई लगाई है। कोक यहाँ बॉटलिंग और फ्रूट जूस प्लांट लगा रही है। इफको भी एक बड़ा गोदाम बना रहा है और जैव-उर्वरक संयंत्र लगा रहा है। आर्सेलर मित्तल भी वहाँ स्टील प्लांट लगाने पर विचार कर रहा है।

किसान एसईज़ेड अवस्थी की एक महत्त्वाकांक्षी परियोजना है और उन्हें विश्वास है कि इससे भविष्य में अच्छा लाभ मिलेगा।

संयुक्त राष्ट्र में अवस्थी

संयुक्त राष्ट्र द्वारा सतत विकास आयोग की स्थापना दिसम्बर 1992 में की गयी थी। आईएफए अकेले बहुत कुछ नहीं कर सकता था, इसलिए उसे मज़बूत भागीदार का साथ चाहिए था। इस क्रम में उसने किसानों, सहकारी समितियों, पौध संरक्षण रासायनिक उद्योग और कृषि क्षेत्र के कुछ ग़ैर-सरकारी संगठनों को मिलाकर एक एकीकृत कृषि-खाद्य नेटवर्क (एग्री-फूड नेटवर्क) का गठन किया।

कृषि-खाद्य नेटवर्क (एग्री-फूड नेटवर्क) को संयुक्त राष्ट्र के सतत विकास आयोग के प्रस्तावित 1998 के सम्मेलन के लिए भागीदार इकाई के रूप में स्वीकृत कराने में लुक मान क़ामयाब रहे। 29 अप्रैल, 1998 के सम्मेलन में सहभागिता के लिए, संयुक्त राष्ट्र ने आईएफए को नामों का एक पैनल भेजने के लिए कहा। सम्मेलन में बात रखने के लिए किसी एक नाम का चयन किया जाना था। संयुक्त राष्ट्र के इतिहास में पहली बार, सरकार के बाहर के किसी व्यक्ति को बोलने की अनुमति दी जानेवाली थी।

लुक मान कहते हैं, 'यह एक ऐसा ऐतिहासिक मौक़ा था जिसमें सभी शामिल होना चाहते थे। पौध संरक्षण, रासायनिक उद्योग के लोग, सहकारिता के लोग, किसान समूह सभी उसमें शामिल होने का प्रयास करने लगे। मैंने किसी से कुछ नहीं कहा और चुपचाप अवस्थी का नाम प्रस्तावित कर दिया। संयोग से जब प्रक्रिया आगे बढ़ी तो उसमें अवस्थी का नाम बरक़रार रहा।'

अवस्थी के पक्ष में एक बात यह थी कि वे सहकारिता के क्षेत्र से थे। दूसरा, कृषि की दृष्टि से भारत एक महत्त्वपूर्ण देश है। उस समय कोलम्बिया के पर्यावरण मंत्री सतत विकास आयोग के अध्यक्ष थे। अन्ततः दो उम्मीदवार बचे, एक दक्षिण अमेरिका से थे और दूसरे भारत से अवस्थी थे। चूँकि आयोग के अध्यक्ष कोलम्बिया से थे इसलिए उन्होंने दक्षिण अमेरिका का पक्ष नहीं लिया और अवस्थी को उस सम्मेलन में बोलने के लिए चुन लिया गया।

भाषण देने का अवस्थी का समय निर्धारित था लेकिन उनके भाषण को दो बार स्थगित किया गया। लुक मान अध्यक्ष के पास गए और उनसे कहा, 'अवस्थी का भाषण होना था, बार-बार स्थगित होने से वे परेशान हो रहे हैं।'

उन्होंने कहा, 'चूँकि वे सरकारी अधिकारी नहीं हैं इसलिए जब तक सारे सरकारी और संयुक्त राष्ट्र के अधिकारी नहीं बोल लेते तब तक उनका भाषण नहीं हो सकता है।'

'अगर यह बात है तो वे सम्मेलन को बीच में छोड़ कर वापस चले जाएँगे।'

अवस्थी को बोलने के लिए बुला लिया गया।

अवस्थी का वक्तव्य एकदम सटीक था—बहुत सन्तुलित और बहुत व्यवस्थित। इसकी सभी ने व्यापक रूप से सराहना की।

'भूमि बचाओ' अभियान

'भूमि बचाओ' अभियान भारतीय कृषि के संकट को दूर करने की दिशा में अवस्थी द्वारा शुरू की गई एक सकारात्मक पहल थी। इफको ने 'भूमि बचाओ' अभियान तब शुरू किया जब यह महसूस किया गया कि किसानों ने कृषि के अपने पारम्परिक तरीक़े छोड़ दिए हैं और रासायनिक उर्वरकों पर निर्भर हो गए हैं।

अवस्थी कहते हैं, 'हमने देखा कि जो मिट्टी उपजाऊ हुआ करती थी, जो अच्छी फ़सल देती थी, उसकी उर्वरता तेजी से कम हो रही थी। नतीजतन, खेती की लागत बढ़ रही थी। किसानों को अधिक रासायनिक खाद का प्रयोग करना पड़ रहा था। फ़सलों की गुणवत्ता नष्ट हो रही थी, पैदावार घट रही थी। खाद्य चक्र में सूक्ष्म पोषक तत्त्वों की कमी होती जा रही थी।'

उनके मन में स्पष्ट विचार था कि 'रासायनिक उर्वरक इसलिए नहीं थे कि हम केवल रासायनिक उर्वरकों का ही उपयोग करें। हमारा इरादा मिट्टी के पोषक तत्त्वों की कमी को पूरा करने का था। इसका मतलब यह कतई नहीं था कि हम जैविक खाद को पूरी तरह छोड़ दें, कम्पोस्ट खाद और हरी खाद को छोड़ दें और फ़सल चक्रों का पालन करना बन्द कर दें। फ़सल चक्र मिट्टी में पोषक तत्त्वों की कमी को स्वाभाविक रूप से पूरा करते हैं।

'भूमि बचाओ' अभियान के लिए 100 करोड़ रुपये का बजट आवंटित किया गया था और यह परियोजना 2009 में देश के हर जिले में शुरू की गई थी। इफको के क्षेत्र अधिकारियों को लक्ष्य दिए गए थे। सबसे पहले, उन्हें इफको द्वारा गोद लिए गए 500 गाँवों और आसपास के क्षेत्रों से परीक्षण के लिए मिट्टी के नमूने

एकत्र करने थे। फिर किसानों को परीक्षण की रिपोर्ट बतानी थी। उस रिपोर्ट के आधार पर ही वे सन्तुलित मात्रा में उर्वरक देना शुरू करते।

दूसरे, किसान हरी और जैविक खाद को भूल चुके थे। क्षेत्र अधिकारियों के गोद लिए गए गाँवों में 20 हेक्टेयर से अधिक भूमि में हरी खाद तैयार करने का लक्ष्य दिया गया। गोद लिए गए सभी गाँवों में ढैंचा (हरी खाद) के बीज भेजे गए।

जैविक खाद बनाने के लिए किसानों की ज़मीन पर फ़ॉस्फ़ो सल्फ़ो नाइट्रो कम्पोस्ट (पीएसएनसी) के गड्ढे तैयार किए गए। इसमें कुछ रासायनिक खाद भी मिलाई जाती है। फिर निर्धारित तरीक़े के अनुसार एक के ऊपर एक आठ परतें लगाई जाती हैं। इसके ऊपर पानी डाल कर गड्ढे को ढँक दिया जाता है। तीन महीने के बाद प्रत्येक गड्ढे से चार क्विंटल बढ़िया कम्पोस्ट खाद मिलती है जो अधिकांश जैविक खादों से बेहतर होती है।

'भूमि बचाओ' अभियान में जैव-उर्वरक भी शामिल है जो मिट्टी का कायाकल्प करता है और मिट्टी की उर्वरता को 15-20 प्रतिशत तक बढ़ाता है। इफको के फूलपुर संयंत्र में जैव उर्वरक इकाई है। इसकी क्षमता बढ़ाई गई। इसके सभी संयंत्र स्थलों पर नई-नई इकाइयाँ स्थापित की गईं। आज कम्पनी क़रीब 14 लाख लीटर जैव उर्वरक का उत्पादन करती है।

इसके बाद फ़सल चक्र में बदलाव से निपटने की तैयारी करनी थी। इफको ने 'भूमि बचाओ' अभियान के सभी घटकों को शामिल करते हुए फ़सल चक्र में बदलाव को प्रदर्शित करने के लिए बड़े पैमाने पर कई परियोजनाएँ शुरू कीं। इसे 'मृदा जीर्णोद्धार एवं उत्पादकता वृद्धि परियोजना' नाम दिया गया। इसमें कुछ ऐसे प्रयोग किए गए जिनसे किसानों की आमदनी बढ़े। जैसे एक हेक्टेयर के आठवें हिस्से में सब्ज़ी लगाने का प्रयोग किया गया। इस प्रयोग में किसानों को प्रारम्भिक तौर पर अच्छे उन्नत बीज दिए गए। खेतों में जैविक खाद, रासायनिक खाद, हरी खाद का सन्तुलित उपयोग कराया गया। यह काम थोड़ा अग्रिम तरीक़े से कराया गया ताकि सब्ज़ियाँ पीक सीज़न से थोड़ा पहले तैयार हो जाएँ। इससे लोगों को अच्छी आमदनी हुई और उनमें काफ़ी जागरूकता आई।

1990 के दशक के अन्त में जल विलेय उर्वरक[1] बाज़ार में आए। इनकी क़ीमतें 170 रुपये से 220 रुपये प्रति पैकेट तक थीं। सार्वजनिक और निजी क्षेत्र की कम्पनियों ने इनका उत्पादन शुरू किया। जल विलेय उर्वरक बहुत उपयोगी

1. पानी में घुलनशील उर्वरक

है। जब उसका छिड़काव किया जाता है तो उसके अधिकांश पोषक तत्त्व ज़मीन में अवशोषित हो जाते हैं और पौधों के पोषण में काम आ जाते हैं।

अवस्थी ने घुलनशील उर्वरक का आयात करके इस नए प्रतिस्पर्धात्मक बाज़ार में सकारात्मक हस्तक्षेप किया और इसकी क़ीमत 70 रुपये प्रति पैकेट पर ला दी। इससे दूसरी कम्पनियों को भी अपनी दरें कम करनी पड़ीं। इसका असली लाभ देश के किसानों को मिला।

फिर अवस्थी ने कांडला में दो नए संयंत्र लगाए, एक पानी में घुलनशील उर्वरकों के लिए और दूसरा ज़िंक सल्फेट के लिए, जो पानी में भी घुल जाता है। ज़िंक पौधों के लिए आवश्यक सूक्ष्म पोषक तत्त्वों में से एक है।

'भूमि बचाओ' अभियान एक सतत चलनेवाली परियोजना है। यह इफको के वार्षिक लक्ष्य का हिस्सा है। ऐसे और भी कई कार्यक्रम हैं जो इस अभियान के समानान्तर चल रहे हैं।

अनूठी पहल

कोरडेट (सहकारी ग्रामीण विकास ट्रस्ट) इफको की नई पहल है। इसके माध्यम से किसानों को बागवानी, डेयरी, पोल्ट्री, मत्स्य पालन, मधुमक्खी पालन जैसे विभिन्न क्षेत्रों में कौशल विकास का प्रशिक्षण दिया जाता है। खेती-किसानी से जुड़ी गतिविधियों का यह जीवन्त केन्द्र है। यहाँ मिट्टी परीक्षण प्रयोगशालाएँ और जैव-उर्वरक इकाइयाँ भी हैं। इफको के विपणन निदेशक योगेन्द्र कुमार कहते हैं, 'जब किसान प्रशिक्षण के लिए यहाँ आते हैं तो वे इन गतिविधियों को ख़ुद देखते हैं।' इफको के आईआरडीपी[1] कार्यक्रम को कोरडेट के जरिये ही संचालित किया जाता है। यह इफको संयंत्रों के 15 किलोमीटर के दायरे में सड़क, विद्यालय, पेय जल जैसी सुविधाएँ प्रदान करके बुनियादी ढाँचे के विकास में महत्त्वपूर्ण योगदान करता है। हर साल इन कार्यक्रमों के लिए एक वार्षिक बजट स्वीकृत किया जाता है।

1. एकीकृत ग्रामीण विकास कार्यक्रम

नए वित्तीय वर्ष के अवसर पर 1 अप्रैल, 2009 को संस्था के नाम जारी किए गए अवस्थी के सन्देश में विस्तार, विविधीकरण और स्वायत्तता सम्बन्धी प्रगति की स्पष्ट झलक मिलती है। सन्देश के कुछ महत्त्वपूर्ण अंश यहाँ उद्धृत हैं :

प्यारे मित्रों,

वर्ष 2008-09 में हमने असाधारण सफलताएँ अर्जित कीं। आपके सहयोग, समर्पण और प्रतिबद्धता की बदौलत इफको ने उत्पादन, बिक्री, राजस्व और माल ढुलाई के क्षेत्र में अपने पिछले सभी रिकॉर्ड पीछे छोड़ दिए हैं। हमने 71.68 लाख मीट्रिक टन उर्वरकों का उत्पादन किया है जो किसी एक वर्ष में किया गया अब तक का सबसे अधिक उत्पादन है। मुझे यह बताते हुए अपार प्रसन्नता हो रही है कि आपकी समिति ने इस वर्ष उर्वरकों की 112 लाख मीट्रिक टन बिक्री और ढुलाई की है जो पिछले वर्ष की तुलना में 20 प्रतिशत अधिक है। इससे इफको अब न केवल भारत में बल्कि पूरे विश्व में प्रसंस्कारित उर्वरकों की सबसे बड़ा विक्रेता बन गया है।

हमने वर्ष 2005-10 के लिए अपना जो लक्ष्य बनाया था उसके मुताबिक वर्ष 2010 तक हमें प्रति वर्ष 15,000 करोड़ रुपये का राजस्व प्राप्त कर लेना था। आपको यह जानकर प्रसन्नता होगी कि आपकी समिति ने वित्त वर्ष 2008-09 में ही 32,800 करोड़ रुपये का राजस्व प्राप्त कर लिया है।

हमारी ये सारी उपलब्धियाँ किसानों की सेवा और सहकारिता के प्रति हमारे दृढ़ समर्पण के कारण सम्भव हो सकीं। इफको किसान संचार लिमिटेड (आईकेएसएल) ने देश के अधिकतर हिस्सों में अपने नेटवर्क का विस्तार किया है। इसके 'किसान टॉर्च' और 'किसान लालटेन' जैसे उत्पाद किसानों के बीच बहुत लोकप्रिय हो रहे हैं। इफको किसान संचार प्रतिदिन लगभग 15 लाख किसानों को कृषि से सम्बन्धित तीन श्रुति सन्देश (वॉइस मेसेज) निःशुल्क भेजता है। इफको-टोकियो जनरल इंश्योरेंस कम्पनी (आईटीजीआई) बहुत मामूली प्रीमियम पर ग़रीब से ग़रीब किसानों को बीमा सुरक्षा प्रदान कर रही है।

इफको किसान एसईज़ेड (आईकेएसईज़ेड) पर काम जोरों से चल रहा है। इफको फाउंडेशन और इंडियन फार्म फॉरेस्ट्री डेवलपमेंट कोआपरेटिव (आईएफएफडीसी) भी बहुत अच्छा काम कर रही हैं। हमारी समिति ने विनिर्माण और औद्योगिक श्रेणी में इकोनॉमिक टाइम्स, एसर और इंटेल स्मार्ट वर्कप्लेस जैसे प्रतिष्ठित पुरस्कार हासिल किए हैं।

मुझे विश्वास है कि आप लोगों के सहयोग और समर्पण, परमात्मा के आशीर्वाद और निदेशक मंडल के अमूल्य मार्गदर्शन से इफको आगामी वर्षों में और बड़े लक्ष्य प्राप्त करने के प्रयास जारी रखेगा। मैं उर्वरक विभाग तथा कृषि और सहकारिता मंत्रालय से मिले सहयोग और समर्थन के लिए उनके प्रति आभार व्यक्त करता हूँ।

...

आदर और शुभकामनाओं के साथ;

उदय शंकर अवस्थी

किसानों के हित में इफको ने बीमा, संचार, कृषि-प्रसंस्करण, कृषि-रसायनों सहित अनेक क्षेत्रों में अपने कारोबार का विस्तार किया है। अपनी इन्हीं नई-नई पहलों और गतिविधियों की बदौलत आज इफको को दुनिया की शीर्ष सहकारी समितियों में शुमार किया जाता है। उर्वरक क्षेत्र की यह दुनिया की नम्बर एक कम्पनी है।

सशक्त सहकारिता का नया अध्याय : ओसवाल फॉस्फेट एंड केमिकल्स का अधिग्रहण

अभय ओसवाल भारत के प्रमुख उद्योगपतियों में से एक रहे हैं। उन्होंने 2001 में उड़ीसा के पारादीप में फॉस्फोरिक उर्वरकों की दुनिया का सबसे बड़ा कारखाना स्थापित किया था। यह उस वक़्त विश्व का सबसे बड़ा फॉस्फोरिक एसिड प्लांट भी था। लेकिन यह यूनिट काम शुरू होने के पहले दिन से ही समस्याओं से घिरी हुई थी। इसे व्यवस्थित करने और इसे पटरी पर लाने के कई प्रयास विफल हो गए थे।

उद्योग बाज़ार में तरह-तरह की अफवाहें थीं जिनमें से मुख्य तो यह थी कि कम्पनी अब अपने ऋण भी समय से नहीं चुका पा रही है। रंजन शर्मा, जो उस समय ओसवाल फॉस्फेट एंड केमिकल्स में वित्तीय निदेशक थे, तत्कालीन परिस्थितियों के बारे में बताते हैं, 'हमने अनुबन्ध के आधार पर उत्पादन शुरू करने के लिए बाहरी कम्पनियों को आमंत्रित करने का निश्चय किया। इस मक़सद से हमने इफको और टाटा केमिकल्स से चर्चा की लेकिन कोई समझौता नहीं हो सका। कम्पनी की हालत निरन्तर बिगड़ती चली गई। फिर बैंकों ने कम्पनी के कर्ज का पुनर्निर्धारण किया...'

इस बीच इफको ने महसूस किया कि उसे पूर्वी भारत में फॉस्फोरिक उर्वरक सुविधा की ज़रूरत है। इस क्षेत्र में कांडला से उर्वरकों का परिवहन महँगा पड़ रहा था।

बैंकों की भूमिका

परियोजना से जुड़े एक बहुराष्ट्रीय बैंक के वरिष्ठ अधिकारी ने इफको के संयुक्त प्रबन्ध निदेशक राकेश कपूर से पूछा कि क्या वह ओसवाल ग्रुप के उड़ीसा संयंत्र के अधिग्रहण में रुचि रखते हैं। कपूर का जवाब था, 'हम इसके बारे में सोच सकते हैं।'

कुछ दिनों बाद रंजन शर्मा इस विषय पर बात करने इफको मुख्यालय आए। अवस्थी के कक्ष में बातचीत के दौरान उन्होंने यह आभास देने की कोशिश की कि संयंत्र ठीक-ठाक है। शर्मा ने कहा, 'ये बैंकर आपके पास आते रहेंगे और मैचमेकर की भूमिका निभाने की कोशिश करेंगे; लेकिन यह मत समझिए कि हम संयंत्र को बेचना चाहते हैं। हम इसे अच्छे से चला रहे हैं।'

रंजन शर्मा का यह वक्तव्य ओसवाल की महत्त्वाकांक्षाओं और उनकी घोषणाओं से असंगत नहीं था कि ओसवाल फॉस्फेट भारतीय उर्वरक उद्योग में 'नम्बर एक' के रूप में इफको की जगह लेगा।

अवस्थी की प्रतिक्रिया थी, 'ठीक है; यदि आप बेचना नहीं चाहते हैं तो न बेचें।'

लेकिन वास्तविकता अलग थी जो ओसवाल को परेशान कर रही थी। ओसवाल फॉस्फेट पर ऋणदाताओं की बकाया मूल राशि 1,800 करोड़ रुपये थी और बकाया ब्याज 300 करोड़ रुपये से 400 करोड़ रुपये के बीच था।

शर्मा जो अब 'इफको किसान ग्रामीण वित्त लिमिटेड' के प्रबन्ध निदेशक हैं, बताते हैं, 'बैंकों ने हम पर अत्यधिक दबाव डालना शुरू कर दिया था। उन्होंने हमसे साप्ताहिक रिपोर्ट माँगनी शुरू कर दी थी।' अभय ओसवाल के लिए यह असहनीय था। उन्होंने महसूस किया कि कम्पनी लम्बे समय तक नहीं चल सकेगी। वह बाज़ार में अपनी प्रतिष्ठा खो देंगे और उनका शाहजहांपुर का संयंत्र भी ख़तरे में पड़ जाएगा। जब बैंकों ने उनसे उड़ीसा के संयंत्र को बेचने के लिए कहा तो वह मान गए।

ऋणदाता इस प्रस्ताव को कृभको के पास ले गए, जिसने पारादीप इकाई के अधिग्रहण में रुचि दिखाई थी। इस सम्बन्ध में उसके साथ एक समझौता ज्ञापन पर हस्ताक्षर किए गए। ठीक इसी समय अवस्थी ने ओसवाल फॉस्फेट को इफको का हिस्सा बनाने के लिए गम्भीर दिलचस्पी दिखाई।

अवस्थी की त्वरित कार्रवाई

अवस्थी ने रंजन शर्मा को फ़ोन किया और पूछा, 'क्या आपका संयंत्र बिक रहा है?'

'हाँ', शर्मा ने उत्तर दिया।

'कृभको इसका क्या करेगा?'

'आप मुझे अपनी बताएँ...मुझे लगा था कि आपको कोई दिलचस्पी नहीं है।'

'अरे, मुझे दिलचस्पी क्यों नहीं होगी?'

शर्मा ने कहा, 'अगर आप वाकई गम्भीर हैं तो मैं बात आगे बढ़ा सकता हूँ।'

'हाँ, मैं गम्भीर हूँ,' अवस्थी ने जवाब दिया और कहा, 'मैं राकेश और मनीष को आपके पास भेज रहा हूँ।'

अवस्थी और शर्मा के बीच हुई इस बातचीत के दो घंटे के भीतर कपूर और गुप्ता, शर्मा से मिले।

कपूर और गुप्ता से मिलने से पहले, शर्मा ने अपने तत्कालीन बॉस अभय ओसवाल को अवस्थी से हुई बातचीत की जानकारी देते हुए कहा, 'इफको इस संयंत्र में दिलचस्पी दिखा रहा है। मुझे लगता है कि यह संयंत्र के लिए सही होगा और इफको शायद कृभको की तुलना में अधिक भुगतान भी करे। लेकिन अगर आप इसके बारे में दूसरों से बात करेंगे तो मामला बिगड़ जाएगा।'

दोपहर के भोजन पर शर्मा की मुलाक़ात कपूर और गुप्ता से हुई। उन्होंने अवस्थी के प्रतिनिधियों को बताया कि संयंत्र में इस्तेमाल की जा रही तकनीक में मूल रूप से कुछ भी गलत नहीं था। दरअसल, संयंत्र का प्रबन्धन अच्छी तरह नहीं किया जा रहा था। शर्मा बताते हैं, 'मैंने उन्हें यह भी बताया कि संयंत्र में थोड़ी-बहुत कमियाँ हैं जिन्हें कुछ पूँजी लगाकर दुरुस्त किया जा सकता है।'

इस मुलाक़ात के बाद दोपहर ढाई बजे तक शर्मा अपने कार्यालय लौट आए। उसी दिन शाम पाँच बजे कपूर का फ़ोन आया। कपूर ने उन्हें आगे की बातचीत के लिए अवस्थी के आवास पर आमंत्रित किया। शर्मा शाम के क़रीब छह बजे अवस्थी के घर पहुँचे। मेज़बान ने उनका गर्मजोशी से स्वागत किया और कहा, 'आपको यह सौदा करवाना ही है।'

उन्होंने कहा : 'यदि आप इसे मेरे माध्यम से करवाना चाहते हैं तो आपको मुझे मूल्य निर्धारण के मामले में थोड़ी स्वतंत्रता देनी होगी।'

अवस्थी ने पूछा अनुमानत: यह मूल्य कितना होगा?

शर्मा ने बताया, 'कृभको के साथ सौदा यह है कि वह संयंत्र पर ऋण की मूल राशि का भुगतान करेगी। ब्याज घटक या तो बैंकों द्वारा बट्टे खाते में डाल दिया जाएगा या इसे एक नए ऋण में परिवर्तित कर दिया जाएगा जिसकी अदायगी अभय ओसवाल के शाहजहाँपुर संयंत्र से होगी। अब कृभको जितना देने को तैयार है अगर आप उससे ज़्यादा देते हैं तो जाहिर है ओसवाल साहब प्रसन्न ही होंगे।'

'ठीक है, हम इसके बारे में सोचेंगे; लेकिन आप इस सौदे को तेजी से अंजाम तक पहुँचाएँ', इफको के प्रबन्ध निदेशक ने उन्हें आश्वस्त किया।

बैठक के बाद शर्मा ने ओसवाल को फ़ोन किया और उनसे पूछा, 'क्या हम अभी मिल सकते हैं?' दोनों होटल हयात में मिले। शर्मा ने ओसवाल को अवस्थी के साथ हुई बातचीत के बारे में बताया और कहा, 'हमें इस प्रस्ताव को गम्भीरता से लेना चाहिए और इस पर जल्दी से निर्णय लेना चाहिए।'

शर्मा ने ओसवाल से वादा लिया कि वह इफको की पेशकश को कृभको या किसी अन्य ख़रीदार के साथ सौदेबाजी के रूप में इस्तेमाल नहीं करेंगे। शर्मा ने ओसवाल से यह भी आग्रह किया कि वे उसी शाम अवस्थी से मिल लें।

एक दिन में समझौता

शर्मा को अब भी याद है कि अवस्थी सफ़ेद कुर्ता-पाजामा पहनकर बैठक में आए थे। अभय ओसवाल और अवस्थी के बीच ज़्यादा लम्बी बातचीत नहीं हुई। उन्होंने ओसवाल से केवल इतना कहा, 'यह मेरा प्रस्ताव है, और यही अन्तिम है। आप एक उद्योगपति हैं। व्यवसाय में आपका क़द मुझसे बहुत बड़ा है। लेकिन एक संस्था के प्रतिनिधि के रूप में मैं आपके बराबर हूँ और इसलिए समान शर्तों पर यह पेशकश कर रहा हूँ कि फ़ैसला आज ही हो जाना चाहिए।'

अवस्थी जिस शीघ्रता से सौदा पक्का करना चाह रहे थे, उससे ओसवाल हैरान थे। उन्होंने पूछा, 'क्या आप संयंत्र की उचित जाँच-पड़ताल नहीं करना चाहेंगे?' आपने तो संयंत्र देखा भी नहीं है, जबकि अन्य ख़रीदार पिछले एक महीने से उसकी जाँच-परख कर रहे हैं।'

अवस्थी ने जवाब दिया, 'हमें उसकी जाँच-पड़ताल करने की कोई ज़रूरत नहीं क्योंकि अन्य लोग पहले ही यह काम कर चुके हैं। हम इसे इसलिए ख़रीदना चाहते हैं कि देश के पूर्वी हिस्से में हमारा कोई प्लांट नहीं है।'

2,085 करोड़ रुपये में सौदा तय हो गया। यह धनराशि ओसवाल फॉस्फेट संयंत्र के सभी ऋणों का भुगतान करने के लिए पर्याप्त थी। ऋणों के भुगतान के बाद भी ओसवाल ग्रुप के लिए कुछ धनराशि बचती थी। अब बड़ा मसला यह था कि इस लेन-देन के लिए इतनी नक़दी कहाँ से लाई जाए।

भुगतान का सवाल

लेन-देन की प्रक्रिया का शीघ्रातिशीघ्र पूरा हो जाना समझौते के लिए आवश्यक था। लेकिन बैंकों से इतना अधिक पैसा उधार लेने में समय लगता। आईसीआईसीआई बैंक के एक सज्जन अक्सर इफको आते रहते थे। बिना कोई भूमिका बाँधे अवस्थी ने उनसे सीधे पूछा, 'क्या आप बिना कोई सवाल पूछे आज मुझे 2 हजार करोड़ रुपये देने को तैयार हैं?'

आम धारणाओं से उलट आईसीआईसीआई बैंक का जवाब सकारात्मक था।

आर.पी. सिंह बताते हैं, 'आईसीआईसीआई बैंक बिना शर्त इतनी बड़ी धनराशि देने को तैयार हो गया। बाद में शर्तों पर सहमति बनी। हमें वह ऋण ऐसे समय में मिला जब ब्याज की दरें बाज़ार में सबसे कम थीं। उसके कुछ दिन के बाद ही ब्याज की दरें फिर से बढ़ने लगी थीं।'

अधिग्रहण के लिए प्राथमिक अनुबन्ध पर 5 सितम्बर, 2005 को हस्ताक्षर किये गए थे, और यह निर्णय लिया गया था कि अन्तिम अनुबन्ध पर 17 सितम्बर, 2005 को हस्ताक्षर किए जाएँगे। क़रीब एक पखवारे की इस अवधि में पूरे मामले को गोपनीय रखा गया। किसी से किसी तरह की कोई बातचीत नहीं की गई। इससे अभय ओसवाल के मन में यह सन्देह पैदा हो गया कि शायद अवस्थी संयंत्र के अधिग्रहण के प्रति गम्भीर नहीं हैं, वे इस अनुबन्ध के बहाने कृभको से चल रही उनकी बातचीत को तोड़ना चाहते हैं। अभय ओसवाल ने कहा, 'मुझे कुछ अग्रिम भुगतान चाहिए और जब तक मुझे अग्रिम भुगतान नहीं मिल जाता तब तक मेरी तरफ से यह अनुबन्ध फाइनल नहीं है।'

ओसवाल को अग्रिम राशि के तौर पर 50 करोड़ रुपये 5 सितम्बर को दे दिए गए थे। लेकिन ओसवाल ने कहा, 'नहीं, यह पर्याप्त नहीं है। कल को सम्भव है आप अनुबन्ध से पीछे हट जाएँ। यह 50 करोड़ गँवा कर आप कृभको से होनेवाले मेरे अनुबन्ध को तोड़ देंगे।'

अवस्थी ने पूछा, 'हम ऐसा क्या करें कि आपको हम पर विश्वास हो जाए।'

'आप हमें अग्रिम 200 करोड़ रुपये और दीजिए।'

'हमें और 200 करोड़ रुपये देने में कोई समस्या नहीं है, लेकिन तब हम कल ही संयंत्र को अपने अधिकार में ले लेंगे और उस पर आपका कोई अधिकार नहीं रह जाएगा।'

'ठीक है! अगर आप मुझे आज 200 करोड़ रुपये दे दें तो मैं कल आपको संयंत्र सौंप दूँगा।'

17 सितम्बर, 2005 को शाम चार बज के सत्रह मिनट पर वह शुभ घड़ी आई जब अनुबन्ध पर हस्ताक्षर किए गए। चेक ओसवाल को थमा दिया गया, लोगों ने तालियाँ बजाईं, तस्वीरें खींची गईं। अवस्थी ने कहा, 'आपको कल संयंत्र हस्तान्तरित कर देना है। आप कल सुबह की फ्लाइट से पारादीप जाएँ। हमारी टीम भी आपके साथ जाएगी। आप संयंत्र कल उन्हें सौंप दीजिए।'

होटल हयात में हस्ताक्षर समारोह सम्पन्न होने के बाद, अवस्थी और ओसवाल उर्वरक विभाग के सचिव को इस अनुबन्ध के बारे में सूचित करने गए। वहाँ से, ओसवाल अपने घर चले गए, और अवस्थी अपने कार्यालय आ गए जहाँ इफको के वरिष्ठ अधिकारी उनका इन्तज़ार कर रहे थे।

अधिकारियों को सम्बोधित करते हुए अवस्थी ने कहा, 'हमने एक रणनीति के तहत यह संयंत्र ख़रीदा है। हमारे पास पूर्वी भारत में मिश्रित उर्वरक[1] का कोई संयंत्र नहीं है। इस संयंत्र से पूर्वी और दक्षिणी भारत में कम्पनी का कारोबार मज़बूत होगा। लेकिन इस संयंत्र का अधिग्रहण हमारे लिए एक बड़ी चुनौती है। हमें फॉस्फोरिक एसिड के उत्पादन का अनुभव नहीं है। अभी तक हम फॉस्फोरिक एसिड का आयात करते रहे हैं। इस अधिग्रहण को सफल बनाने के लिए हमें काफी मेहनत करनी होगी। कल हमारी टीम के.एल. सिंह के नेतृत्व में पारादीप जाएगी और संयंत्र को अपने अधिकार में ले लेगी।'

कमरा तालियों की गड़गड़ाहट से गूँज उठा।

अभूतपूर्व उपलब्धि

कृभको के चेयरमैन चन्द्रपाल सिंह यादव कहते हैं, 'सहकारिता के इतिहास में यह अधिग्रहण एक युगान्तरकारी घटना थी। आपको याद होगा कि यह सार्वजनिक उपक्रमों में विनिवेश का दौर था। उस समय, एक जाने-माने उद्योगपति

1. मिश्रित उर्वरक : तीन प्राथमिक पोषक तत्त्वों (नाइट्रोजन, पोटेशियम और फॉसफोरस) से युक्त उर्वरक।

से एक बड़े विनिर्माण संयंत्र को ख़रीदने में सफलता प्राप्त करना किसी किसान सहकारी समिति के लिए बहुत बड़ी उपलब्धि थी। इस अधिग्रहण का पूरा श्रेय डॉ. अवस्थी को जाता है।'

अवस्थी ने संयंत्र को बिना देखे ही ख़रीद लिया था क्योंकि उन्हें विश्वास था कि वे उसकी काया पलट सकते हैं। अवस्थी बताते हैं, 'हम जानते थे कि यह दुनिया का सबसे बड़ा फॉस्फोरिक एसिड का कारखाना है। कुछ पर्यावरण से सम्बन्धित और कुछ अन्य मुद्दे ऐसे थे जिनसे निपटने की ज़रूरत थी। लेकिन इन समस्याओं का समाधान करना असम्भव नहीं था।'

अगले दिन इफको का एक दल के.एल. सिंह के नेतृत्व में पारादीप पहुँचा। वह उन दिनों कलोल संयंत्र के इकाई प्रमुख थे। इफको की टीम को विश्रामगृह ले जाया गया। ओसवाल के वरिष्ठ अधिकारी पहले से मौज़ूद थे।

आपसी परिचय के बाद रात आठ बजे पूरे दल को संयंत्र-स्थल ले जाया गया। यह समय इसलिए चुना गया क्योंकि इस समय दिन और रात की पाली के समस्त कर्मचारी कारखाने में मौज़ूद होते थे।

संयंत्र से आमना-सामना

संयंत्र को देख कर इफको की टीम को सदमा-सा लगा। वह एक पुराना, जीर्ण-शीर्ण कारखाना था। लग रहा था मानो उस पर बमबारी की गई हो। छत पर लगी ज़्यादातर एसबेस्टस की चादरें टूट गई थीं। बूँदाबाँदी हो रही थी और बारिश का पानी मशीनों पर गिर रहा था। हर जगह पानी का जमाव था। इफको की टीम पानी में रखी ईंटों पर चल कर बड़ी मुश्किल से मंच तक पहुँची। वहाँ उपस्थित लगभग सभी कर्मचारी भींग रहे थे।

ओसवाल ने कर्मचारियों को सम्बोधित करते हुए कहा, 'आपके हित को ध्यान में रखते हुए मैंने यह संयंत्र देश की सबसे बड़ी फर्टिलाइजर कम्पनी इफको को बेच दिया है। कोई छँटनी नहीं होगी। आप सभी को काम पर रखा जाएगा। आप सबको कोई चिन्ता नहीं करनी है। मैं आप सभी को विश्वास दिलाता हूँ कि मेरा यह फ़ैसला आपके भविष्य के लिए अच्छा साबित होगा।'

फिर, के.एल. सिंह ने सभी से सहयोग की माँग करते हुए छोटा-सा परिचयात्मक भाषण दिया। पारादीप संयंत्र अब पूरी तरह इफको के अधीन था। अगली सुबह ओसवाल नाश्ते के बाद वापस चले गए। आर.पी. सिंह और कुछ अन्य लोग के.एल. सिंह की सहायता के लिए वहीं रुके रहे।

यह संयंत्र कटक-पारादीप राजमार्ग पर 15 सौ एकड़ के विस्तृत क्षेत्रफल में फैला हुआ है। अवस्थी बताते हैं, 'एस्सार को हमारे कारखाने के सामने ज़मीन दी गई थी। मैंने उड़ीसा के मुख्यमंत्री नवीन पटनायक से कहा कि यह ज़मीन हमें दी जाए। पटनायक ने हामी भर दी। मैंने उनसे कहा था, 'सर, जब इस संयंत्र का जीर्णोद्धार हो जाएगा तब आप इस पर गर्व करेंगे।'

अवस्थी इस संयंत्र के पुनरुद्धार के लिए स्वयं मैदान में उतर गए। सभी प्रौद्योगिकी आपूर्तिकर्ताओं और विक्रेताओं से तुरन्त सम्पर्क किया गया। अमेरिका के जैकब्स फॉस्फोरिक एसिड और डीएपी इकाइयों के लिए प्रौद्योगिकी आपूर्तिकर्ता थे। जर्मनी के लुर्गी ने सल्फ्यूरिक एसिड तकनीक की आपूर्ति की थी।

आर.पी. सिंह बताते हैं, 'अवस्थी ने प्रौद्योगिकी आपूर्तिकर्ताओं को मेल किया कि आप अपने इंजीनियरों को तुरन्त पारादीप भेजिए। वे फ़ोन, मेल, फैक्स सब पर एक साथ सक्रिय हो गए...वे इन माध्यमों से संयंत्र की प्रगति का लगातार जायज़ा लेते रहते थे।'

उन्होंने आईसीएस, सेनेगल के पूर्व प्रबन्ध निदेशक, कोटलारवस्की को भी संचालन-कार्य से जुड़ने के लिए कहा। कोटलारवस्की को फॉस्फोरिक एसिड प्लांट चलाने का सुदीर्घ अनुभव था।

प्रौद्योगिकी आपूर्तिकर्ताओं ने हाथ खींचे

लेकिन अवस्थी और उनकी टीम को झटका लगने वाला था। प्रतिदिन 2,650 टन की उत्पादन क्षमता वाले दुनिया के इस सबसे बड़े संयंत्र की स्थिति बहुत ख़राब थी। जैकब्स की टीम ने उसे देख कर कहा कि इस संयंत्र को फिर से चला पाना सम्भव नहीं होगा।

जब के.एल. सिंह ने कुछ उपाय सुझाए तो उन्होंने कहा, 'ये सुधार नहीं किए जा सकते। हम तो आपको भी ऐसा करने की सलाह नहीं देंगे।'

लुर्गी की टीम ने भी सल्फ्यूरिक एसिड प्लांट पर ऐसी ही निराशाजनक रिपोर्ट दी। उन्होंने कहा कि निर्धारित क्षमता से आधी क्षमता पर भी संयंत्र को चला पाना सम्भव नहीं है।

एक-एक करके सभी तकनीकी विशेषज्ञ वापस चले गए। अवस्थी के लिए यह अत्यधिक तनाव का दौर था। कई लोग उनके फ़ैसले पर सवाल उठाने लगे। उन्होंने कहा, 'आपने यह क्या ख़रीद लिया है? यह पूरा कबाड़ है। इस संयंत्र में कुछ भी नहीं है।'

ऐसे विषम दौर में अवस्थी को इफको में अपने शुरुआती दौर की बातें याद आने लगीं। जब उन्होंने इफको टाउनशिप के लिए गुड़गाँव में ज़मीन ख़रीदी थी तब भी लोगों ने उनकी आलोचना यह कहकर की थी कि उन्होंने क्या सोचकर ज़मीन का एक बड़ा-सा बेकार टुकड़ा ख़रीदा है! तब अवस्थी की दूरदर्शिता सही साबित हुई थी। इस बार भी, वह इसी तरह के सुखद अन्त को सुनिश्चित करने के लिए दृढ़ संकल्प थे। उन्होंने के.एल. सिंह को अपने विजन पर अमल करने के लिए लगाया।

संयंत्र चल सकता है, संयंत्र चलेगा

के.एल. सिंह बताते हैं, 'मुझे वह दिन याद है जब मैं डॉ. अवस्थी को पारादीप की स्थिति से अवगत कराने गया था। वे उन दिनों बहुत तनाव में थे। मैं शाम क़रीब सात बजे उनके पास पहुँचा। बोर्ड रूम इफको के वरिष्ठ अधिकारियों से खचाखच भरा हुआ था। मैंने महज एक वाक्य में उन सबको सुखद ख़बर दी। मैंने कहा, 'यह कारखाना चल सकता है; और यह कारखाना चलेगा।'

पूरा कमरा तालियों की गड़गड़ाहट से गूँज उठा।

अवस्थी बोले, 'के.एल. सिंह, इस संयंत्र को चलाने के लिए आपको जिसकी आवश्यकता हो उसको आप वहाँ ले जा सकते हैं।' फिर वह बाकी

लोगों की ओर मुड़ कर बोले, 'के.एल. सिंह जिस किसी व्यक्ति की ओर इशारा करते हैं, उसे उनके साथ जाना होगा या फिर उसे इस्तीफ़ा देना होगा। अगर वह मेरी ओर इशारा करते हैं तो मुझे भी उनके साथ जाना होगा।' फिर उन्होंने के.एल. सिंह से पूछा कि कारखाने का पुनरुद्धार करने में कितने महीने लगेंगे।

के.एल. सिंह ने जवाब दिया, 'संयंत्र को पूरी तरह बहाल करने में बड़ा समय लगेगा। हम पहले यह देखने के लिए इसे चलाएँगे कि क्या-क्या समस्याएँ हैं। फिर हम इस पर विचार करेंगे कि ये समस्याएँ कैसे हल होंगी।' के.एल. सिंह ने अपने दिमाग़ में पहले से ही एक योजना बना रखी थी। आख़िर संयंत्र होता क्या है? यह कई मशीनों का सुसंगत मिश्रण है। इफको सारे संसाधन देने को तैयार है। यदि मैं संयंत्र को चलाने लायक नहीं बना सका तो एक नया संयंत्र खड़ा कर दूँगा।

उनके सामने सबसे बड़ी समस्या यह थी कि फॉस्फोरिक एसिड के निर्माण-क्षेत्र में काम करने का अनुभव रखने वाले लोगों की भारी कमी थी।

अवस्थी ने कहा, 'आइए, इफको के सेवानिवृत्त लोगों में ऐसे अनुभवी ढूँढ़ते हैं।'

संस्था के सभी सेवानिवृत्त कर्मियों के डेटा-रिकॉर्ड की छानबीन कर 50 लोगों की सूची बनाई गई। उनसे सम्पर्क किया गया। वे सभी पारादीप संयंत्र में अपना योगदान करने के लिए तैयार भी हो गए। इफको ने अपने चयनित कर्मचारियों के साथ-साथ जैकब्स और लुर्गी के इंजीनियरों एवं कोटलारवस्की जैसे विशेषज्ञों के रहने और उनके आवागमन की अच्छी व्यवस्था की। पूरे साल के लिए उचित दरों पर संयंत्र के पास दो होटल बुक किए गए। होटल वालों को लोगों के आवागमन के इन्तज़ाम का भी ठेका दे दिया गया। पारादीप में अचानक 40-50 स्कॉर्पिओ और टाटा सूमो सड़क पर उतर आईं।

के.एल. सिंह की टीम को कई अन्य समस्याओं का समाधान भी करना था। उन्हें कई मोर्चों पर एक साथ काम करना था। उपकरण के डिजाइन के साथ समस्याएँ थीं। पारादीप सघन वर्षा वाले क्षेत्र का हिस्सा है इसलिए जल निकासी की समस्या थी। फास्फो-जिप्सम जैसे प्रदूषकों के निस्तारण का भी मुद्दा था। चुनौती यह थी कि इन समस्याओं से किस तरह निपटा जाए जिससे पर्यावरण पर कोई बुरा प्रभाव न पड़े।

संयंत्र-कर्मियों का आक्रामक बर्ताव

सबसे ज़्यादा हैरानी की बात यह हुई कि इफको द्वारा अधिग्रहण के बाद पारादीप संयंत्र के कर्मचारी अचानक आक्रामक हो गए। संयंत्र के कार्यों में कुछ लोगों द्वारा अड़ंगा डाला जाने लगा। अवस्थी बताते हैं, 'यह हमारे अनुमान से अलग था। पिछले प्रबन्धन द्वारा उन्हें वेतन समय पर नहीं दिया जा रहा था। आधा-अधूरा वेतन ही दिया जाता था। हमने पहले दिन ही बता दिया था कि उन्हें समय से और पूरा वेतन दिया जाएगा।'

आर.पी. सिंह कहते हैं, 'जो काम करना चाहते थे, हमने उन कर्मियों को रख लिया। लेकिन ओसवाल समूह के भीतर कर्मचारियों का एक ऐसा समूह था जो इस संयंत्र के इफको द्वारा अधिग्रहण किए जाने के ख़िलाफ़ था। हो सकता है कि उन्हें पुरानी व्यवस्था में ज़्यादा फ़ायदा मिल रहा हो। उन्होंने ही हमारे लिए मुश्किलें पैदा करने की कोशिशें कीं।'

संयंत्र की बदहाली

के. एल. सिंह ने जब काम शुरू किया तब वहाँ सब कुछ अराजक स्थिति में था—बॉयलर चल रहा था लेकिन पंजीकृत नहीं था; बिजली अधिकारियों को भुगतान नहीं किया गया था। एक नहर से पानी लिया जा रहा था, उसका भी पूरा भुगतान नहीं किया गया। परिसर में इस्तेमाल किए जा रहे वाहनों का पंजीकरण नहीं था...ऐसा लग रहा था कि संयंत्र में सर्वत्र कुछ-न-कुछ कोई समस्या है।

जल्द ही, के.एल. सिंह के कार्यालय में बकाया भुगतान को लेकर विभिन्न विभागों से पत्रों की बाढ़-सी आ गई। संयंत्र की मानव संसाधन और नियुक्ति सम्बन्धित नीतियाँ अव्यवस्थित थीं। ऐसा लग रहा था कि जितने कर्मचारी हैं, उतने ही वेतनमान हैं। जिन्होंने पिछले प्रबन्धन को ख़ुश कर रखा था उन्हें उचित योग्यता के बगैर बड़े पद और ज़्यादा वेतन दिए गए थे।

अच्छी बात यह थी कि अधिकांश कर्मचारी युवा थे। अधिकांश की उम्र 25 से 35 वर्ष के बीच थी। लेकिन समस्या यह थी कि उनमें से अधिकतर सिफारिशों के माध्यम से आए थे। उनके पास पेशेवर योग्यता नहीं थी।

जलमग्न कारखाना

जब बारिश का मौसम आया तो पूरे संयंत्र में पानी भर गया क्योंकि उसमें जल निकासी की कोई व्यवस्था नहीं थी। बिजली के उपकरण, जिन पर पानी की एक बूँद भी नहीं गिरनी चाहिए थी, पानी में पूरी तरह डूब गए थे। ट्रांसफार्मर तक पानी में डूब गया था।

के.एल. सिंह ने एमसीसी को डूबने से बचाने के लिए यथासम्भव उसे ऊँचा उठाने का प्रयास किया। उन्होंने हर ट्रांसफॉर्मर के लिए कई मीटर ऊँचे मचान भी बनवाए।

एक दिन लगभग 30 मीटर की ऊँचाई का ट्रांसफार्मर रखने का एक मचान दुर्घटनाग्रस्त हो गया। उस वक़्त उस मचान पर एक व्यक्ति खड़ा था, जो दुर्घटना के दौरान नीचे गिर पड़ा। ग़नीमत रही कि वह बच गया क्योंकि फर्श आरसीसी नहीं था बल्कि कच्चा ही था। के.एल. सिंह ने पाया कि संयंत्र में प्राथमिक उपचार की कोई व्यवस्था नहीं है, जिससे उन्हें घोर निराशा हुई। वे बताते हैं, 'मैंने तुरन्त एक डॉक्टर और दो-तीन नर्सों को नियुक्त किया। एक एम्बुलेंस मँगाई और एक अस्थायी अस्पताल स्थापित किया।'

हर दिन वहाँ नई समस्याएँ सामने आती रहीं। यह फॉस्फोरिक एसिड संयंत्र दुनिया में सबसे बड़ा था। लेकिन संयंत्र से उत्पादन इसकी मूल क्षमता का आधा ही हो पाता था। इसके किसी न किसी टैंक से रिसाव होने लगता था और बहुत सारा एसिड नाली में बह जाता था।

सल्फ्यूरिक एसिड संयंत्र में एक टैंक था जहाँ से पाइपलाइन के जरिये एसिड को दूसरी जगह ले जाया जाता था। वह पाइपलाइन लगभग डेढ़-दो किलोमीटर लम्बी थी। उसमें हर समय लगभग 400 टन एसिड रहती थी। यदि पाइपलाइन में कहीं रिसाव हो जाए तो सबसे पहले वह 400 टन एसिड बाहर निकालनी पड़ती। उसके बाद ही पाइपलाइन की मरम्मत हो सकती थी।

के.एल. सिंह याद करते हैं, 'वह पूरी एसिड हमारी आँखों के सामने नाले में बह जाती थी फिर हम पाइपलाइन ठीक करते थे। संयंत्र में हम लोग गमबूट (रबड़ के जूते) पहन कर जाते थे। कई बार ऐसा होता था कि गमबूट कीचड़ में फँसे रह जाते थे।'

स्थिति सामान्य होने में देरी

सभी समस्याओं का पता लगाने में तीन महीने लग गए। समस्याओं को अस्थायी रूप से ठीक करने और कम क्षमता पर उत्पादन शुरू करने में तीन और महीने लगे। फिर धीरे-धीरे उपकरणों की मरम्मत और उनके प्रतिस्थापन के माध्यम से संयंत्र को ठीक करना जारी रहा। इस तरह, इफको की टीम ने संयंत्र को अधिकाधिक उत्पादन करने के लायक बनाने का प्रयास जारी रखा। तीन साल में यह संयंत्र 60-70 फ़ीसदी उत्पादन क्षमता पर काम करने लगा।

कुछ कर्मचारियों ने अपनी हठधर्मिता अभी तक नहीं छोड़ी थी। के.एल. सिंह ने अनुभव और योग्यता के आधार पर ग्रेड बनाकर उनकी समस्याओं को दूर करने की कोशिश की और उनके वेतन दोगुने कर दिए। लेकिन वे सन्तुष्ट नहीं हुए। वे और अधिक चाहते थे।

ठेके पर काम करनेवाले कर्मचारियों की संख्या बहुत ज़्यादा थी। वे चाहते थे कि उनकी नौकरी पक्की हो जाए। उनके द्वारा गड़बड़ी पैदा करने की आशंका थी। वे के.एल. सिंह के मुँह पर उन्हें अशोभनीय बातें कहते थे। उन्होंने कई बार के.एल. सिंह के घर की बिजली काट दी। लेकिन सिंह चुपचाप सब कुछ सहते रहे।

स्थायी समाधान

के.एल. सिंह बताते हैं, 'जब हमने संयंत्र-संचालन के तीसरे वर्ष में प्रवेश किया, तो मुझे लगा कि अब इस समस्या का समाधान करने का समय आ गया है। अगर मैं इसे हल किए बिना छोड़ देता तो लोग सोचते कि प्रबन्धन कमज़ोर है। मैंने इस मसले को इस तरह हल करने का फ़ैसला किया कि मेरे बाद जो भी आए उसे कोई परेशानी न हो। मनवांछित मौक़ा जल्द ही मिल गया।'

एक सुबह जब वह काम पर जाने की तैयारी कर रहे थे तो उन्हें ख़बर मिली कि कर्मचारी उसी दिन उन पर हमला करने की योजना बना रहे हैं। उनके एक विश्वस्त ने उन्हें प्लांट में नहीं जाने के लिए कहा। लेकिन उन्होंने सोचा, 'अगर मैं नहीं जाऊँगा तब तो संयंत्र में कुछ भी हो सकता है। मैं इस

जहाज़ का कप्तान हूँ। मैं इसे कैसे छोड़ सकता हूँ? यह संयंत्र मेरे बिना पतवार रहित नौका के समान हो जाएगा।' उन्होंने पुलिस को सूचना दी और अपने कार्यालय चले गए।

सुबह साढ़े दस बजे क़रीब दो हजार लोगों की भीड़ जमा हो गई। रास्ते में उपद्रवी तत्त्व लोगों को पीटते हुए नियंत्रण कक्ष (कंट्रोल रूम) की ओर बढ़ने लगे। थोड़ी देर में सिंह को ख़बर मिली कि पूरा संयंत्र बिना किसी इंजीनियर और ऑपरेटर के चल रहा है।

यह एक भयानक स्थिति थी। बड़ा हादसा हो सकता था। बड़ा विस्फोट हो सकता था। ऐसी घड़ी में एक औसत बुद्धि के आदमी ने अपना आपा खो दिया होता, लेकिन के.एल. सिंह ने अपना मानसिक सन्तुलन क़ायम रखा। वे कहते हैं, 'मैंने अपने मोबाइल फ़ोन से एक मेंटिनेंस इंजीनियर को फ़ोन किया और उससे टर्बो जेनरेटर का स्विच ऑफ करने को कहा। इससे पूरे संयंत्र में बिजली की आपूर्ति बन्द हो जाती और पूरा संयंत्र ठप हो जाता।'

अपने अधीनस्थ से कुशलता की ख़बर का इन्तज़ार करते हुए उनका दिल तेजी से धड़क रहा था। वे कुछ भयानक क्षण थे। ख़ुशक़िस्मती से मेंटिनेंस इंजीनियर ने उन्हें फ़ोन किया कि उसने निर्देश के अनुसार काम कर दिया है। के.एल. सिंह कहते हैं, 'इस ख़बर से मैंने जो राहत महसूस की उसका वर्णन नहीं कर सकता। संयंत्र सुरक्षित हो चुका था। अब, मुझे यह तय करना था कि अपने कार्यालय की ओर बढ़ती भीड़ को कैसे सँभालूँ।'

यह कुछ स्थायी कर्मचारियों, ठेका कर्मियों तथा कुछ स्थानीय किन्तु अपराधी मानसिकता के लोगों का एक मिश्रित समूह था, जिनका सोचना था कि अगर संयंत्र बन्द हो गया तो वे लूट मचा सकते हैं। सिंह बताते हैं, 'अतीत में ऐसे मामले सामने आए थे जब कारखाना प्रमुखों पर बेरहमी से हमला किया गया था। उग्रवादियों ने एक कारखाना प्रमुख के हाथ काट डाले थे। एक अन्य घटना में उन्होंने एक अधिकारी के कान काट डाले थे। उस दिन वे मेरे साथ कुछ ऐसा ही करने आ रहे थे।'

वे क्षण अत्यन्त तनावपूर्ण थे। के.एल. सिंह याद करते हैं, 'मुझे कुछ नहीं सूझ रहा था कि मैं क्या करूँ? मैंने मृत्यु को अपनी तरफ आते देखा। मैंने सोचा इससे पहले कि वे मुझ पर आक्रमण करें, मुझे उन पर आक्रमण करना चाहिए। मैंने सुरक्षा गार्डों को कहा कि फायरिंग शुरू करो। उन लोगों ने हवा में फायर

किया लेकिन उसका भीड़ पर कोई असर नहीं हुआ। वे और उत्तेजित होकर आगे बढ़ने लगे। तब सुरक्षा गार्डों ने बन्दूकें सीधी कीं और भीड़ को निशाना बना कर फायर किया। एकदम से भगदड़ मच गई।'

अपनी जान बचाने के लिए वहाँ अफरा-तफरी मच गई। आधे घंटे से भी कम समय में भीड़ पूरी तरह छँट गई।

ग़नीमत यह रही कि कोई जनहानि नहीं हुई। कुछ लोगों को मामूली चोटें आईं। के.एल. सिंह बताते हैं, 'हमारा उद्देश्य भीड़ को तितर-बितर करना और यह सन्देश देना था कि अगर हमें मजबूर किया गया तो हम कठोर उपाय कर सकते हैं। सन्देश घर-घर पहुँच गया। मैंने उन्हें ऐसा सबक़ सिखाया कि वे फिर कभी ऐसा कुछ करने की हिम्मत नहीं करेंगे। उस दिन के बाद से एक भी गड़बड़ी नहीं हुई है। तबसे संयंत्र बिलकुल शान्तिपूर्ण रहा है।'

उन्होंने अपनी योजना के बारे में स्थानीय प्रशासन को समय पर जानकारी देने का पूरा ध्यान रखा था। एक छोटा पुलिस बल घटनास्थल पर मौजूद था और उसने सब कुछ प्रत्यक्ष देखा था। चूँकि संयंत्र के सुरक्षा दल द्वारा कठोर सुरक्षा उपाय अपनाने की स्पष्ट और उचित वजह थी, अधिकारियों ने उनके कार्यों का समर्थन किया।

जब यूनियन के नेताओं के साथ बातचीत की प्रक्रिया पुनः शुरू हुई तब के.एल. सिंह ने शर्त रखी कि पहले माफ़ी माँगनी होगी। उसके बाद ही उनके मध्य बातचीत हो सकती है। तब तक मजदूरों को अहसास हो गया था कि प्रबन्धन उनसे सीधे टक्कर लेने को तैयार है। मजदूर नेताओं ने माफ़ी माँगी और स्वीकार किया कि उन्होंने जो रास्ता अपनाया था, वह गलत था।

सिंह कहते हैं, 'मैंने उन्हें आश्वासन दिया कि हम उनके ख़िलाफ़ कोई दुर्भावना नहीं रखेंगे और संयंत्र में सभी के हित में काम करेंगे। अगले दिन से सब कुछ सामान्य और शान्तिपूर्ण हो गया।'

इसके तुरन्त बाद, अवस्थी ने के.एल. सिंह को दिल्ली वापस बुला लिया। अवस्थी ने उनसे कहा, 'आप अपने उत्तराधिकारी का नाम सुझाएँ। अब हमें प्रधान कार्यालय में आपकी आवश्यकता है।' अवस्थी ने इफको में 'तकनीकी, निदेशक' का पद सृजित किया और सिंह को इस पद पर नियुक्त किया।

यह 2008 की बात है। तब से पारादीप संयंत्र में कोई गड़बड़ी नहीं हुई है। देश में इफको के कुल पाँच संयंत्र हैं। पारादीप संयंत्र, 100 प्रतिशत से अधिक

उत्पादन क्षमता पर चलता है और अकेले ही अन्य चार संयंत्रों के संयुक्त लाभ से ज़्यादा मुनाफ़ा कमाता है। क्योंकि इस संयंत्र में विभिन्न उत्पादनों के जितने अवसर हैं उतने और किसी संयंत्र में नहीं हैं। आप रॉक फॉस्फेट लेकर फॉस्फोरिक एसिड बना सकते हैं, सल्फर लेकर सल्फ्यूरिक एसिड बना सकते हैं। आप डीएपी बना सकते हैं, एनपीके बना सकते हैं। बन्दरगाह यहाँ से बमुश्किल एक किलोमीटर दूर है। कन्वेयर की एक लम्बी श्रृंखला है जो बन्दरगाह से संयंत्र तक सामग्री लाती है। अवस्थी कहते हैं, 'यह संयंत्र देश में ऐसी जगह स्थित है जहाँ से हम पूरे पूर्वी और दक्षिणी भारत में उर्वरकों की आपूर्ति करते हैं।'

इफको द्वारा पारादीप संयंत्र का अधिग्रहण और उसका पुनरुद्धार अवस्थी का एक और मास्टर स्ट्रोक है। अवस्थी के पास दूरदर्शिता और दृढ़ निश्चय क्षमता है, जिसके बल पर उन्होंने अन्दर से खोखले इस संयंत्र को बेशक़ीमती बना दिया।

जीवन के विविध पड़ाव पर अवस्थी

प्रधानमंत्री नरेन्द्र मोदी के साथ अवस्थी, 7 लोक कल्याण मार्ग, (प्रधानमंत्री का आधिकारिक निवास स्थान) (2014)

केन्द्रीय गृह एवं सहकारिता मंत्री अमित शाह के साथ अवस्थी

आँवला नैनो संयंत्र के भ्रमण के दौरान केन्द्रीय रसायन एवं उर्वरक मंत्री मनसुख मांडविया और इफको के चेयरमैन दिलीप संघाणी के साथ अवस्थी

केन्द्रीय रसायन एवं उर्वरक मंत्री मनसुख मांडविया आँवला नैनो संयंत्र के उद्घाटन के अवसर पर

पूर्व प्रधानमंत्री पी. वी. नरसिम्हा राव के साथ अवस्थी

पूर्व राष्ट्रपति महामहिम शंकर दयाल शर्मा के साथ अवस्थी (1996)

पूर्व प्रधानमंत्री आई. के. गुजराल के साथ अवस्थी

पूर्व उप-प्रधानमंत्री लालकृष्ण आडवाणी के साथ अवस्थी

गुजरात के तत्कालीन मुख्यमंत्री केशुभाई पटेल, तत्कालीन केन्द्रीय रसायन एवं उर्वरक मंत्री सुरजीत सिंह बरनाला और लालकृष्ण आडवाणी, कलोल में नए संयंत्र का उद्‌घाटन करते हुए

पूर्व केन्द्रीय मंत्री सुरेश प्रभु के साथ अवस्थी

श्रीलाल शुक्ल स्मृति इफको साहित्य सम्मान समारोह में पूर्व केन्द्रीय कृषि मंत्री शरद पवार, पुरस्कृत साहित्यकार विद्यासागर नौटियाल और लेखक नामवर सिंह के साथ अवस्थी

पूर्व लोकसभा अध्यक्ष सोमनाथ चटर्जी के साथ अवस्थी (2009)

डॉ. कर्ण सिंह के साथ अवस्थी (2010)

अवस्थी, कला एवं संस्कृति के क्षेत्र में विशिष्ट योगदान के लिए पूर्व राष्ट्रपति महामहिम प्रतिभा देवी सिंह पाटिल से विज्ञान भवन, नई दिल्ली में सम्मानित होते हुए (2011)

पूर्व राष्ट्रपति प्रणब मुखर्जी के साथ अवस्थी, राष्ट्रपति भवन (2012)

पूर्व राष्ट्रपति डॉ. ए. पी. जे. अब्दुल कलाम के साथ अवस्थी

नोबेल शान्ति पुरस्कार विजेता डेसमंड एम. टूटू के साथ अवस्थी (2007)

नववर्ष के अवसर पर पॉल पोथन इफको के अधिकारियों-कर्मचारियों को सम्बोधित करते हुए (इफको मुख्यालय, नेहरू प्लेस, नई दिल्ली, 1977)

पीपीसीएल, सलादीपुरा खान (1987)

इफको कांडला इकाई के मन्दिर में पूजा करते हुए अवस्थी

इफको आँवला संयंत्र के निर्माणाधीन जगह का निरीक्षण करते हुए अवस्थी

स्वर्ण जयंती समारोह के अवसर पर पारादीप संयंत्र का भ्रमण करते हुए अवस्थी (2017)

आँवला संयंत्र के विस्तार परियोजना के लिए भूमि पूजन करते हुए अवस्थी (1993)

इफको कांडला संयंत्र का दौरा करते हुए अवस्थी (1993)

जापानी ओसीओऍफ टीम के साथ आँवला संयंत्र के निर्माणाधीन जगह पर अवस्थी (1984)

फेडरेशन ऑफ इंडियन चैम्बर्स ऑफ कॉमर्स एंड इंडस्ट्री के पूर्व अध्यक्ष और श्रीराम ग्रुप के प्रमोटर चरतराम के साथ अवस्थी (1998)

इफको किसान सेवा केन्द्र, पश्चिम बंगाल, के उद्घाटन के अवसर पर तत्कालीन वित्तमंत्री प्रणब मुखर्जी के साथ अवस्थी

वरिष्ठ नौकरशाह और फर्टिलाइजर्स एसोसिएशन ऑफ इंडिया के पूर्व महानिदेशक प्रताप नारायण के साथ अवस्थी (1992)

अपने मार्गदर्शक पॉल पोथन के साथ अवस्थी (दायें से दूसरे) (1981)

अवस्थी, तत्कालीन केन्द्रीय रसायन एवं उर्वरक मंत्री सुरजीत सिंह बरनाला के साथ 'आईसीएस सेनेगल' के दौरे पर सेनेगल की राजधानी डेकार में (1998)

इफको, टोकियो मरीन और निचिदो फायर इंश्योरेंस कम्पनी लि. के बीच समझौता ज्ञापन पर हस्ताक्षर के दौरान अवस्थी

इफको और मित्सुबिशी कॉरपोरेशन के बीच समझौता ज्ञापन पर हस्ताक्षर के दौरान इफको सदन में अवस्थी (2015)

ओसवाल के साथ हुए समझौता करार पर हस्ताक्षर करते हुए अवस्थी (2005)

पूर्व लोकसभा अध्यक्ष मीरा कुमार के साथ इफको के एक कार्यक्रम में अवस्थी (2012)

पारादीप में इफको निदेशक मंडल के सदस्यों के साथ अवस्थी (2010)

पीपीसीएल के अमझौर स्थित सिंगल सुपर फॉस्फेट संयंत्र के नियंत्रण कक्ष का निरीक्षण करते हुए अवस्थी

पीपीसीएल के दुरमाला खदानों में रोपवे का निर्माण

एस.के. मेमोरियल सभागार, पटना में 'किसान-सहकार सम्मेलन' के दौरान सहकारी बन्धुओं से मिलते हुए अवस्थी

स्वर्ण जयंती समारोह के दौरान खाटू श्यामजी मन्दिर, राजस्थान में अवस्थी के साथ सेल्फी लेतीं किसान महिलाएँ

अवस्थी के दिल के बेहद करीबी परियोजना इफको पारादीप संयंत्र, जगन्नाथ मन्दिर

पूर्व केन्द्रीय मंत्री रविशंकर प्रसाद के साथ अवस्थी (2015)

इफको आँवला संयंत्र का भ्रमण करते हुए अवस्थी (2018)

ओमान में तत्कालीन केन्द्रीय रसायन एवं उर्वरक मंत्री रामविलास पासवान के साथ ओमान इंडिया फर्टिलाइज़र कम्पनी का उद्घाटन करते हुए अवस्थी

अवस्थी (सबसे दायें) तत्कालीन प्रधानमंत्री मनमोहन सिंह और रूस के राष्ट्रपति ब्लादिमीर पुतिन की उपस्थिति में एक करार पर हस्ताक्षर करते हुए

आईएफए के पूर्व महानिदेशक लुक मान के साथ अवस्थी

भारती इंटरप्राइजेज़ के संस्थापक एवं चेयरपर्सन सुनील भारती मित्तल के साथ अवस्थी

उमर उल-रज़ा (जॉर्डन के प्रधानमंत्री), डॉ. पी.एस. गहलोत (एमडी, आईपीएल), डॉ. मोहम्मद नियोबैत (चेयरपर्सन, जेपीएमसी), उदय शंकर अवस्थी और मनीष गुप्ता (दायें से बायें)

जॉर्डन के राजा, महामहिम अब्दुल्ला II बिन अल-हुसैन के साथ बातचीत करते हुए अवस्थी (2009)

जॉर्डन के साथ एक समझौते पर हस्ताक्षर

अमोनिया संयंत्र में डॉ. हालदार टोप्से के साथ अवस्थी

50वीं वार्षिक आम बैठक (2021) में इफको नैनो-यूरिया का व्यावसायिक लॉन्च करते हुए अवस्थी

भुज में भूकंप पीड़ितों के लिए राहत कार्य के दौरान अवस्थी (2001)

बीएचयू में बाबू जगजीवन राम से पुरस्कार प्राप्त करते हुए अवस्थी (1964)

अवस्थी इंडियन इंस्टीट्यूट ऑफ केमिकल इंजीनियर्स का प्रख्यात 'एमिनेंट केमिकल इंजीनियर' पुरस्कार तत्कालीन उप-राष्ट्रपति कृष्णकांत के हाथों प्राप्त करते हुए अवस्थी

सोसाइटी फॉर एनवायरनमेंट एंड एग्रीकल्चर एडवांसमेंट की ओर से अवस्थी को उत्तर प्रदेश गौरव पुरस्कार प्रदान करते हुए उत्तर प्रदेश के तत्कालीन राज्यपाल मोतीलाल वोरा

कृषि विज्ञान विश्वविद्यालय, धारवाड़ द्वारा डॉक्टरेट की मानद उपाधि से सम्मानित होते हुए अवस्थी (2006)

पूर्व प्रधानमंत्री, एच.डी. देवेगौड़ा से प्रतिष्ठित सहकारी पुरस्कार प्राप्त करते हुए अवस्थी

डॉ. डेविडसन फेम अवार्ड प्राप्त करते हुए अवस्थी (2000)

विक्रम विश्वविद्यालय, उज्जैन द्वारा डॉक्टरेट की उपाधि प्राप्त करते हुए अवस्थी (2008)

अपनी पत्नी रेखा के साथ ताजमहल देखते हुए अवस्थी (1977)

अवस्थी अपनी अम्मा दुर्गावती तथा पुत्र अमोल और मनु के साथ

अपनी अम्मा दुर्गावती को रामायण के श्लोक सुनाते हुए अवस्थी

अवस्थी अपने स्वर्गीय श्वसुर, हिन्दी के प्रसिद्ध साहित्यकार श्रीलाल शुक्ल के साथ

डल झील पर अवस्थी परिवार (1986)

पूर्व राष्ट्रपति महामहिम प्रणब मुखर्जी के साथ अवस्थी परिवार

पूर्व प्रधानमंत्री अटल बिहारी वाजपेयी के साथ अवस्थी परिवार (2001)

पूर्व प्रधानमंत्री अटल बिहारी वाजपेयी, अवस्थी के बेटे अनुपम (मनु) और आरती को उनकी शादी पर आशीर्वाद देते हुए

छोटी बहन रेखा के साथ अवस्थी

पत्नी रेखा के साथ अवस्थी

बेटे के विवाह के अवसर पर राजनीतिज्ञ कांशीराम के साथ अवस्थी परिवार

टोक्यो मरीन जनरल इंश्योरेंस कंपनी के अधिकारियों के साथ अवस्थी, जापान (2003)

दोस्तों के साथ अवस्थी

केन्द्रीय गृह एवं सहकारिता मंत्री अमित शाह के साथ इफको नैनो डीएपी के लोकार्पण कार्यक्रम में अवस्थी (2023)

आईयूसीएफ के एक समारोह में अवस्थी, कांडला (2003)

पीपीसीएल सलादीपुरा में गणतंत्र दिवस समारोह के अवसर पर अवस्थी (1987)

लेखक गिरीश कर्नाड के साथ अवस्थी

शिव खेड़ा के साथ अवस्थी

सहकारिता के शिखर पर इफको

इक्कीसवीं शताब्दी के पहले दशक के अन्त तक अवस्थी न केवल उर्वरक बल्कि सहकारिता क्षेत्र में भी अन्तरराष्ट्रीय स्तर पर अपनी पहचान बना चुके थे। भारत की एक छोटी उर्वरक कम्पनी को उन्होंने बहुराष्ट्रीय कम्पनी में तब्दील कर दिया था, जिसकी शाखाएँ अफ्रीका, ओमान, जॉर्डन, दुबई और अन्यत्र फैल चुकी थीं। उनकी बातें पूरे विश्व में सम्मानपूर्वक सुनी जाती थीं। प्राय: वैश्विक नीति निर्माताओं पर भी उनके निर्णयों का असर होता था।

कृभको के अध्यक्ष चन्द्रपाल सिह यादव कहते हैं, 'हाँ, वास्तव में डॉ. अवस्थी एक अन्तरराष्ट्रीय व्यक्तित्व हैं। मैंने उनके साथ आईएफए[1] और आईसीए[2] की बैठकों और संगोष्ठियों में भाग लिया है। उन्हें बहुत सम्मान मिलता है। उनके विचार महत्त्वपूर्ण होते हैं, लोग उनकी बातें सुनते हैं। हम वर्ष 2018 में किर्गिजस्तान गए थे। वहाँ उन्होंने दो घोषणाएँ की थीं। एक तो यह कि इफको और एनसीयूआई यहाँ की पाँच सहकारी समितियों को अपनाएँगे और उनका विकास करेंगे, दूसरा यह कि वहाँ एक मृदा परीक्षण प्रयोगशाला स्थापित की जाएगी।'

उनका मानना है कि आगे बढ़कर नेतृत्व करना अवस्थी का सबसे बड़ा गुण है। वे विशेष तौर पर अवस्थी की इस बात के लिए प्रशंसा करते हैं कि राजनेताओं और अधिकारियों के साथ काम करने और उन्हें अपनी बात समझा पाने की उनमें गजब की क़ाबिलियत है। वे कहते हैं, 'उनसे अपनी बात मनवा लेना अवस्थी जी की असाधारण योग्यता है।'

---

1. इंटरनेशनल फर्टिलाइजर एसोसिएशन
2. इंटरनेशनल कोऑपरेटिव एलायंस

किसानों के वैश्विक मसीहा

इफको फाउंडेशन ने वर्ष 2008 और 2009 के बीच भारत सरकार के कृषि मंत्रालय और विदेश मंत्रालय के साथ मिलकर तीन अन्तरराष्ट्रीय सम्मेलन आयोजित किए थे जिसमें लैटिन अमेरिका, कैरिबियन और सार्क देशों के किसान शामिल हुए थे। ये तीनों सम्मेलन दिल्ली में ही आयोजित किए गए थे। इन सम्मेलनों के सफल आयोजन में सुरेश प्रभु की महत्त्वपूर्ण भूमिका थी। सुरेश प्रभु कहते हैं, 'हमने सोचा कि हमें एक ऐसा मंच बनाना चाहिए जहाँ पूरी दुनिया के किसान एकजुट हो सकें।'

पहला सम्मेलन मार्च 2008 में आयोजित किया गया; जिसमें दक्षिण एशिया के किसानों ने हिस्सा लिया था। सम्मेलन का मुख्य विषय 'भूख और ग़रीबी के उन्मूलन की दिशा में विज्ञान आधारित कृषि परिवर्तन' था।

दूसरा सम्मेलन नवम्बर 2008 में आयोजित किया गया, जिसका विषय 'सतत खाद्य सुरक्षा के लिए भारत-अफ्रीका सहयोग' था। तीसरा सम्मेलन वर्ष 2009 में आयोजित किया गया था। इसका विषय 'भारत, लैटिन अमेरिका और कैरिबियन देशों में सतत खाद्य सुरक्षा के लिए सहयोग' था।

इन सम्मेलनों की सफलता के पश्चात किसानों के लिए अन्तरराष्ट्रीय मंच तैयार करने का विचार आया और किसानों के लिए 'ग्लोबल फोरम फॉर फार्मर्स' वैश्विक मंच की स्थापना की गई।

वैश्वीकरण की तेज रफ़्तार

इफको के संयुक्त विदेशी उद्यमों को भारत की खाद्य सुरक्षा से जोड़कर देखा जाना चाहिए। अवस्थी बताते हैं, 'अकेले ओमान संयंत्र ने हमें भारत स्थित सभी संयंत्रों से अधिक लाभ पहुँचाया है। भारत में मुनाफ़ा कम है। इसलिए हम देश के बाहर संयंत्र लगाने की सम्भावनाओं पर विचार करने लगे। हम दूसरे देशों से पहले सेनेगल गए। उसके बाद हम ओमान और जॉर्डन गए। लीजेंड की कहानी हमारी इसी यात्रा का हिस्सा है।'

इफको ने फास्फोरिक एसिड के उत्पादन के लिए जॉर्डन में एक संयुक्त उद्यम में निवेश किया था। साथ ही, इसने भारत में फास्फोरिक उर्वरकों के उत्पादन के लिए आवश्यकता पड़ने पर कच्चे माल की पर्याप्त उपलब्धता सुनिश्चित करने के लिए आस्ट्रेलिया के क्वींसलैंड में रॉक फास्फेट की खदान से खुदाई करने का अधिकार प्राप्त किया था।

अवस्थी कहते हैं, 'उर्वरक हमारा डीएनए है। हम कितने तरह के भी अलग-अलग काम करें, लेकिन अन्ततोगत्वा हम एक उर्वरक कम्पनी से सम्बन्ध रखते हैं। इसलिए हमें और अधिक उर्वरकों का उत्पादन करना चाहिए क्योंकि देश में इसकी कमी है। अब भी, हम प्रति वर्ष लगभग 30 प्रतिशत कच्चे माल का आयात करते हैं क्योंकि भारत में फास्फोरिक एसिड, रॉक फास्फेट, पोटाश और प्राकृतिक गैस पर्याप्त मात्रा में नहीं हैं।'

यह सहकारिता क्षेत्र में—और, कदाचित, भारत में भी पहला मामला था कि किसी सहकारी संस्था ने फास्फोरिक एसिड संयंत्र स्थापित करने के लिए अफ्रीका में संयुक्त उद्यम स्थापित किया था। इसके लिए इफको को वर्ष 1983-84 के दौरान कई व्यापारिक साझीदारों को साथ लेना पड़ा था क्योंकि तब संस्था के पास पर्याप्त पैसे नहीं थे। सेनेगल में संयंत्र स्थापित करना इफको के लिए कच्चे माल की सुरक्षा सुनिश्चित करने की दिशा में पहला कदम था।

इसके बाद, इफको ने ओमान में यूरिया संयंत्र स्थापित किया। लेकिन फास्फोरिक एसिड की आपूर्ति अभी भी चिन्ता का विषय थी। अन्तरराष्ट्रीय व्यापारी इफको और अन्य भारतीय ख़रीदारों का शोषण कर रहे थे। इसलिए इफको ने 2007 में जॉर्डन में फास्फोरिक एसिड संयंत्र लगाया।

मनीष गुप्ता कहते हैं, 'यह संयंत्र मरुस्थल में स्थित है। यहाँ संयंत्र के 300 किमी. के दायरे में कोई रिहाइश नहीं है। हम 100 प्रतिशत से अधिक क्षमता पर यह संयंत्र चला रहे हैं। हमें महसूस हुआ कि हमारा आयात शुल्क बढ़ रहा है, क्योंकि हमारे पास अन्तरराष्ट्रीय व्यापार में अपेक्षित दक्षता की कमी है।'

अवस्थी बताते हैं, 'इफको तब तक अन्तरराष्ट्रीय बाज़ार की बारीकियों को समझ कर व्यापार करने में दक्ष नहीं हो सका था और इसका काम बिचौलियों के माध्यम से चल रहा था। इसलिए हमने दुबई में किसान इंटरनेशनल ट्रेडिंग की शुरुआत की। आज हम विदेशी मुद्रा कारोबार के माध्यम से आयात का कार्य स्वयं सँभाल रहे हैं और न्यूनतम मूल्य पर अपनी आवश्यकताएँ पूरी कर रहे हैं।'

रिश्ते में दरार

इफको ने पारादीप संयंत्र के लिए ऑस्ट्रेलिया के खदान से एक महत्त्वपूर्ण कच्चे माल रॉक फास्फेट की खुदाई करना शुरू किया। लेकिन शीघ्र ही अपने साझेदार लीजेंड इंटरनेशनल होल्डिंग्स के साथ इसके सम्बन्धों में दरार आ गई। इस संयुक्त उद्यम में इफको का कुछ हिस्सा था और इसलिए यह इस पर सीधे केस दायर नहीं कर सका। जब यह रिश्ता टूटा तो इफको ने इस मामले को कोर्ट में घसीटा।

मनीष गुप्ता बताते हैं, 'लीजेंड के प्रमोटर के विचार दुर्भावनापूर्ण थे। हम यह बात साबित कर सकते थे कि उन्होंने हमें धोखा दिया है। हम ऑस्ट्रेलिया और अमेरिका में यह केस जीत गए और प्रमोटर को दिवालिया घोषित कर दिया गया। राशि की वसूली के लिए अभी कार्यवाही चल रही है।'

आपूर्तिकर्ताओं की बेहतर शर्तें

जिस प्रकार आपदा में भी कभी-कभी अवसर छिपे होते हैं, उसी प्रकार, यह परियोजना इफको के लिए लाभकारी सिद्ध हुई। इफको ने वर्ष 2008 में ऑस्ट्रेलिया से रॉक फास्फेट की आपूर्ति के लिए लीजेंड के साथ समझौता क़रार पर हस्ताक्षर किए थे। इस क़रार की घोषणा के साथ ही विश्व के कई देश अच्छी दरों पर रॉक फास्फेट की आपूर्ति के लिए इच्छुक हो गए।

अवस्थी बताते हैं, 'इस समझौते से पहले सबने इस कच्चे माल की आपूर्ति करने के लिए मना कर दिया था। वे जानते थे कि हमें प्रति वर्ष दो मिलियन टन रॉक फास्फेट की आवश्यकता होगी। इसलिए उनका पहला जवाब 'ना' था। तब, वे कम गुणवत्तायुक्त रॉक फास्फेट की आपूर्ति अधिक मूल्य पर करते। लेकिन लीजेंड से क़रार पर हस्ताक्षर के बाद सभी देशों ने अच्छे प्रस्ताव भेजने शुरू कर दिए।'

अवस्थी हँसते हुए कहते हैं, 'आज, इफको को जॉर्डन से नियमित तौर पर रॉक फास्फेट की आपूर्ति की जाती है। ऑस्ट्रेलिया से सबक़ मिलने के बाद ही जॉर्डन के साथ समझौता सम्भव हो सका। उन्होंने सोचा कि ऑस्ट्रेलिया से पहले

वे इफको के साथ जुड़ जाएँ। इस तरह एक गड़बड़ निवेश के कारण हमें पूरे विश्व से अच्छे प्रस्ताव प्राप्त होने लगे।'

कनाडा परियोजना स्थगित

कनाडा में इफको की एक योजना शुरू की जानी थी। जब वर्ष 2011 में इसकी योजना बनाई गई तब यूरिया का मूल्य 500 डॉलर प्रति टन था। अवस्थी के नेतृत्व में इफको ने निकट-सतह फास्फेट, पोटाश, ब्राइन और अन्य खनिजों की खोज और पेरू क्षेत्र की खाड़ी में उर्वरक परियोजनाओं के सम्भावित विकास में कार्यरत कनाडा स्थित ग्रोमैक्स रिसोर्सेज कॉरपोरेशन और इसकी सहायक संस्था ग्रोमैक्स एग्री कॉरपोरेशन में इक्विटी का अधिग्रहण किया। लगभग दो वर्ष बाद जब सभी आवश्यक कार्य पूरे हो गए थे, यूरिया का मूल्य गिरने लगा और 170 डॉलर प्रति टन पर आ गया।

मनीष गुप्ता कहते हैं, 'इतने कम बाज़ार मूल्य रहते यूरिया संयंत्र स्थापित करना फ़ायदेमन्द नहीं रह गया। हमने कुछ और विकल्प आजमाए लेकिन आख़िरकार हमने यह प्रोजेक्ट बन्द कर दिया।'

सब्सिडी का नया फॉर्मूला

भारत सरकार ने 2010 में फॉस्फेटिक और पोटेशिक उर्वरकों के उत्पादन को प्रोत्साहन देने के लिए नई सब्सिडी योजना प्रारम्भ की। इसके तहत इन उर्वरकों की विभिन्न श्रेणियों पर सब्सिडी उनमें उपस्थित पोषक तत्त्वों की मात्रा के आधार पर दी जाने लगी और इनके उत्पादकों, विक्रेताओं और आयातकों को उत्पाद का मूल्य निर्धारित करने की छूट दी गई।

उर्वरक विभाग के पूर्व सचिव अतुल चतुर्वेदी कहते हैं कि 'वर्ष 2010 में सरकार ने उर्वरक सब्सिडी भुगतान फॉर्मूले में महत्त्वपूर्ण बदलाव किए। भुगतान

की मात्रा बहुत बढ़ रही थी। 27 जुलाई, 2008 को जब मैंने विभाग सँभाला, तब सब्सिडी एक लाख करोड़ रुपये से अधिक थी।'

पूरे मामले का विस्तार से अध्ययन करने पर पता चला कि उर्वरकों का अन्तिम मूल्य निर्धारित था जबकि सब्सिडी की राशि में उतार-चढ़ाव हो रहा था। बहुत विचार-विमर्श के बाद, चतुर्वेदी ने प्रस्ताव दिया कि सब्सिडी पोषक तत्त्वों के आधार पर निर्धारित की जाए। इस प्रणाली के तहत अन्तिम मूल्य में उतार-चढ़ाव होता।

यह उपाय मौज़ूदा प्रणाली से एकदम अलग था। जब चतुर्वेदी ने खाद उद्योग की स्थापित संस्थाओं के साथ इस पर चर्चा की तो उन्हें मिश्रित जवाब मिले। सक्षम संस्थाओं और कम्पनियों ने इस प्रस्ताव का समर्थन किया लेकिन वर्तमान व्यवस्था के तहत संरक्षण प्राप्त लोगों ने इसका विरोध किया। मुख्य समस्या यूरिया उद्योग को लेकर हो रही थी क्योंकि हमारे देश में यूरिया गैस और नैप्था दोनों से बनती है। कुछ नए संयंत्र थे, कुछ पुराने संयंत्र थे। नए संयंत्रों की ऊर्जा दक्षता (एनर्जी एफिशिएंसी) बेहतर थी जबकि पुराने संयंत्रों की ख़राब थी। लेकिन सबके उत्पादन को एक ही क़ीमत मिल रही थी। डीएपी/एनपीके के साथ भी यह समस्या थी लेकिन यहाँ समस्या यूरिया जितनी गम्भीर नहीं थी।

केन्द्रीय मंत्रिमंडल ने फास्फेट और पोटाश के लिए पोषक-तत्व आधारित[1] (एनबीएस) फॉर्मूला पारित कर दिया, लेकिन उन्होंने कहा कि इसे बाद में नाइट्रोजन के आधार पर निर्धारित किया जाएगा, जो यूरिया है। वह 'बाद में' कभी नहीं आया। यूरिया का मूल्य पुराने उत्पाद-आधारित सब्सिडी के तहत ही निर्धारित होता रहा।

अवस्थी बताते हैं, 'एनबीएस उर्वरकों के विनियंत्रण की दिशा में एक अच्छा कदम है। इसकी माँग हम लम्बे समय से कर रहे हैं। प्रतिधारण मूल्य योजना अब पुरानी हो गई है। अब बदलाव का समय आ गया है...लेकिन मुझे नहीं मालूम कि प्रस्तावित योजना को किन कारणों से यूरिया उद्योग के लिए लागू नहीं किया गया।'

---

1. पोषक तत्त्वों पर आधारित सब्सिडी (NBS) योजना के तहत वार्षिक आधार पर तय की गई सब्सिडी की एक निश्चित राशि सब्सिडी वाले फॉस्फेट और पोटाश आधारित उर्वरकों के प्रत्येक ग्रेड पर उसके पोषक तत्त्व के आधार पर प्रदान की जाती है।

यद्यपि सरकार ने रासायनिक उर्वरक-उपयोग की दिशा बदलने के लिए नीम-लेपन जैसे अन्य कदम उठाए हैं। लेकिन सस्ता होने के कारण यूरिया की बिक्री लगातार बढ़ती ही रही है।

अवस्थी कहते हैं कि 'यूरिया मृदा को क्षति पहुँचा रहा है। मैंने हमेशा से कहा है कि किसानों को सब्सिडी के सीधे हस्तान्तरण से ही इस समस्या को दूर किया जा सकता है।'

मौजूदा सब्सिडी प्रणाली के तहत 82 प्रतिशत छोटे और सीमान्त किसानों को कुल सब्सिडी का केवल 39 प्रतिशत ही मिल पाता है, जबकि 18 प्रतिशत बड़े और धनी किसानों को इसका 61 प्रतिशत प्राप्त होता है। इसलिए सब्सिडी का उद्देश्य पूरा नहीं हो पाता।

अवस्थी कहते हैं, 'दिसम्बर 2014 में जब मैं प्रधानमंत्री नरेन्द्र मोदी जी से मिला था, मैंने उनसे किसानों को सब्सिडी के सीधे हस्तान्तरण के लिए अनुरोध किया था। मैंने कहा था कि उर्वरक उद्योग को अन्तरराष्ट्रीय उत्पादकों से प्रतिस्पर्धा करने दिया जाए। सिर्फ किसान यह निर्णय करें कि उर्वरकों को किस प्रकार ख़रीदा जाए। ऐसा करने से उत्पादकों से ज़्यादा उपभोक्ताओं के लिए बाज़ार तैयार होगा तथा किसान उर्वरकों का सावधानीपूर्वक और बुद्धिमत्तापूर्वक प्रयोग करेंगे।'

एनबीएस योजना ने भारतीय कम्पनियों को अपने सुरक्षा घेरे से बाहर निकलने पर मजबूर कर दिया। अब, उन्हें उपभोक्ताओं की प्राथमिकताओं का ध्यान रखना होगा। उन्हें अपने प्रतिस्पर्धियों के क्रियाकलापों पर नज़र रखनी होगी। उन्हें हमेशा सतर्क रहना होगा।

अवस्थी इसका श्रेय नहीं लेना चाहते, लेकिन उन्होंने दिखा दिया कि इफको अन्तरराष्ट्रीय बाज़ार में अपने लिए बेहतर समझौते कर सकता है। उन्होंने आपूर्तिकर्ताओं के साथ समझौता करके डीएपी का मूल्य 570 डॉलर प्रति टन से घटाकर डॉलर 500 प्रति टन पर ला दिया।

भारत और रूस के तत्कालीन प्रधानमंत्रियों डॉ. मनमोहन सिंह और व्लादिमिर पुतिन ने इस क़रार पर हस्ताक्षर किए थे। अवस्थी ने इफको और इंडियन पोटाश लिमिटेड की ओर से इस पर हस्ताक्षर किए थे। यह समझौता तीन वर्षों के लिए (2010-2013) था, जिसके तहत प्रतिवर्ष एक मिलियन टन डीएपी की आपूर्ति की जानी थी। इससे आपूर्ति मूल्य एनबीएस योजना के तहत

ही रहा। इन तीन वर्षों में भारत सरकार को सब्सिडी बिल पर 1,500 से 1,600 करोड़ रुपये के बीच बचत हुई।

नीम का उपयोग

इफको के विपणन निदेशक योगेन्द्र कुमार ने बताया कि इफको ने फूलपुर में नीम के तेल का उत्पादन शुरू किया था। वे कहते हैं, 'जब प्रधानमंत्री श्री नरेन्द्र मोदी जी ने इस बात की घोषणा की कि हानिकारक प्रभावों को रोकने के लिए यूरिया नीम लेपित होना चाहिए, डॉ. अवस्थी ने नीम का पौध-रोपण कार्यक्रम युद्ध स्तर पर शुरू कर दिया।'

इफको ने 2021-22 तक 1.20 करोड़ नीम के पौधे लगाए। नीम की एक नई प्रजाति विकसित करने के लिए एफआरआई[1], देहरादून के साथ एक अनुसन्धान परियोजना शुरू की गई। यह नई प्रजाति तेजी से बढ़ती है और इसमें तेल अधिक होता है। अब तक नीम की छह प्रजातियाँ विकसित की गई हैं और इनका 'एफआरआई-इफको (1 से 6)' के नाम से पेटेंट कराया गया है।

कृषि-रसायन के क्षेत्र में कदम

वर्ष 2013 में इफको के निदेशक रहे अशोक यादव ने अवस्थी से कहा कि हमारे उत्पादों की सूची में 'कृषि रसायन' नहीं है। यदि आप कृषि रसायन को बाज़ार में उतारते हैं तो इससे किसानों को सचमुच लाभ मिलेगा।

अवस्थी ने सोचा कि यह वाकई एक अच्छा सुझाव है। उस समय, बाज़ार में नकली उत्पाद अधिक थे और वे बहुत महँगे भी थे। किसान भी इफको से ऐसे कृषि रसायन लाने की माँग कर रहे थे जो कीटों से उनकी फ़सलों की रक्षा कर सके।

1. वन अनुसन्धान संस्थान, देहरादून

अवस्थी कहते हैं, 'भारतीय किसानों को अपनी फ़सल बचाने के लिए वाज़िब दामों पर उपयुक्त रसायनों की ज़रूरत है। हमारे प्रवेश से पहले बाज़ार में अराजकता फैली हुई थी। किसान असमंजस में थे। एक ही वस्तु विभिन्न स्थानों में अलग-अलग मूल्य पर बेची जा रही थी।'

2013 में ही अवस्थी ने कृषि रसायन के क्षेत्र में कदम रखने का निर्णय लिया। इफको के संयंत्रों में कृषि-रसायनों का उत्पादन करने के लिए पर्याप्त स्थान है। लेकिन इफको में किसी को कृषि रसायन उद्योग चलाने का तरीक़ा नहीं पता था।

अवस्थी ने इसके लिए एक टीम गठित की। टीम ने परामर्शदाताओं और विशेषज्ञों की राय ली। तब पता चला कि मित्सुबिशी कारपोरेशन कृषि रसायनों का व्यापार करती है। इफको की बीमा कम्पनी टोकियो मरीन मित्सुबिशी ग्रुप की ही कम्पनी है।

इस जापानी कम्पनी ने सुझाव दिया कि इफको को एक व्यावहार्यता रिपोर्ट तैयार करना चाहिए। इस काम के लिए नियुक्त एक पेशेवर परामर्शदाता ने अच्छी रिपोर्ट तैयार की। अन्य उद्यम-क्षेत्रों की तुलना में यह एक अनछुआ क्षेत्र था। इफको की सदस्य सहकारी समितियों ने इसकी बिक्री शुरू नहीं की क्योंकि उन्हें उस समय कृषि-रसायन बेचने वाले निजी व्यापारियों पर भरोसा नहीं था।

संयोगवश, मित्सुबिशी को भारत में एक व्यापारिक साझेदार की तलाश थी। इन दोनों कम्पनियों ने साथ काम करने का निर्णय लिया। अगस्त 2015 में इफको—एमसी क्रॉप साइंस नामक एक संयुक्त उद्यम की शुरुआत हुई। इस कम्पनी में 51 प्रतिशत इफको की इक्विटी है और शेष 49 प्रतिशत इक्विटी मित्सुबिशी कारपोरेशन की है।

अवस्थी ने इफको के अधिकारियों को लेकर एक प्रबन्धन टीम बनाई और उसे इस नए व्यापार को सँभालने के लिए विशेष दिशा-निर्देश दिए। टीम ने इस कम्पनी की प्रगति पर तब तक नज़र रखी जब तक कि यह अच्छी तरह खड़ी न हो गई। इसके बाद ही उन्होंने दूसरी परियोजना पर ध्यान दिया। यह कदम भारतीय किसानों के हित में अवस्थी द्वारा शुरू की गई विभिन्न परियोजनाओं का अहम हिस्सा था।

इफको ने एक पारदर्शी तंत्र तैयार किया और पूरे देश में अपने कृषि-रसायन के मूल्य निर्धारित किए। विपणन के व्यावसायिक साझीदारों व सहकारी समितियों

को निर्धारित मुनाफ़े का प्रस्ताव दिया गया। इससे किसानों द्वारा ख़रीदारी के लिए अधिकतम खुदरा मूल्य तय हो गया।

लेकिन इसके विपणन का काम बहुत चुनौतीपूर्ण था। इफको के पास पूरे देश में विभिन्न स्तरों पर कार्य करने वाले 500 कृषि वैज्ञानिक थे, लेकिन वे कृषि-रसायनों के बारे में नहीं जानते थे।

इफको के विपणन निदेशक रहे अरविन्द रॉय कहते हैं, 'हम बाज़ार में जेनेरिक उत्पाद लेकर आए क्योंकि नए उत्पादों की शुरुआत के लिए कड़े क्षेत्र परीक्षण करने पड़ते हैं। यह एक लम्बी प्रक्रिया होती है जिसमें पाँच से छह वर्ष लगते हैं। पहले हम बाज़ार का अनुभव लेना चाहते थे। बाद में हम अपनी उत्पादन श्रृंखला बढ़ा सकते थे।'

इसलिए इफको ने बिक्री टीम को तकनीकी मदद देने के लिए इफको-एमसी में लगभग 100 आरएमई[1] की एक नॉलेज टीम विकसित की तथा इसने अपने फील्ड कर्मचारियों के लिए गहन प्रशिक्षण कार्यक्रम चलाए ताकि किसानों को सही मार्गदर्शन मिल सके।

टीम ने पाया कि किसान उचित समय और उचित अनुपात पर ध्यान नहीं देते और आवश्यकता से अधिक कृषि रसायनों का प्रयोग कर लेते हैं। संस्था ने किसानों के साथ बैठकें आयोजित कीं और उन्हें विस्तार से बताया कि कैसे, कब और कितनी मात्रा में इन रसायनों का प्रयोग किया जाए।

अवस्थी कहते हैं कि 'हमारी नीति बाज़ार में अन्य विक्रेताओं की नीतियों से अलग है। हम किसानों को हर तरीक़े से सहयोग देते हैं। हमारा कार्य सिर्फ उत्पाद की बिक्री तक ही सीमित नहीं है।'

वर्ष 2015 में खरपतवारनाशक का गलत समय पर प्रयोग करने से पंजाब में फ़सल का नुक़सान हुआ था। आमतौर पर, गेहूँ में दाने आने के बाद तापमान गिरता है। लेकिन उस वर्ष तापमान नहीं गिरा बल्कि लम्बी अवधि तक तापमान अधिक बना रहा। निर्धारित तरीक़े के अनुसार पहली सिंचाई के बाद खरपतवारनाशक का छिड़काव किया जाता है। तापमान गिरने पर खरपतवार उगते हैं। किसानों ने खरपतवारनाशक का छिड़काव तब किया जब तापमान अधिक था। एक महीने बाद जब तक तापमान कम होता तब तक खरपतवारनाशक का प्रभाव कम हो गया था। इसके परिणामस्वरूप खरपतवार फिर से उग आए और फ़सलें बर्बाद हो गईं।

1. क्षेत्रीय विपणन कार्यपालक (Regional Marketing Executives)

रॉय कहते हैं, 'इसलिए प्रशिक्षण आवश्यक है। हम अपने लोगों, सहकारी समितियों और किसानों को साथ लेते हुए पूर्ण प्रशिक्षण कार्यक्रम आयोजित कर चुके हैं। यह एक निरन्तर चलने वाली प्रक्रिया है।'

अवस्थी ने इन प्रशिक्षण सत्रों के परिणाम की निगरानी करते हुए यह सुनिश्चित किया कि किसान या सहकारी समिति की शिकायत का तुरन्त निवारण किया जाए।

कृषि-रसायनों के क्षेत्र में संस्था के प्रवेश करने का निर्णय भविष्य में अच्छा साबित हुआ क्योंकि इफको ने पहले ही वर्ष में काफी मुनाफ़ा कमाया।

सहकारिता की जीवन रेखा

भारत में सहकारिता आन्दोलन को गति देने में अवस्थी ने महत्त्वपूर्ण योगदान किया। पीसीएफ[1] जैसी बड़ी समितियाँ इफको से प्राप्त होने वाले लाभांश के कारण ही अपने कर्मचारियों को वेतन देने में समर्थ हैं।

उत्तराखंड राज्य सहकारी संघ के पूर्व अध्यक्ष और इफको में निदेशक रहे प्रमोद कुमार सिंह[2] कहते हैं, 'इफको में हमारे पीसीएफ के 30 करोड़ रुपये के शेयर हैं जिस पर हमें 6 करोड़ रुपये का लाभांश प्रतिवर्ष मिलता है।'

इस राशि से तीन सौ कर्मचारियों को वेतन मिलता है। यानी इफको से मिलने वाली राशि से 300 परिवार पल रहे हैं। भारत में ऐसी कई समितियाँ हैं जो अवस्थी के द्वारा इफको के प्रबन्धन और विस्तार के तरीक़े से सहारा पाकर जीवित हैं।

उड़ीसा के एक निदेशक सीमाचल पाढ़ी कहते हैं, 'उनके हाथ में बरकत है।'

बिहार से ताल्लुक रखने वाले इफको के निदेशक प्रेम चन्द्र मुंशी कहते हैं, 'अवस्थी अपने दायित्वों का पूरी जिम्मेदारी से निर्वाह करते हैं। पूरे देश में ऐसी कोई कम्पनी नहीं है, न तो सार्वजनिक, न निजी और न ही सहकारी क्षेत्र में, जहाँ निदेशक मंडल द्वारा ऑडिटेड बैलेंस शीट का अनुमोदन किया जाता है और शेयरधारकों को 60 दिनों के भीतर लाभांश बाँट दिया जाता है।' लेकिन इफको

1. प्रादेशिक कोआपरेटिव फेडरेशन
2. प्रमोद कुमार सिंह की अप्रैल 2021 में कोरोना से मृत्यु हो गई।

ऐसा करता है। यह पूरी प्रक्रिया पारदर्शी और तकनीकी आधारित है। इसलिए यहाँ अनियमितताओं के लिए कोई जगह शेष नहीं है।

अपने सहज मानवीय गुणों की बदौलत अवस्थी अन्य मुख्य कार्यकारी अधिकारियों से अलग दिखते हैं। अधिकांश प्रबन्ध निदेशक वार्षिक आम बैठकों में आते हैं, भाषण देते हैं और चले जाते हैं, परन्तु अवस्थी कार्यक्रम में आए एक-एक प्रतिनिधियों से खुलकर मिलते हैं।

इफको के पूर्व कर्मचारियों का कहना है कि वे ऐसा करने वाले इकलौते प्रबन्ध निदेशक हैं। वे प्रतिनिधियों को नाम से जानते हैं और ऐसा करके वे कम्पनी के वास्तविक स्वामी अर्थात किसानों से सीधे सम्पर्क रख पाते हैं।

राजस्थान से आनेवाले इफको के निदेशक माँगीलाल डांगा कहते हैं, 'इफको किसानों द्वारा स्थापित सहकारी समिति है जो किसानों की सेवा में लगा हुआ है। अवस्थी जी के योगदान से ही इफको किसानों का विश्वासपात्र बन पाई है।'

इफको का प्रबन्ध निदेशक बनने के बाद अवस्थी ने उर्वरकों की कालाबाज़ारी पर रोक लगाने में महत्त्वपूर्ण भूमिका निभाई। डांगा कहते हैं, 'अगर इफको के उर्वरक बाज़ार में उपलब्ध हों तो कोई भी व्यापारी कालाबाज़ारी नहीं कर सकता। यदि ऐसा न हो तो व्यापारी मनमानी दरों पर उर्वरकों को बेचने लगते हैं।'

पेशेवर प्रबन्धन

शुरुआत में इफको का आकार छोटा था। पाँच लाख रूपये की पूँजी और 57 सदस्यों के साथ इफको की शुरुआत की गई थी। अवस्थी कहते हैं, 'वह छोटा-सा प्रयास पिछले 50 वर्षों में लगातार प्रगति करते हुए आज इतनी बड़ी संस्था में परिणत हो गया है, यह हमारी सबसे बड़ी उपलब्धि है।'

इफको एक अनूठे विचार की उत्पत्ति है। इफको का प्रबन्धन विशेषज्ञ पेशेवरों द्वारा किया जाता है और इफको निदेशक मंडल के सदस्य प्रत्यक्ष चुनाव में चुने जाते हैं, कुछ सदस्य सहयोजित होते हैं। पेशेवर प्रबन्धन निदेशक मंडल के प्रति जवाबदेह है और उसके मार्गदर्शन में काम करता है। एक पार्थक्य प्रबन्धन और निदेशक मंडल के बीच बनाया गया और उसका सदैव निर्वाह किया गया। ऐसा

कभी नहीं हुआ कि प्रबन्धन निदेशक मंडल के निर्वाचन को प्रभावित करे या निदेशक मंडल प्रबन्धन के संचालन में हस्तक्षेप करे। इफको की यह विशिष्ट परम्परा ही इसकी प्रगति का रहस्य है और एक-दूसरे के कार्यक्षेत्र में हस्तक्षेप न करने की इस नीति के कारण ही इफको विश्वस्तर पर स्थापित हो सका है।

अवस्थी गर्व से कहते हैं, 'हमने यह सिद्ध किया है कि स्वैच्छिक भागीदारी के आधार पर लोकतांत्रिक रूप से निर्वाचित स्वशासी सहकारी समिति प्रबन्धन का एक प्रभावी विकल्प है।'

डिजिटल तकनीक से ग्रामीण भारत का कायाकल्प

अवस्थी कहते हैं, '21वीं सदी डिजिटल तकनीक की सदी है। जब प्रधानमंत्री मोदी जी ने डिजिटल भारत की शुरुआत की घोषणा की तब हमने सोचा कि यह हमारे लिए स्वर्णिम अवसर है क्योंकि तकनीक के प्रयोग से हम किसानों के जीवन स्तर को सुधारने, उनकी आय बढ़ाने तथा ग्रामीण भारत में समृद्धि लाने में मदद कर सकेंगे।'

डिजिटल भारत के सपने को साकार करने के लिए इफको तैयार था। वह अपनी 36,000 सदस्य सहकारी समितियों के माध्यम से पूरे देश के पाँच करोड़ से अधिक किसानों से जुड़ा है। वर्ष 2017 में अवस्थी ने निदेशक मंडल के साथ विस्तृत चर्चा करके यह निर्णय लिया कि इफको अपनी सदस्य समितियों, सदस्य किसानों और यहाँ तक कि अन्य किसानों को भी अपने प्रस्तावित तकनीकी प्लेटफार्म से जोड़ेगा।

यह निर्णय हुआ कि इफको की टीम किसानों और सहकारों को अपनी बैठकों में आमंत्रित करेगी। उनकी यात्रा, भोजन और ठहरने की व्यवस्था करेगी और उन्हें बताएगी कि किस प्रकार तकनीक उनके जीवन का कायाकल्प कर सकती है।

अवस्थी कहते हैं, 'हमने 13 भाषाओं में भारतीय सहकारिता डिजिटल प्लेटफार्म (आईसीडीपी)[1] की शुरुआत की। इसका उद्देश्य अधिक से अधिक संवाद कर सकना और कृषि सम्बन्धी जानकारियों का आदान-प्रदान करना था।'

1. इंडियन कोऑपरेटिव डिजिटल प्लेटफ़ॉर्म

इफको के आईटी विभाग के निदेशक ए.के. गुप्ता कहते हैं, 'मुझे आज भी वह पहली मीटिंग याद है जो डॉ. अवस्थी ने इसके लिए बुलाई थी। बोर्ड रूम में बैठक हुई थी। सारे वरिष्ठ अधिकारी उपस्थित थे। पहले तो उन्होंने पोर्टल के बारे में बताया कि कैसे यह किसानों के लिए सूचनाओं और आपस में संवाद और व्यापार का माध्यम होगा। फिर उन्होंने कहा कि जैसे शहर के लोग ऑनलाइन ऑर्डर करके सामान अपने घर पर मँगवाते हैं वैसे ही हम अपने उत्पाद किसानों के घर तक पहुँचाएँगे। यहाँ तक तो ठीक था लेकिन उसके बाद उन्होंने कुछ ऐसा कहा कि हम सब सन्न रह गए। उन्होंने कहा कि यह पोर्टल मुझे तीन दिन में चाहिए। यह असम्भव-सा काम था।'

सूचना प्रौद्योगिकी के निदेशक ने कहा कि ऐसे पोर्टल के निर्माण के लिए कम-से-कम छह महीने का समय चाहिए। लेकिन अवस्थी ने कहा, 'मैं बाहर जा रहा हूँ। हमारे संयुक्त प्रबन्ध निदेशक राकेश कपूर यहाँ होंगे। आज से चौथे दिन वह इस पोर्टल को लॉन्च करेंगे। यह फाइनल है। इसमें कोई परिवर्तन नहीं होगा।' फिर उन्होंने कहा, 'इसके लिए मैंने एक युवा टीम गठित की है जो यह काम करेगी।' यह कह कर उन्होंने मीटिंग ख़त्म कर दी।

इस पोर्टल से इफको की सभी सहयोगी और सम्बद्ध कम्पनियाँ भी जुड़ी हैं। अवस्थी ने इफको और सहयोगी संस्थाओं से कुल मिला कर 12 युवा पेशेवरों को चुना और गुप्ता को इस टीम का लीडर बनाया।

गुप्ता और उनकी टीम ने इस पोर्टल को तीन दिन में तैयार कर दिया और चौथे दिन राकेश कपूर से इसे लांच करा दिया। यह बहुत ही मामूली-सा पोर्टल था। यात्रा से लौटने पर अवस्थी ने पोर्टल देखा पर उन्हें यह बिलकुल पसन्द नहीं आया। उन्होंने इसे नए सिरे से बनाने को कहा।

टीम को समझ नहीं आ रहा था कि क्या किया जाए। मानव संसाधन विभाग के निदेशक आर.पी. सिंह ने यह सुझाव दिया कि 'इस काम को अच्छे से करने के लिए किसी स्टार्टअप को ढूँढ़िए। नई पीढ़ी के बहुत सारे स्टार्टअप बहुत अच्छा काम कर रहे हैं। उनमें से आप उनको चुनिए जिनको ग्रामीण क्षेत्र में काम का अनुभव हो।'

गुप्ता ने दिल्ली में स्थित स्टार्टअप कम्पनी 'लोकोविडा' से सम्पर्क किया। तीन वर्ष पुरानी इस कम्पनी की टीम में 25 कर्मचारी थे जिन्होंने कुछ ग्रामीण परियोजनाओं पर काम किया था। उनसे फटाफट समझौता किया गया और अगली

सुबह से काम शुरू हो गया। पोर्टल एक हफ्ते में तैयार भी हो गया। इस पोर्टल को देखकर अवस्थी ने कहा, 'आप सही दिशा में जा रहे हैं, लेकिन यह पोर्टल अंग्रेज़ी में है। मैं चाहता हूँ कि यह पोर्टल सभी क्षेत्रीय भाषाओं में बने।' यह एक नई चुनौती थी।

अवस्थी इस तकनीकी पोर्टल को पूरे देश में आयोजित हो रहे स्वर्ण जयन्ती कार्यक्रमों में प्रदर्शित करना चाहते थे। अब गुप्ता की टीम को एक साथ 13 वेब पोर्टल विकसित करने थे। किसी एक भाषा को बदलने से सभी पोर्टल में बदलाव करना ज़रूरी था।

गुप्ता कहते हैं, 'हमने सभी भाषाओं में इस पोर्टल को समानान्तर रूप से विकसित किया। विभिन्न राज्यों के हमारे अधिकारियों ने भाषा की शुद्धता जाँच ली। हम सही दिशा में बढ़ रहे थे।'

इसी बीच अवस्थी ने कहा कि पोर्टल के साथ कॉल सेंटर भी होना चाहिए क्योंकि जो लोग इस पोर्टल पर आएँगे उनके मन में तरह-तरह की जिज्ञासाएँ होंगी। वे लोगों की जिज्ञासाओं के समाधान के लिए एक कॉल सेंटर बनाना चाहते थे। अवस्थी ने कहा कि 'हमें स्थानीय भाषाओं में पूछे गए प्रश्नों के उत्तर उसी भाषा में देने चाहिए। अगर किसी स्थानीय भाषा में पूछे गए प्रश्न का उत्तर अंग्रेज़ी में दिया जाएगा तो हमारा उद्देश्य पूरा नहीं होगा।'

युवा टीम निर्धारित समय पर काम को पूरा करने में जुटी थी। कुछ विशेषज्ञों ने कहा कि एक कॉल सेंटर बनाने में कम-से-कम दो माह का समय लगेगा किन्तु गुप्ता और उनकी टीम परेशान नहीं हुई।

गुप्ता कहते हैं, 'हम चाहते थे एक हफ्ते में कॉल सेंटर काम करने लगे। हमारा साझीदार टोकियो मरीन अपना कॉल सेंटर एक थर्ड पार्टी के माध्यम से ऑपरेट करता है जो 42 देशों में अपना कॉल सेंटर चलाता है। जब मैंने टोकियो मरीन से चर्चा की तो उन्होंने कहा कि हमारी सहायक थर्ड पार्टी इसे एक महीने में तैयार कर सकती है।' गुप्ता ने उनसे एक हफ्ते में यह कार्य पूरा करने का अनुरोध किया।

पार्टी ने कहा यह असम्भव है, हम 15 दिनों में इस काम को पूरा करने की कोशिश कर सकते हैं। गुप्ता और उनकी टीम अनुबन्ध की औपचारिकताएँ पूरी करने के बाद अनुमति के लिए डॉ. अवस्थी के पास गए। उन्होंने कहा, 'क्या तुम सभी भाषाओं को ध्यान में रखकर काम कर रहे हो।'

'जी सर'

'बहुत अच्छा, काम शुरू करो।'

शनिवार को क़रार पर हस्ताक्षर किए गए। अगले ही दिन इतवार को नियुक्तियाँ कर ली गईं। चुने गए कर्मियों को सोमवार-मंगलवार दो दिन प्रशिक्षण दिया गया और बुधवार को इफको कॉल सेंटर शुरू हो गया। उसी दिन दोपहर लगभग 1 बजे पहली कॉल आई।

इफको कॉल सेंटर का कस्टमर सपोर्ट नम्बर रखा गया '1800-183-1967' जिसके अन्त के चार अंक इफको के स्थापना वर्ष से लिए गए हैं।

कड़ी मेहनत, टीमवर्क और विश्वास के बल पर गुप्ता की टीम ने निर्धारित समय पर अपना काम पूरा कर लिया। संयुक्त प्रबन्ध निदेशक, वित्त निदेशक और अन्य वरिष्ठ कार्यकारी निदेशकों ने गुप्ता के नेगोसिएशन को अनुमोदित कर दिया। पूरी प्रक्रिया एक ही दिन में पूरी हो गई। गुप्ता ने थर्ड पार्टी को दो वर्षों के लिए कार्यादेश दे दिया।

जब पोर्टल बन गया, कॉल सेंटर शुरू हो गया, तब विपणन निदेशक ने कहा, 'अब अपने उत्पादों का ई-कॉमर्स शुरू कीजिए।'

इस समय तक पोर्टल पर आवागमन भी बढ़ गया था। गुप्ता बताते हैं, 'हमने यह व्यवस्था की कि हमारे इफको ई-बाज़ार के बिक्री केन्द्र ही सामान पहुँचाने का काम करेंगे।'

शुरुआत में पोर्टल केवल हरियाणा से मिलने वाले ऑर्डर ही हैंडल करता था। शुरू में ऑर्डर भी कम आए। और भी कई समस्याएँ आईं, जैसे सारे उत्पाद बिक्री-केन्द्रों पर उपलब्ध नहीं थे या उनकी पैकिंग ठीक नहीं थी या सामान पहुँचाने में देर हो रही थी। इस समस्या के निदान के लिए इफको के संयुक्त उद्यम और रणनीति विभाग के निदेशक और इफको ई-बाज़ार के प्रबन्ध निदेशक मनीष गुप्ता ने यह सुझाव दिया कि कोई लॉजिस्टिक्स पार्टी ढूँढ़ी जाए जो ख़ास तौर पर एक ऐसे स्टोर की व्यवस्था करे जिसमें इफको के सारे उत्पाद उपलब्ध रहें और पूरी प्रक्रिया इस तरह स्वचालित रहे कि पोर्टल पर जो ऑर्डर आए वह सीधा लॉजिस्टिक्स पार्टी को पहुँचे और लॉजिस्टिक्स पार्टी वह सामान अपने स्टोर से अविलम्ब किसानों तक पहुँचा दे।

ऐसा ही किया गया।

अवस्थी कहते हैं, 'मैं देश भर में यह सुविधा उपलब्ध करवाना चाहता हूँ।'

इफको ने एक लॉजिस्टिक्स पार्टी के साथ क़रार किया जो पूरे देश में 13 हजार पिन कोड को यह सेवा दे सकती थी और उन तक सामान भेज सकती थी। इस तरह इफको की अखिल भारतीय ई-कॉमर्स सेवा शुरू की गई।

शुरू में पोर्टल के माध्यम से ऑर्डर की एक न्यूनतम सीमा रखी गई थी कि ऑर्डर कम-से-कम 399 रुपये का होना चाहिए। डॉ. अवस्थी को जब पता चला तो उन्होंने कहा, 'नहीं, ऑर्डर की कोई न्यूनतम सीमा नहीं होगी। हमारे किसान अगर दस रुपये का भी ऑर्डर देते हैं तो हम सामान उनके घर तक निःशुल्क पहुँचाएँगे।' तुरन्त वह सीमा हटा दी गई। उसका बड़ा अच्छा परिणाम आया। उससे ऑर्डर में वृद्धि हुई।

पूरे देश में किसानों के साथ अपनी बैठकों और कार्यक्रमों के जरिये अवस्थी ने इस आइडिया को लोकप्रिय बनाया और हर जगह टीम ने किसानों को बताया कि किस तरह इस पोर्टल तक पहुँचा जा सकता है और ऑर्डर किया जा सकता है। अवस्थी ने भारत के 125 स्थानों पर इस प्रक्रिया को बताया। प्रत्येक स्थान पर वे 1,500 से 2,000 किसानों से मिले।

इसकी प्रक्रिया समझाने के लिए टीम ने एक लघु फिल्म भी बनाई थी जिसे सभी जगह के कार्यक्रमों में दिखाया गया। फिल्म में यह दिखाया गया था कि किसान किस प्रकार डिजिटल रूप से आदेश देकर अपनी ज़रूरत की चीज़ अपने घर पर मँगवा सकते हैं। यह फिल्म सभी क्षेत्रीय भाषाओं में बनाई गई। इस पहल के बारे में जागरूकता फैलाने के लिए ट्विटर, फेसबुक, व्हाट्सऐप जैसे सोशल मीडिया प्लेटफार्म का व्यापक प्रयोग किया गया। प्रिंट और इलेक्ट्रॉनिक मीडिया के माध्यम से भी इसे लोकप्रिय बनाने में मदद मिली।

अवस्थी ने बताया कि पूरे देश में स्वर्ण जयन्ती मनाने का मुख्य उद्देश्य किसानों को उर्वरकों के सन्तुलित प्रयोग और कृषि तकनीक के बारे में जागरूक करना था। एक बार पोर्टल और ई-कॉमर्स प्लेटफार्म शुरू होने के बाद इफको की टीम ने यह सोचना शुरू किया कि किस प्रकार प्रचालन को और आगे बढ़ाया जाए। टीम ने महसूस किया कि किसानों के लिए व्यापार सम्बन्धी अवसरों को सृजित करना एक अच्छा तरीक़ा हो सकता है। दूसरा, इनका प्रयोग उनकी लागत को कम करने के लिए किया जा सकता है। तीसरा, वे उन्हें बता सकते हैं कि अच्छी पैदावार कैसे की जा सकती है। और चौथा तथा सबसे ज़रूरी तरीक़ा यह है कि किसानों के खेतों का स्वास्थ्य कैसे ठीक किया जाए ताकि उनमें ज़्यादा पैदावार हो सके।

इन सब बातों को ध्यान में रखते हुए 'इंडियन कोऑपरेटिव डिजिटल प्लेटफॉर्म' शुरू किया गया। इसका नाम इफको डिजिटल कोऑपरेटिव प्लेटफॉर्म नहीं रखा गया क्योंकि अवस्थी चाहते थे कि सिर्फ इफको से जुड़े किसान ही नहीं बल्कि हर जगह के किसान आएँ और इस प्लेटफॉर्म का हिस्सा बनें।

अवस्थी बताते हैं कि 'स्वर्ण जयन्ती अभियान के दौरान ढाई करोड़ से ज़्यादा किसान इस प्लेटफॉर्म के सदस्य बने। यहाँ किसानों को हर तरह की जानकारी मुहैया कराने की व्यवस्था है। भूमि के बारे में, बीज के बारे में, मौसम के बारे में, सम्भावित बीमारियों के बारे में, मंडियों में क्या भाव चल रहे हैं, विदेशों में क्या भाव चल रहे हैं, सरकार की क्या योजनाएँ हैं, अलग-अलग राज्यों की क्या योजनाएँ हैं, इन सबके बारे में, हर जानकारी जो किसानों के लिए आवश्यक है, यहाँ उपलब्ध है।'

13 भाषाओं में यह प्लेटफॉर्म समानान्तर रूप से चल रहा है। इसमें स्वत: अनुवाद की सुविधा है। यह डिजिटल भारत है। भाषा की जो बाधा थी कि तमिलनाडु का किसान हिन्दी भाषी क्षेत्र के किसानों से बात नहीं कर पाता है वह बाधा अब दूर हो गई है। एक भाषा में बात करने वाले किसान दूसरी भाषा बोलनेवाले किसानों से सम्पर्क कर सकते हैं। निर्बाध सेवाएँ प्रदान करने के लिए यह कॉल सेंटर चौबीस घंटे काम करता है। किसान को बस इतना करना है कि वह www.iffcobazar.in टाइप करके इस प्लेटफॉर्म पर आए और अपना मोबाइल नम्बर, नाम और पता लिखे। इतना करते ही वह आईसीडीपी का सदस्य बन जाएगा।

कृषि से जुड़े ई-कॉमर्स व्यापार में अभी कोई बड़ा खिलाड़ी नहीं है इसलिए इसके विकास की बड़ी सम्भावना है।

स्टार्टअप को मदद

किसानों की मदद करने के लिए अपने विजन के अगले कदम स्टार्टअप फंड के बारे में अवस्थी कहते हैं, 'हम कुछ स्टार्टअप को वित्त क्यूँ नहीं प्रदान करते? हम किस तरह स्टार्टअप को वित्तीय सेवाएँ प्रदान कर सकते हैं? एक तरीक़ा तो यह है कि हम उन्हें पैसे दें। अच्छी परियोजनाओं के लिए पैसों की कमी नहीं है।'

जब इफको की टीम ने उद्यमियों से बात की तब यह पाया कि उनके पास अच्छी परियोजना, अच्छे विचार और परियोजनाओं को लागू करने के तरीक़े भी थे लेकिन किसानों तक पहुँचने की समझ उनमें नहीं थी। तब इफको ने सोचा कि सहायता के तौर पर पैसे या इक्विटी के बदले स्टार्टअप को किसानों तक पहुँचाया जा सकता है।

मनीष गुप्ता कहते हैं कि 'हमने कुछ उद्यमियों को बुलाया। उन सभी ने कहा, हाँ, किसानों तक पहुँचना हमारे लिए बहुत मायने रखता है। तो यह एक ऐसी गतिविधि थी जिसमें हम सबसे पहले शामिल हुए।'

योगेन्द्र कुमार कहते हैं, 'भारतीय सहकारिता डिजिटल प्लेटफार्म बनने में इफको ई-बाज़ार का हाथ है।'

स्वर्ण जयन्ती इफको के इतिहास की सबसे बड़ी उपलब्धियों में से एक है। अवस्थी किसानों और सहकारी बन्धुओं से मिलने के लिए पूरे देश में घूमे ताकि वे यह जान सकें कि उन सबकी भविष्य से क्या आशाएँ हैं। अपनी यात्रा के दौरान अवस्थी ने पाया कि आम किसानों और सहकारी बन्धुओं तक डिजिटल जानकारी और सूचना की पहुँच कम थी।

इस प्रकार स्वर्ण जयन्ती समारोहों से एक ऐसे नए डिजिटल प्लेटफार्म की शुरुआत हुई जहाँ पूरे देश के सहकार और किसान एकजुट हो गए जबकि उनकी सोच और भाषाएँ अलग-अलग थीं।

इसी उद्देश्य से भारतीय कोआपरेटिव डिजिटल प्लेफार्म की शुरुआत हुई। अवस्थी को लगा कि इसे एक बड़ा राजस्व सृजन मॉडल बनाया जा सकता है। बाद में, यह मॉडल इफको ई-बाज़ार में भी अपनाया गया ताकि किसानों को बिना किसी सुपुर्दगी लागत (डिलीवरी चार्ज) के उनके दरवाजे तक सामान पहुँचाया जा सके।

यह अवस्थी की एक और महत्त्वपूर्ण उपलब्धि थी।

स्वर्ण जयन्ती समारोह

इफको की स्थापना के 50 वर्ष 2017 में पूरे हुए। इस उपलक्ष्य में इफको का स्वर्ण जयन्ती महोत्सव पूरे देश में मनाया गया। महोत्सव के अन्तर्गत देश के

125 स्थानों पर किसान सहकार सम्मेलन का आयोजन किया गया। अवस्थी ने महोत्सव के क्रम में पूरे भारत की यात्रा करते हुए किसानों-सहकारों से मुलाक़ात की। भारतीय सहकारिता पर केन्द्रित डिजिटल प्लेटफार्म आईसीडीपी की शुरुआत इस आयोजन की महत्त्वपूर्ण उपलब्धि रही।

उस समय अवस्थी 72 वर्ष के थे। उन्होंने इस दौरान विश्व की सबसे बड़ी सहकारी समिति का संचालन करते हुए अपनी यात्रा को शानदार तरीक़े से पूरा किया। इस अवधि में वे कार्यक्रम के लिए तय प्रत्येक स्थान पर गए, लोगों से संवाद किया और नए लोगों से मिले। यात्रा की शुरुआत में कई लोगों ने सोचा कि वे सभी स्थान पर नहीं जा पाएँगे लेकिन उन्होंने सबको गलत साबित कर दिया और ऐसा उन्होंने पहली बार नहीं किया था।

बनारस उनकी यात्रा का 125वां पड़ाव था। इस कार्यक्रम में इफको की सहायक संस्थाओं के मुख्य कार्यकारी अधिकारी, कई उच्च और मध्य स्तर के इफको के अधिकारी उपस्थित थे। इस कार्यक्रम में लगभग 2 हजार किसानों ने भाग लिया था।

उपस्थित किसानों को सम्बोधित करते हुए उन्होंने कहा :

मेरे प्यारे भाइयों और बहनों,

बनारस मेरी लम्बी यात्रा का अन्तिम पड़ाव है, जो हमने इफको की स्थापना की 50वीं वर्षगाँठ मनाने के लिए शुरू की थी। आपके प्यार, सहयोग और आशीर्वाद से ही हम ये 50 वर्ष सफलतापूर्वक पूरा कर सके हैं। इसलिए आपके पास आना और दिल की अतल गहराइयों से आपको धन्यवाद देना मेरा कर्तव्य था।...

मैंने पूरे देश की यात्रा की। अरुणाचल प्रदेश से कच्छ और अंडमान से लेह तक 125 स्थानों का दौरा किया और पाया कि हर जगह हमारे किसान एक जैसे हैं। उनकी समस्याएँ समान हैं। हमारी सहकारी समितियों की समस्याएँ भी समान हैं।

मुझे याद है जब मैं वर्ष 1962 में बीएचयू से जुड़ा, वह वर्ष हमारे देश के लिए कठिन वर्ष था। हमारा खाद्य उत्पादन अत्यन्त सीमित था। हमने अमेरिका से गेहूँ माँगा था और इसे पीएल-480 कार्यक्रम के तहत प्राप्त किया। मुझे बहुत अच्छी तरह याद है कि कैसे लोग बन्दरगाह पर गेहूँ के लिए इन्तज़ार करते थे। यह आयातित अन्न ऊँट के मुँह में जीरे के समान होता था। उसी समय चीन ने

भारत पर आक्रमण कर दिया। तभी मैंने यह निर्णय लिया था कि मैं ऐसे व्यवसाय से जुड़ूँगा जिसके माध्यम से मैं किसानों की मदद कर सकूँ।...

...अपनी लम्बी यात्रा में मैंने देखा है कि हमारे देश में ऐसे कई स्थान हैं जहाँ किसानों और सहकारी समितियों ने मिलकर उत्पादन में बड़ा योगदान दिया। यह सब कुछ उन्होंने बिना किसी मदद के किया है...

...आप लोग भी ऐसा कर सकते हैं। अब समय बदल गया है। तकनीकों के कारण आपको विभिन्न अवसर प्राप्त हो रहे हैं। इसलिए, हम जहाँ भी गए हमने लोगों को तकनीक के बारे में जागरूक करने की कोशिश की है और इसकी मदद से उन्हें लाभ पहुँचाने के लिए हमने प्रयास किए हैं...

...किसान और सहकारी समितियाँ हमारी आत्मा हैं। हम उस आत्मा के पोषण के लिए कार्य करते हैं...हम हमेशा आपके बारे में सोचते हैं, हम यह सोचते हैं कि हम किस प्रकार आपके जीवन को बेहतर बना सकते हैं...आप हमारे स्वामी हैं...हम निरन्तर आपका स्नेह और आशीर्वाद चाहते हैं।

आप सभी को धन्यवाद।

भव्य समापन समारोह

इस लम्बी यात्रा के अन्तिम पड़ाव पर 3 नवम्बर, 2017 को इफको की मातृ इकाई कलोल में भव्य समारोह आयोजित किया गया। यह भव्य समापन समारोह इफको के 50 वर्षों की स्वर्णिम यात्रा को प्रदर्शित करने के लिए आयोजित किया गया था। पूरे विश्व से मेहमानों को निमंत्रित किया गया था। अपूर्वा, जो कार्यकम आयोजन से जुड़ी मुख्य (कोर) टीम का हिस्सा थीं, कहती हैं, 'अवस्थी जी ने टीम से कहा कि यह समारोह किसी विश्वस्तरीय समारोह से कमतर न लगे।'

शुरू में, कई अति विशिष्ट अतिथियों ने आने में असमर्थतता व्यक्त की थी। अवस्थी ने उन सबको व्यक्तिगत तौर पर पत्र लिखा : 'मैं चाहता हूँ कि आप कार्यक्रम में रहें।' सभी ने उत्तर दिया कि हम आएँगे। उन्होंने कुछ लोगों को फ़ोन भी किया और उनसे इस कार्यक्रम में आने का अनुरोध किया।

मित्सुबिशी कारपोरेशन (जापान) ने लिखा कि वे अपने प्रतिनिधियों के ठहरने की व्यवस्था स्वयं कर लेंगे। अवस्थी ने तुरन्त अपनी टीम से उन्हें यह जवाब देने के लिए कहा कि 'आप हमारे अतिथि हैं। आपके रहने की व्यवस्था हम करेंगे।'

कम्पनी ने अहमदाबाद में हयात होटल में अपने अतिथियों के लिए 200 कमरे और क्राउन प्लाजा में लगभग 70 कमरे बुक किए थे। शुरू में, कमरे के सुइट बुक नहीं किए गए थे लेकिन जैसे-जैसे कार्यक्रम की तारीख़ नज़दीक आई, हयात में कमरों के अतिरिक्त 20 सुइट बुक करने पड़े। आयोजन से जुड़ी मुख्य (कोर) टीम की सदस्य माधवी कहती हैं, 'अवस्थी सर कलोल में ही निदेशक के बंगले पर रुके हुए थे। उन्होंने कहा : 'मैं हयात में नहीं रुकूँगा। आप लोग हयात और क्राउन प्लाजा में मेहमानों का ध्यान रखिए। मैं यहीं रहकर तैयारियाँ देखूँगा'।'

आईसीए से आया रूस का एक प्रतिनिधि मंडल 3 नवम्बर को समापन समारोह के दिन ही सुबह अवस्थी से मिलना चाहता था।

टीम के सदस्यों को आशंका थी कि उनके अनुरोध को ठुकरा दिया जाएगा। तथापि, उन्होंने अवस्थी तक यह सन्देश भेज दिया था। आश्चर्य की बात यह थी कि वे प्रतिनिधि मंडल से मिलने के लिए राजी हो गए। अवस्थी ने कहा : 'उन्हें सुबह 9.00 बजे आने के लिए कह दो। मैं उनसे मिलूँगा।' प्रतिनिधि मंडल निर्धारित समय पर निदेशक के बंगले पर पहुँचा। अवस्थी ने उनसे 45 मिनट तक बात की और उन्हें स्वर्ण जयन्ती स्तम्भ के अनावरण समारोह में ले गए जो प्रात: 10.00 बजे के बाद शुरू होना था।

अपूर्वा प्रशंसा भाव से कहती हैं, 'वे कितनी आसानी से समय प्रबन्धन करते हैं।' उन्हें कार्यक्रम में उपस्थित विशिष्ट अतिथियों के नाम भी याद थे। कभी-कभी मैं उन्हें बताती थी कि इन व्यक्तियों का नाम सूची में नहीं है और वे कहते ध्यान से देखो, और वास्तव में उनका नाम वहाँ होता था।'

महोत्सव की पूर्व सन्ध्या पर डिनर का आयोजन हयात में ही हुआ था। अतिथियों की संख्या 200 से कुछ ज़्यादा थी। कौन कहाँ बैठेंगे इसकी योजना अवस्थी ने ख़ुद बनाई थी। उन्होंने यह भी सुनिश्चित किया था कि प्रत्येक टेबल पर इफको का एक प्रतिनिधि अवश्य हो। मेजों पर अतिथियों के नामों की पट्टिका रखी गई थी। अतिथियों के स्वागत में अवस्थी अपनी पत्नी, इफको अध्यक्ष और वरिष्ठ निदेशकों के साथ मुख्य द्वार पर खड़े थे। प्रत्येक अतिथि को उनकी

निर्धारित टेबल पर आदर के साथ पहुँचाया गया। अवस्थी ख़ुद प्रत्येक टेबल पर जाकर अतिथियों से व्यक्तिगत रूप से मिले। उन्होंने अतिथियों के प्रवेश, बैठने की व्यवस्था और बाहर निकलने तक की सारी योजना तैयार की थी और ये काम बहुत सावधानीपूर्वक किए गए थे।

आमंत्रित 39 अति विशिष्ट अतिथियों के फोटो फ्रेम कराकर उन्हें भेंट किए गए थे। उन्हें सुन्दर डिजाइन वाले पेन ड्राइव भेंट किए गए जिसमें कार्यक्रम के फोटो और वीडियो थे।

इफको के स्वर्ण जयन्ती समारोह पर पुरस्कार और सम्मान के कार्यक्रम के बाद प्रधानमंत्री जी द्वारा भेजा गया सन्देश पढ़ा गया। इसके बाद अवस्थी का भाषण शुरू हुआ :

माननीय अध्यक्ष महोदय, माननीय अतिथियों, भाइयों, बहनों और बड़ी संख्या में उपस्थित हमारे किसान भाइयों,

अगर हम 50 वर्षों के अपने इतिहास पर नज़र दौड़ाएँ तो यह एक लम्बी समय अवधि है। लेकिन यदि हम आज यहाँ खड़े हैं, यदि आज हम स्वर्ण जयन्ती मना रहे हैं तो यह सब कुछ केवल देश के किसानों और सहकारी समितियों के कारण सम्भव हो सका है। आपके समर्थन से हम आगे बढ़े हैं। इन 50 वर्षों की यात्रा में आपका प्यार, स्नेह और विश्वास हमें आगे बढ़ने के लिए प्रेरित करता रहा।

हमारा जो इतिहास है वह इतिहास स्वर्णिम अक्षरों में लिखा जाएगा। एक ऐसी संस्था, एक ऐसी सोच, एक ऐसा प्रयोग 1960 के दशक में किया गया था जिस समय ऐसी टेक्नोलॉजी और ऐसी व्यवस्था के बारे में कोई सोच भी नहीं सकता था। उस समय यह सोचा गया कि भारतीय किसानों और भारतीय सहकारिता की एक संस्था बन सकती है। और यह सम्भव हुआ अन्तरराष्ट्रीय और राष्ट्रीय संस्थाओं के सहयोग से। हमारा स्वरूप नहीं था, हमें स्वरूप दिया गया। मैं इस मंच के माध्यम से क्लूसा (कोऑपरेटिव लीग ऑफ यूनाइटेड स्टेट्स ऑफ अमेरिका), एसीडीआई (अमेरिकन कोऑपरेटिव डेवलपमेंट इंस्टिट्यूट) और एनसीयूआई (नेशनल कोआपरेटिव यूनियन ऑफ इंडिया) को अपने सब किसानों और सहकारी संस्थाओं की ओर से धन्यवाद देना चाहता हूँ कि उन्होंने हमें बनाया। आज यदि हम उनके सामने खड़े हैं और वे गर्व से हमें देख सकते हैं तो इसके लिए हम उनको अपने हृदय से धन्यवाद देते हैं।

मैं आज याद करना चाहूँगा अपने पहले अध्यक्ष महाराज उदयभान सिंह जी को जिन्होंने कोआपरेटिव और व्यावसायिक प्रबन्धन के बीच में क्या अन्तर होना चाहिए, उस अन्तर को बनाया और उस अन्तर को हमारे बाकी सब अध्यक्षों ने बड़ी निष्ठा से निभाया। उदयभान सिंह जी के नाम पर कांडला में हमारा टाउनशिप है जहाँ हमने कृतज्ञता और गर्व के साथ उनकी मूर्ति की स्थापना की है।

मैं आज याद करना चाहूँगा अपने पहले प्रबन्ध निदेशक पद्मश्री पॉल पोथन साहब को। उन्होंने व्यावसायिक प्रबन्धन के जो नैतिक मानदंड स्थापित किए वे सहकारी संस्थाओं के लिए एक मिसाल बन गए। आज भी हम उसी रास्ते पर चल रहे हैं। वह हमारी आचार संहिता है जिसका हम निष्ठापूर्वक पालन करते हैं। उनकी स्मृति में आँवला टाउनशिप का नाम हमने पॉल पोथन नगर रखा और बड़े आदर के साथ वहाँ उनकी प्रतिमा स्थापित की।

प्यारे मित्रों, समय बहुत जल्दी बदलता है। जो कल था वह आज नहीं है। जो आज है वह कल नहीं होगा। जो कल होगा वह पाँच वर्षों बाद पुराना हो जाएगा। इसलिए हमें तकनीकी रूप से चुस्त रहना होगा। हमारी आँखें आसमां की ओर देखती हैं, हमारे पैर धरती पर हैं लेकिन हमारा हृदय किसानों और सहकारी समितियों के लिए धड़कता है। हम जब तक इन मूल्यों से बँधे हैं कोई भी हमें आगे बढ़ने से नहीं रोक सकता। हम आगे बढ़ते रहेंगे और नई ऊँचाइयाँ हासिल करते रहेंगे।

आप सभी को बहुत-बहुत धन्यवाद।

सभी लोगों ने अवस्थी के लिए खड़े होकर तालियाँ बजाईं।

यह समापन समारोह तकनीकी और संस्कृति का अद्‌भुत संगम था। पाँच घंटे के कार्यक्रम के दौरान इफको की स्वर्णिम यात्रा को नृत्य और गायन के जरिये प्रस्तुत किया गया। 'मिट्टी की जान, किसान की शान' गीत शंकर महादेवन और श्रेया घोषाल की आवाज में रिकॉर्ड किया गया था।

यह गीत 12 क्षेत्रीय भाषाओं में रिकॉर्ड किया गया था। यह एक बड़ा कार्य था। 12 भाषाओं में इस गीत को रिकॉर्ड करने के लिए 12 पुरुष गायक, 12 महिला गायक, 12 अनुवादकों, गीतकारों और पार्श्व गायकों को ढूँढ़ना पड़ा था।

उस वर्ष, इफको के साथ ही अवस्थी ने भी उर्वरक उद्योग में अपने 50 वर्ष पूरे किए थे। कार्यक्रम के अन्त में उनके पेशेवर जीवन के कुछ स्वर्णिम पलों को एक दृश्य-श्रव्य प्रस्तुति के माध्यम से दिखाया गया था।

वार्षिक आम सभा

इफको की वार्षिक आम सभा (एजीएम) का कार्यक्रम बड़े स्तर पर मनाया जाता है। यह बैठक एनसीयूआई[1] परिसर में आयोजित की जाती है। यह बहुत बड़ा परिसर है जिसमें एक भव्य सभागार और एक बड़ा खुला मैदान भी है। लगभग दो से ढाई हजार लोग इस आम सभा में शामिल होते हैं। 23 मई, 2018 को 47वें एजीएम का आयोजन सुबह आठ बजे है, लोग पहुँचने लगे हैं। अवस्थी लगभग साढ़े आठ बजे आते हैं। उनके आते ही वातावरण जीवन्त हो जाता है। गाड़ी से उतरकर वह सीधे प्रतिनिधियों की तरफ बढ़ते हैं। प्रतिनिधियों में उनसे मिलने की होड़ है। सेल्फी लेने वालों की संख्या इतनी ज़्यादा है कि फोटोग्राफर और वीडियोग्राफर कठिनाई में हैं। बड़ी मुश्किल से अवस्थी एक कदम आगे बढ़ाते हैं कि प्रतिनिधियों का झुंड उन्हें घेर लेता है और फोटोग्राफी का नया सिलसिला शुरू हो जाता है।

फिर सब सभागार में इकट्ठा होते हैं। सबसे पहले अध्यक्ष महोदय को मंच पर आमंत्रित किया जाता है। उनके पीछे-पीछे अवस्थी और निदेशकगण आते हैं। वार्षिक आम सभा अध्यक्ष महोदय के भाषण से शुरू होती है। वह पिछले वित्तीय वर्ष का लेखा-जोखा देते हैं और भविष्य की योजनाओं के बारे में बताते हैं। फिर संयुक्त प्रबन्ध निदेशक आम सभा का एजेंडा पढ़ कर सुनाते हैं। उनके बाद अवस्थी बोलने आते हैं। उनके खड़े होते ही पूरा सभागार तालियों से गूँज उठता है। वे संक्षिप्त भाषण देते हैं और प्रतिनिधियों से पूछते हैं कि क्या वे इस एजेंडे से सहमत हैं। सब एक साथ 'हाँ' कहते हैं और एजेंडा पारित हो जाता है। इसके बाद प्रतिनिधियों के बोलने का सिलसिला शुरू होता है। भिन्न-भिन्न प्रान्तों के रंग-बिरंगे परिधानों में प्रतिनिधि मंच पर आकर अपनी बात कहते हैं। इन प्रतिनिधियों में महिलाएँ भी हैं। सबकी बातों में इफको और अवस्थी के लिए सम्मान का भाव है। सबके लिए दोपहर के भोजन की व्यवस्था है। उपहारों के काउंटर खोल दिए गए हैं। ताकि सभागार में भीड़ का दबाव कम हो जाए।

वार्षिक आम सभा में तमिलनाडु के कोयम्बटूर से आए इफको के प्रतिनिधि रामचन्द्रन कहते हैं, 'मैं इफको किसान सेवा ट्रस्ट से जुड़ा हूँ। मैं अवस्थी जी को देखने आया हूँ। वह लोकप्रिय ही नहीं हैं बल्कि किसान उनको अपना मसीहा मानते हैं।'

1. नेशनल कोऑपरेटिव यूनियन ऑफ इंडिया

एफएआई में इफको को सम्मान

एफएआई[1] प्रति वर्ष दिसम्बर में अपना वार्षिक सम्मेलन आयोजित करता है। यह तीन दिनों का एक भव्य समारोह होता है जिसमें उर्वरक बिरादरी के लोग आपस में विचार-विमर्श करने के लिए मिलते हैं। वर्ष 2017 में इसका आयोजन दिल्ली के ऐरोसिटी में स्थित होटल पुलमैन में किया गया। समारोह का उद्घाटन तत्कालीन रसायन और उर्वरक मंत्री अनन्त कुमार ने किया। अपने वक्तव्य में फर्टिलाइजर एसोशिएसन ऑफ इंडिया के अध्यक्ष के.एस. राजू, जो नागार्जुन फर्टिलाइजर्स एंड केमिकल्स के भी अध्यक्ष हैं, ने बड़ी बेबाकी से भारतीय उर्वरक उद्योग की कठिनाइयों का वर्णन किया।

भाषणों के बाद पुरस्कारों की घोषणा होती है जिसमें इफको को अधिकतम पुरस्कार मिलते हैं। इफको के अधिकारीगण हर पुरस्कार पर जमकर तालियाँ बजाते हैं। आख़िर में 'यूएस अवस्थी इफको लाइफटाइम अचीवमेंट अवार्ड्स'[2] की घोषणा होती है। उर्वरक उद्योग में 'लाइफटाइम अचीवमेंट' के लिए प्रताप नारायण को और कृषि विकास और कृषि अनुसन्धान में लाइफटाइम अचीवमेंट के लिए आर.एस. परोदा को सम्मानित किया जाता है। 2017 में अवस्थी ने फर्टिलाइजर के क्षेत्र में अपनी सेवा के 50 वर्ष पूरे किए। इस उपलक्ष्य में इफको के निदेशक मंडल ने ये दो पुरस्कार शुरू किए। ये पुरस्कार प्रति वर्ष एफएआई के वार्षिक सम्मेलन में प्रदान किए जाते हैं। दोनों पुरस्कारों में 25 लाख रुपये की राशि के साथ स्वर्ण पदक और प्रशस्ति पत्र प्रदान किया जाता है।

भारत सरकार के वरिष्ठ अधिकारी और फर्टिलाइजर एसोशिएसन ऑफ इंडिया के महानिदेशक के रूप में प्रताप नारायण ने भारतीय उर्वरक उद्योग की अभूतपूर्व

1. भारतीय उर्वरक संघ की स्थापना वर्ष 1955 में हुई थी।
2. वर्ष 2017 में डॉ. अवस्थी ने फर्टिलाइजर के क्षेत्र में अपनी सेवा के 50 वर्ष पूरे किए। इस उपलक्ष्य में इफकों के निदेशक मंडल ने दो पुरस्कार प्रारम्भ किए :
    1. 'यूएस अवस्थी इफको लाइफटाइम अचीवमेंट अवार्ड इन द फील्ड ऑफ फर्टिलाइजर्स'
    2. 'यूएस अवस्थी इफको लाइफटाइम अचीवमेंट अवार्ड इन द फील्ड ऑफ ऐग्रिकल्चर डेवलपमेंट एंड एग्रिकल्चर रिसर्च

    ये पुरस्कार प्रति वर्ष एफएआई के वार्षिक सम्मेलन में प्रदान किए जाते हैं। प्रत्येक पुरस्कार में 25 लाख रुपये की राशि के साथ स्वर्ण पदक और प्रशस्ति पत्र प्रदान किया जाता है।

सेवा की है। 1978 में वे उर्वरक विभाग में प्रतिनियुक्ति पर आए थे, और तबसे उर्वरक उद्योग से जुड़े रहे। सरकार से सेवानिवृत्त होने के बाद वे एफएआई के निदेशक बने और 17 वर्षों तक इस पद पर रहे। भारतीय उर्वरक उद्योग को विश्व उर्वरक उद्योग में प्रतिष्ठित करने का श्रेय इन्हें ही है। एफएआई में नारायण के कार्यकाल के दौरान ही अवस्थी आईएफए के अध्यक्ष बने।

आर.एस. परोदा प्रसिद्ध कृषि वैज्ञानिक हैं। देश में राष्ट्रीय कृषि अनुसन्धान प्रणाली के प्रसार और कृषि के आधुनिकीकरण का श्रेय इन्हें है। आर.एस. परोदा नेशनल जीन बैंक के भी मुख्य संस्थापक हैं जो दुनिया का दूसरा सबसे बड़ा जीन बैंक है। आरएस परोदा को वर्ष 1998 में पद्मभूषण और वर्ष 2006 में नॉर्मन बोरलॉग पुरस्कार[1] सहित कई अन्य राष्ट्रीय और अन्तरराष्ट्रीय पुरस्कार और सम्मान मिल चुके हैं।

जॉर्डन निवेश

भारतीय उर्वरक संघ के अगले सम्मेलन (2018) में जॉर्डन के उप-प्रधानमंत्री मोहम्मद नियोबैत भी शरीक़ होते हैं। वे जेपीएमसी (जॉर्डन फास्फेट माइन्स कम्पनी) के अध्यक्ष हैं। जेपीएमसी और इफको का जॉर्डन में जिफको (जॉर्डन इंडिया फर्टिलाइजर कम्पनी) के नाम से संयुक्त उद्यम है। जेपीएमसी में इफको की भी अच्छी हिस्सेदारी है।

मोहम्मद नियोबैत और अवस्थी की मुलाक़ात दो वर्ष पहले हुई थी। वे अवस्थी के बारे में कहते हैं, 'मैं जेपीएमसी की ओर से आधिकारिक दौरे पर भारत आया था। उन्होंने मुझे एक डिनर में आमंत्रित किया था जहाँ कुछ लोगों के साथ इफको, जिफको, रॉक फॉस्फेट और उससे सम्बद्ध कई और मुद्दों

1. नॉर्मन बोरलॉग पुरस्कार भारतीय उर्वरक कम्पनी कोरोमंडल इंटरनेशनल द्वारा कृषि और पर्यावरण के क्षेत्र में कार्यरत भारतीय वैज्ञानिक को उनके अनुसन्धान और योगदान के लिए प्रदान किया जाता है। यह पुरस्कार वर्ष 1972 में नोबेल पुरस्कार विजेता नॉर्मन ई बोरलॉग के सम्मान में शुरू किया गया था जिन्हें विश्व में हरित क्रान्ति का जनक माना जाता है।

पर हमारी अच्छी बातचीत हुई थी। इसके बाद वे मुझे अपने कलोल, कांडला और पारादीप संयंत्र दिखाने ले गए। मैं इफको के स्वर्ण जयन्ती महोत्सव में भी शरीक़ हुआ था। इस तरह उनसे मिलने और उनके साथ समय व्यतीत करने के मुझे कई अवसर मिले।'

नियोबैत मानते हैं कि किसी व्यक्ति के बारे में आप सिर्फ सुन कर अपनी राय नहीं बना सकते। वे अरबी की एक लोकोक्ति का ज़िक्र करते हैं जिसमें दो व्यक्ति आपस में किसी तीसरे व्यक्ति के बारे में बात कर रहे हैं।

पहला दूसरे से पूछता है, 'क्या आप अमुक व्यक्ति को जानते हैं?'

दूसरा जवाब देता है, 'हाँ, मैं उसको जानता हूँ।'

फिर पहला पूछता है, 'क्या आपने उसके साथ यात्रा की है?'

जवाब मिलता है, 'नहीं।'

'क्या आपने उसके साथ पैसों का लेन-देन किया है?'

फिर जवाब मिलता है, 'नहीं।'

इस पर पहला व्यक्ति कहता है, 'फिर आप उसको नहीं जानते हैं।'

वे कहते हैं, 'मैं समझता हूँ भारत के बाहर मैं उन कुछ लोगों में से हूँ जो अवस्थी जी को अच्छी तरह जानते हैं। हमने साथ यात्राएँ की हैं। हमने एक-दूसरे के साथ व्यावसायिक अनुबन्ध किए हैं। हमने आपसी हितों पर एक-दूसरे से काफी बातें की हैं।'

नियोबैत अवस्थी के बहुत बड़े प्रशंसक हैं। वे कहते हैं 'अगर मैं आपसे अपने मन की बात कहूँ तो मैं कहूँगा कि अवस्थी एक असाधारण व्यक्ति हैं। वे ईमानदार हैं, बात के पक्के हैं। निर्णय लेने और निर्णय स्वीकार करने की उनमें अद्भुत क्षमता है। एक बार जिस बात से वे सन्तुष्ट हो जाते हैं फिर उसको लागू करने में वे बिलकुल नहीं हिचकते। मैं ख़ुद को एक अच्छा निर्णय लेने और निर्णय स्वीकार करनेवाला व्यक्ति मानता हूँ और मैं यह भी मानता हूँ कि व्यवसाय के प्रति मेरा रवैया बहुत आक्रामक है, लेकिन मैंने पाया कि मेरे दोस्त अवस्थी मुझसे कई गुना आगे हैं।'

इस सम्मेलन से छह महीने पहले इफको और आईपीएल ने जेपीएमसी में निवेश किया था। उनका जेपीएमसी में अब 37 प्रतिशत शेयर है। जॉर्डन के उप प्रधानमंत्री बताते हैं, 'जब हम लोगों में इस विषय पर बातचीत हुई और मैंने उनसे कहा कि यह आपके लिए निवेश का बहुत अच्छा अवसर है तो वे बिना किसी

झिझक के तैयार हो गए। उन्होंने मेरी बातों पर विश्वास किया और हमारे बीच अनुबन्ध हो गया।'

मनीष गुप्ता बताते हैं, '120 मिलियन डॉलर निवेश का यह अनुबन्ध तीन दिनों में हो गया था।'

स्वप्नद्रष्टा

अवस्थी को सपने देखना पसन्द है। वे कहते हैं, 'मैं स्वप्नद्रष्टा हूँ। मैं सपने देखता रहता हूँ और सोचता रहता हूँ कि आगे क्या हो। मैं हमेशा वैकल्पिक परिदृश्यों के बारे में सोचता रहता हूँ। मेरे प्रबन्धन की शैली काव्यात्मक है।'

अवस्थी के इन्हीं स्वप्नों के कारण इफको ने वर्ष 2003[1] में विद्युत क्षेत्र में कदम रखा। उस समय बिजली उत्पादन के क्षेत्र में बड़े-बड़े निवेश किए जा रहे थे। सरकार ने भी कुछ बड़ी परियोजनाएँ शुरू की थीं, जिनमें एनरॉन परियोजना भी थी। ये सभी परियोजनाएँ कोयले पर आधारित थीं क्योंकि अन्तरराष्ट्रीय बाज़ार में उस समय गैस की क़ीमत बहुत ज़्यादा थी। उर्वरकों की क़ीमतें भी अन्तरराष्ट्रीय बाज़ार में बहुत ज़्यादा बढ़ी हुई थीं। देश में बिजली की बहुत कमी थी। सरकार इन परियोजनाओं से बहुत अधिक दाम पर बिजली ख़रीदने जा रही थी।

अवस्थी एक कोयला-आधारित ऊर्जा संयंत्र स्थापित करके कम लागत पर बिजली पैदा करना चाहते थे। इसका कुछ हिस्सा वे किसानों को रियायती दर पर उपलब्ध कराना चाहते थे। छत्तीसगढ़ में तारापुर में कोयले की खान थी। सर्वेक्षण करने पर पाया गया कि तारापुर कोयले की खान से 10 किलोमीटर की दूरी पर बिजली उत्पादन का संयंत्र लगाया जा सकता है। इस संयंत्र की स्थापना हेतु संयुक्त कम्पनी बनाई गई, जिसके लिए सरकार के साथ समझौता ज्ञापन पर हस्ताक्षर हुए। इसमें इफको की इक्विटी 76 प्रतिशत थी जबकि शेष 24 प्रतिशत इक्विटी छत्तीसगढ़ सरकार के पास रही।

लेकिन जैसे-जैसे परियोजना आगे बढ़ी, बाधाएँ आने लगीं, ख़ासकर राज्य सरकार की तरफ से। परियोजना में शामिल राज्य सरकार के प्रतिनिधि अधिकारी

1. वर्ष 2003 में इफको-छत्तीसगढ़ पावर लिमिटेड की स्थापना हुई।

कहने लगे कि उनके शेयर का पैसा भी इफको ही लगाए। इफको ने राज्य सरकार के अधिकारियों को बताया कि यह सम्भव नहीं है क्योंकि यह व्यावसायिक उद्यम है और व्यावसायिक उद्यम में व्यावसायिक नैतिकता होनी चाहिए इसलिए अपने शेयर का पैसा उन्हें ही लगाना होगा।

राज्य सरकार टालमटोल करने लगी। फिर यह परियोजना पर्यावरणीय समस्याओं में फँस गई। उस समय केन्द्र में जयराम रमेश पर्यावरण और वन मंत्री थे। उनके सामने अवस्थी ने अपनी परियोजना की एक प्रस्तुति दी। वे इस प्रस्तुति से इतने ख़ुश हुए कि उन्होंने छह पन्ने का आदेश इफको के पक्ष में दिया। सभी मंज़ूरियों के साथ वे फिर छत्तीसगढ़ सरकार के पास गए। उन्होंने पुनर्वास योजना का खाका भी पेश किया कि कैसे वे विस्थापित लोगों का पुनर्वास करेंगे। लेकिन 2014 में सर्वोच्च न्यायालय ने सभी कोयले के पट्टे रद्द कर दिए[1] और मामला ठंडे बस्ते में चला गया।

इस प्रकार ऊर्जा क्षेत्र के साथ इफको का सम्बन्ध टूट गया। अवस्थी कहते हैं, 'मुझे नहीं लगता है कि खनन पट्टे के लिए दिए गए 66 करोड़ रुपये के अलावा हमने कोई और बड़ा ख़र्च किया था।'

इफको ने एनसीडीईएक्स[2] में भी निवेश किया। अवस्थी अपनी विस्तार योजना के बारे में बताते हुए कहते हैं, 'यह देश के किसानों के लिए बहुत अच्छी पहल है। इफको-टोकियो के बाद हम कुछ और ऐसी वित्तीय सेवाओं में आना चाहते थे जिनके माध्यम से हम किसानों की मदद कर सकें। हमने बैंकिंग के विकल्प पर भी विचार किया था लेकिन हमने निर्णय लिया कि अभी यह हमारे लिए उपयुक्त नहीं है, आगे कभी देखा जाएगा।'

इसी समय एनसीडीईएक्स और एमसीएक्स[3] की स्थापना हुई। इफको ने एनसीडीईएक्स को चुना क्योंकि इसके प्रमोटर अधिक विश्वसनीय थे, जैसे नाबार्ड, नेशनल स्टॉक एक्सचेंज, एलआईसी, आईसीआईसीआई बैंक; कुछ सरकारी बैंक भी थे। एमसीएक्स में बुलियन (सोना, चाँदी आदि) पर ज़्यादा जोर था। एनसीडीईएक्स

---

1. वर्ष 2014 के सितम्बर महीने में सुप्रीम कोर्ट ने केन्द्र सरकार द्वारा 1993 से 2010 के बीच आवंटित किए गए लगभग सभी कोयला पट्टों को इस आधार पर रद्द कर दिया कि आवंटन मनमाने और अवैध तरीक़े से किए गए थे।
2. नेशनल कमोडिटी एंड डेरिवेटिव्स एक्सचेंज लिमिटेड
3. मल्टी कमोडिटी एक्सचेंज

में कृषि-उत्पादों का बाहुल्य था। उनके व्यापार का लगभग 80 प्रतिशत कृषि-उत्पादों पर केन्द्रित था, इसलिए इफको ने एनसीडीईएक्स को चुना। इफको के संयुक्त प्रबन्ध निदेशक राकेश कपूर वहाँ निदेशक हैं।

इफको के केन्द्र में 'किसान'

अवस्थी कहते हैं, 'हमारे सभी प्रयासों के केन्द्र में किसान हैं। इफको की पहचान ज़मीनी स्तर पर किसानों के साथ इसका जुड़ाव है। वे हमारे मालिक भी हैं और उपभोक्ता भी। वर्ष 2018 में, फॉर्च्यून इंडिया ने इफको को भारत की 43वीं सबसे बड़ी कम्पनी के रूप में सूचीबद्ध किया। हम इस सूची में एकमात्र सहकारी संस्था हैं।'

योगेन्द्र कुमार बताते हैं, 'वे इफको के व्यवसाय की वृद्धि तो करते ही रहे—संस्था का विस्तार किया, उत्पादन बढ़ाया, बिक्री बढ़ाई, उर्वरक के क्षेत्र में इफको को विश्व की नम्बर एक सहकारी समिति बनाया—लेकिन इस पूरी प्रक्रिया में वे किसानों और गाँवों को कभी नहीं भूले। थोड़े-थोड़े अन्तराल पर वे किसानों के लिए बड़े कार्यक्रम शुरू करते रहे।'

प्रबन्ध निदेशक का पद सँभालते ही अवस्थी ने आईएफएफडीसी[1] की शुरुआत की। इसका उद्देश्य यह था कि गाँव के ग़रीब किसानों की आर्थिक स्थिति बेहतर हो और वहाँ का वातावरण स्वच्छ बने। इसके लिए गाँवों में उन बंजर ज़मीनों को चिह्नित किया गया जिन पर न खेती होती थी और न ही पेड़ पौधे थे। जिन किसानों की ज़मीनें थीं उनकी सदस्यता से छोटी-छोटी सहकारी समितियाँ बनाई गईं और समितियों से इन ज़मीनों पर पेड़ लगवाए गए। इसके लिए आईएफएफडीसी ने उनको पौधे दिए और प्रतिदिन मजदूरी भी दी। सारे पेड़ सात से नौ साल के चक्र के थे। जब पेड़ बड़े और मज़बूत हो गए और वन विकसित हो गया तब उन किसानों की ज़मीन उन्हें वापस कर दी गई। इसके तहत 30 हजार हेक्टेयर से अधिक क्षेत्र में वन लगाए गए।

---

1. इंडियन फार्म फॉरेस्ट्री डेवलपमेंट कोऑपरेटिव

आईएफएफडीसी को देश में पर्यावरण के क्षेत्र में योगदान देने के लिए कई प्रतिष्ठित पुरस्कार मिले। यह अब एक बहु-राज्यीय सहकारी समिति है जो गाँव के ग़रीब लोगों को आर्थिक मुख्यधारा में लाने के लिए अनेक गतिविधियाँ संचालित करता है। इस तरह पिछले कुछ वर्षों में अवस्थी ने किसानों पर केन्द्रित अनेक नई पहल शुरू की है।

अपनी विचारशीलता, लगन और दूरदर्शिता से स्वप्नदर्शी अवस्थी भारत के किसानों का जीवन निरन्तर आसान और ख़ुशहाल बना रहे हैं।

नैनो उर्वरक : एक क्रान्तिकारी उत्पाद

यह टेक्नोलॉजी का युग है। अवस्थी सदैव कहते रहे हैं कि टेक्नोलॉजी सबसे महत्त्वपूर्ण है। हम लोग अब डिसरप्टिव टेक्नोलॉजी (विघटनकारी प्रौद्योगिकी)[1] की तरफ जा रहे हैं। विश्व व्यवस्था में हमारा स्थान क्या होगा यह इस बात पर निर्भर है कि हम कितनी जल्दी और कितनी सफलता के साथ नई टेक्नोलॉजी अपनाते हैं। जिस तरह औद्योगिक क्रान्ति ने घोड़ों और हाथियों को परिवहन के साधनों से शोपीस में बदल दिया, उसी तरह आज इस्तेमाल की जाने वाली टेक्नोलॉजी कल पुरानी पड़ जाएगी और अभी जिनकी हम कल्पना ही कर पाते हैं वे व्यवहार में आ जाएँगी।

अवस्थी का मानना रहा है कि 'हमें टेक्नोलॉजी के प्रति सदैव सजग रहना चाहिए—संस्था को भी, देश को भी, लीडर्स को भी—चाहे वे समाज का नेतृत्व कर रहे हों या कम्पनी का नेतृत्व कर रहे हों।' अगर हमें अपनी पृथ्वी को बचाना है तो हमें वर्तमान तकनीकी प्रतिमान को बदलना होगा। वे कहते हैं कि 'उर्वरक इफको की बुनियाद है, लेकिन उनका भी स्वरूप बदल जाएगा। हमारे पास नैनो-उर्वरक होंगे। हमारे पास पोषक तत्त्व प्रबन्धन के वैकल्पिक रूप मौज़ूद होंगे। इसलिए हमने एक टीम गठित की है जो इस पर शोध कर रही है।'

2017 में अवस्थी अमेरिका से एक छोटी छुट्टी बिताकर लौटे थे। आते ही उन्होंने अपनी टीम के कुछ सदस्यों से कहा कि वह नैनो उर्वरक लॉन्च करने के बारे में गम्भीरता से सोच रहे हैं।

---

1. विघटनकारी प्रौद्योगिकी उपभोक्ताओं, उद्योगों या व्यापार के काम-काज के तरीक़ों में महत्त्वपूर्ण बदलाव लाती है। यह पुराने तौर-तरीक़ों को एकदम बदल देती है और पूरे उद्योग और बाज़ार पर छा जाती है। हमारे समय में ई-कॉमर्स, ऑनलाइन ख़बरें आदि इसका उदाहरण हैं। डिसरप्टिव टेक्नोलॉजी शब्द के इस्तेमाल को प्रचलन में लाने का श्रेय प्रोफ़ेसर क्लेटन एम. क्रिस्टेंसेन को दिया जाता है।

इफको के विपणन निदेशक योगेन्द्र कुमार बताते हैं, 'अवस्थी पारम्परिक रासायनिक उर्वरकों के हानिकारक प्रभावों के बारे में चिन्तित थे। वे राष्ट्रीय और अन्तरराष्ट्रीय मंचों पर समस्त उर्वरक बिरादरी से इसका विकल्प ख़ोजने की अपील कर रहे थे।

इफको ने अपने प्रारम्भिक प्रयासों में पानी में घुलनशील उर्वरकों, जैविक खाद और पौधों के पोषण से सम्बन्धित ग्रोथ प्रमोटर्स बनाने की दिशा में कुछ ठोस कदम उठाए थे। इसलिए जैसे ही अवस्थी को नैनो उर्वरकों की सम्भावना के बारे में पता चला, उन्होंने इस दिशा में काम करना शुरू कर दिया।

नैनो टेक्नोलॉजी में निवेश

अवस्थी पिछले कई वर्षों से उर्वरकों में नैनो टेक्नोलॉजी के उपयोग की सम्भावना को लेकर मंथन कर रहे थे। इस बीच जब उन्होंने एक पत्रिका में पढ़ा कि नैनो उर्वरकों पर शोध अब महत्त्वपूर्ण चरण में पहुँच गया है तब वे इस बारे में गम्भीर हो गए। उन्होंने अपनी टीम को नैनो उर्वरक पर काम कर रहे सबसे प्रतिष्ठित वैज्ञानिक के बारे में पता लगाने को कहा। अन्ततः इफको ने डॉ. जे. सी. तरफदार और उनकी टीम को नैनो उर्वरक पर काम करने के लिए चुना। जून 2018 में कलोल में 'इफको तरफदार नैनो फर्टिलाइजर लैब' की स्थापना की गई।

डॉ. तरफदार की टीम ने कई जैविक नैनो उर्वरक विकसित किये—जैसे नैनो नाइट्रोजन, नैनो ज़िंक और नैनो फॉस्फोरस। लेकिन इन उर्वरकों के क्षेत्र परीक्षण के परिणाम मानदंडों के मुताबिक नहीं रहे।

जून 2019 में 'इफको तरफदार नैनो फर्टिलाइजर लैब' को बन्द कर दिया गया। इस दौरान इफको की टीम डॉ. तरफदार के शोध छात्र रहे युवा वैज्ञानिक डॉ. रमेश रालिया के सम्पर्क में थी, जो अमेरिका के सेंट लुइस स्थित वाशिंगटन विश्वविद्यालय में नैनो उर्वरकों पर काम कर रहे थे।

एक नई शुरुआत

वर्ष 2019 में इफको के संयुक्त प्रबन्ध निदेशक राकेश कपूर और विपणन निदेशक योगेन्द्र कुमार एक सेमिनार में भाग लेने के लिए सेंट लुइस गए थे। उस सेमिनार के वक्ताओं में डॉ. रालिया भी थे।

योगेन्द्र कुमार बताते हैं कि 'हम सेमिनार ख़त्म होने के बाद डॉ. रालिया से मिले। चूँकि हम फ़ोन और व्हाट्सऐप पर लगातार उनसे सम्पर्क में थे, इसलिए हम वक़्त बर्बाद किए बिना मुद्दे पर आ गए।' डॉ. रालिया ने उन्हें बताया कि उन्होंने अपने नैनो उर्वरकों के नमूने अपने गृह राज्य राजस्थान भेजे थे जहाँ के किसान उनका उपयोग कर रहे थे।

यह बहुत ही आशाजनक था। वे राकेश कपूर और योगेन्द्र कुमार को अपनी प्रयोगशाला दिखाने के लिए ले गए, जो अपने आप में बहुत प्रभावशाली थी। इसके बाद, सोयाबीन और मक्के के खेतों पर किए परीक्षण को दिखाने के लिए डॉ. रालिया उन्हें लगभग 100 मील दूर एक फार्म पर ले गए। यह सब देखकर राकेश कपूर और योगेन्द्र कुमार को लगा कि डॉ. रालिया इफको के नैनो उर्वरक प्रोजेक्ट में एक महत्त्वपूर्ण कड़ी साबित हो सकते हैं। उन्होंने पूछा कि क्या वे अवस्थी से मिलने भारत आ सकते हैं? संयोग से, वे अगले महीने भारत आने की योजना बना रहे थे। उन्होंने हाँ में जवाब दिया।

यह बहुत ही सफल मुलाक़ात रही—अवस्थी ने उन्हें इफको में काम करने का प्रस्ताव दिया। उन्होंने डॉ. रालिया से कहा कि इफको उनकी सभी अपेक्षाओं को पूरा करेगा और भारत में एक विश्वस्तरीय अनुसन्धान केन्द्र स्थापित करने के लिए आवश्यक सभी सुविधाएँ भी प्रदान करेगा। उन्होंने कहा कि इफको का हमेशा से यह प्रयास रहा है कि देश के किसानों को दुनिया की सर्वश्रेष्ठ तकनीक उपलब्ध कराई जाए।

डॉ. रालिया ने जवाब दिया, 'अगर वास्तव में ऐसा है तो मैं निश्चित रूप से इफको के साथ काम करना चाहूँगा।'

डॉ. रालिया ने निर्णय लेने के लिए कुछ समय माँगा और अमेरिका लौट गए। लेकिन जल्द ही भारत वापस आकर उन्होंने जून 2019 में नव स्थापित 'इफको नैनो जैव प्रौद्योगिकी अनुसन्धान केन्द्र'[1] में अपना शोध-कार्य शुरू कर

1. इफको नैनो बायोटेक्नोलॉजी रिसर्च सेंटर

दिया। शुरुआत में नैनो ज़िंक का पहला नमूना विकसित किया गया और जल्द ही वे नैनो नाइट्रोजन (यूरिया) और नैनो कॉपर भी ले आए।

नवीन क्रान्ति का सूत्रपात

अनुसन्धान केन्द्र की स्थापना के मुश्किल से तीन महीने बाद अक्टूबर में इफको ने अपने नैनो उर्वरकों के पेटेंट के लिए आवेदन किया। बिना किसी शोर-शराबे के इफको एक वैश्विक क्रान्ति का सूत्रपात कर रहा था। संयंत्र प्रबन्धन की दुनिया में एक नए युग की प्रस्तावना लिखी जा रही थी।

इस दिशा में इफको का अगला कदम क्षेत्र परीक्षण के बाद इसे मंज़ूरी के लिए सरकार के पास भेजना था। लेकिन चूँकि इफको ने इसका परीक्षण अपने ही खेतों में किया था अत: कृषि विभाग ने इसे मंज़ूरी देने से इनकार कर दिया। उसका कहना था कि 'ये क्षेत्र परीक्षण पर्याप्त नहीं है। आपको किसानों के खेतों में, कृषि अनुसन्धान संस्थानों में और विश्वविद्यालयों के वैज्ञानिकों की निगरानी में इसका परीक्षण करना होगा और फिर परिणामों के साथ हमारे पास आना होगा।'

अवस्थी ने कहा : 'ठीक है, हम राष्ट्रव्यापी क्षेत्र परीक्षण शुरू करेंगे।' उन्होंने परीक्षण शुरू करने के लिए इफको की 52वीं जयन्ती, 3 नवम्बर, 2019 का दिन चुना। इस समय तक इफको ने एक प्रायोगिक संयंत्र स्थापित कर लिया था, जो हर दिन 6 हजार बोतल नैनो नाइट्रोजन (यूरिया), नैनो ज़िंक और नैनो कॉपर का उत्पादन कर रहा था।

अवस्थी ने तीनों उत्पादों के देशव्यापी क्षेत्र परीक्षण की वृहद् योजना बनाई। उन्होंने कहा कि इसके उद्घाटन समारोह में देश के प्रत्येक राज्य से कम-से-कम दो किसान आने चाहिए और 11 हजार स्थानों पर देश में एक साथ क्षेत्र परीक्षण शुरू किए जाएँ।

लम्बा-घुमावदार रास्ता

यह एक बहुत बड़ा काम था। सभी 11 हजार स्थानों की डिजिटल मैपिंग की गई ताकि यदि मुख्य अतिथि या कोई अन्य गण्यमान्य व्यक्ति देश में किसी ख़ास जगह का क्षेत्र परीक्षण देखना चाहे तो कलोल से ही उन्हें वह क्षेत्र परीक्षण दिखाया जा सके। अवस्थी के अन्य कार्यक्रमों की तरह, यह एक बड़ा समारोह था—गुजरात के लगभग दो हजार किसान इस कार्यक्रम को देखने के लिए उपस्थित थे। समारोह की एक ख़ास बात यह थी कि देश के विभिन्न प्रदेशों से आए 55 चुनिन्दा किसानों को सम्मानपूर्वक मंच पर बिठाया गया था।

अवस्थी ने ट्वीट किया कि 'श्री डी.वी. सदानन्द गौड़ा जी, केन्द्रीय रसायन और उर्वरक मंत्री, श्री मनसुख लाल मांडविया जी, रसायन और उर्वरक राज्य मंत्री, श्री पी.के. रूपाला जी, कृषि राज्य मंत्री द्वारा हमारी मातृ संयंत्र कलोल में इफको के नैनो-प्रौद्योगिकी-आधारित उत्पादों को लॉन्च करने की पूरी तैयारी कर ली गई है।'

इसके बाद कार्यक्रम में आए विशिष्ट अतिथियों और विभिन्न प्रदेशों से आए किसानों ने इफको की प्रयोगशाला और अन्य सुविधाएँ देखीं। वे बहुत प्रभावित हुए। प्रत्येक किसान को उपहार स्वरूप नैनो यूरिया, नैनो ज़िंक और नैनो कॉपर की एक-एक बोतल दी गई। कार्यक्रम में जितने भी गण्यमान्य लोग आए थे सब नैनो उर्वरक से प्रभावित हुए। सदानन्द गौड़ा ने कहा कि इससे परम्परागत यूरिया का प्रयोग समाप्त होगा और देश में पर्यावरण शुद्ध होगा। यह पेय जल, वायु और भूमि तीनों के लिए बहुत अच्छा होगा। सभी ने नैनो उर्वरक की सफलता के लिए शुभकामनाएँ दीं।

पूरे देश में 11 हजार स्थानों की 94 फ़सलों पर क्षेत्र परीक्षण किया गया। फिर अवस्थी ने यह निर्णय लिया कि किसानों के खेतों पर ही परीक्षण पर्याप्त नहीं हैं, इसलिए कृषि विज्ञान केन्द्रों में, देश के सबसे प्रतिष्ठित कृषि विश्वविद्यालयों और आईसीएआर[1] के संस्थानों में भी परीक्षण करवाए गए। इस तरह के 20 संस्थानों में 43 फ़सलों पर परीक्षण किए गए।

अवस्थी व्यक्तिगत रूप से इस प्रक्रिया से जुड़े थे। वे परीक्षणों की प्रगति पर साप्ताहिक रिपोर्ट लेने के साथ-साथ जहाँ आवश्यक होता, उस क्षेत्र में लोगों से मिलने भी जाते थे।

1. भारतीय कृषि अनुसन्धान परिषद

परीक्षण परिणाम बहुत उत्साहजनक रहे। फ़सलों की पैदावार में आठ प्रतिशत तक की बढ़ोतरी हुई, तो दूसरी तरफ यूरिया की खपत भी आधी रह गई और अहम बात यह कि इसके उपयोग से फ़सल की गुणवत्ता काफी बेहतर रही। इन परीक्षणों ने इस आशंका को भी दूर कर दिया कि नैनो उर्वरक फ़सल और पर्यावरण को नुक़सान पहुँचा सकते हैं।

तमिलनाडु कृषि विश्वविद्यालय में बहुत सारी नैनो परियोजनाएँ चल रही थीं। इसने विषाक्तता की जाँच के लिए इफको के नए उत्पादों का परीक्षण किया और पाया कि उनका मिट्टी के माइक्रोब्स या अन्य तत्त्वों पर कोई प्रभाव नहीं पड़ता है। इस तरह, नए उर्वरक बिलकुल सुरक्षित पाए गए।

ओईसीडी[1] एक संस्था है जिसके अपने कुछ दिशा-निर्देश हैं और कई विकसित देश इनका पालन करते हैं। नए उत्पाद उसके दिशा-निर्देशों के अनुरूप पाए गए। ओईसीडी गाइडलाइंस का पालन करते हुए इफको के उत्पादों का परीक्षण किया गया और वे बिलकुल ठीक निकले।

7 जुलाई, 2020 को जैव प्रौद्योगिकी विभाग ने नैनो उत्पादों के लिए अपने दिशा-निर्देश जारी किए। तीन उत्पादों—नैनो नाइट्रोजन (यूरिया), नैनो ज़िंक और नैनो कॉपर—का उन दिशा-निर्देशों के अनुसार परीक्षण किया गया। अन्ततः सभी परीक्षण सफल पाए गए।

अब, इफको ने अपने उत्पादों के पंजीकरण के लिए कृषि मंत्रालय में आवेदन किया क्योंकि फर्टिलाइजर कंट्रोल ऑर्डर में पंजीकरण के बाद ही कोई उर्वरक बाज़ार में बिक सकता है। इसके लिए कृषि मंत्रालय एक कमेटी बनाता है जिसे सीएफसी[2] कहते हैं। सभी परीक्षणों की रिपोर्ट इस कमेटी के समक्ष रखी जाती है। कमेटी सदस्य संस्था के प्रतिनिधियों से सवाल पूछते हैं, जब वे सन्तुष्ट होते हैं तभी अपनी संस्तुति देते हैं। सीएफसी की अध्यक्षता भारत सरकार के कृषि आयुक्त करते हैं।

सीएफसी की लगातार कई बैठकें हुईं। उसके सभी सदस्य इस पक्ष में थे कि कृषि विश्वविद्यालयों और आईसीएआर के संस्थानों से मिले परिणामों के आधार पर इन तीनों उत्पादों का पंजीकरण किया जा सकता है।

---

1. ओईसीडी (आर्गेनाईजेशन ऑफ इकनोमिक कोऑपरेशन एंड डेवलपमेंट) में 38 देश हैं। ओईसीडी गाइडलाइंस मानवाधिकारों, श्रम अधिकारों और पर्यावरण जैसे कई मुद्दों पर जिम्मेदार व्यावसायिक आचरण के लिए मानक निर्धारित करते हैं।
2. सेंट्रल फर्टिलाइजर कमेटी (केन्द्रीय उर्वरक समिति)

सीएफसी के चेयरमैन ने कहा कि 'गुणवत्ता के हिसाब से तीनों उत्पाद बहुत अच्छे हैं, लेकिन यह स्पष्ट नहीं है कि जैव प्रौद्योगिकी विभाग के दिशा-निर्देशों के हिसाब से इनका परीक्षण किया गया है, इसलिए यह सारा मामला जैव प्रौद्योगिकी विभाग को सौंपा जाए। वह इनका मूल्यांकन करे। जब उसका अनुमोदन मिल जाएगा तब सीएफसी इस पर विचार करेगी।'

जैव प्रौद्योगिकी विभाग के दिशा-निर्देशों के अनुसार ही इफको उत्पादों का परीक्षण किया गया था। सीएफसी को जो दस्तावेज़ प्रस्तुत किया गया वह 10 हजार पृष्ठों में था। उसमें सभी प्रकार के टॉक्सिसिटी परीक्षणों के परिणाम थे—मधुमक्खियों पर क्या असर होगा, मछलियों पर क्या असर होगा, मुर्गियों पर क्या असर होगा, विभिन्न वर्ग के जीवों पर इनका क्या असर होगा; इन जीवों की विभिन्न श्रेणियों पर पड़नेवाले उनके प्रभाव सहित सभी प्रकार के विषाक्तता परीक्षणों के परिणाम शामिल थे।

फिर भी जैव प्रौद्योगिकी विभाग के वैज्ञानिकों ने एक बार फिर सारे परीक्षण किए। कई बैठकें हुईं और सवालों-जवाबों का एक लम्बा सिलसिला चला। अन्त में, उन्होंने कहा कि ये उत्पाद ठीक हैं। लेकिन सीएफसी ने नैनो यूरिया (तरल) के रूप में केवल नैनो नाइट्रोजन को मंज़ूरी दी और नैनो ज़िंक और नैनो कॉपर की मंज़ूरी रोक ली।

उस वक़्त लखनऊ स्थित 'इंडियन इंस्टीट्यूट ऑफ टॉक्सिकोलॉजी रिसर्च'[1] के निदेशक डॉ. एस.के. बारिक को विशेष रूप से इस मुद्दे पर अपनी राय देने के लिए सीएफसी में बुलाया गया था। उनका कहना था कि ज़िंक और कॉपर में लम्बे समय तक विषाक्तता की समस्या रहती है, इसलिए उन्हें लम्बे समय तक परीक्षण के बिना मंज़ूरी नहीं दी जा सकती है। उनकी इस राय के आधार पर नैनो ज़िंक और नैनो कॉपर के लिए मंज़ूरी रोक दी गई।

यह हतोत्साहित करने वाली स्थिति थी लेकिन अवस्थी ने अपनी टीम का मनोबल गिरने नहीं दिया। उन्होंने कहा कि क्षेत्र परीक्षण का काम रुकना नहीं चाहिए। फिर और भी कई विश्वविद्यालय इस काम से जुड़ गए। अवस्थी कहते हैं, 'हमने डॉ. बारिक के साथ चर्चा की और उन्हें बताया कि हमने दो साल का परीक्षण पूरा कर लिया है। लेकिन उनका कहना था कि आपकी संस्था को एक वर्ष और ये परीक्षण चलाने होंगे; उसके बाद हम आपके उत्पादों का परीक्षण कर

1. भारतीय विषविज्ञान अनुसन्धान संस्थान

उन्हें मंज़ूरी देंगे। इससे इफको को उम्मीद बँधी कि जल्द ही नैनो ज़िंक और नैनो कॉपर का भी लॉन्च हो सकेगा।'

फरवरी 2021 में, भारत सरकार ने इफको नैनो यूरिया (तरल) के उपयोग को मंज़ूरी दे दी और इसे एफसीओ[1] में शामिल कर लिया गया। 31 मई, 2021 का दिन था जब इफको की 50वीं वार्षिक आम बैठक के दौरान अवस्थी ने इफको नैनो यूरिया (तरल) के वाणिज्यिक उत्पादन और बिक्री की घोषणा की। इफको के लिए वह ऐतिहासिक पल था जब नैनो यूरिया तरल की एक बोतल अपने हाथों में उठाते हुए अवस्थी ने कहा, 'हम पूरी दुनिया के किसानों के लिए इफको द्वारा उत्पादित विश्व का पहला नैनो यूरिया पेश कर रहे हैं।'

कुछ समय बाद यह महसूस किया गया कि इस नैनो यूरिया की कुछ सीमाएँ हैं, इसलिए एनबीआरसी[2] और दक्षिण भारत स्थित एक वैज्ञानिक शोध संगठन के संयुक्त प्रयास से एक नए प्रकार का नैनो यूरिया विकसित किया गया है। यह उत्पाद लम्बे समय तक चलने वाला है और मिट्टी की सेहत के लिए भी अच्छा है। इस नए नैनो यूरिया उत्पाद का पेटेंट भी फ़ाइल किया गया है, जिसमें अवस्थी का नाम भी शामिल है।

इफको नैनो बायो रिसर्च सेंटर और डॉ. लक्ष्मणन के नैनो उद्यम के संयुक्त प्रयासों से इफको नैनो यूरिया (तरल) स्थिरता और गुणवत्ता की दृष्टि से अब पहले से और बेहतर हो गया है।

नैनो उर्वरकों की अब तक की विकास यात्रा में अनेक उतार-चढ़ाव आए, कई कठिनाइयाँ आईं पर अवस्थी ने अपनी टीम के हौसले को सदा बनाए रखा। अवस्थी कहते हैं, 'हमने इस बीच कुछ वरिष्ठ वैज्ञानिकों को खो दिया लेकिन हमारे प्रयास जारी रहे।' उनके पास हमेशा संकट से निपटने के लिए कोई-न-कोई विकल्प रहता है जिसके कारण वे आसानी से समस्या का समाधान कर लेते हैं।

नैनो उर्वरकों के विकास के दौरान सहयोग और समर्थन देने के लिए अवस्थी इफको के अध्यक्ष और निदेशक मंडल के अलावा स्वास्थ्य और परिवार कल्याण सह रसायन और उर्वरक मंत्री डॉ. मनसुख मांडविया को धन्यवाद देते हैं।

---

1. उर्वरक नियंत्रण आदेश
2. नैनो बायोटेक्नोलॉजी रिसर्च सेंटर, इफको की कलोल इकाई में स्थापित है।

नैनो यूरिया का निर्माण अत्याधुनिक सुविधाओं के बीच किया जाता है और संयंत्र की क्षमता को देखते हुए प्रतिदिन डेढ़ लाख बोतल तैयार करने का लक्ष्य है। नैनो यूरिया तरल के निर्माण से जुड़ी पूरी प्रक्रिया स्वचालित है। नैनो यूरिया की बोतलों से भरे डिब्बों को ट्रकों पर लादने के समय ही इसमें इन्सानों की भूमिका शुरू होती है।

नैनो यूरिया कैसे काम करता है

नैनो यूरिया, साधारण यूरिया के प्रयोग से उत्पन्न समस्याओं का पर्यावरण हितैषी समाधान प्रस्तुत करता है। खेतों में हम जो साधारण यूरिया डालते हैं, पौधे उसका 30 प्रतिशत ही अवशोषित कर पाते हैं। बचा हुआ 70 प्रतिशत यूरिया हमारे पर्यावरण को कई तरह से नुक़सान पहुँचाता है। यह नाइट्रस ऑक्साइड के रूप में हवा में मिल जाता है। यह एक ग्रीनहाउस गैस है, इससे ग्लोबल वार्मिंग होती है और जलवायु में परिवर्तन आते हैं। फिर, अमोनिया का उत्सर्जन होता है जो वातावरण में NOx[1] की मात्रा बढ़ाता है और वायु प्रदूषित करता है। मिट्टी में जो यूरिया बचा रह जाता है वह मिट्टी की pH[2] वैल्यू प्रभावित करता है जिसके कारण पौधे अन्य पोषक तत्त्वों को अवशोषित नहीं कर पाते। यह हमारे पानी को भी दूषित करता है। हम नहरों या जलकूपों से सिंचाई करते हैं। खेतों में बचा यूरिया नहरों और भूमिगत जल में नाइट्रेट की मात्रा बढ़ा देता है। यूरिया का निक्षालन (लीचिंग)[3] भी होता है जिससे भूमिगत जल दूषित होता है।

नैनो यूरिया को पौधे लगभग 86 प्रतिशत अवशोषित कर लेते हैं। प्रभाव के लिहाज़ से नैनो यूरिया की 500 मिलीलीटर की एक बोतल साधारण

---

1. नाइट्रिक ऑक्साइड (NO) और नाइट्रोजन डाइऑक्साइड (NO_2) का संक्षिप्त रूप है।
2. किसी भी विलयन की pH वैल्यू एक संख्या है जो उस विलयन की सांद्रता बताती है। इसी मान के आधार पर उस पदार्थ की अम्लता और क्षारीयता प्रदर्शित होती है। विलयन में H आयनों की सांद्रता का नेगेटिव लोगरिद्म ही pH मान कहलाता है।
3. निक्षालन वह प्रक्रिया है जिसके द्वारा मिट्टी में विद्यमान घुलनशील संघटक पानी में घुल जाते हैं और रिसते हुए पानी के साथ मिट्टी से गुज़र कर नीचे के स्तरों में पहुँच जाते हैं।

यूरिया की 45 किलोग्राम की एक बोरी के बराबर होती है। साधारण यूरिया में 46 प्रतिशत नाइट्रोजन होता है। हम आमतौर पर एक एकड़ में दो बोरी साधारण यूरिया डालते हैं। मतलब एक एकड़ में हम 41.4 किलोग्राम (90 किलोग्राम का 46 प्रतिशत) नाइट्रोजन डालते हैं। पौधे इसका 30-40 प्रतिशत ही अवशोषित कर पाते हैं, इसलिए एक एकड़ में लगभग 16-28 किलोग्राम नाइट्रोजन बेकार रह जाता है।

वैज्ञानिक कहते हैं कि 'नैनो यूरिया की 500 मिलीलीटर की बोतल में 20 ग्राम नाइट्रोजन होता है। यदि हम एक एकड़ में दो बोतल नैनो यूरिया डालते हैं और यह मानते हैं कि पौधे उनका 86 प्रतिशत नाइट्रोजन अवशोषित कर लेते हैं, तो एक एकड़ भूमि में बचा हुआ नाइट्रोजन मुश्किल से 5-6 ग्राम होता है, जो न के बराबर है, इसलिए हम निश्चित रूप से कह सकते हैं कि नैनो यूरिया साधारण यूरिया के हानिकारक प्रभावों को लगभग पूरी तरह समाप्त कर देता है।'

किफ़ायती बनाने की चुनौती

जब नैनो यूरिया तरल बनकर तैयार हो गया, तब अवस्थी ने डॉ. रालिया से पूछा : 'आपके अनुसार, आपके द्वारा तैयार इस नैनो उर्वरक की क़ीमत क्या होनी चाहिए?'

'सर, अमेरिका में, इसकी क़ीमत हजारों डॉलर होगी।'

अवस्थी ने इसकी उत्पादन लागत देख कर कहा, 'इसकी क़ीमत 240 रुपये रखिए।' सोच-विचार के बाद अन्ततः उन्होंने इसकी क़ीमत 225 रुपये तय कर दी। नैनो यूरिया की एक बोतल 500 मिलीलीटर की होती है। यदि साधारण उर्वरकों के बदले केवल नैनो उर्वरकों का उत्पादन किया जाए तो परिवहन और भंडारण में देश का बेशुमार पैसा बचेगा। दूसरा बड़ा फ़ायदा सब्सिडी में बचत है। नैनो यूरिया की 500 मिलीलीटर की एक बोतल 225 रुपये में आती है, जबकि 45 किलोग्राम के साधारण यूरिया की एक बोरी लगभग 2,000 रुपये की सरकारी सब्सिडी के साथ 268 रुपये में आती है। इस तरह साधारण यूरिया

की 45 किलोग्राम की एक बोरी की वास्तविक क़ीमत 2,268 रुपये हुई। हमारे देश में उर्वरकों पर सरकार की कुल सब्सिडी हर साल लगभग डेढ़ लाख करोड़ रुपये है।

योगेन्द्र कुमार कहते हैं कि 'इस प्रकार, यदि पूरा देश नैनो उर्वरकों की ओर रुख़ करता है तो उत्पादन बढ़ेगा, उपज की गुणवत्ता बेहतर होगी, और हमारी मिट्टी, पानी या हवा को कोई नुक़सान नहीं होगा। इसलिए नैनो उर्वरकों को क्रान्ति कहा जा रहा है। इनसे पौधों के पोषक तत्त्व प्रबन्धन में एक नए युग की शुरुआत हो रही है।'

नैनो यूरिया को लेकर 13 दिसम्बर, 2022 को लोकसभा में पूछे गए सवाल के जवाब में केन्द्रीय कृषि एवं किसान कल्याण मंत्री, श्री नरेन्द्र सिंह तोमर ने कहा कि 'भारतीय कृषि अनुसन्धान परिषद ने इफको के सहयोग से दो जलवायु वाले मौसमों (रबी एवं खरीफ) में इफको द्वारा बनाई गई नैनो यूरिया का सस्य विज्ञान यानी एग्रोनोमिक मूल्यांकन किया है। नैनो यूरिया से किसानों की बचत होगी। नाइट्रोजन की अनुशंसित प्रारम्भिक खुराक (बेसल डोज) के साथ टॉप ड्रेसिंग के रूप में नैनो यूरिया के दो छिड़काव (स्प्रे) से उपज बढ़ी है। विभिन्न फ़सलों में 3-8 फ़ीसदी तक की पैदावार का लाभ हुआ और 25-50 फ़ीसदी की यूरिया बचत हुई।'

नैनो उर्वरकों के अन्य लाभ इसके भंडारण और परिवहन में निहित हैं। इसे हम सामान्य गणित के जरिये समझ सकते हैं। मसलन, जहाँ हम सामान्य यूरिया की 45 किलोग्राम की बोरी का प्रयोग करते थे, वहाँ अब नैनो यूरिया की 500 मिली की एक बोतल से काम चल जाएगा। देश में उर्वरकों की कुल खपत लगभग 61.4 मिलियन टन प्रति वर्ष है। इसका मतलब है कि 61.4 मिलियन टन सामान्य उर्वरकों के स्थान पर नैनो उर्वरकों का प्रयोग किया जा सकता है।

केन्द्रीय गृह एवं सहकारिता मंत्री अमित शाह कहते हैं, 'पूरी दुनिया में सबसे पहले इफको ने नैनो यूरिया बनाया, यह भारत के लिए गौरव की बात है। पिछले चार साल से मैं अवस्थी के सम्पर्क में हूँ और इनकी 4-5 साल की मेहनत रंग लाई है। बहुत मेहनत के बाद इसको अंजाम तक पहुँचाया है।...अवस्थी जी ने इस प्रोजेक्ट के पीछे बहुत मेहनत की है, मैं जानता हूँ।'

केन्द्रीय गृह एवं सहकारिता मंत्री श्री अमित शाह ने देवघर में नैनो यूरिया तरल के शिलान्यास के अवसर पर अपने वक्तव्य में यह बात कही।

किसानों के लिए वरदान

केन्द्रीय रसायन एवं उर्वरक सह स्वास्थ्य एवं परिवार कल्याण मंत्री, डॉ. मनसुख लाल मांडविया ने एक ट्वीट में कहा, 'नैनो यूरिया के बाद सरकार ने अब नैनो डीएपी को भी मंज़ूरी दे दी है।' उन्होंने इसे उर्वरक के क्षेत्र में आत्मनिर्भरता हासिल करने की दिशा में उठाया गया कदम बताते हुए कहा कि इससे किसानों को फ़ायदा होगा।

नैनो उर्वरक को लेकर किसानों की शुरुआती प्रतिक्रिया बहुत सकारात्मक रही है जो इफको के लिए बहुत उत्साहजनक है। दक्षिण में कर्नाटक और आन्ध्र प्रदेश से लेकर उत्तर में जम्मू और कश्मीर, हिमाचल प्रदेश, पंजाब, हरियाणा और उत्तर प्रदेश तक, पूर्व में असम, बिहार, पश्चिम बंगाल और उड़ीसा से लेकर पश्चिम में महाराष्ट्र और गुजरात तक पूरे भारत के किसानों को इस नए उर्वरक के प्रयोग द्वारा बहुत अच्छी पैदावार मिली है।

इन किसानों ने अपनी ज़मीन के छोटे हिस्से पर नैनो उर्वरकों का प्रयोग किया जिसमें उन्हें 6 प्रतिशत से 35 प्रतिशत तक अधिक उपज मिली और इसके कारण उन्हें अच्छा मुनाफ़ा भी हुआ। उनके गाँवों के अन्य किसान, जो परम्परागत उर्वरकों के स्थान पर नैनो उर्वरक का उपयोग करने से हिचक रहे थे, वे भी अब नैनो उर्वरकों की ओर रुख़ कर रहे हैं।

उदाहरण के लिए, बेंगलुरु के पास चनेनहल्ली गाँव के एक किसान चनेन गोवदा ने अपने 15 एकड़ के खेत में नैनो यूरिया का इस्तेमाल किया जिससे उन्हें 35 प्रतिशत अधिक मक्के की फ़सल मिली। उनके मुनाफ़े में 25,000 रुपये की वृद्धि हुई। उनको देखकर उनके गाँव के 30 अन्य किसानों ने भी नैनो यूरिया का प्रयोग करना शुरू कर दिया है।

नैनो टेक्नोलॉजी का भविष्य

अवस्थी कहते हैं, 'क्रान्ति तब आती है जब हमारे तौर-तरीक़ों में अप्रत्याशित बदलाव आता है, जो आप वर्तमान में कर रहे हैं उसमें आमूलचूल परिवर्तन

आ जाता है।' अपनी बात पर जोर देते हुए वे हरित क्रान्ति का उदाहरण देते हैं—'भारत पहले खाद्य पदार्थों का आयात करता था, लेकिन अब इनका निर्यात भी करता है।'

उनका कहना है, 'नैनो प्रौद्योगिकी उर्वरकों के क्षेत्र में क्रान्ति सिद्ध होगी। यह भारत को कई तरह मदद पहुँचाएगी। आज, हम उर्वरकों और कृषि-रसायनों पर काम कर रहे हैं, लेकिन भविष्य में इनका उपयोग खाद्य पैकेजिंग, न्यूट्रास्यूटिकल्स, फार्मास्यूटिकल्स, सेंसर, रक्षा प्रौद्योगिकियों, अन्तरिक्ष क्षेत्र और कई अन्य क्षेत्रों में किया जा सकता है। इसका मतलब यह है कि भविष्य में इफको, उर्वरकों या कृषि क्षेत्र तक सीमित नहीं रहेगा।'

इफको को अपने उत्पाद पर गर्व है। इफको की उत्पादन इकाई पूरी दुनिया में अकेली ऐसी इकाई है जो इतने बड़े पैमाने पर नैनो सामग्री का निर्माण कर रही है। यहाँ प्रतिदिन डेढ़ लाख बोतलों का उत्पादन किया जा रहा है। इसमें निरन्तर गुणवत्ता के साथ नैनो सामग्री का निर्माण करने की क्षमता है। ऐसा अब तक विश्व की किसी और कम्पनी ने नहीं किया है। अन्य कम्पनियाँ बहुत बड़ी हो सकती हैं या वैश्विक स्तर पर उनका अलग प्रभाव हो सकता है, लेकिन उन्हें इफको की सर्वांगीण क्षमता का मुक़ाबला करने के लिए कड़ी मशक्कत करनी होगी।

इफको ने अपनी आँवला और फूलपुर इकाई में भी नैनो यूरिया (तरल) का संयंत्र स्थापित किया है। स्वास्थ्य और परिवार कल्याण सह रसायन और उर्वरक मंत्री डॉ. मनसुख लाल मांडविया ने 12 फरवरी, 2023 को इन संयंत्रों का उद्घाटन किया। दोनों इकाइयों को मिलाकर प्रति वर्ष 12 करोड़ बोतल नैनो यूरिया (तरल) का उत्पादन होगा।

किसानों की अपनी तकनीक

साधारण रवेदार यूरिया बनाने के लिए भारतीय उर्वरक उद्योग आज भी विदेशी तकनीक पर निर्भर है, लेकिन नैनो यूरिया स्वदेशी शोध से बना उत्पाद है। अवस्थी कहते हैं, 'पारम्परिक यूरिया हम जर्मन टेक्नोलॉजी से बनाते हैं,

लेकिन नैनो यूरिया हम अपनी टेक्नोलॉजी से बनाते हैं। इफको किसानों की संस्था है, इसलिए यह देश के किसानों की टेक्नोलॉजी है। किसान अपनी टेक्नोलॉजी से अपने लिए खाद बना रहे हैं।'

इफको ने अब तक भारत में सात पेटेंट और पाँच अन्तरराष्ट्रीय पेटेंट फ़ाइल किए हैं। इतने कम समय में यह बहुत बड़ी उपलब्धि है।

इफको ने नैनो हैंड सैनिटाइजर, नैनो ज़िंक, नैनो कॉपर, नैनो बोरोन, नैनो सल्फर और नैनो डीएपी विकसित किया है। कुमार बताते हैं कि 'हम एक बहु-पोषक तत्त्व मिश्रण और जैविक नैनो उर्वरक विकसित करने जा रहे हैं। हमारे पास सागरिका नाम का एक और उत्पाद है। कुछ अन्य नैनो फॉर्मूलेशन विकसित करने के लिए हम 'सागरिका'[1] का उपयोग करेंगे।'

अवस्थी इफको के सभी कृषि उत्पादों को नैनो-आधारित उत्पाद में बदलने की योजना बना रहे हैं। इफको के विपणन निदेशक कहते हैं, 'कई और नैनो उत्पाद हैं जिन पर हमारे वैज्ञानिक शोध कर रहे हैं।'

आगे का रास्ता

इफको नैनो उर्वरक आत्मनिर्भर भारत और आत्मनिर्भर कृषि की दिशा में एक क्रान्तिकारी कदम है। नैनो यूरिया और अन्य नैनो उर्वरकों को व्यापक रूप से अपनाने से किसानों को फ़ायदा होगा और इससे भारत के सतत विकास लक्ष्यों (एसडीजी)[2] को पूरा करने में मदद मिलेगी। इफको पर्यावरण-अनुकूल और सतत कृषि के लिए नैनो उर्वरकों की विस्तृत श्रृंखला ला रहा है जिसमें नैनो डीएपी, नैनो एनपीके, नैनो ज़िंक, नैनो कॉपर, नैनो बोरान, नैनो सल्फर आदि शामिल हैं।

---

1. समुद्री शैवाल से निर्मित एक ग्रोथ प्रमोटर है जो फ़सली पौधों को गुणवत्तायुक्त पोषण प्रदान करती है।
2. सस्टेनेबल डेवलपमेंट गोल

नैनो यूरिया तरल की सफलता ने नैनो उर्वरकों के क्षेत्र में आगे बढ़ने की अवस्थी की भूख को और बढ़ा दिया। परिणामस्वरूप उनके मार्गदर्शन में इफको के वैज्ञानिकों ने नैनो डीएपी भी सफलतापूर्वक विकसित कर ली, जो पारम्परिक फॉस्फेटिक उर्वरकों की तुलना में फ़सलों की फॉस्फोरस पोषण आवश्यकताओं को बेहतर ढंग से पूरा करता है। पौधे के अन्दर परम्परागत फॉस्फेटिक उर्वरकों का 20 प्रतिशत ही अवशोषित हो पाता है जिससे न केवल संसाधनों की बर्बादी होती है बल्कि मिट्टी, जल और वायु भी प्रदूषित होती है। अवस्थी कहते हैं, 'मैंने इस मुद्दे पर गहराई से विचार किया, इफको के वैज्ञानिकों के साथ इस पर चर्चा की और उन्हें विकल्पों की तलाश करने और हमारे नैनो डीएपी में अधिकतम पोषक तत्त्व शामिल करने का निर्देश दिया। नैनो यूरिया की विकास यात्रा के अपने अनुभव और सीख का इस्तेमाल करते हुए हमने अधिकतम स्पष्ट नैनो क्लस्टर तैयार करने के लिए एनवीपीएल, कोयम्बटूर के डॉ. ए. लक्ष्मणन से सम्पर्क किया।'

देश भर के विभिन्न कृषि जलवायु क्षेत्रों में विभिन्न फ़सलों पर हुए इसके क्षेत्र परीक्षणों के परिणाम बहुत अच्छे आए हैं।

इफको नैनो डीएपी की एक बोतल परम्परागत डीएपी की एक बोरी से कहीं अधिक असरदार है। यह अन्तरराष्ट्रीय और जैव प्रौद्योगिकी विभाग के दिशा-निर्देशों के अनुसार सभी जैव प्रभावकारिता, जैव-सुरक्षा और जैव-विषाक्तता मानदंडों को भी पूरा करता है। नैनो डीएपी के इस्तेमाल से फ़सल की पैदावार में 6-7 प्रतिशत की वृद्धि होने का अनुमान है।

अवस्थी प्रसन्नतापूर्वक कहते हैं, 'हमने नैनो डीएपी के क्षेत्र परीक्षणों के परिणाम कृषि और किसान कल्याण मंत्रालय, भारत सरकार को 22 मार्च, 2022 को सौंप दिये थे। भारत सरकार की केन्द्रीय उर्वरक समिति (सीएफसी) की लगातार बैठकों के पश्चात 2 मार्च, 2023 को नैनो डीएपी को उर्वरक नियंत्रण आदेश में शामिल कर लिया गया।'

नैनो डीएपी का वाणिज्यिक उत्पादन इफको-एनवीपीएल, कोयम्बटूर में शुरू हुआ। इफको-कलोल इकाई में उत्पादन बहुत जल्द शुरू होने वाला है। आने वाले समय में पारादीप और कांडला इकाइयों में भी इसका उत्पादन शुरू होगा। वर्ष 2024-25 तक इफको नैनो डीएपी की 17-22 करोड़ बोतलों के उत्पादन की योजना है।

अवस्थी कहते हैं, 'नैनो एनपीके (8-8-8), नैनो सल्फर, नैनो ज़िंक और नैनो कॉपर के विकास का काम भी अन्तिम चरण में है और मेरा ख़याल है कि नैनो-उर्वरकों के माध्यम से किसानों को सम्पूर्ण फ़सल पोषण समाधान उपलब्ध कराने का कार्य इफको द्वारा जल्द ही पूरा कर लिया जाएगा।'

इस घटनाक्रम की सराहना करते हुए, प्रधानमंत्री नरेन्द्र मोदी ने 3 मार्च, 2023 को ट्वीट किया : 'यह हमारे किसानों के जीवन में दीर्घकालिक अन्तर लाने के हमारे विभिन्न प्रयासों का एक हिस्सा है।'

भविष्य की नई सम्भावनाएँ

अवस्थी एक ऐसे भविष्य की कल्पना करते हैं जहाँ इफको भारत में रक्षा उद्योग में योगदान दे सकता है, इसरो[1] के साथ मिलकर काम कर सकता है और दवाओं के विकास में अपना योगदान दे सकता है। आज इसरो, नासा[2], यूरोपीय अन्तरिक्ष एजेंसी और रूसी अन्तरिक्ष एजेंसी सभी मिलकर अन्तरिक्ष में पौधे उगाने पर काम कर रहे हैं।

इफको के वैज्ञानिक डॉ. तरूणेन्दु कहते हैं, 'आज इफको के पास भी वैसे पोषक तत्त्वों को विकसित करने की क्षमता है जिनसे अन्तरिक्ष में पौधे उगाए जा सकें। नैनो टेक्नोलॉजी की कोई सीमा नहीं है। जो कुछ भी सम्भव है वह सब विकसित करने के लिए इफको कटिबद्ध है। डॉ. अवस्थी हमारे पीछे अपनी पूरी शक्ति व क्षमता के साथ खड़े हैं। वे कभी भी किसी विचार या विकल्प को ख़ारिज नहीं करते।'

अवस्थी के बारे में उनके विचार हैं, 'वे एक असाधारण श्रोता हैं। वे लोगों को आगे बढ़ाते हैं। अपने दूरदर्शी विचारों को दूसरों के साथ साझा करते हैं और लोगों की हौसलाअफ़जाई करते है। वे कभी भी आपके

1. 'भारतीय अन्तरिक्ष अनुसन्धान संगठन' यानी इसरो भारत की अन्तरिक्ष एजेंसी है।
2. 'नासा' अमेरिकी फेडरल गवर्नमेंट के अधीन भौतिकी व अन्तरिक्ष विज्ञान के क्षेत्र में कार्य करने वाली एजेंसी है।

कार्य-क्षेत्र में हस्तक्षेप नहीं करते। वे अपना एजेंडा आप पर नहीं थोपते। उनकी अपनी दृष्टि, अपना नज़रिया अवश्य है, लेकिन वे विशेषज्ञों की राय को सर्वोपरि रखते हैं।'

अवस्थी ने कलोल इकाई में अनुसन्धान और विकास से सम्बन्धित जो टीम बनाई है, वह आने वाले वर्षों में विभिन्न क्षेत्रों में अपना योगदान देगी। इसमें वक़्त लग सकता है, लेकिन आने वाले समय में विभिन्न क्षेत्रों के लोग इस इकाई की स्थापना के लिए अवस्थी को याद करेंगे।

जमाने से आगे

अवस्थी भारत के उन गिने-चुने सीईओ में से एक हैं, जिनका इतना लम्बा कार्यकाल रहा है। पहले पीपीसीएल के सीएमडी के रूप में, फिर आरसीएफ के सीएमडी के रूप में और अन्त में इफको के प्रबन्ध निदेशक और सीईओ के रूप में, वे पिछले चार दशकों के दौरान उर्वरक क्षेत्र में उल्लेखनीय बदलाव लाए हैं। एक ऐसे राजनीतिक माहौल में जहाँ सार्वजनिक क्षेत्र के मुख्य कार्यकारी अधिकारी सत्ता बदलने के साथ ही अन्दर-बाहर कर दिए जाते हैं, उन्हें राजीव गांधी से लेकर नरेन्द्र मोदी तक 9 प्रधानमंत्रियों तथा 36 मंत्रियों के शासन एमडी और सीईओ के रूप में सेवा करने का गौरव प्राप्त हुआ है।

यह एक प्रबन्धक के रूप में अवस्थी की उत्कृष्ट क्षमता का प्रतिमान है। यही उनकी थाती है। उन्होंने बड़ी कुशलता से राजनीति के विपरीत ध्रुवों-धाराओं को लम्बे अरसे तक साधा है।

शुरुआत से ही, अवस्थी में ऐसे विशेष गुण रहे हैं, जो उन्हें उनके समकक्षों से विशिष्ट बनाता रहा है। वे 41 साल की उम्र में भारत के सार्वजनिक क्षेत्र के सबसे कम उम्र के सीएमडी बने और अब तक उस बुलन्दी पर क़ायम हैं।

इफको के संयुक्त प्रबन्ध निदेशक के रूप में लम्बे समय से उनके साथ काम कर रहे राकेश कपूर कहते हैं, 'सार्वजनिक क्षेत्र के मुख्य कार्यकारी अधिकारियों की भीड़ में डॉ. अवस्थी एक जानकार, कुशल और परिणाम-उन्मुख व्यक्ति के रूप में दूर से नज़र आते हैं।' कपूर नए-नए विचारों के साथ मुस्तैदी से कार्य करने की अवस्थी की क्षमता से गहरे प्रभावित हैं। अवस्थी में किसी भी परियोजना को तेजी से पूरा करने के आवश्यक गुण हैं और इसी कारण उनके नेतृत्व में शुरू हुई परियोजनाओं में कभी देरी नहीं हुई।

वित्त और लेखा विभाग के वरिष्ठ कार्यकारी निदेशक कमल वर्मा[1] जो 1993 से अवस्थी के साथ कार्यरत रहे, कहते हैं, 'वे प्रबन्धक के बजाय उद्यमी हैं। अगर

1. कोरोना महामारी के दौरान 6 दिसम्बर, 2020 को कमल वर्मा का निधन हो गया।

आप इफको में उनके कार्यकाल को देखेंगे तो पाएँगे कि यहाँ लगातार विकास होता रहा है। विकटतम परिस्थितियों में भी, उर्वरक उद्योग की अन्य कम्पनियों की तुलना में हमारे परिणाम कहीं बेहतर रहे हैं।'

फर्टिलाइजर इंडस्ट्री में यह समस्या है कि यहाँ मूल्यों पर सरकार का नियंत्रण है। जब मूल्य पूर्वनिर्धारित होते हैं तो लाभ कमाने का विकल्प यही है कि लागत कम करें और बिक्री बढ़ाएँ। जब उत्पादन बढ़ाते हैं तो प्रति इकाई उत्पादन की लागत कम हो जाती है। अवस्थी ने संयंत्रों की उत्पादन क्षमता को दोगुना किया और टेक्नोलॉजिकल अपग्रेडेशंस से लागत कम की। फिर उन्होंने कई अन्य व्यवसायों में कदम रखकर व्यावसायिक विविधता ला दी और उर्वरकों पर निर्भरता कम कर दी। बक़ौल कमल वर्मा, 'मुझे याद है एक जमाने में डॉ. अवस्थी कहा करते थे कि मैं ऑफिस से निकलते वक़्त बिजली ख़ुद बन्द करता हूँ। यह एक सन्देश था कि कम्पनी की लागत कम करना कितना ज़रूरी है।'

उनकी व्यावसायिक दूरदर्शिता और नेतृत्व कौशल का ही कमाल है कि इफको ने 2010 के बाद से हर साल 1,000 करोड़ रुपये या उससे अधिक का मुनाफ़ा कमाया है।

वर्मा याद करते हैं, 'मैं तब मार्केटिंग में था और कभी-कभी अपने मार्केटिंग डायरेक्टर के साथ उनसे मिलने जाया करता था। मेरे बॉस को मार्केटिंग का सबसे अच्छा ज्ञान होना चाहिए था, लेकिन डॉ. अवस्थी के पास उनसे अधिक आंकड़े और जानकारी होती थी। हमारी समस्याओं का उन्होंने हमेशा कोई-न-कोई समाधान दिया।' उनकी यह योग्यता परियोजना प्रबन्धन में उनकी महारत और इफको संयंत्रों में प्रयुक्त तकनीकी के गहन ज्ञान के अतिरिक्त है।

सच्चे पेशेवर

अवस्थी के साथी उनके पेशेवर हुनर का लोहा मानते हैं। आईपीएल[1] के प्रबन्ध निदेशक पी.एस. गहलोत उर्वरक उद्योग के दिग्गज माने जाते हैं। वे कहते हैं, 'जब आप किसी कम्पनी के निदेशक मंडल में शामिल होते हैं तो आदर्श

1. इंडियन पोटाश लिमिटेड

रूप में आपसे यह उम्मीद की जाती है कि आप अपने विचार और व्यवहार में उस कम्पनी की बेहतरी का ख़याल रखेंगे। लेकिन मेरा व्यक्तिगत अनुभव इसके विपरीत है। हमारे निदेशक मंडल में कई निदेशक ऐसे हैं जो आईपीएल को एक प्रतियोगी के रूप में देखते हैं, व्यापार में आईपीएल को अपना प्रतिद्वंद्वी मानते हैं। लेकिन अवस्थी जब आईपीएल के निदेशक मंडल की बैठक में आते हैं तो उनके विचार और व्यवहार में आईपीएल के लिए शुभेच्छा रहती है, प्रतिद्वंद्विता नहीं।'

अवस्थी अपनी संस्था के हित का ध्यान रखने के साथ-साथ उर्वरक उद्योग की अन्य संस्थाओं के हितों के प्रति भी ईमानदारी बरतते हैं। इस गुण ने अवस्थी को और अधिक प्रशंसनीय बना दिया है तथा उनकी सफलताओं में महत्त्वपूर्ण योगदान दिया है।

गहलोत किसान-हित के मुद्दों पर विशेष ध्यान देने के लिए अवस्थी का सम्मान करते हैं। वे अवस्थी को भारतीय कृषि का अनन्य सेवक और भारतीय किसानों का अन्यतम शुभचिन्तक मानते हैं। गहलोत कहते हैं, 'मैंने उनको एफएआई[1] और आईएफए[2] दोनों के अध्यक्ष के रूप में देखा है, किसानों का हित उनके दिमाग़ में सदैव सर्वोपरि रहता है। जब हम ऐसी स्थिति में होते हैं जहाँ हमें किसानों के हित और अपनी कम्पनी के हित के बीच किसी एक को चुनना होता है तो हम अपनी कम्पनी का पक्ष लेते हैं। हम सबमें यह कमज़ोरी है। इसको हम यह कह कर जायज़ ठहराते हैं कि यह हमारी कम्पनी ही है जिससे हमारी दाल-रोटी चल रही है, जिससे हम अपना परिवार चला रहे हैं। इन सब बातों के आधार पर हम यह न्यायसंगत मान लेते हैं कि हमारी कम्पनी हमारे लिए सर्वोपरि है। लेकिन मैंने अवस्थी को ऐसी कई स्थितियों में देखा है जब उन्होंने कहा, 'हम ख़ुद घाटा उठाएँगे लेकिन किसानों के हितों की रक्षा करेंगे।'

अवस्थी किसानों के हित के लिए सदैव सजग रहे हैं। गहलोत कहते हैं, 'जब भी अन्तरराष्ट्रीय बाज़ार में उर्वरकों के मूल्य में कमी आती है वे किसानों तक उसका लाभ पहुँचाने वाले पहले व्यक्ति होते हैं। हम सभी यह सोचते हैं कि नई खेप आने पर हम मूल्यों को कम करेंगे, इस बीच अपने घाटे को हम थोड़ा कम कर लेते हैं। लेकिन मैंने अवस्थी को देखा है, किसानों के प्रति उनकी प्रतिबद्धता अडिग और सम्पूर्ण है।'

---

1. फर्टिलाइजर एसोसिएशन ऑफ इंडिया
2. इंटरनेशनल फर्टिलाइजर एसोसिएशन

इफको के बोर्ड में सहयोजित निदेशक राजकुमार त्रिपाठी[1] इस तथ्य से सहमत हैं। वे कहते हैं, 'ऐसा कई बार हुआ है कि अन्तरराष्ट्रीय बाज़ार में उर्वरकों के मूल्य में अप्रत्याशित वृद्धि हुई लेकिन इफको ने अपने उर्वरकों के दाम नहीं बढ़ाए। इफको ने ख़ुद घाटा उठाया लेकिन किसानों पर आँच नहीं आने दी।'

दुबई स्थित किसान इंटरनेशनल ट्रेडिंग के निदेशक-मंडल के सदस्य और इफको के सहयोजित निदेशक विजय शंकर राय कहते हैं, 'इफको उर्वरक बनाने वाली कम्पनी है; खाद बेचना इसका मुख्य व्यवसाय है। जब किसानों को उचित मूल्य पर उर्वरक मिलता है, तभी इफको का मूल उद्द्देश्य पूरा होता है।'

गहलोत बताते हैं, 'आप सरकार के पास एक ही माँग लेकर जाते हैं कि हमारा उद्योग यह राहत चाहता है। अब इससे किसी को दो सौ रुपये, किसी को तीन सौ रुपये और किसी को सिर्फ पचास रुपये का लाभ होगा। बहुत से लोगों का निर्णय इसी बात पर आधारित होता है कि कोई फ़ैसला उनके लिए कितना फ़ायदेमन्द होगा। लेकिन आम सहमति बनाने के लिए अवस्थी अक्सर कहते थे : 'ठीक है, इससे इफको को झटका लगेगा, लेकिन मुझे इस पर कोई आपत्ति नहीं है क्योंकि इसमें उद्योग की व्यापक भलाई निहित है।' मैंने ऐसी उदारता दूसरों में नहीं देखी।

अवस्थी की दूरदर्शिता और बड़े उद्द्देश्य की प्राप्ति के लिए प्रयासरत रहने के उनके गुण की झलक एफएआई और आईएफए के उनके कार्यकाल के दौरान भी देखी जा सकती है।

सबके हितैषी

अवस्थी सभी को साथ लेकर चलते हैं। कम्पनी के सीईओ के रूप में वे इफको से जुड़े सभी लोगों की भलाई के लिए प्रयत्नशील रहते हैं। वे सभी के हितैषी हैं।

अवस्थी ने जल्द ही समझ लिया कि इफको की असली ताक़त उसके प्रबन्धकों और कर्मचारियों में निहित है। उन्होंने यह सुनिश्चित करने के लिए हर सम्भव प्रयास किया कि संस्था का प्रत्येक व्यक्ति संस्था के प्रति उत्तरदायित्व की भावना महसूस करे।

1. 2019 में राजकुमार त्रिपाठी का निधन हो गया है।

1993 में प्रबन्ध निदेशक के रूप में कार्यभार सँभालने के तुरन्त बाद, अवस्थी ने देखा कि पदोन्नति में विलम्ब के कारण संस्था के लोगों का मनोबल कमज़ोर हो रहा था; तब अधिकारियों को एक ग्रेड से दूसरे ग्रेड में पदोन्नति के लिए छह से सात साल तक इन्तज़ार करना पड़ता था। उन्होंने इस समस्या का निदान ख़ोजने के लिए एक उच्चस्तरीय समिति का गठन किया। इसके परिणामस्वरूप 1994 में नियुक्ति और प्रोन्नति सम्बन्धी का दिशा-निर्देश अस्तित्व में आया। सबसे पहले तो इसने प्रोन्नति में आए ठहराव को ख़त्म किया, साथ ही, एक ऐसी व्यवस्था शुरू हुई जिसके अन्तर्गत एक निश्चित अवधि की सेवा के बाद लोग स्वत: प्रोन्नत हो जाते हैं। यह एक बिलकुल नई सोच थी।

अवस्थी ने कहा, 'अब हमें नए अवसर उत्पन्न करने होंगे ताकि जो लोग प्रोन्नत हो रहे हैं उनके लिए काम और जिम्मेदारियाँ पहले से उपलब्ध हों। इसके लिए संस्था का विस्तार आवश्यक है अन्यथा संस्था में अधिकारियों की संख्या ज़रूरत से ज़्यादा हो जाएगी। जब नई संस्थाएँ बनेंगी तो प्रोन्नत लोगों के लिए स्वाभाविक रूप से काम के नए अवसर उपलब्ध रहेंगे।' अवस्थी ने एक ऐसी व्यवस्था विकसित की जिसमें टीम लीडर स्वाभाविक रूप से बेहतर प्रदर्शन के लिए बाध्य हो। उन्होंने अपने लिए एक लक्ष्य निर्धारित किया कि इतने लोग महाप्रबन्धक बन रहे हैं, कार्यकारी निदेशक बन रहे हैं, इतने सारे लोगों के वेतन में वृद्धि हो रही है, इसके लिए संस्था अपनी गतिविधियों में विस्तार करके, नए क्षेत्रों में प्रवेश करके अधिक राजस्व उत्पन्न करेगी और उससे अपने बढ़े हुए ख़र्चों को पूरा करेगी।

परदेस की योजना पर चर्चा के लिए फूलपुर में एसोसिएशन और यूनियन के पदाधिकारियों की जीबीएम[1] का आयोजन किया गया। एसोसिएशन और यूनियन ने कहा कि योजना व्यावहारिक नहीं है और इसे कूड़ेदान में फेंक देना चाहिए।

इफको ऑफिसर्स एसोसिएशन, आँवला के पूर्व महासचिव राम सिंह मुस्कुराते हुए यह स्वीकार करते हैं कि 'इसमें नवीनता थी क्योंकि पहले पदोन्नति तभी होती थी जब ऊपरी पद ख़ाली हो। लेकिन हमने उनके विचारों को नहीं समझा और समिति की सिफारिशों का विरोध किया। हमें शंका थी कि इससे अधिकारियों की संख्या बढ़ जाएगी और यह संस्था के लिए ठीक नहीं होगा।'

---

1. जनरल बॉडी मीटिंग

अवस्थी ने कहा, 'ठीक है' और उठ कर चल दिए। भीड़ के बिलकुल बीच से चल कर वे बाहर निकले। किसी की हिम्मत नहीं हुई कि उनका रास्ता रोके या उनसे कुछ कहे। एक साल बाद ऑफिसर्स एसोसिएशन और यूनियन के लोग ख़ुद उनके पास गए और उनसे कहा कि हम कमेटी की सिफारिशें मानने को तैयार हैं। वे सिफारिशें आज भी लागू हैं। आज भी प्रमोशन पॉलिसी का आधार वही सिफारिशें हैं।

राम सिंह कहते हैं, 'यह एक नई और महत्त्वाकांक्षी योजना थी जो बहुत क़ारगर रही है। अब हम लोगों को चार से पाँच साल में प्रमोशन मिल जाता है।'

वे आगे कहते हैं, 'हमारी सारी जॉइंट वेंचर कम्पनियाँ बेहद सफल रही हैं। उनकी बदौलत इफको आज विश्व की सबसे बड़ी फर्टिलाइजर कोऑपरेटिव है। इसके साथ ही ये कम्पनियाँ इफको के लोगों के लिए समृद्धि का स्रोत भी हैं। मैं दावे के साथ कह सकता हूँ कि इफको के लोगों ने इतनी समृद्धि अर्जित की है जिसकी उन्होंने कभी कल्पना भी नहीं की होगी।'

1998 में अवस्थी फूलपुर प्लांट के दौरे पर थे। वे यूनियन ऑफिस का उद्घाटन करके निकल रहे थे कि एक मजदूर उनके कदमों में गिर गया। उन्होंने पूछा, 'अरे, क्या हुआ?' उसने कहा, 'सरकार, पइसा बहुत कम मिलत है अउर हम लोगन के पीएफ अउर ईएसआई नहीं कटत है।' उनके दिमाग़ में यह बात अटक गई। उसी शाम उन्होंने ठेकेदारों के माध्यम से कार्यरत मजदूरों के लिए भी पीएफ और ईएसआई अनिवार्य कर दिया। उन्होंने कहा, 'अब ठेकेदारों को काम देने में यह शर्त रखी जाएगी।' उन्होंने मजदूरी की राशि में भी थोड़ी वृद्धि कर दी। इफको मुख्यालय में ऑफिसर्स एसोसिएशन के अध्यक्ष जितेन्द्र तिवारी कहते हैं, 'इससे ठेकेदारों के लिए बड़ी समस्या उत्पन्न हो गई। एक चालू कॉन्ट्रैक्ट में अगर आप मजदूरी में वृद्धि करते हैं और पीएफ और ईएसआई अनिवार्य कर देते हैं तो इससे पूरी व्यवस्था गडमड हो जाती है। लेकिन उसे लागू किया गया और ठेके के मजदूरों को भी पीएफ और ईएसआई की सुविधा मिलने लगी।'

इफको के कर्मचारियों को मिल रही सुविधाओं के बारे में राम सिंह कहते हैं, 'देश में कोई भी उर्वरक कम्पनी इफको के समान उच्च वेतन और सुविधाएँ नहीं देता है।'

वे जोशीले अन्दाज़ में कहते हैं, 'आप अपने देश की एक कम्पनी का नाम बता दीजिए जो अपने कर्मचारियों के बच्चों को स्कॉलरशिप देती हो? बच्चा

अगर मेधावी है या अच्छा खिलाड़ी है, या कलाकार है, तो उसको इफको स्कॉलरशिप देता है।'

पारखी दृष्टि

इफको के निदेशक मंडल के साथ व्यवहार में अवस्थी का प्रबन्धन कौशल बहुत स्पष्ट दिखाई देता है। निजी क्षेत्र या सार्वजनिक क्षेत्र के विपरीत, इफको एक सहकारी संस्था है। इफको के निदेशक मंडल में अलग-अलग पृष्ठभूमि के लोग हैं। इसमें किसानों के प्रतिनिधि हैं, राजनीतिज्ञ हैं और ग्रामीण क्षेत्र के लोग भी हैं।

उन्हें देश की जानकारी है, उद्योग की जानकारी है, लेकिन वे कॉरपोरेट जगत के पेशेवर लोग नहीं हैं। ऐसे लोगों को अपनी व्यावसायिक दृष्टि से सन्तुष्ट करना आसान काम नहीं है।

लेकिन सर्वसम्मति बनाने और बोर्ड को साथ लेकर चलने की अवस्थी की क्षमता के कारण संस्था सुचारु रूप से काम कर रही है।

विविध पृष्ठभूमि के लोगों के साथ घुल-मिल सकने के कौशल के कारण ही अवस्थी इफको और उसकी सहायक कम्पनियों में प्रबन्धकों की एक योग्य टीम बना सके। वे प्रतिभावान व्यक्तियों की पहचान करने में कभी नहीं चूकते। ऐसे लोगों की पहचान कर वे उन्हें संस्था में बड़ी भूमिकाओं को निभाने के लिए तैयार करते हैं।

जुआरी एग्रो केमिकल्स के पूर्व वाइस चेयरमैन एच.एस. बावा अवस्थी के मित्र हैं। वे बताते हैं, 'उन्होंने अपने लिए बहुत अच्छी टीम का निर्माण किया है। मैंने हमेशा उनके आसपास क़ाबिल लोगों को देखा है और पाया है कि अपनी टीम के बीच कार्यभार के आवंटन में वे बहुत कुशल हैं। इस स्तर पर यदि आप कार्यभार का सही आवंटन नहीं करेंगे तो आप विस्तार नहीं कर पाएँगे। कोई एक व्यक्ति कम्पनी का निर्माण नहीं करता। यह टीम है जो कम्पनी का निर्माण करती है। इसलिए सक्षम लोगों की टीम बनाना और उसको सही नेतृत्व देना महत्त्वपूर्ण है। यह योग्यता उनमें है और इसका उन्होंने बड़ी कुशलता से इस्तेमाल किया है।'

सौहार्द्रपूर्ण औद्योगिक सम्बन्ध

अवस्थी प्रबन्धन और श्रमिकों के बीच भरोसा क़ायम रखते हैं। कुल मिलाकर यहाँ छह यूनियन और छह एसोसिएशन हैं लेकिन पिछले 25 वर्षों में इनमें न आपस में कोई मतभेद हुआ है, न ही प्रबन्धन के साथ टकराव की कोई स्थिति आई है।

आँवला के ऑफिसर्स एसोसिएशन के अध्यक्ष और वर्कर्स यूनियन के संस्थापक-अध्यक्ष हरीश रावत कहते हैं, 'इफको ज्वाइन करने के बाद मैंने कितने ही एमडी देखे। किसी भी एमडी का यूनियन-एसोसिएशन से सम्बन्ध अच्छा नहीं था। आम लोगों से उनका कोई सम्पर्क नहीं था। अवस्थी साहब ने उस व्यवस्था को बदला, बल्कि उलट ही दिया। उनकी ख़ूबी है कि वे अपने निर्णयों में सबको शामिल करते हैं।'

इफको का हर कर्मचारी-अधिकारी यह महसूस करता है कि संस्था के विकास में वह भी हिस्सेदार है। जब अवस्थी ने पारादीप प्लांट ख़रीदने का निर्णय लिया था तब उन्होंने ऑफिसर्स एसोसिएशन और वर्कर्स यूनियन के लोगों को सूचित किया था।

रावत कहते हैं, 'वे कभी भी अपना निर्णय दूसरों पर नहीं थोपते। पहल ज़रूर उनकी होती है, लेकिन परामर्श सबसे करते हैं। यूनियन-एसोसिएशन के लोगों को बुलाएँगे, मैनेजमेंट के लोगों से परामर्श करेंगे, क्या फ़ायदे और नुक़सान हैं इस पर लोगों से विचार-विमर्श करेंगे, फिर निर्णय लेंगे। इसलिए उनके हर निर्णय में पूरे इफको के निर्णय की शक्ति होती है।'

इफको में मानव संसाधन और विधि विभाग के प्रमुख आर.पी. सिंह कहते हैं, 'इतने वर्षों में उन्होंने अपनी बात और अपने काम से ऐसी विश्वसनीयता अर्जित की है कि लोग उन पर आँख मूँद कर भरोसा करते हैं। आज इफको के श्रमिक इस बात के प्रति आश्वस्त हैं कि जो कुछ भी देना सम्भव होगा, प्रबन्धन उन्हें अवश्य देगा। डॉ. अवस्थी बेवजह की बातचीत नहीं करते, पहली बार में ही बता देते हैं कि अधिकतम वह कितना दे सकते हैं और वे लोगों की उम्मीद से ज़्यादा ही दे देते हैं।'

वर्ष 2004 से पहले इफको कमोबेश सरकारी कम्पनी जैसा ही था क्योंकि सरकार के शेयर उस समय बहुत ज़्यादा थे। यहाँ भी वेतनमान सार्वजनिक क्षेत्र

के वेतनमान जैसे ही थे। उस अवधि में सार्वजनिक क्षेत्र की कई कम्पनियों में वेतन संशोधन पर बातचीत चल रही थी लेकिन कुछ तय नहीं हुआ था। इसलिए इफको के वरिष्ठ अधिकारियों के सामने कोई ऐसा उदाहरण नहीं था जिसको वे वेतन संशोधन के लिए बेंचमार्क के रूप में इस्तेमाल कर सकते। उन्होंने अवस्थी से कहा कि बेहतर होगा हम थोड़ी प्रतीक्षा कर लें, दूसरी कुछ कम्पनियाँ संशोधन कर लेंगी तो हमारे पास कुछ बेंचमार्क उपलब्ध होंगे।

अवस्थी ने कहा, 'हम दूसरों की प्रतीक्षा क्यों करें? क्यों न हम पहल करें और दूसरे हमारे उदाहरण को बेंचमार्क के रूप में इस्तेमाल करें। हमारी जो स्थिति है, हमारे व्यवसाय में जिस प्रगति और लाभ की सम्भावनाएँ हैं, उसके आधार पर हम यह तय करें कि किस स्तर का वेतनमान हम अपने लोगों को दे सकते हैं।' उन्होंने एक सरल सूत्र दिया कि 'आप अपनी संस्था को जानते हैं, संस्था की सीमाओं को जानते हैं, संस्था की शक्ति को जानते हैं। आपको अपने दिमाग़ में चुनौतियों और सम्भावनाओं को रखना है। इन सबको आधार बनाकर अपने कर्मचारियों को जो वेतनमान दे सकते हैं वह हमें देना चाहिए।'

यह बड़ी चुनौती थी क्योंकि बिना किसी बेंचमार्क के बातचीत करना बहुत कठिन होता है। जब कोई बेंचमार्क नहीं होता है तब यूनियन की माँग की भी कोई सीमा नहीं होती है। उसे इस बात की भी चिन्ता रहती है कि आज यदि वे किसी समझौते पर हस्ताक्षर कर देते हैं और कल को कोई दूसरी संस्था बेहतर वेतनमान दे देती है तो वे अपने लोगों को क्या जवाब देंगे?

बातचीत में जब भी गतिरोध की स्थिति उत्पन्न होती थी, अवस्थी ही मध्यस्थता करते थे। यूनियन के लोगों को भी उन पर पूरा भरोसा था। अवस्थी हमेशा एक ही बात कहते थे कि 'हम लोग एक सहकारी संस्था हैं जिसका पहला उद्देश्य लाभ का संचय नहीं है। इसलिए मुझे इस बात की चिन्ता नहीं है कि हमारा लाभ फलां स्तर से बढ़कर फलां स्तर पर पहुँचना चाहिए। हमारे यहाँ लाभ के लिए कोई बेंचमार्क नहीं है। हमारे लिए बेंचमार्क यही है कि संस्था जो लाभ अर्जित करती है उसका न्यायसंगत वितरण संस्था के लोगों, शेयरधारकों और संस्था के बीच होना चाहिए।'

अवस्थी ने यूनियन को यह भरोसा दिया कि कल को दूसरी कोई कम्पनी अगर इफको से बेहतर वेतनमान देती है तो वे इस समझौते पर पुनर्विचार के लिए

तैयार हैं। अन्ततः प्रबन्धन और यूनियन के बीच बहुत अच्छा समझौता हुआ। इफको ने जो वेतनमान तय किया वह देश की दूसरी फर्टिलाइजर कम्पनियों के लिए बेंचमार्क बन गया।

एक जटिल समस्या को हल करने और आम आदमी की भाषा में इसके समाधान की व्याख्या करने की अवस्थी की क्षमता ने श्रमिकों को 10 साल के क़रार पर हस्ताक्षर करने के लिए राजी कर लिया।

समदर्शी-सर्वसुलभ

आम लोगों से अपने जुड़ाव के बारे में बताते हुए अवस्थी कहते हैं कि उन्होंने कभी इस तरह नहीं सोचा कि वे संस्था के बॉस हैं। 'हम सब एक ही हैं। लोगों को श्रेणियों में बाँटना लोगों के बीच अलगाव का कारण बनता है। बचपन से ही मैंने कभी किसी को अपने से बड़ा या छोटा नहीं समझा।'

जीवन संघर्ष के अपने अनुभवों को दार्शनिक अन्दाज़ में अवस्थी कुछ यूं कहते हैं, 'जीवन उतार-चढ़ाव से भरा है। ज्वार-भाटा समुद्र के लिए स्वाभाविक हैं। पानी चढ़ता है, उतरता है। लेकिन सागर बरक़रार है।' अवस्थी ने इससे सबक़ लिया है।

अवस्थी कहते हैं, 'यह 'मैं' ही अहंकार है जो आपके जीवन में और आपके काम में कठिनाइयाँ लाता है। मैं अब भी गाँव के अपने बचपन के दोस्तों से मिलता हूँ, और राज्यों के प्रमुखों के साथ भी बातचीत करता हूँ। मुझे दोनों में कोई अन्तर नहीं लगता।'

इफको कार्यालय में आने वाले अक्सर कहते हैं कि उन्हें यहाँ सकारात्मक स्पन्दन मिलता है।

अवस्थी के प्रबन्धन दर्शन के अनुरूप, इफको का इंडक्शन[1] मैनुअल बनाया गया ताकि जब कोई नया व्यक्ति इफको ज्वाइन करे तो वह यह जान सके कि संस्था कैसे काम करती है, संस्था के क्या नियम हैं जिनका उसे पालन करना

1. किसी संस्था में जब कोई नया व्यक्ति ज्वाइन करता है तो उसे मानव संसाधन की भाषा में इंडक्शन (आगमन) कहा जाता है।

है, उसे क्या सुविधाएँ मिलेंगी और उसके क्या अधिकार हैं, उसके प्रमोशन के क्या अवसर हैं।

इफको फूलपुर के मानव संसाधन[1] विभाग की युवा अधिकारी रेखा मिश्रा कहती हैं, 'मैनुअल तैयार करने के लिए हर प्लांट से एक-एक व्यक्ति चुना गया था। मैं भी उनमें से एक थी। हमने इंडक्शन मैनुअल तैयार किया था।'

मैनुअल जब बन कर तैयार हुआ तो सबको पसन्द आया। हेड ऑफिस की पीआर टीम ने उसे मास कम्युनिकेशन की एक कॉन्फ्रेंस में प्रेजेंट किया जहाँ उसे पुरस्कार मिला। सबने पीआर टीम और टीम लीडर्स की ख़ूब प्रशंसा की। जब मानव संसाधन टीम को इस बात का पता चला तो उन्होंने अपने टीम लीडर से कहा कि इसमें हमारी उपेक्षा हुई है। मैनुअल हम लोगों ने बनाया और प्रशंसा किसी और को मिली। उन्होंने हेड ऑफिस में मानव संसाधन निदेशक को यह बात बताई। अवस्थी को जब इस बात की जानकारी हुई तो उन्होंने तुरन्त उन्हें सन्देश भिजवाया कि आप सबलोग हेड ऑफिस उनके साथ चाय पीने आएँ। वे बताती हैं, 'मुझे याद है 31 दिसम्बर, 2014 का वह दिन, हेड ऑफिस से मेसेज आया कि अगली फ्लाइट पकड़ कर हेड ऑफिस पहुँचिए। हम लोग गए और उनसे मिले। यह हमारे लिए बड़े सम्मान की बात थी। वे बिलकुल निष्पक्ष हैं और यंग जेनरेशन के लिए उनके मन में विशेष स्नेह है।'

अवस्थी ने मानव संसाधन टीम से बहुत गर्मजोशी से मुलाक़ात की। उन्होंने कहा कि 'आप लोगों ने बहुत अच्छा काम किया है, आप लोग इसी तरह अच्छा काम करते रहें, यंग जेनरेशन से हमें बहुत उम्मीदें हैं।'

उन्हीं दिनों अवस्थी की मुलाक़ात प्रधानमंत्री नरेन्द्र मोदी से हुई थी। उन्होंने सबको उस मुलाक़ात के बारे में बताया। उसके बाद इफको में कार्यरत महिलाओं के योगदान की उन्होंने सराहना की। रेखा मिश्रा कहती हैं, 'वे लोगों के हर अच्छे काम की प्रशंसा करते हैं। आदमी चाहे छोटा हो या बड़ा, सबके प्रति उनका व्यवहार एक-सा रहता है।'

उनका यह समदर्शी व्यवहार उन्हें इफको में प्रिय बनाता है और संगठन में व्याप्त अपनेपन की भावना को मज़बूत करता है।

---

1. एचआर डिपार्टमेंट

सेवानिवृत्ति : सम्मान और सरोकार

अवस्थी ने इफको में एक ऐसी संस्कृति विकसित की है जहाँ सेवानिवृत्त होने के बाद भी कर्मचारी संस्था से जुड़े रहते हैं। इफको के समारोहों में पूर्व कर्मचारियों और अधिकारियों को भी आमंत्रित किया जाता है। उन्हें पहले जैसा ही सम्मान दिया जाता है। पूर्व निदेशक मौज़ूदा निदेशकों के साथ बैठते हैं। पूर्व अध्यक्षों को अति विशिष्ट व्यक्तियों की कतार में बिठाया जाता है। कोई पूर्व अध्यक्ष यदि अब इस दुनिया में नहीं हैं तो उनकी पत्नी को सम्मान के साथ आमंत्रित किया जाता है।

इफको की टाउनशिप और इमारतों का नामकरण उसके पूर्व अध्यक्षों और प्रबन्ध निदेशकों के नाम पर करने की उज्ज्वल परम्परा है। संस्थापक अध्यक्ष उदयभान सिंह के नाम पर कांडला में उदय नगर है। इसी तरह आँवला में पॉल पोथन नगर, पारादीप में सुरिन्दर जाखड़ नगर, कांडला में एल.आर. तलवार भवन, चंडीगढ़ में बी.एस. नकई भवन आदि इसी परम्परा के उदाहरण हैं।

कलोल के मातृ-संयंत्र (मदर प्लांट) की टाउनशिप से एक ख़ास कहानी जुड़ी हुई है। इसका नाम 'कस्तूरी नगर' कस्तूरी रंगन के नाम पर रखा गया है, जो 1967 में इफको के गठन के समय उर्वरक विभाग में तकनीकी सलाहकार थे। वे लाइसेंस राज के दिन थे। कस्तूरी रंगन ने इफको को लाइसेंस दिलाने में अहम भूमिका निभाई थी। कलोल की इफको टाउनशिप उनकी स्मृति को समर्पित है।

इफको के संस्थागत मूल्यों को बनाए रखने पर जोर देते हुए अवस्थी कहते हैं, 'हमने हमेशा अपनी जड़ों से जुड़े रहने की कोशिश की है। जड़ें बहुत महत्त्वपूर्ण होती हैं; वे हमें जीवन देती हैं। अगर हमारी जड़ें कमज़ोर हैं, अगर हम अपने इतिहास को भूल जाते हैं या अपनी संस्कृति को भूल जाते हैं, तो हम कभी भी एक स्तर से आगे नहीं बढ़ सकते हैं। अगर संगठन की जड़ें मज़बूत हैं, अगर हमारी नींव मज़बूत है तो हम निरन्तर प्रगति कर सकते हैं।'

एम.के. टंडन बताते हैं, 'इतने सारे कर्मचारी हर साल सेवानिवृत्त होते हैं। लेकिन सबको परिवार का हिस्सा मानने की यह संस्कृति अनूठी है। मुझे नहीं पता कि अन्य संगठनों में चीज़ें कैसी हैं, लेकिन कॉरपोरेट जगत में इस तरह की बॉन्डिंग आम नहीं है। भले ही कोई व्यक्ति अभी काम कर रहा हो या सेवानिवृत्त हो गया हो, उसे कम्पनी से एक जैसा सम्मान और व्यवहार मिलता है।'

टंडन के पास कई सुखद यादें हैं। वे 30 नवम्बर, 2000 को इफको से सेवानिवृत्त हुए थे। उससे दो महीने पहले इफको-टोकियो ने काम शुरू किया था। उनकी विदाई पार्टी में, अवस्थी ने घोषणा की कि वे अगले दिन से इफको-टोकियो के वित्तीय सलाहकार होंगे।

टंडन कहते हैं, 'मुझे नहीं पता था कि मेरे विदाई समारोह में कुछ ऐसा होगा। यह मेरे जीवन की एक बड़ी घटना थी। मैंने और 15 साल काम किया। उनके प्रति अपने सम्मान को व्यक्त करने के लिए मेरे पास शब्द नहीं हैं।'

इफको के रिटायर्ड लोगों को पहले चिकित्सा सुविधा के रूप में साल में एक बार 5,000 रुपये दिए जाते थे। अवस्थी ने एक हेल्थ इंश्योरेंस स्कीम शुरू की जिसके तहत 5,000 रुपये प्रीमियम के बदले सेवानिवृत्त कर्मचारियों और उनके परिवार के लोगों को इंशयोरेंस पॉलिसी मिल गई। इफको की मुख्य चिकित्सा सलाहकार डॉ. आई.एस. जैन कहती हैं, 'मुझे लगता है कि उस समय जो नींव पड़ी उससे बहुत फर्क पड़ा।'

सरकारी कार्य संस्कृति की गहरी समझ

उर्वरक उद्योग को कड़े सरकारी नियंत्रणों के तहत काम करना पड़ता है। इफको में भी 2004 तक सरकार की हिस्सेदारी थी। इसलिए, सरकार के साथ अच्छे सम्बन्ध बनाए रखना इस क्षेत्र के किसी भी मुख्य कार्यकारी अधिकारी के लिए ज़रूरी था।

अवस्थी ने पॉल पोथन के सहायक के रूप में काम करते हुए सरकार के साथ विभिन्न स्तर पर सम्बन्ध विकसित कर लिए थे। परवर्ती वर्षों में उन्होंने अपने सूत्रों और सम्पर्कों को और अधिक मज़बूत किया।

वे विभिन्न स्तर के अधिकारियों के मनोविज्ञान को और अधिकार क्षेत्र की बख़ूबी जानकारी रखते थे। और उसी के अनुरूप उनसे सम्मानजनक व्यवहार करते थे।

एच.एस. बावा कहते हैं, 'उन्होंने नौकरशाहों, मंत्रालय और अन्य सम्बन्धित सरकारी अधिकारियों के साथ अच्छे सम्बन्ध बनाए हैं। इसलिए वे हमेशा

उद्योग के हितों का और विशेष रूप से इफको के हितों का ध्यान रखने में सक्षम रहे हैं।'

आँवला परियोजना का विस्तार कार्य तब चल रहा था जब अवस्थी ने फूलपुर में नवनियुक्त संयंत्र प्रमुख डी.के. भट्ट को विस्तृत परियोजना रिपोर्ट तैयार कर सरकार को सौंपने को कहा था। उन दिनों क्रमशः तीन स्तर पर अनुमोदन लेना होता था—प्री-पीआईबी[1], पीआईबी और सीसीईए[2]। इसके बाद पर्यावरण मंत्रालय परियोजना को शुरू करने की मंज़ूरी देता था।

अवस्थी ने जनवरी 1995 में भट्ट से कहा, 'इस बार प्री-पीआईबी नहीं होगा। आपका पीआईबी 29 जनवरी को होगा। आपको तब प्रेजेंटेशन के लिए आना है।'

पीआईबी की बैठक वाले दिन अवस्थी और उनकी टीम के सहयोगी सबसे पहले उर्वरक सचिव से मिलने गए। उन्होंने परियोजना में ज़्यादा रुचि नहीं दिखाई। व्यय विभाग और योजना आयोग भी इस परियोजना को लेकर बहुत उत्सुक नहीं थे। उन्हें लगा कि यह प्रस्ताव घाटे का होगा।

अवस्थी बहुत परेशान थे। उस दिन दोपहर बाद पीआईबी की बैठक होनी थी। जब इफको की टीम पहुँची, उस समय कोल इंडिया के अधिकारियों से 190 करोड़ रुपये की परियोजना को लेकर पूछताछ चल रही थी। एक घंटे बाद, कोल इंडिया का प्रस्ताव ख़ारिज कर दिया गया और उन्हें छह महीने बाद संशोधित प्रस्ताव के साथ वापस आने के लिए कहा गया।

इसके बाद इफको की बारी थी। अवस्थी ने बैठक में कहा, 'हमने अपने आँवला संयंत्र का विस्तार शुरू कर दिया है। फूलपुर हमारा दूसरा विस्तार होगा। परियोजना में लाभ की अच्छी सम्भावना है। हमारे पास बहुत अच्छी टीम है। फूलपुर के संयंत्र प्रमुख यहाँ हमारे साथ हैं। हमने हमेशा अपनी परियोजनाओं को निर्धारित समय और लागत के भीतर पूरा किया है। हम इस परियोजना को भी रिकॉर्ड समय में पूरा कर लेंगे।'

पीआईबी, में पाँच-छह विभागों के संयुक्त सचिव शामिल थे और उन्होंने पाँच मिनट की चर्चा के बाद ही परियोजनाओं को मंज़ूरी दे दी थी। भट्ट कहते हैं, 'उन्होंने कोई आपत्ति नहीं जताई। मैं दंग रह गया था। यह अविश्वसनीय था।'

---

1. पब्लिक इन्वेस्टमेंट बोर्ड (Public Investment Board)
2. आर्थिक मामलों पर मंत्रिमंडल समिति (Cabinet Committee on Economic Affairs)

इफको के मुख्य कार्यकारी अधिकारी के रूप में अपने शुरुआती दिनों में ही अवस्थी ने अपने सहयोगियों के बीच जो प्रतिष्ठा अर्जित की थी और सरकार के भीतर जैसा भरोसेमन्द सम्बन्ध बनाए थे, यह घटना उसका जीवन्त प्रमाण थी।

आईपीएल प्रमुख गहलोत अवस्थी को साहसी व्यक्ति मानते हैं क्योंकि कम लोगों में इतनी हिम्मत होती है कि वे किसी सचिव से जाकर कह सकें कि, 'इस नीति से उद्योग को नुक़सान होगा; इसलिए कृपया इसकी समीक्षा की जाए।' गहलोत कहते हैं, 'लेकिन यह काम वे कूटनीतिक तरीक़े से करेंगे।'

लेकिन कुछ लोगों को तब भी शिकायतें रही हैं। कुछ सचिव कहते थे, 'वे अपने बारे में क्या सोचते हैं?'

उर्वरक मंत्रालय में जिन 28 सचिवों के साथ अवस्थी ने काम किया है, उनमें कुछेक के साथ ही अवस्थी के सैद्धान्तिक मतभेद रहे। गहलोत कहते हैं, 'अवस्थी ने कभी हार नहीं मानी।' इस सम्बन्ध में वे एक सचिव के साथ की एक घटना को विशेष रूप से याद करते हैं जो कुछ ऐसा करना चाहते थे जिससे इफको को नुक़सान होता।

तब अवस्थी ने कहा था, 'आप जो कह रहे हैं, उसे मान कर मैं इफको को नुक़सान नहीं होने दे सकता।'

अवस्थी पर सचिव क्रोधित हो गए। लोगों ने सचिव को थोड़ा नरम होने की सलाह दी और कहा, 'अवस्थी की बात महत्त्वपूर्ण है। आपको उनकी बात सुननी चाहिए।'

गहलोत ने हँसते हुए बताया, 'दुबारा मिलने पर अवस्थी न केवल उन्हें अपनी बात समझाने में सफल रहे, बल्कि उनसे रियायतें लेने में भी क़ामयाब रहे।'

उर्वरक उद्योग का नेतृत्व

अवस्थी आईएफए के अध्यक्ष बनने वाले पहले एशियाई व्यक्ति हैं। उन्हें उर्वरक उद्योग का विशेषज्ञ माना जाता है। उर्वरक उद्योग के लोग सलाह और मार्गदर्शन के लिए नियमित रूप से उनके पास आते हैं।

गहलोत बताते हैं, 'जब उर्वरक क्षेत्र के सामने कोई समस्या आती है और यह सवाल होता है कि इसे कैसे हल किया जाए, तो हमें हमेशा अवस्थी के साथ चर्चा करना और उनकी सलाह लेना ज़रूरी लगता है।'

दिलीप संघाणी बतलाते हैं, 'इफको के स्वर्ण जयन्ती आयोजन के दौरान उन्हें निकट से जानने का मौक़ा मिला। इफको में डायरेक्टर, वाइस चेयरमैन और अब चेयरमैन के नाते मैं कह सकता हूँ कि उन्होंने प्राइमरी लेवल से लेकर इंटरनेशनल मार्केट तक अपना प्रभाव बनाया है।'

इफको के प्रबन्ध निदेशक के रूप में अवस्थी और उर्वरक उद्योग के उनके समकक्षों और साझीदार समूहों के बीच अच्छे सम्बन्ध हैं। कुछ साल पहले ऐसी धारणा थी कि इफको उर्वरक उद्योग के 'बिग ब्रदर' के रूप में ख़ुद को स्थापित करने के लिए बाज़ार के अगुआ के रूप में अपनी स्थिति का लाभ उठाने की कोशिश कर रहा है। लेकिन ऐसी ग़लतफ़हमी अब नहीं है। अन्य कम्पनियों के सीईओ इफको की ताक़त और विस्तार की सराहना करते हैं। इसलिए उनमें आपस में सौहार्द्र और परस्पर प्रतिस्पर्धा दोनों हैं। ये सभी अवस्थी को उर्वरक उद्योग के लीडर के रूप में स्वीकार करते हैं।

दृढ़ता और सहृदयता के पुंज

फूलपुर में एक कर्मचारी ने एक बार संयंत्र प्रमुख (प्लांट हेड) से बदसलूक़ी की। यह एक गम्भीर अपराध था। सूचना अवस्थी तक पहुँची और उन्होंने उस कर्मचारी को तत्काल नौकरी से बर्ख़ास्त कर दिया। अवस्थी अपने इस फ़ैसले को बदलने को तैयार नहीं थे। बर्ख़ास्त कर्मचारी के पक्ष में जिसने भी बीच-बचाव करने की कोशिश की, उसे कड़ी फटकार लगाई गई।

इफको मुख्यालय में ऑफिसर्स एसोसिएशन के अध्यक्ष जितेन्द्र तिवारी बहुत हिम्मत करके एक दिन उनके कक्ष में गए और उनसे कहा, 'सर, आप उसको माफ कर दीजिए क्योंकि उसका पूरा परिवार संकट में है।'

अवस्थी ने कहा, 'मिस्टर जितेन्द्र तिवारी! कृपया इस बारे में बात मत करिए।'

बाद में, उस व्यक्ति की पत्नी ने अवस्थी को एक मार्मिक पत्र लिखा। पत्र पढ़कर अवस्थी पिघल गए। उन्होंने उस कर्मचारी की बर्ख़ास्तगी रद्द कर दी लेकिन आदेश दिया कि उसे दूसरी इकाई में स्थानान्तरित कर दिया जाए।

एक कर्मचारी खाद की कालाबाज़ारी करते पकड़ा गया था। अवस्थी उसे माफ कर सकते थे अगर उसने अपनी गलती के लिए माफ़ी माँग ली होती। इसके बजाय, उसने राजनेताओं और अन्य प्रभावशाली लोगों के माध्यम से उन पर दबाव बनाने की कोशिश की। उस कर्मचारी ने एक केन्द्रीय मंत्री से भी सम्पर्क किया, जिनके अवस्थी के साथ बहुत अच्छे सम्बन्ध थे।

अवस्थी किसी की बात सुनने को तैयार नहीं थे। उन्होंने उसकी सेवाएँ समाप्त कर दीं। अवस्थी इस बात से नाराज़ हो गए कि उसने बाहर के लोगों से सिफारिश करवाई। अवस्थी को इफको के आन्तरिक मामलों में किसी प्रकार का बाहरी हस्तक्षेप बर्दाश्त नहीं है। इफको की सफलता के अनेक कारणों में यह भी एक कारण है। इफको के हितों की रक्षा के लिए उन्होंने उच्च प्राधिकारियों के अनुरोध को भी अस्वीकार किया है।

तिवारी कहते हैं, 'ऑफिसर्स एसोसिएशन के अध्यक्ष होने के नाते मैं कह सकता हूँ कि अगर उन्होंने इस दबाव को दृढ़ता से नहीं सँभाला होता तो कई गलत नियुक्तियाँ, गलत पदोन्नति और गलत स्थानान्तरण हो सकते थे। वे अपने सिद्धान्तों से एक इंच भी नहीं हिलते हैं।'

लेकिन अगर संस्था के भीतर से कोई—यूनियन नेता या प्रतिनिधि या कर्मचारी ख़ुद या उसकी पत्नी या बच्चे—किसी चीज़ के लिए उनसे सम्पर्क करता है तो वे उसके अनुरोध के प्रति प्राय: उदार रहते हैं।

अवस्थी कहते हैं, 'एक मुख्य कार्यकारी के रूप में, मैं ऐसा निर्णय नहीं ले सकता जिससे संस्था का नुक़सान हो। अगर मैं सबको ख़ुश रखने की कोशिश करने लग जाऊँ तो यह सम्भव नहीं है। मुझे यह पद सिर्फ अच्छे सम्बन्ध रखने के लिए नहीं दिया गया है। मुझे निष्पक्ष सम्बन्ध रखने के लिए भेजा गया है। मैं निष्पक्ष रूप से काम करता हूँ और मेरा हर फ़ैसला पारदर्शी होता है।'

वे आगे कहते हैं, 'मेरा अटल विश्वास है कि मुख्य कार्यकारी का पद—चाहे वह संस्था का हो, प्रान्त का हो, देश का हो या परिवार का—भगवान शिव की तरह विष पीने की क्षमता रखने वालों का होना चाहिए। उसे ज़हर को अपने गले

में रखना चाहिए ताकि शरीर के बाकी हिस्से अप्रभावित रहें। यदि आप अपने व्यक्तिगत हितों को इसमें शामिल करते हैं तो आप मुख्य कार्यकारी अधिकारी बनने के लायक नहीं हैं।'

1994-95 में देश में हैपिटाइटिस-बी के मामले तेजी से बढ़ रहे थे। यह एक जानलेवा बीमारी थी और इसका उन दिनों कोई इलाज़ नहीं था। इससे बचाव के लिए इंटरफेरॉन नामक एक वैक्सीन आई थी जो बहुत महँगी थी। उसकी क़ीमत एक लाख के आस-पास थी और पूरी सुरक्षा के लिए तीन इंजेक्शन लगते थे। डॉ. जैन ने अवस्थी से मिलकर अनुरोध किया कि इस बार दिवाली बोनस के बदले सारे कर्मचारी और उनके आश्रितों (डिपेंडेंट्स) को हेपेटाइटिस-बी वैक्सीन लगवा दिया जाए। उन्होंने ध्यानपूर्वक सुना और डॉ. जैन को प्रस्ताव (प्रोपोजल) बनाकर लाने को कहा। अवस्थी ने प्रस्ताव को तत्काल मंज़ूरी देते हुए देश भर के इफको कर्मचारियों और उनके परिवार के लोगों को वैक्सीन लगवाया और सबको दिवाली बोनस भी दिया।

इफको कर्मचारी यूनियन के अध्यक्ष ब्रजेश कुमार कहते हैं, 'अवस्थी साहब दयालु व्यक्ति हैं लेकिन संस्था के हित में अपनी भावना को नियंत्रित रखना बख़ूबी जानते हैं।'

इफको के प्रतिनिधि और कॉर्डेट के निदेशक वीर प्रताप सिंह उनके गाँव के एक प्रतिद्वंद्वी राजनीतिक परिवार से हैं। वे बताते हैं, 'अवस्थी जी ने मेरे साथ अपने सम्बन्धों में कभी इस बात को आड़े नहीं आने दिया। मैं तो कहूँगा कि अपने परिवारवालों की अपेक्षा उन्होंने मुझे आगे बढ़ाया है।'

सिंह कहते हैं, 'उनके एमडी बनने के तीन-चार महीने के बाद ही एजीएम (एनुअल जनरल मीटिंग) हुई थी। मैं यह सोचकर गया था कि मैं उनसे नहीं मिलूँगा। लेकिन उन्होंने मुझे पूरी तरह चौंका दिया। उन्होंने स्टेट मार्केटिंग मैनेजर से मेरे बारे में पूछताछ की और मेरा पता लगाया। उन्होंने पीछे से आकर मेरे कन्धे पर हाथ रखा। जब मैं पीछे मुड़ा तो मैंने देखा कि वह मुझे देखकर मुस्कुरा रहे हैं। मैंने झुक कर उनके पैर छुए। यह अनायास हुआ।'

गहलोत कहते हैं कि 'अवस्थी स्वभाव से बहुत ही विचारशील व्यक्ति हैं। उनके जैसा आदमी मिलना मुश्किल है। लेकिन जो उनके पद और प्रभाव से आकृष्ट होकर उनके पास आते हैं और कुछ चतुराई करने का प्रयास करते हैं उनके साथ वे उतनी ही कठोरता से पेश आते हैं।'

बहुतेरे सफल लोगों की तरह, उनके मित्र और विरोधी प्रचुर मात्रा में हैं। गहलोत, जिन्होंने अवस्थी के सकारात्मक और नकारात्मक दोनों पक्षों को बख़ूबी देखा है, कहते हैं कि 'वे कभी-कभी विरोधाभासों के एक समुच्चय के रूप में नज़र आ सकते हैं।'

वे कहते हैं, 'अगर आपसे कोई यह कहता है कि उसने अवस्थी से बेहतर कोई आदमी नहीं देखा है या अवस्थी बेमिसाल व्यक्ति हैं, वे लोगों की मदद करने में कोई कसर नहीं छोड़ते, वे संस्था में छोटे-से-छोटे व्यक्ति का भी पूरा ख़याल रखते हैं तो यह बिलकुल सत्य है। लेकिन वहीं कोई आपसे यह कहे कि अवस्थी बड़े अहंकारी हैं, वे ऐसे व्यवहार करते हैं जैसे दुनिया में उनसे बड़ा कोई दूसरा है ही नहीं, वे दूसरे की बात सुनने को बिलकुल तैयार ही नहीं होते तो हो सकता है वह भी सच कह रहा हो।'

अवस्थी अपने मातहतों के प्रति अत्यन्त सहृदय हैं। भट्ट को इफको के विपणन निदेशक पद पर नियुक्ति के लिए साक्षात्कार बोर्ड के समक्ष उपस्थित होना था। अवस्थी ने उन्हें इंटरव्यू के लिए तैयार किया। अवस्थी ने साक्षात्कार के लिए भट्ट के सूट का चयन किया, टाई का रंग तय किया और सवालों के जवाब देने के लिए उन्हें प्रशिक्षित किया। इंटरव्यू से पहले जब भट्ट उनसे मिलने गए तो उन्होंने उन्हें गले लगाया और कहा, 'जाइए; आपका चयन हो जाएगा।'

कमल वर्मा, जिन्होंने लगभग तीन दशकों तक अवस्थी के साथ काम किया है, कहते हैं कि 'वे बिलकुल नारियल की तरह हैं, बाहर से जितने सख़्त, अन्दर से उतने ही मुलायम। उनका हृदय करुणा से भरा हुआ है।'

सामाजिक सरोकार

कॉरपोरेट जगत में ऐसे लीडर कम हैं, जिन्हें न केवल बोर्डरूम में बल्कि खेतों और गाँवों में भी समान रूप से सम्मान मिलता है।

संकट में पड़े लोगों तक पहुँचने और उनके जीवन में बदलाव लाने की अवस्थी की क्षमता उनके व्यक्तित्व का एक अभिन्न हिस्सा है। वे अपने पैतृक गाँव सथनी में बड़े आदर से देखे जाते हैं।

जब अवस्थी इफको के प्रबन्ध निदेशक बने तो उन्होंने महिलाओं के लिए एक स्वयं सहायता समूह (एसएचजी) के गठन की सुविधा प्रदान की। एसएचजी की एक सदस्या बताती हैं, 'हमने तरह-तरह के नए हुनर सीखे। उसमें ज़रूरतमन्द सदस्यों के लिए छोटे-छोटे ऋणों की भी सुविधा है। इस गाँव में उन्होंने हर घर को प्रेशर कुकर और गैस का चूल्हा दिया है। हमारे यहाँ नज़दीक में कोई अस्पताल नहीं था। हम लोगों ने उनसे अस्पताल के लिए कहा और उन्होंने अस्पताल बनवा दिया जहाँ हमें मुफ़्त दवाइयाँ भी मिलती हैं।'

सथनी की एक महिला कहती हैं, 'हम लोगों ने कभी सपने में भी नहीं सोचा था कि मर्दों के सामने खड़ी होकर हम बोल सकती हैं। लेकिन आज आप मुझे किसी मंच पर माइक के सामने बोलने को कहें तो मैं बड़े आराम से अपनी बात कह सकती हूँ।'

एक अन्य महिला कहती है, 'इस गाँव के लोगों के लिए जितना एमडी साहब ने किया है उतना किसी और ने कभी नहीं किया। हर साल गाँव में कम्बल बँटवाते हैं। उनकी वजह से गाँव का हर आदमी सुखी है। भगवान से यही प्रार्थना है कि वे सदैव स्वस्थ रहें, सौ बरस जिएँ और दुनिया में लोगों का कल्याण करते रहें।'

दूसरी महिला कहती है, 'एमडी साहब के बारे में क्या बताएँ। एमडी साहब तो हीरा आदमी हैं। उन्होंने हमारे सारे सपने पूरे कर दिए। हम लोगों को हरिद्वार और ऋषिकेश का दर्शन करवाया। हम लोग उन तीर्थस्थानों पर गए और गंगा जी में स्नान किया। हमारे आने-जाने, रहने और खाने-पीने सबका इन्तज़ाम उन्होंने किया।'

एक बुजुर्ग व्यक्ति बताते हैं, 'अवस्थी जी से पहले इस गाँव को कोई नहीं जानता था। मैं एक मिडिल स्कूल में शिक्षक था। साइकिल से रोज़ स्कूल जाया करता था। एक ही सड़क है जो इस गाँव को बाहर से जोड़ती है। यह बिलकुल कच्ची सड़क थी। बरसात के मौसम में इतनी कठिनाई होती थी कि कोई इस गाँव में आना नहीं चाहता था। अवस्थी जी ने उस सड़क को पक्का करवाया।'

राम सिंह कहते हैं, 'कोई ऐसा प्रबन्ध निदेशक होगा जो गाँव में जाकर बकरी बाँटे?' अवस्थी ऐसा करते हैं—पूरे भारत के गाँवों में।

उनके पैतृक गाँव के लिए उनका सबसे बड़ा उपहार प्राथमिक स्वास्थ्य केन्द्र है। सप्ताह में दो दिन दो डॉक्टर यहाँ आते हैं। इस केन्द्र में 20 किलोमीटर दूर से मरीज आते हैं क्योंकि दवाएँ असली होती हैं और मुफ़्त दी जाती हैं।

उन्होंने गाँव में सौर ऊर्जा के उपकरण लगवाए हैं। एक ग्रामीण का कहना है, 'सड़क पर जो बत्तियाँ लगी हैं वे सब सौर ऊर्जा से चलती हैं। सच तो यह है कि इस गाँव को जितना उन्होंने दिया है उसे हम लोग मेंटेन नहीं कर पा रहे हैं।'

इस क्षेत्र में समृद्धि लाने के लिए उन्होंने बहुत कुछ किया है। प्रबन्ध निदेशक बनते ही उन्होंने यहाँ नेत्र शिविर लगवाना शुरू कर दिया। इफको द्वारा आयोजित नेत्र शिविरों में अब तक उन्नाव जिले के कम-से-कम 20 हजार लोगों का मोतियाबिंद का ऑपरेशन हो चुका है।

अवस्थी ने सथनी में पहला नेत्र शिविर 1995 में आयोजित करवाया। उन्होंने तब जोर देकर कहा था कि ऑपरेशन गाँव में ही होंगे। स्कूल के एक कमरे को स्टेरिलाइज कराया गया और फिर वहाँ 50 लोगों की आँखों का ऑपरेशन कराया गया। सारे ऑपरेशन सफल रहे।

कार्यक्रम की क़ामयाबी से उत्साहित होकर इफको ने यहाँ हर साल नेत्र शिविर लगाना शुरू किया। इस अभियान को उत्तर प्रदेश के अन्य जिलों तक ले जाया गया। इफको द्वारा आयोजित नेत्र शिविरों में अब तक मोतियाबिंद के लगभग 35 हजार ऑपरेशन किए जा चुके हैं।

इफको के विपणन निदेशक योगेन्द्र कुमार कहते हैं, 'हमने उत्तर प्रदेश के लखीमपुर जिले में नेपाल की तलहटी के पास एक नेत्र शिविर का आयोजन किया था। 17-18 साल की एक लड़की की आँख में माड़ा था। दोनों आँखों में सफ़ेदी छाई हुई थी। उसके पिता नेत्र शिविर में उसको लेकर आए। डॉक्टर ने कहा कि अगर लड़की का पिता यह लिख कर दे कि वह जोख़िम उठाने को तैयार है तब वे ऑपरेशन करेंगे।'

पिता ने कहा, 'वह पहले से ही कुछ भी नहीं देख पा रही है। मैं उसकी आँखों के इलाज़ के लिए कोई भी जोख़िम उठाने को तैयार हूँ।'

'क्या आप विश्वास करेंगे? ऑपरेशन सफल रहा! जब उसकी आँखों की पट्टी हटाई गई और उसने रोते हुए पुष्टि की कि वह सभी को देख सकती है, उस समय वहाँ उपस्थित लोग ख़ुशी से रो पड़े,' योगेन्द्र कुमार याद करते हैं।

इफको ने अफ्रीकी देश सेनेगल में भी नेत्र शिविर लगाया। वहाँ इफको का फॉस्फोरिक एसिड का संयुक्त उपक्रम है। सेनेगल के राष्ट्रपति ने अवस्थी से इसके लिए आग्रह किया था। अवस्थी ने सहर्ष हामी भर दी और सेनेगल में नेत्र

शिविर लगाने के लिए 15 दिन बाद की तारीख़ दे दी। लेकिन यह बड़ी चुनौती थी। सबसे बड़ी समस्या थी कि डॉक्टरों के साथ जो कम्पाउंडर आदि की टीम थी उनमें किसी के पास पासपोर्ट नहीं था। इफको मार्केटिंग के लोगों ने दौड़-भाग करके सारे काग़ज़ात तैयार कराए और पन्द्रहवें दिन टीम को सेनेगल रवाना कर दिया गया। वहाँ पहले दिन तो कम मरीज आए लेकिन उसके बाद लोगों का ऐसा ताँता लगा कि सात दिनों में वहाँ 876 ऑपरेशन किए गए और लगभग 5,000 लोगों की आँखों का इलाज़ किया गया।

एक बार, डी.के. भट्ट के गाँव में एक लड़की पेड़ से गिरकर गम्भीर रूप से घायल हो गई। उसके पिता बहुत ग़रीब थे। उसको जो इम्प्लांट लगना था उसकी क़ीमत 40 हजार रुपये आ रही थी। भट्ट ने अवस्थी से पूछा कि क्या वे उनकी मदद कर सकते हैं। अवस्थी ने तुरन्त इफको किसान सेवा ट्रस्ट को धनराशि स्वीकृत करने के लिए कहा। किसान सेवा ट्रस्ट के माध्यम से ऐसी सहायता राशि की अधिकतम सीमा केवल 25 हजार रुपये है। अवस्थी ने चेयरमैन की विशेष स्वीकृति के माध्यम से इम्प्लांट के लिए आवश्यक पूरी राशि मंज़ूर कराई।

2009 में इफको के विपणन निदेशक के रूप में सेवानिवृत्त हुए भट्ट कहते हैं, 'मुझे नहीं लगता कि उनसे कुछ वैध माँगनेवाला कभी ख़ाली हाथ लौटा है।'

लम्बे समय तक आईएफए के महानिदेशक रहे लुक मान उस समय को याद करते हैं जब वे 2006 में आईएफए सम्मेलन के लिए केप टाउन गए थे। वे बताते हैं, 'आईएफए प्रतिनिधियों के सम्मान में शाम को एक सांस्कृतिक कार्यक्रम आयोजित किया गया था। विश्व उर्वरक उद्योग से सम्बन्धित सभी विशिष्ट व्यक्ति वहाँ मौज़ूद थे। वहाँ, अवस्थी की तुलना में सौ गुना अधिक पैसा कमाने वाले अधिकारी उपस्थित थे। अमेरिकी कम्पनियों के कुछ सीईओ सालाना सैकड़ों करोड़ का बोनस पाते हैं, वे सब मौज़ूद थे।'

सम्मेलन के दौरान आयोजित सांस्कृतिक कार्यक्रम में वहाँ के समाज के उपेक्षित बच्चों ने एक समूह नृत्य प्रस्तुत किया। जब नृत्य समाप्त हुआ तो अवस्थी ने अपना हाथ उठाया और कहा, 'मेरा नाम उदय शंकर अवस्थी है। मैं भारत का प्रतिनिधि हूँ। भारत में मैं इफको का प्रतिनिधि हूँ। मैं इन बच्चों के लिए 10,000 डॉलर का अनुदान करता हूँ।'

लुक मान कहते हैं, 'हर कोई थोड़ी देर के लिए स्तब्ध रह गया और फिर तालियाँ बजने लगीं। तुमुल करतल ध्वनि से सम्मेलन कक्ष गूँज उठा। यह एक अद्‌भुत क्षण था।'

किफ़ायती नज़रिया

ओमान परियोजना से लेकर देश-विदेश स्थित इफको की तमाम परियोजनाओं की स्थापना और विस्तार की लागत को कम करने में अवस्थी क़ामयाब रहे हैं। इसके लिए उन्हें सरकार और उद्योग जगत से सराहना मिलती रही है। अपने इस कौशल को उन्होंने अपने मातहतों में भी विकसित किया है। फूलपुर में संयंत्र प्रमुख (प्लांट हेड) नियुक्त करने के एक पखवाड़े बाद अवस्थी ने भट्ट को प्लांट के विस्तार के लिए एक रिपोर्ट देने को कहा। भट्ट ने एक संक्षिप्त रिपोर्ट बनाकर उन्हें भेज दी।

उन्होंने पूछा, 'यूरिया की क़ीमत क्या होगी?'

भट्ट ने इस बारे में नहीं सोचा था। वे केवल उपकरण और मशीनों पर ध्यान केन्द्रित कर रहे थे।

उन्होंने समझाया, 'यूरिया की क़ीमत बहुत अधिक हो जाएगी। लागत कम करो और क़ीमत नीचे लाओ।'

अब तक यांत्रिक विभाग सँभालनेवाले भट्ट को यूरिया की क़ीमत का अन्दाज़ा नहीं था। उन्होंने उन लोगों से परामर्श किया जिन्होंने इस क्षेत्र में काम किया था और एक संशोधित रिपोर्ट बनाई।

'लागत अब भी अधिक है। इसे और नीचे लाओ,' अवस्थी ने भट्ट से कहा।

यूरिया की क़ीमत तय करने से पहले अवस्थी ने तीन-चार बार उसका पुनरीक्षण किया।

अवस्थी ने भट्ट को और अन्य सभी अधिकारियों को बुलाया और कहा, 'आपको याद रखना चाहिए कि संयंत्र चलाना और नया संयंत्र स्थापित करना दो अलग-अलग चीज़ें हैं। यदि आप एक नया संयंत्र स्थापित करने जा रहे हैं तो आपको सदैव यात्रा के लिए तैयार रहना चाहिए। दूसरा, आपको जो कुछ भी करना है, उसे वहीं का वहीं पूरा कर लें। किसी निर्णय में देरी न करें और अनावश्यक फ़ाइल कार्य से बचें।' यह व्यावहारिक प्रशिक्षण था जिसे भट्ट कभी नहीं भूले।

महिला सशक्तिकरण

आज दुनिया भर में महिला सशक्तिकरण की बात की जा रही है। महिलाओं को बिना मुख्यधारा में लाए समाज का समावेशी विकास सुनिश्चित नहीं किया जा सकता है। अवस्थी कहते हैं, 'हमने भी अपनी संस्था, अपनी सहयोगी संस्थाओं और अपनी सदस्य सहकारी समितियों में महिलाओं की भागीदारी बढ़ाने के हर सम्भव प्रयास किए हैं।' आईएफएफडीसी[1] की परियोजनाओं में महिला नेतृत्व बहुत सशक्त रूप में उभर कर आया है और यहाँ इनकी भागीदारी 43 प्रतिशत तक है।

वर्ष 2019 में, इफको के नए निदेशक मंडल के गठन से पहले, आरजीबी[2] में 5 प्रतिशत सीटें और महिलाओं के लिए निदेशक मंडल में एक सीट आरक्षित करने के लिए उपनियमों में संशोधन किया गया। इफको की आरजीबी में सदस्यों की संख्या 1,000 है, इसलिए अब इफको की आरजीबी में 50 प्रतिनिधि अनिवार्य रूप से महिलाएँ होंगी। ये 50 महिला प्रतिनिधि अपने बीच से निदेशक मंडल के लिए एक निदेशक का चुनाव करती हैं।

देश के सैनिकों को सलाम

इफको के स्वर्ण जयन्ती महोत्सव के दौरान अवस्थी की उत्तर-पूर्व की यात्रा का आयोजन ब्रिगेडियर सुरिन्दर कुमार ने किया था। नाथुला दर्रे के पास वहाँ का दृश्य और प्रबन्ध देख कर अवस्थी गदगद हो गए। विजिटर्स बुक में उन्होंने बहुत सुन्दर सन्देश लिखा :

> *इफको को भारतीय सेना पर गर्व है। हम किसानों की संस्था हैं। हमारे भाइयों और बहनों में से अधिकतर भारतीय सेना में शामिल होते हैं। आप देश की सीमा की रक्षा करते हैं और हम देश में खाद्यान्न आपूर्ति की रक्षा करते हैं।*
>
> *भारत के सैनिकों को हमारा सलाम!*

1. इंडियन फार्म फॉरेस्ट्री डेवलपमेंट कोआपरेटिव लिमिटेड
2. रिप्रेजेन्टेटिव जनरल बॉडी (प्रतिनिधि सामान्य निकाय)

मैं इफको के प्रबन्ध निदेशक की हैसियत से सेना कल्याण कोष में 10 लाख रुपये का योगदान करना चाहता हूँ। मुझे यह जानकर ख़ुशी होगी कि इस राशि को हम कहाँ भेज सकते हैं।

उदय शंकर अवस्थी
12 अप्रैल, 2017
विजयी विश्व तिरंगा प्यारा, झंडा ऊँचा रहे हमारा।

धुन के पक्के

नाथुला से वे गंगटोक लौटे जहाँ किसान सहकारिता सम्मेलन आयोजित किया गया था। अवस्थी ने राज्य के अतिरिक्त मुख्य सचिव से मुलाक़ात की जिसके परिणामस्वरूप सिक्किम इफको ऑर्गेनिक्स लिमिटेड का गठन हुआ। समझौता ज्ञापन पर हस्ताक्षर किए गए, संयुक्त कम्पनी का गठन किया गया और इसके तुरन्त बाद काम शुरू हो गया।

यह सब एक साल के भीतर हुआ। यह उनकी दृष्टि और दृढ़ संकल्प की अभिव्यक्ति है। ब्रिगेडियर कुमार कहते हैं, 'उन्हें क़रीब से देखने से मुझे यह पता चला कि एक बार जब वह कुछ करने का मन बना लेते हैं तो चाहे परिस्थितियाँ कैसी भी हों, वे कभी पीछे नहीं हटते हैं।'

मिलनसार और बहुज्ञ

कुछ लोगों के पास ज्ञान की गहराई होती है; कुछ के पास ज्ञान का विस्तार होता है। अवस्थी के पास दोनों गुण हैं। अवस्थी का अन्दाज़ेबयाँ कमाल का है। वे लगभग हर किसी से दिलचस्प बातचीत कर सकते हैं, जिस किसी से वे मिलते हैं।

ब्रिगेडियर कुमार, अवस्थी को उत्तर-पूर्व (नॉर्थ-ईस्ट) की दो पार्टियों में ले गए। शिलांग में, मेजर जनरल आर.के. गुप्ता, ब्रिगेडियर कुमार के पाठ्यक्रम साथी (कोर्स मेट) मेज़बान थे। पहली पार्टी उन्होंने ही दी थी।

ब्रिगेडियर कुमार याद करते हैं, 'पार्टी बिलकुल आर्मी स्टाइल की थी—मिलिटरी बैंड बज रहा है, पगड़ी और दस्ताने पहने वेटर्स ड्रिंक सर्व कर रहे हैं, बिलकुल उच्च कोटि का माहौल है। उस पार्टी में एक लेफ्टिनेंट जनरल[1] भी थे, मेजर जनरल गुप्ता के बॉस। डॉ. अवस्थी और लेफ्टिनेंट जनरल पार्टी में एक साथ रहे। दोनों ने साथ खाना खाया। उनका व्यवहार बिलकुल सहज था।'

दूसरी पार्टी दीमापुर, नागालैंड में हुई। लेफ्टिनेंट जनरल अनिल चौहान के निवास पर कॉकटेल डिनर था। अनिल चौहान उस समय डीजीएमओ थे—डायरेक्टर जनरल ऑफ मिलिटरी ऑपरेशंस (सैन्य अभियान महानिदेशक)। पूरे देश में मिलिटरी ऑपरेशन की जिम्मेदारी डीजीएमओ की होती है। उनको वूडन स्कल[2] जमा करने का शौक़ है। जहाँ भी जाते हैं वहाँ से वूडन स्कल ज़रूर लाते हैं। अवस्थी ने उनको इस कला और शौक़ के बारे में अपनी कई बातें बताईं। जनरल की पत्नी बहुत अच्छी पेंटर हैं। अवस्थी को पेंटिंग इकट्ठा करने का शौक़ है, इसलिए उनकी एक पेंटिंग भी ख़रीदी गई।

ब्रिगेडियर कहते हैं, 'जनरल ने उन्हें परमाणु युद्ध पर अपनी पुस्तक भेंट की। अवस्थी ने पुस्तक पढ़ी और उन्हें विस्तृत प्रतिक्रिया भेजी।'

नेफेड के अध्यक्ष डॉ. बिजेंद्र सिंह कहते हैं कि 'अवस्थी जी एक बेहतरीन प्रशासक हैं, देश के वे सबसे अच्छे सीईओ हैं। चाहे रिसर्च का पार्ट हो या किसानों की सेवा का, उन्होंने हर क्षेत्र में क़ामयाबी हासिल की है। देश के लिए यह गर्व की बात है।'

दूरदर्शिता का उत्कर्ष

अवस्थी हमेशा एक थिंक टैंक के रूप में कार्य करने के लिए विभिन्न क्षेत्रों के प्रतिष्ठित विशेषज्ञों का एक ट्रस्ट स्थापित करना चाहते थे जिसका उद्देश्य इफको और उसके शीर्ष प्रबन्धन को उन मुद्दों पर सलाह देना था जो

1. लेफ्टिनेंट जनरल शौकीन चौहान
2. वूडन स्कल : लकड़ी की कलापूर्ण ढंग से चित्रांकित, नक़्क़ाशीदार खोपड़ी। यह कलारूप अपने विशिष्ट सौन्दर्य के कारण विशेषकर पश्चिमी देशों में लोकप्रिय है।

देश में किसानों और सहकारी समितियों के लिए उठाए जा सकते हैं। उनकी सोच थी कि यह ट्रस्ट गाँव के लोगों के कल्याण और विकास के सामाजिक कार्यों का वाहक बने।

अवस्थी कहते हैं, 'मेरा शुरू से ही यह विचार था कि हमारे पास एक ऐसा ट्रस्ट (न्यास) होना चाहिए जिसके ट्रस्टी (न्यासी) विभिन्न क्षेत्रों के प्रतिष्ठित विशेषज्ञ हों और वे एक 'थिंक टैंक' के रूप में काम करें। मेरा ख़याल था कि हम लोग तो अपनी कम्पनी के काम में ही पूर्णत: व्यस्त रहते हैं, यह 'थिंक टैंक' हमें सलाह देगा कि देश में किसानों और सहकारी समितियों की बेहतरी के लिए कौन से मुद्दे उठाए जा सकते हैं। यह भी विचार था कि यह 'थिंक टैंक' किसान और सहकारिता के पक्ष को सरकार के समक्ष रखने का एक माध्यम बनेगा। यह विचार मेरे दिमाग़ में शुरू से था। निदेशक मंडल में भी इस पर कई बार चर्चा हुई थी। अन्तत: 2003 में इसकी स्थापना हुई।'

इस फाउंडेशन ने एक पथ प्रशस्त किया है और कई क्षेत्रों में अग्रणी कार्य किया है, जिनमें से कुछ को सरकार द्वारा प्रमुख कार्यक्रमों के रूप में अपनाया गया है।

अवस्थी कहते हैं, 'हमें ख़ुशी है कि हमारे कई मॉडल प्रोजेक्ट अब सरकार के महत्त्वपूर्ण कार्यक्रम बन गए हैं। स्वच्छ भारत अभियान एक ऐसा ही उदाहरण है। हमने सम्पूर्ण स्वच्छता के लिए गाँवों को एक मॉडल के रूप में लिया। हमने बुनियादी ढाँचा बनाया, पद्धति का प्रदर्शन किया और सकारात्मक बदलाव लाए।'

जब सरकार ने स्वच्छ भारत अभियान कार्यक्रम शुरू किया तो इफको फाउंडेशन ने 10 करोड़ रुपये का दान दिया। इसके बाद इफको फाउंडेशन ने मिट्टी की जाँच का अभियान शुरू किया, लोगों को प्रशिक्षित किया और इस उद्देश्य के लिए प्रयोगशालाएँ स्थापित कीं। यह देश के हर राज्य में प्रसिद्ध 'भूमि बचाओ अभियान' का हिस्सा बन गया। अब सरकार ने इसे बड़े पैमाने पर अपनाया है। इसी तरह, इफको-टोकियो के तहत, फाउंडेशन ने किसानों और मजदूरों के लिए बहुत छोटी बीमा योजनाएँ शुरू कीं। सरकार ने भी बाद में बड़े पैमाने पर ऐसी योजनाएँ शुरू कीं।

इफको फाउंडेशन की एक और बड़ी उपलब्धि आल्हा गायन का पुनरुत्थान था, जो लगभग विलुप्त हो चुका था। आल्हा लोक संगीत का एक रूप है जो उत्तर प्रदेश और मध्य प्रदेश के बड़े हिस्से में बहुत लोकप्रिय है।

अवस्थी कहते हैं, 'मुझे याद है, जब हम बच्चे थे तो पूरा गाँव आल्हा सुनने उमड़ पड़ता था। उन्नाव में आल्हा गायन की एक समिति थी। हमने सोचा कि सिर्फ कार्यक्रम आयोजित करने से आल्हा का विकास नहीं होगा।'

इफको फाउंडेशन ने उस समिति को अकादमी बना दिया जहाँ कलाकारों को व्यवस्थित ढंग से प्रशिक्षण दिया जाता है। अवस्थी कहते हैं, 'मुझे यह बताते हुए बहुत ख़ुशी हो रही है कि उस अकादमी से प्रशिक्षित कई कलाकार आज आल्हा गायन में सक्रिय हैं और इस गायन परम्परा को लोकप्रिय बनाने और आगे बढ़ाने में अहम भूमिका निभा रहे हैं।'

इफको ने 2003 में एनर्जी सेविंग प्रोजेक्ट को हाथ में लिया और ऊर्जा के संरक्षण का प्रयास शुरू कर दिया। अवस्थी ने हमेशा संसाधनों के संरक्षण में विश्वास किया है। उन्होंने महात्मा गांधी की अमर पंक्तियों को सदैव ध्यान में रखा है, 'प्रकृति के पास सभी की ज़रूरतों को पूरा करने के लिए पर्याप्त संसाधन हैं, लेकिन यह सभी के लालच को पूरा नहीं कर सकती।'

अवस्थी कहते हैं, 'यह सोचना कि यह मेरा है और वह तुम्हारा है, क्षुद्र सोच है। इस धरती पर आप जो बचत करते हैं, वह पूरी मानवता के लिए है।'[1] सरकार ने संयंत्रों में ऊर्जा खपत के लिए नए मानदंड निर्धारित किए थे। अवस्थी बताते हैं, 'उन मानदंडों को हासिल करने के लिए तय अधिकतम अवधि के भीतर हमने लक्ष्य पूरा कर लिया।'

इफको सदन : स्थापत्य की मिसाल

सुबह के समय इफको सदन का माहौल देखने लायक होता है। ठीक नौ बजे एक सफ़ेद एम्बेसडर पोर्टिको में आकर रुकती है। सुरक्षा अधिकारी प्रबन्ध निदेशक की अगुआनी में गाड़ी की तरफ बढ़ते हैं। अवस्थी बाहर निकलते हुए सबका अभिवादन स्वीकार करते हैं। अवस्थी चौथी मंज़िल पर बैठते हैं। यह मुख्यालय की सबसे ऊपरी मंज़िल है। संयुक्त प्रबन्ध निदेशक, विपणन निदेशक और निदेशक, तकनीकी भी इसी मंज़िल पर बैठते हैं। प्रबन्ध

1. अयम निज: परो वेति गणना लघुचेतसाम्
   उदारचरितानां तु वसुधैव कुटुंबकम् (महोपनिषद)

निदेशक कार्यालय के कर्मचारी पहले से उपस्थित रहते हैं। उनके सुरुचिपूर्ण कक्ष में सब कुछ यथास्थान सुसज्जित है। दीवार पर एक पंक्ति से पुराने-नए कलाकारों द्वारा बनाए गए चित्र सजे हैं। अवस्थी एक संक्षिप्त पूजा के बाद अपना स्थान ग्रहण करते हैं। इतने में उनकी चाय आ जाती है और काम का सिलसिला शुरू हो जाता है।

इफको मुख्यालय भवन की जगह बहुत आकर्षक है। यह भवन दक्षिण दिल्ली के साकेत डिस्ट्रिक्ट सेंटर में 3,020 वर्ग मीटर के भूखंड पर बनाया गया है। यह 'सेलेक्ट सिटी वॉक' के ठीक पीछे और 'डीएलएफ मॉल' के निकट है। इसके पड़ोस में कई अन्य मॉल, रेस्तरां और भव्य कार्यालय भवन हैं। थोड़ी ही दूर पर एक पाँच सितारा होटल भी है।

अवस्थी के निजी सचिव आर.के. चावला बताते हैं, '2004 में हम लोगों ने जब ज़मीन ली थी उस समय यहाँ कुछ भी नहीं था। हम लोग यहाँ 2006 में आए। सेलेक्ट सिटी वॉक उसके एक साल बाद बना था। उसके बाद फिर पूरा इलाक़ा विकसित हुआ।'

इफको मुख्यालय का शिलान्यास और उद्घाटन समारोह दोनों ही यादगार रहा है। इस उपलक्ष्य में लगाए गए शिलापट्ट पर अवस्थी का नाम व हस्ताक्षर अंकित हैं।

अवस्थी कहते हैं, 'हमने देश के विभिन्न हिस्सों से मिट्टी और विभिन्न नदियों से पानी मँगवाया था। हमारे लोग देश के हर कोने से आए थे। हमने उस मिट्टी और पानी से ईंट बनाई। फिर भूमि पूजा की गई और शिलान्यास हुआ।'

इफको सदन के उद्घाटन के अवसर पर इफको से जुड़े लोग देश भर से आए थे।

साहित्य-कला के प्रति अनुराग

इफको बोर्ड ने 'राग दरबारी' के रचनाकार और ज्ञानपीठ पुरस्कार से सम्मानित सुप्रसिद्ध कथाकार पद्मभूषण श्रीलाल शुक्ल की स्मृति में 2011 में 'श्रीलाल शुक्ल स्मृति इफको साहित्य सम्मान' की स्थापना की।

यह सम्मान प्रति वर्ष हिन्दी के एक ऐसे लेखक को दिया जाता है जिनकी रचनाओं में ग्रामीण और कृषि जीवन का चित्रण किया गया हो। इस पुरस्कार के तहत ग्यारह लाख रुपये की सम्मान राशि, प्रशस्तिपत्र और स्मृति चिह्न प्रदान किया जाता है। सम्मान समारोह के दौरान नृत्य, नाटक, दास्तानगोई, गायन सहित विभिन्न सांस्कृतिक कार्यक्रम का आयोजन किया जाता है। पिछले वर्षों के दौरान इस पुरस्कार ने साहित्य जगत में विशेष प्रतिष्ठा अर्जित की है। इफको की कार्यसंस्कृति के अनुरूप गाँव और खेती-किसानी पर केन्द्रित सर्जनात्मक गतिविधियों की ओर नई प्रतिभाओं का झुकाव बढ़ा है।

इससे पहले इफको ने भारतीय संस्कृति के संवर्द्धन व समग्र विकास को बढ़ावा देने के लिए 1982 में 'जवाहरलाल नेहरू स्मारक इफको व्याख्यान माला' की शुरुआत की थी। तब से इस श्रृंखला के तहत डॉ. डेसमंड एम. टूटू, डॉ. एम.एस. स्वामीनाथन, डॉ. पी.जे. कुरियन, डॉ. करण सिंह, डॉ. ए.पी.जे. अब्दुल कलाम, डॉ. गिरीश कर्नाड और विभिन्न क्षेत्रों के अनेक प्रतिष्ठित व्यक्तित्वों ने व्याख्यान दिया है।

अवस्थी के कार्यालय में उनकी कुर्सी के पीछे गेहूँ के खेत की एक पेंटिंग है। यह मशहूर चित्रकार परमजीत सिंह की ऑयल पेंटिंग है। अवस्थी ने इसे वर्ष 1998 में संयंत्रों के विस्तारीकरण के बाद ख़रीदा था और इसका नाम रखा था 'गोल्डेन लैंड'। पेंटिंग में गेहूँ की बालियाँ पकी हुई हैं इसलिए पेंटिंग का रंग सुनहरा है।

इसी दीवार पर दाहिने कोने में दिग्गज पेंटर सतीश गुजराल की एक्रेलिक में की गई एक पेंटिंग है। अवस्थी ने इसे वर्ष 2008 में पारादीप संयंत्र के जीर्णोद्धार के बाद ख़रीदा था और इसका नाम रखा था 'राइडिंग हाई ऑन अचीवमेंट्स'।

एक साक्षात्कारकर्ता ने एक बार अवस्थी से पूछा था कि क्या उन्होंने इन चित्रों के साथ कहीं चुपचाप अपनी जीत का जश्न तो नहीं मनाया है। उनके चेहरे पर एक बड़ी-सी मुस्कान फैल गई थी, लेकिन उन्होंने कोई जवाब नहीं दिया।

इफको की कला दीर्घा के प्रभारी रहे सुनील सवाने[1] कहते हैं, 'डॉ. अवस्थी को पेंटिंग्स की बड़ी गहरी समझ है। हमारे पास लगभग 350 पेंटिंग्स हैं। प्रत्येक

---

1. सुनील सवाने वर्ष 2021 में इफको से सेवानिवृत्त हुए।

पेटिंग को उनके अनुमोदन के बाद ही ख़रीदा गया है। हमारे संयुक्त उपक्रमों के जितने भागीदार हैं जैसे, ओमान ऑयल कम्पनी, जॉर्डन फॉस्फेट माइंस कम्पनी, आईसीएस (सेनेगल), उनके यहाँ से भी कई पेंटिंग्स और मूर्तियाँ भेंट स्वरूप आई हैं। क्लूसा, एसीडीआई/वोका, मोजेक, हालदार टोप्से और आईएफए ने भी कई पेंटिंग्स भेंट की हैं।'

अवस्थी कहते हैं, 'हमारे संग्रह में लगभग 35 पेंटिंग्स विश्व प्रसिद्ध कलाकारों की हैं जैसे, एम.एफ. हुसैन, एफ.एन. सूजा, राम कुमार, एस.एच. रज़ा, सतीश गुजराल, अंजोली इला मेनन, अकबर पद्मसी, जतिन दास, शान्ति दवे, कृष्ण खन्ना, लक्ष्मण पई, जी.आर. सन्तोष, बी.सी. सान्याल, रेडप्पा नायडू आदि। फिर मध्यम स्तर के पेंटर्स की कृतियाँ हैं। कुछ पेंटिंग्स हमने जब ख़रीदी थीं उस समय उनके पेंटर्स छात्र थे, अब वे मशहूर पेंटर्स हैं।'

आगे अवस्थी कहते हैं, 'हम लोग नवोदित कलाकारों की पेंटिंग्स भी ख़रीदते हैं। अपने स्वर्ण जयन्ती वर्ष में हमने मुम्बई के जे.जे. कॉलेज ऑफ आर्ट में 25 कलाकारों की एक कार्यशाला आयोजित की थी। उनको हमने कला सामग्री दी, और उनके बनाए चित्रों पर उनको पुरस्कार दिए। हमारी वार्षिक रिपोर्ट के मुखपृष्ठ पर हमारे कला-संग्रह का एक चित्र अवश्य होता है। अपने कला-संग्रह पर हमने दो सुन्दर कॉफी-टेबल पुस्तकें भी प्रकाशित की हैं।'

पूरा इफको मुख्यालय कलाकृतियों से सुसज्जित है। परिसर में प्रवेश करते ही आगन्तुक की नज़र ताजा फूलों की माला से विभूषित भगवान गणेश की मूर्ति पर पड़ती है। थोड़ा आगे अंडरग्राउंड पार्किंग को जाते ड्राइव-वे के किनारे ताजा फूलों की मालाओं से अलंकृत देवियों की मूर्तियाँ लगी हैं। रिसेप्शन के पास दीवार पर एक देवता नृत्य की मुद्रा में चित्रित हैं। रिसेप्शन के बाद की लॉबी में चटकीले रंग में अमूर्त कला की कई बड़ी-बड़ी पेंटिंग्स लगी हैं।

कला के ये नूपुर पूरे इफको भवन में फैले हुए हैं। इफको मुख्यालय परिसर में प्रवेश करते ही भगवान गणेश और मातृ-देवियों की मालाओं से सुसज्जित मूर्तियाँ दिखाई देती हैं। स्वागत कक्ष के पीछे की दीवार पर नृत्य करती एक दिव्यांगना की पेंटिंग सजी हुई है।

इमारत के लगभग सभी केबिनों में कोई-न-कोई पेंटिंग लगी है। इफको कार्यालय में काम कर चुके एक इंटीरियर डिजाइनर का कहना है कि पूरी आन्तरिक सज्जा में इस बात का ध्यान रखा गया था कि पेंटिंग्स को कैसे प्रदर्शित किया जाएगा।

ये पेंटिंग्स और कलाकृतियाँ इफको के मुख्यालय को एक विशिष्ट ताजगी से भर देती हैं।

पारदर्शी और निष्पक्ष

अवस्थी अपने कार्य-व्यवहार में निष्पक्षता बरतने के लिए जाने जाते रहे हैं। आरसीएफ के कार्यवाहक सीएमडी के रूप में उनके कार्यकाल के दौरान, पीडीआईएल[1] नामक एक सार्वजनिक क्षेत्र की कम्पनी ने गलती से 15 लाख रुपये के अनुबन्ध के लिए आठ लाख रुपये की बोली लगा दी थी। पीडीआईएल के सीएमडी एस.पी. शर्मा ने अवस्थी से मुलाक़ात की और उन्हें स्थिति के बारे में बताया।

अवस्थी ने कहा, 'कोई बात नहीं, मैं आपको 15 लाख रुपये का भुगतान कर दूँगा।'

इसे लेकर लेखा व क्रय विभाग ने आपत्ति की। उन्होंने कहा कि यह तय प्रक्रिया और नियमों के ख़िलाफ़ है। अवस्थी ने उनसे कहा, 'ठीक है! पीडीआईएल एक सरकारी कम्पनी है। उन्होंने भूल से कम राशि बता दी है। हम एक सार्वजनिक संस्था का नुक़सान क्यों करें?'

एक अन्य वाक़या फूलपुर संयंत्र से जुड़ा है। फूलपुर संयंत्र का विस्तार हो रहा था। अमोनिया प्लांट के लिए टेक्नोलॉजी हालदार टोप्से की थी। उनका एक विदेशी इंजीनियर यहाँ नियुक्त था। वह भट्ट के हर छोटे-बड़े काम में अड़ंगा लगाता था कि यह ठीक नहीं है, मत चालू करो, वह ठीक नहीं है, उसको मत शुरू करो।

एक दिन विदेशी इंजीनियर ने अवस्थी को जाकर बताया कि भट्ट उचित मानदंडों और प्रक्रियाओं की अवहेलना कर रहे हैं। 'संयंत्र में दुर्घटना हो सकती है', उसने शिकायत की।

अवस्थी ने भट्ट को तलब किया और स्पष्टीकरण माँगा। अवस्थी ने भट्ट से कहा, 'ठेकेदार और इफको कर्मियों के बीच समन्वय की कमी है। यह परियोजना

1. PDIL-प्रोजेक्ट्स डेवलपमेंट इंडिया लिमिटेड

और बाद में संयंत्रों के सुचारु संचालन को नुक़सान पहुँचा सकता है, इसलिए कृपया सहयोग करना सीखें।'

'आप नाराज़ हो रहे हैं लेकिन यह बताइए, अगर कुछ गलत होगा तो आप पकड़ेंगे किसको? मुझे ही पकड़ेंगे न?' भट्ट ने जवाब दिया।

इस स्पष्ट और ईमानदार उत्तर से वे तुरन्त सामान्य हो गए।

अवस्थी अपने कार्य व्यवहार में उच्च नैतिक मानकों का पालन करते हैं। उर्वरक बाज़ार में डाउन पेमेंट के लिए ऑफ सीजन छूट देने की व्यवस्था है। आमतौर पर 30 दिनों का क्रेडिट दिया जाता है, लेकिन अगर कोई डाउन पेमेंट करता है तो उसे छूट दी जाती है। पीक सीजन आने पर यह सुविधा वापस ले ली जाती है। लेकिन इफको यह छूट पीक सीजन में भी देता है। कमल वर्मा कहते हैं, 'हम सभी ने तर्क दिया कि पीक सीजन में छूट देने की कोई आवश्यकता नहीं है। माँग इतनी अधिक है कि लोग खाद की कालाबाज़ारी करते हैं।' लेकिन अवस्थी दृढ़ थे। उन्होंने कहा, 'नहीं, हम अपनी व्यवस्था नहीं बदलेंगे।'

वर्मा कहते हैं, 'इसने इफको में विश्वास पैदा किया है। किसान और उर्वरक विक्रेता दोनों बेसब्री से इफको उर्वरकों के आने का इन्तज़ार करते हैं।'

विदेशी मुद्रा प्रबन्धन

कमल वर्मा 2009 में ओमान में अपनी पोस्टिंग से लौट आए थे। इफको को साल के शुरुआती महीनों में विदेशी मुद्रा में भारी नुक़सान हुआ था। कमल वर्मा विदेशी मुद्रा बाज़ार के लिए बिलकुल नए थे। डॉलर के उतार-चढ़ाव की उन्हें कोई जानकारी नहीं थी। विदेशी मुद्रा में इफको का व्यापार बहुत ज़्यादा था क्योंकि कांडला और पारादीप का प्लांट आयातित कच्चे माल पर निर्भर है।

अवस्थी उस घाटे को लेकर बहुत परेशान थे। वे विदेशों में जाकर बहुत मेहनत करके सस्ती क़ीमतों पर कच्चे माल का सौदा करके आते थे और यहाँ विदेशी मुद्रा के उतार-चढ़ाव से उनकी सारी मेहनत बेकार हो जा रही थी।

एक दिन उन्होंने कमल वर्मा को बुलाया और कहा, 'क्यों इफको को डुबोने में लगे हो।'

उस रात वर्मा को नींद नहीं आई। उनके लिए यह एक कठिन और पेचीदा स्थिति थी—एक पैसे के गलत निर्णय से 10 लाख रुपये के लेन-देन पर 10,000 रुपये का नुक़सान हो सकता था। वे बताते हैं, 'विदेशी मुद्रा का बाज़ार ऐसा है कि एक पैसे के उतार-चढ़ाव से आपको दस लाख पर दस हजार का घाटा या मुनाफ़ा हो सकता है। आप कल्पना कीजिए कि अगर आपने एक रुपये के उतार-चढ़ाव का गलत अनुमान लगाया तो आपको कितना घाटा हो सकता है। हमारा एक दिन का भुगतान 4-5 करोड़ रुपये का होता है। इसमें गलत निर्णय से बहुत बड़े घाटे का ख़तरा रहता है। लेकिन आपने सही निर्णय लिया तो आपको मुनाफ़ा भी बहुत अधिक हो सकता है।'

विदेशी मुद्रा में उतार-चढ़ाव की वजह से इफको को 60-70 करोड़ रुपये का घाटा हुआ था। डॉलर उन दिनों 48 रुपये के आसपास स्थिर था। ऐसे भी दिन आए थे जिस दिन अमेरिकी मुद्रा डॉलर के मुक़ाबले रुपया वास्तव में मज़बूत हुआ था।

वर्मा कहते हैं, 'मैं विदेशी मुद्रा की जानकारी के सन्दर्भ में बिलकुल नया था और कम्पनी को इस उतार-चढ़ाव से बचाने के लिए 'फॉरवर्ड कवर'[1] लेता था। हमारे एक कंसलटेंट ने संयुक्त प्रबन्धक निदेशक से कहा कि रुपया तो पिछले चार-पाँच महीने से बिलकुल स्थिर चल रहा है बल्कि रुपये के मूल्य में वृद्धि ही हो रही है और आपके लोग फॉरवर्ड कवर पर व्यर्थ ख़र्च कर रहे हैं और दूसरा आप जो लाभ कमा सकते थे वह भी नहीं कमा रहे हैं।'

संयुक्त प्रबन्ध निदेशक ने वर्मा से स्पष्टीकरण माँगा और अवस्थी को भी इस बारे में सूचित किया।

एक दिन बाद अवस्थी ने वर्मा को फ़ोन किया और कहा, 'जब भी आपको कोई शंका हो तो सीधे मेरे पास आइए। हम साथ चर्चा करेंगे और एक रणनीति बनाएँगे।'

---

1. फॉरवर्ड कवर : भविष्य में एक निश्चित क़ीमत पर किसी चीज़ को ख़रीदने की व्यवस्था को फॉरवर्ड कवर कहते हैं। यह भविष्य में उस वस्तु की क़ीमत में होनेवाली वृद्धि से ख़ुद को बचाने का तरीक़ा है।

वर्मा गर्व से कहते हैं, 'उस दिन से नौ साल हो गए हैं, और हमने उसके बाद हर साल अपने विदेशी मुद्रा लेन-देन पर मुनाफ़ा कमाया है।'

सबसे पहले इफको

अवस्थी ने 1 फरवरी, 2018 को इफको के प्रबन्ध निदेशक के रूप में 25 वर्ष पूरे किए। यूनियन के नेता इस अवसर का जश्न मनाने के लिए एक भव्य समारोह आयोजित करना चाहते थे। उन्होंने यह प्रस्ताव बोर्ड की बैठक में भी रखा था।

लेकिन अवस्थी ने इस सुझाव को ख़ारिज कर दिया। उन्होंने कहा, 'संस्था व्यक्ति से बड़ी होती है।'

अन्त में, इफको मुख्यालय में एक छोटा-सा समारोह आयोजित किया गया जहाँ यूनियन के नेताओं ने अवस्थी की प्रशंसा में अपने दिल की बात कही। हर किसी के पास उनके बारे में कहने के लिए कुछ ख़ास था।

दिल्ली में इफको मुख्यालय में ऑफिसर्स एसोसिएशन के महासचिव बलवन्त सिंह कहते हैं, 'इफको के लिए उनका प्यार अद्वितीय है' और वह इसी के साथ बहुत पहले—1992 की एक घटना को याद करते हैं, जब इफको की स्थापना के 25 साल पूरे हुए थे। तब इफको प्रबन्धन ने इफको की रजत जयन्ती मनाने में कोई दिलचस्पी नहीं दिखाई थी।

एन.के. भारद्वाज उस यूनियन के नेता थे जिसमें बलवन्त सिंह शामिल थे। वे कहते हैं, 'हम लोगों ने निर्णय किया कि हम रजत जयन्ती के उपलक्ष्य में एक सांस्कृतिक सन्ध्या का आयोजन करेंगे।'

अवस्थी तब पीपीसीएल के सीएमडी थे। इसका कॉरपोरेट कार्यालय नेहरू प्लेस में इफको हाउस से थोड़ी ही दूरी पर था। बलवन्त सिंह अवस्थी से मिलने भारद्वाज के साथ गए थे। वे कहते हैं, 'उन्होंने अपनी जेब से 5,000 रुपया निकाल कर हम लोगों को उस सांस्कृतिक सन्ध्या के लिए दिया और समारोह के लिए स्कोप बिल्डिंग का सभागार बुक करवाया।'

पी.एस. गहलोत कहते हैं, 'वे मेरे दोस्त हो सकते हैं, आपके दोस्त हो सकते हैं, तीसरा कोई व्यक्ति भी यह कह सकता है कि वे उनके बहुत क़रीब

है। वे सबसे मिलते हैं, सबके साथ अच्छी तरह से पेश आते हैं, लेकिन आपका विचार अगर परोक्ष रूप से भी इफको के हित में नहीं है तो वे उसे तत्काल ख़ारिज कर देंगे, चाहे वह विचार या आग्रह या दबाव कितने ही बड़े व्यक्ति का क्यों न हो।'

विख्यात कृषि वैज्ञानिक आर.एस. परोदा अवस्थी के बारे में कहते हैं, 'मैं यह कहना चाहूँगा कि अवस्थी ने इफको को जो नेतृत्व दिया है वह बेहद सराहनीय है। हम लोगों ने साथ काम किया है। मैं अनुसन्धान में था और वे व्यवसाय में थे। लेकिन जिस तरीक़े से इफको का विस्तार और विकास हुआ है वह उनकी दूरदर्शिता को दर्शाता है। उन्होंने देश के किसानों के लिए जो किया है और इफको को जिस ऊँचाई तक वे ले गए हैं वह स्वर्णाक्षरों में लिखा जाएगा।'

अनुभव : जीवन दर्शन

2017 में देश भर में इफको का स्वर्ण जयन्ती उत्सव मनाया गया। अवस्थी ने इसके सिलसिलेवार कार्यक्रमों में शिरकत करने के लिए 125 से अधिक स्थानों का दौरा किया। अपने सम्बोधन में उन्होंने स्थानीय विशिष्ट मुद्दों को शामिल करते हुए पिछले 50 वर्षों में इफको की विकास यात्रा के महत्त्वपूर्ण बिन्दुओं पर प्रकाश डाला। सहकारिता और इफको की दृष्टि से सबको अवगत कराते हुए हर जगह किसानों को बताया कि किस तरह वे अपने जीवन और आजीविका को बेहतर बना सकते हैं।

पटना के प्रसिद्ध गांधी मैदान के समीप स्थित 'श्री कृष्ण स्मृति सभागार' में किसान सहकारिता सम्मेलन को सम्बोधित करते हुए उन्होंने कहा :

'इफको की शुरुआत बहुत छोटे स्तर पर हुई थी। शुरू में जब इफको की बात होती थी तो लोगों को विश्वास नहीं होता था कि सहकारिता में कुछ सार्थक हो सकता है। मुझे याद है जब मैं कोई सुझाव देता था तो लोग कहा करते थे, 'अरे, आप क्या बात करते हैं! आप लोग तो सहकारिता वाले हैं, खा-पीकर निकल जाएँगे।' हमने उनकी इस आशंका को गलत सिद्ध कर दिया। इफको का उदाहरण आज सबके सामने है। इफको की शुरुआत 5 लाख रुपये और 57 सहकारी समितियों से हुई थी। आज इफको की अपनी 50 हजार करोड़ रुपये की सम्पत्ति है। आपने जो 425 करोड़ रुपये हमें दिए थे, उसी पूँजी से यह 50 हजार करोड़ रुपये की सम्पत्ति सम्भव हुई है।[1] यह आपकी सम्पत्ति है। हम इसके संरक्षक मात्र हैं।'

'...इफको में हम टेक्नोलॉजी पर बहुत ध्यान देते हैं क्योंकि अगर आप टेक्नोलॉजी के साथ नहीं चलेंगे तो आप इतने पीछे छूट जाएँगे कि आपका अस्तित्व ही समाप्त हो जाएगा। इक्कीसवीं सदी टेक्नोलॉजी की सदी है। इसमें गति है। यह

1. यह मूल्य तब से अब और बढ़ गया है; 31 मार्च, 2022 तक, यह 634 करोड़ रुपये के इक्विटी के आधार पर 1.06 लाख करोड़ रुपये हो चुका है।

तेज संचार का युग है। इसमें संवाद है। यदि हम कोऑपरेटिव में आज भी फ़ाइल बगल में दबाके चलेंगे तो हमारी कोऑपरेटिव नहीं चलेगी। इसलिए यह बहुत ज़रूरी है कि हम टेक्नोलॉजी का इस्तेमाल करें। और हमने यह बीड़ा उठाया है। इफको ने यह बीड़ा उठाया है कि हम अपने पचासवें वर्ष में अपनी हर सहकारी समिति को और उस सहकारी समिति के हर सदस्य को इंडियन कोऑपरेटिव डिजिटल प्लेटफ़ार्म से जोड़ेंगे। यह प्रक्रिया सरल है। यदि आप अपना मोबाइल नम्बर और अपना आधार नम्बर देते हैं तो आप कोऑपरेटिव डिजिटल प्लेटफॉर्म से जुड़ सकते हैं। अभी हमारे पास 36,000 सदस्य समितियाँ हैं। बहुत जल्दी इनकी संख्या बढ़कर 50,000 हो जाएगी। यानी हमारे प्लेटफॉर्म से 5 करोड़ लोग जुड़े होंगे। इसकी सहायता से आप अपना उत्पाद देश के किसी भी हिस्से में ग्राहकों को उचित क़ीमत पर बेच सकते हैं...'

'...आपको अपने उत्पाद का उचित मूल्य नहीं मिलता है क्योंकि आपके लाभ का बड़ा हिस्सा बिचौलिए ले लेते हैं। डिजिटल प्लेटफॉर्म आपको बिचौलियों से बचाता है। इस दिशा में हमने अपना प्रयास इस विश्वास के साथ शुरू किया है कि हमें आपका सहयोग और समर्थन मिलेगा और हम सफल होंगे...'

'...इफको रासायनिक खाद बनाने की कम्पनी है लेकिन हम रासायनिक खाद के अन्धाधुन्ध इस्तेमाल के ख़िलाफ़ हैं। आप जो यूरिया का इस्तेमाल बहुत ज़्यादा कर रहे हैं उससे आपकी ज़मीन ख़राब हो रही है। इसलिए आप यह निर्णय अवश्य करें कि आपको यूरिया का प्रयोग 25 प्रतिशत कम करना है। पहले अगर आप अपने खेतों में चार बोरी यूरिया डालते थे तो अब तीन बोरी ही डालें और उस चौथी बोरी की जगह आप जैविक-खाद का इस्तेमाल करें। आपका पैसा भी बचेगा और पानी भी कम लगेगा।'

'...एक और चीज़ है जिसका ध्यान रखने की बहुत ज़रूरत है। वह है हमारा पर्यावरण। आज ग्लोबल वार्मिंग एक ज्वलन्त समस्या है। हमारे यहाँ बेमौसम बारिश होती है। फ़सल बुवाई के समय हमारे यहाँ तापमान अधिक होता है। जब बारिश की ज़रूरत होती है, तब बारिश नहीं होती। किसानों पर इसका प्रभाव बहुत गम्भीर होता है। लेकिन इससे बचने का हमारे पास एक उपाय है। हमारे देश में एक पेड़ है 'नीम का पेड़' जो इस दुनिया का सबसे नायाब पेड़ है। इसमें असाधारण शक्तियाँ हैं। पिछले साल (2015-16) पूरे देश में हमने 13 लाख नीम के पौधे लगवाए। इस पूरी प्रक्रिया में किसानों को बड़ा फ़ायदा

हुआ। हमने पौधे ख़रीदे तो किसानों को उससे आमदनी हुई। फिर ये पौधे हमने सब जगह बाँटे और लोगों से पौधे लगवाए तो लोगों को रोज़गार मिला। अब हमने यह व्यवस्था भी की है कि निबौली कहीं भी आपको मिले तो आप उसको अपने नज़दीक के हमारे किसी ऑफिस में दे दीजिए। आपको 15 रुपये प्रति किलो के हिसाब से तुरन्त चेक मिल जाएगा। इस साल हमने 26 लाख नीम के पौधे लगाने का फ़ैसला किया है जिसके लिए हम आपको नि:शुल्क पौधे देंगे। उनको लगाइए ज़रूर। बस इतना कीजिएगा कि उनका अपने बच्चे-सा ख़याल रखिएगा। आपको साफ हवा मिलने लगेगी, निबौली से आपकी आमदनी बढ़ेगी और पर्यावरण में जो गर्मी है, वह कम होगी। पर्यावरण अच्छा होगा, बरसात अच्छी होगी, फ़सल अच्छी होगी...।'

अपने प्रत्येक भाषण के दौरान अवस्थी ने एक संरक्षक की तरह सलाह दी, एक अभिभावक की तरह समझाया और एक दोस्त की तरह व्यवहार किया। जब भी उन्होंने अपना वक्तव्य समाप्त किया, तो लोगों ने खड़े होकर ताली बजाते हुए उनका सम्मान किया।

इन भाषणों से भारत के किसानों के साथ अवस्थी के गहरे लगाव और आत्मीयता का पता चलता है। उनकी भलाई के लिए अवस्थी की चिन्ता वास्तविक है। किसानों तक उनकी पहुँच व्यावहारिक है और उनके भविष्य के लिए उनकी दृष्टि भरोसेमन्द है जिसे और बेहतर करने के लिए वे सतत प्रयत्नशील हैं। किसानों को ख़ुशहाल बनाना वे अपना दायित्व मानते हैं। इसलिए अवस्थी किसानों के सच्चे हितैषी हैं।

तीन प्रियजनों का विछोह

वर्ष 2011 इफको और अवस्थी दोनों के लिए कठिन रहा। इस साल एक के बाद एक उनके तीन प्रियजनों की मृत्यु हो गई। सबसे पहले जनवरी महीने में इफको के तत्कालीन चेयरमैन सुरिन्दर जाखड़ की मृत्यु हुई। वे अपनी पिस्तौल साफ कर रहे थे कि अचानक गोली चल गई और मौक़े पर ही उनकी मृत्यु हो गई। फिर अप्रैल में कर्मचारी यूनियन के अध्यक्ष एन.के. भारद्वाज का निधन हो

गया। वे हेड ऑफिस में एक बैठक में थे कि अचानक हृदय गति रुक जाने से उनकी मृत्यु हो गई। तीसरी त्रासदी अक्टूबर में हुई जब प्रसिद्ध साहित्यकार और अवस्थी के श्वसुर श्रीलाल शुक्ल का निधन हो गया।

अवस्थी कहते हैं, 'तीनों के साथ मेरे आत्मीय सम्बन्ध थे। जब मैं उन्हें याद करता हूँ तो मुझे एक ख़ालीपन का अहसास होता है लेकिन बस इतना ही। मैं आशावादी हूँ। हमेशा आगे देखता हूँ।'

जाखड़ के निधन से उन्हें लगा जैसे परिवार का कोई सदस्य हमेशा के लिए चला गया। उनकी सोच अवस्थी से मेल खाती थी—वे एक अच्छे कृषि विशेषज्ञ थे। उनका दिल हमेशा किसानों के लिए धड़कता था। जाखड़ और अवस्थी ने एक साथ कई परियोजनाओं पर काम किया था। उनका जाना संस्था के लिए एक बड़ी क्षति थी। उनके न रहने से भारत ने किसानों का एक बड़ा पक्षधर और सहकारी नेता खो दिया।

एन.के. भारद्वाज को याद करते हुए अवस्थी बताते हैं, 'भारद्वाज इफको में सबके चहेते थे। वे हेड ऑफिस यूनियन के अध्यक्ष तो थे ही, वे इफको की सभी यूनियनों के चीफ कोऑर्डिनेटर भी थे। इफको के हर व्यक्ति के मन में उनके लिए बहुत सम्मान था।' उनके नाम पर फूलपुर में एक उद्यान का नाम रखा गया है।

अपने श्वसुर श्रीलाल शुक्ल के बारे में अवस्थी का कहना है कि पाठक के रूप में वे श्रीलाल शुक्ल के प्रशंसक नहीं थे। उन्होंने उनकी किताब 'राग दरबारी' केवल इसलिए पढ़ी थी कि उनकी माँ और बड़ी बहन ने उन्हें इस पुस्तक के बारे में बताया था। हल्की मुस्कान के साथ अवस्थी कहते हैं, 'मैंने सोचा कि वे मुझसे मिलने आ रहे हैं तो उनके आने से पहले मैं उनकी किताब तो पढ़ लूँ।'

अवस्थी केवल दो-तीन साल के थे जब उनके पिता का निधन हो गया था। उसके बाद बड़े भाई डॉ. देवीशंकर अवस्थी ने पिता की भूमिका निभाई। लेकिन उनका भी प्यार और संरक्षण ज़्यादा दिन नहीं मिल सका। वे भी असमय दुनिया से चले गए। अवस्थी कहते हैं, 'बड़े भाई के जाने के बाद मैं बहुत अकेला महसूस कर रहा था। उनकी मृत्यु से उपजी शून्यता को श्रीलाल जी ने अपने स्नेह से भर दिया। 40 वर्षों का उनका सान्निध्य पाकर मैं स्वयं को बहुत भाग्यशाली महसूस करता हूँ। पापा (श्रीलाल शुक्ल) के साथ मेरा एक बेहद यादगार रिश्ता बना था। उन्होंने मुझे कई तरह से प्रभावित किया।'

1983 में, अवस्थी को मलेशिया में एक मेथनॉल संयंत्र में महाप्रबन्धक के रूप में नौकरी का प्रस्ताव मिला था। वेतन आकर्षक था—10 हजार डॉलर प्रति माह। अवस्थी की माँ और पत्नी दोनों उस नौकरी के पक्ष में नहीं थीं।

अवस्थी बताते हैं, 'पापा-मम्मी भी तब हमारे यहाँ आए थे। बातचीत में पापा ने संस्कृत का एक श्लोक पढ़ा जिसका अर्थ है 'वह सम्पत्ति किस काम की, जिससे आवश्यकता पड़ने पर रिश्तेदार और दोस्त लाभान्वित न हो सकें और जिसे देखकर दुश्मनों को जलन न हो?' तभी मैंने फ़ैसला कर लिया कि मैं इस नौकरी का प्रस्ताव स्वीकार नहीं करूँगा और मैंने इसके बारे में फिर कभी नहीं सोचा। आज अवस्थी समझ रहे हैं कि श्रीलाल शुक्ल की सलाह के आधार पर लिया गया उनका निर्णय उनके लिए, समाज के लिए, कृषक समुदाय के लिए और देश के लिए कितना अच्छा रहा।

एक बार, उनके श्वसुर ने कुछ दार्शनिक ढंग से सवाल किया कि देश का कानून किस भाषा में काम करता है कि देश की किसी अदालत में खड़े अभियुक्त को अपने विरुद्ध या अपने बचाव में कही गई बातों का एक भी शब्द समझ में नहीं आता है? सुनवाई के दौरान या सुनवाई समाप्त होने से लेकर अन्तिम निर्णय के समय तक सारी कार्यवाही जिस भाषा में होती है उससे वह पूरी तरह अनभिज्ञ होता है।

इस नीतिगत सवाल ने अवस्थी को सोच में डाल दिया। वे बताते हैं, 'शायद यह हमारे प्यारे देश में सबसे बड़ी कमी है। इफको में कृषि पोर्टल तैयार करते समय मेरे दिमाग़ में यह प्रश्न लगातार घूम रहा था। इसलिए हम किसान को उसकी भाषा में जानकारी उपलब्ध कराते हैं।'

एक अन्य अवसर पर श्रीलाल शुक्ल ने पूछा, 'ग़रीबों के लिए लोकतंत्र का क्या अर्थ है? लोकतंत्र में उनका क्या फ़ायदा है?'

अवस्थी कई दिनों तक यही सोचते रहे कि लोकतंत्र में देश के आम आदमी को, किसान को कैसे लाभ पहुँचाया जा सकता है। बहुत सोच-विचार के बाद उन्होंने तय किया कि इफको को एक सामान्य बीमा कम्पनी बनानी चाहिए और ग़रीब किसानों को संस्था से जोड़ने का प्रयास करना चाहिए।

अवस्थी बताते हैं, 'यही कारण है कि अवसर मिलते ही सबसे पहले 'इफको-टोकियो जनरल इंश्योरेंस कम्पनी' बनाई गई। हमने 'संकट हरण बीमा योजना' शुरू की, जिसमें किसान को एक बोरी खाद ख़रीदने पर व्यक्तिगत दुर्घटना बीमा का लाभ मिलता है। इस योजना से करोड़ों किसानों को नि:शुल्क बीमा का लाभ

मिल रहा है। संकट हरण बीमा योजना की शुरुआत के कुछ दिनों बाद हमारी केन्द्र सरकार ने दो लाख की बीमा सुरक्षा 12 रुपये प्रति वर्ष के हिसाब से शुरू की। अभी जनधन खाते में सरकार ने 5,000 रुपये की ओवरड्राफ्ट सुविधा दी है। इस तरह प्रधानमंत्री नरेन्द्र मोदी के नेतृत्व वाली सरकार द्वारा अन्य कई ज़मीनी मुद्दों को सुलझाने का प्रयास किया गया है।'

अपने श्वसुर की मृत्यु के साथ, अवस्थी ने एक मार्गदर्शक और दुःख-सुख का साझीदार खो दिया। एक के बाद एक इन तीन मौतों ने अवस्थी को मृत्यु की अवश्यम्भाविता व जीवन की क्षणभंगुरता के प्रति अधिक सचेत बना दिया।

नूतनता का स्वागत

इफको में पहली जनवरी यानी साल का पहला दिन ख़ास होता है। उस दिन कोई भी बिना अप्वाइंटमेंट के अवस्थी से मिल सकता है। कोई भी उनके कक्ष में जा सकता है, उनसे बात कर सकता है और उन्हें अपनी समस्याएँ बता सकता है।

इफको की परम्परा के अनुसार नए साल के प्रथम दिन अवस्थी अपने कर्मचारियों को सम्बोधित करते हैं। 1 जनवरी, 2018 का दिन ख़ास था क्योंकि अवस्थी तीन-चार साल के अन्तराल के बाद नए साल के दिन कार्यालय आए थे। यूनियन के नेताओं और इफको कर्मचारियों की सभा को सम्बोधित करते हुए, वे अपनी स्वर्ण जयन्ती यात्रा के बारे में विस्तार से बताते हैं। वे सबको नए वर्ष की बधाइयाँ देते हैं, फिर अपना भाषण शुरू करते हैं :

> *एक साल बीतता है, दूसरा साल शुरू होता है। इस बीतने और शुरू होने के बीच एक कड़ी होती है। और वह कड़ी होती है हम लोगों का संकल्प, हमारा प्रयास, और लगातार उस संकल्प पर काम करने की इच्छा। यह इच्छाशक्ति ही है जो किसी देश को, किसी समाज को और किसी संस्था को ऊँचाई की तरफ ले जाती है। जो भी हमारा विकास हुआ है, चाहे वह मनुष्य के रूप में हो, सभ्यता के रूप में हो, देश के रूप में हो या व्यक्ति के रूप में हो, सारे विकास के पीछे प्रेरणा की एक कड़ी रहती है जो हमको जोड़े रहती है और हम उसे बेहतर बनाते*

रहते हैं। हर कोई वर्तमान में त्याग करके भविष्य को बेहतर बनाने का प्रयास करता है।

उसी तरह हम देखें तो वर्ष 2017 हमारा पचासवाँ वर्ष था। पचासवें वर्ष के बाद हमें रुकना नहीं है, आगे बढ़ना है। हमें यह देखना है कि किस तरह हम संस्था को, और संस्था के माध्यम से अपने देश को, समाज को क्या दे सकते हैं? हम क्या कर सकते हैं, और हमें क्या करना है? 50 वर्ष पहले जब हमने अपनी यह यात्रा शुरू की थी उस समय जिस तरह हम अपने संयंत्रों लगाते थे, उनको चलाते थे और जिस तरह हम मार्केटिंग करते थे, उसमें लगातार सकारात्मक परिवर्तन होते रहे हैं। लेकिन हर बार इतिहास अपने को दुहराता है, वे चीज़ें वापस आती हैं, पर उनका स्वरूप नया होता है।

हमें ध्यान में रखना है कि यह जो युग है, जो इक्कीसवीं सदी है वह डिजिटल टेक्नोलॉजी की सदी है। इस सदी में आपकी प्रतियोगिता मशीन से होगी, आर्टिफिशल इंटेलिजेंस से होगी। अभी प्रतियोगिता मनुष्य से मनुष्य के बीच है। आनेवाले दिनों में आपके सामने जो खड़ा होगा, जो आपको चैलेंज कर रहा होगा, वह मनुष्य नहीं होगा। उसमें आर्टिफिशियल इंटेलिजेंस कहीं और से आ रहा होगा। एक बड़ा भारी चैलेंज आनेवाला है बड़ी संस्थाओं में और ख़ासकर उन देशों में जहाँ की जनसंख्या ज़्यादा है।

मैं एक दिन पढ़ रहा था कि सऊदी अरब 26,000 वर्ग किलोमीटर के एक इलाक़े को विकसित कर रहा है। उस जगह का नाम अकाबा है। यह बेहद संवेदनशील जगह है। यहाँ इजरायल, इजिप्ट (मिस्र), जॉर्डन और सऊदी अरब के बॉर्डर मिलते हैं। वहाँ वे 26,000 वर्ग किलोमीटर में आर्टिफिशियल इंटेलिजेंस का एक स्ट्रेटेजिक बिजनेस हब विकसित कर रहे हैं नियोम के नाम से। यहाँ की सारी व्यवस्था आर्टिफिशियल इंटेलिजेंस से चालित रोबोट्स द्वारा की जाएगी। ऊर्जा की जितनी खपत होगी वह अपरम्परागत स्रोतों से पूरी की जाएगी। फॉसिल फ्यूल (कोयला, तेल, गैस) का कोई उपयोग नहीं होगा। उनका यह एक प्रयोग है। इसमें वे 500 बिलियन डॉलर निवेश कर रहे हैं।

हम लोग बात करते हैं कि हमें मानव संसाधन को विकसित करना है। लेकिन उनके यहाँ समस्या दूसरी है। उनके यहाँ आबादी कम है, एरिया ज़्यादा है। वे नहीं चाहते हैं कि बाहर से लोग आएँ और उनका

काम करें। हर देश अपने को आत्मनिर्भर बना रहा है। चाहे वह अमेरिका हो, सऊदी अरब हो, ईरान हो या इंडिया हो। हम इंडिया में 'मेक इन इंडिया' कहते हैं तो अमेरिका भी बोलता है 'मेड इन अमेरिका'। तो हमें क्या करना होगा कि हमारी प्रासंगिकता बनी रहे, हम प्रतियोगिता में बने रहें?

स्वर्ण जयन्ती अभियान के दौरान मैं लगभग दो लाख किसानों से मिला। जिस-जिस से मैंने बात की, सबने यही कहा कि पैदा तो हम कुछ भी कर सकते हैं लेकिन उसको हम बेचें कहाँ? इतने सालों के बाद भी हम वह बाज़ार नहीं बना सके जो उनको निर्बाध आमदनी दे पाए। जब मैं उनकी यह बात सुनता हूँ और दूसरी तरफ अपने को आर्टिफिशियल इंटेलिजेंस से जोड़ता हूँ तो मुझे बहुत बड़ा विरोधाभास दिखता है। हमारे देश के किसान दूसरे कई देशों के किसानों से अच्छे हैं। और यदि वे यह बोलते हैं कि किसी तरह हमारा माल बेचने का इन्तज़ाम कर दीजिए तो यह हमारी व्यवस्था में बहुत बड़ा दोष है। हमने अपनी व्यवस्था में समय के साथ परिवर्तन नहीं किए। 1947 में हमें आजादी मिली। उससे पहले बंगाल में अकाल पड़ा था। लोगों ने अन्न की जमाखोरी की थी। जब दाम बढ़े तो उसको कोई ख़रीद नहीं सकता था। लाखों-लाख लोग मरे उसमें। वह व्यवस्था समाप्त की गई, मंडी लाई गई। सरकारी मंडियाँ शुरू हुईं कि सरकार ख़रीदेगी। फिर उन सरकारी मंडियों में हमने एजेंट लगा दिए। एजेंटों ने फिर वही काम शुरू कर दिया, एक दूसरे तरीक़े से। उसके बाद उसको हमने डिजिटल तरीक़े से ख़रीदना नहीं शुरू किया। हमने सब्सिडी देनी शुरू की लेकिन उस सब्सिडी में हम डिजिटल व्यवस्था नहीं लाए। सही आदमी को सब्सिडी नहीं मिली। सब्सिडी उनको मिलती रही जिनको उसकी आवश्यकता नहीं थी या उनको जो उस व्यवस्था में शामिल होकर उससे लाभ कमाने लगे। इससे व्यवस्था में अव्यवस्था आ गई।

हम लोगों ने इफको में लगातार यही प्रयास किया है कि हम हर समय व्यवस्था को उस तरह बदलते रहें जैसे टेक्नोलॉजी बदल रही है। आप लोगों में से पता नहीं कितने लोग उस समय थे जब मैंने यहाँ 1993 में ज्वाइन किया था। 1986 से 1993 के बीच मैं दूसरी संस्था का चेयरमैन रहा। जब मैं वापस यहाँ आया तो देखा कि हमारे यहाँ अब भी वही व्यवस्था चल रही है—वही टेलेक्स है, वही पुराने वाले

टाइपराइटर चल रहे हैं। कोई नई व्यवस्था नहीं है। आज यदि उसी व्यवस्था में हम होते तो कहाँ होते? आप सब लोगों ने नई व्यवस्था बनाई। हम लोग उस व्यवस्था को ज़रूरत के मुताबिक बदलते गए। आप लोग वही लोग हो जो इस नई व्यवस्था में आए...

अभी कुछ दिन पहले मैं इफको-टोकियो गया था। मैंने वहाँ डिजिटल ग्रुप से कहा कि आजकल डिजिटल मार्केटिंग हो रही है, आप लोग जरा पॉलिसी बेच कर देखो। उन्होंने तीन महीने में 80 करोड़ की पॉलिसी बेची। उनका ख़र्चा आया 4 प्रतिशत। जो परम्परागत तरीक़े से पॉलिसी बेचते हैं उनका ख़र्चा आता है 26 प्रतिशत। यह जो 22 प्रतिशत का अन्तर है उससे पॉलिसी की क़ीमत में अन्तर आएगा। उपभोक्ता उनके पास जाएँगे जिनकी पॉलिसी की क़ीमत कम होगी। आज सुबह मैंने अख़बार में पढ़ा कि अमेजॉन बीमा के क्षेत्र में आने की सोच रहा है। अब अगर अमेजॉन बीमा के क्षेत्र में आ जाएगा और कार का बीमा करने लगेगा तो आप किसकी पॉलिसी ख़रीदोगे? जाहिर है उसका, जिसका प्रीमियम कम होगा। फिर आप कहेंगे कि वह सर्विस कैसे देंगे? सर्विस को वे आउटसोर्स कर लेंगे...

इसलिए हमें सदैव सजग रहना है। हमें हर समय अपना सर्वश्रेष्ठ करने का प्रयास करते रहना है। हमारे सारे संयंत्र अच्छी स्थिति में हैं। मार्केटिंग को और चुस्त करना है। वितरण प्रणाली को और चुस्त करना है। डिजिटल मार्केटिंग में आना है। इफको बाज़ार को मज़बूती से स्थापित करना है। आईएफएफडीसी[1] बीज के उत्पादन में बहुत अच्छा काम कर रही है। बीज का उत्पादन बढ़ाना है। कृषि रसायन में हम लोग ब्लैकमार्केटिंग को रोकने में सफल रहे हैं। वहाँ हमें अपनी स्थिति को और सुदृढ़ करना है।

हमारे सामने चुनौतियाँ और अवसर दोनों हैं। हम साथ मिल कर चुनौतियों का सामना करेंगे और साथ मिल कर अवसरों को अपने पक्ष में करेंगे और प्रगति करते रहेंगे।

मैं एक बार फिर से आपको और आपके परिवार को नववर्ष की शुभकामनाएँ देता हूँ—स्वस्थ रहें, प्रसन्न रहें, सानन्द रहें।

बहुत बहुत धन्यवाद।

---

1. इंडियन फार्म फॉरेस्ट्री डेवलपमेंट कोआपरेटिव लिमिटेड (Indian Farm Forestry Development Cooperative Limited) एक बहुराज्यीय सहकारी संस्था है।

अवस्थी का भाषण लगभग 20 मिनट तक चला। करतल ध्वनि से उनका अभिनन्दन किया गया। उनके भाषण में प्रबन्धन की सीख थी, अभिभावक की सलाह थी और थी भविष्य के बाज़ार की झलक। अवस्थी स्पष्ट रूप से भविष्य का ख़ाका तैयार कर रहे थे। जो लोग उनकी दृष्टि के साथ तालमेल बिठा सकते हैं उनका स्वागत है; जो नहीं कर सकते, उनकी मदद करने की आवश्यकता है; यही सन्देश वे अपने हितधारकों को दे रहे थे।

स्वदेशी तकनीक पर जोर

भारत दुनिया में उर्वरकों का दूसरा सबसे बड़ा उपभोक्ता है, लेकिन भारतीय उर्वरक उद्योग अब भी आयातित प्रौद्योगिकी पर निर्भर है। यह एक विसंगति है जो अवस्थी को सोचने पर मजबूर करती है। अवस्थी इस विसंगति की एक सरल व्याख्या प्रस्तुत करते हैं और इसे दूर करने के लिए उनके पास कुछ ठोस उपाय भी हैं।

अवस्थी इस तथ्य से अनजान नहीं हैं कि ज़्यादातर भारतीय कम्पनियाँ शोध-अनुसन्धान और विकास (आरएंडडी) के मद में बिलकुल भी निवेश नहीं करती हैं। वे उन्हीं तकनीकों से ख़ुश हैं जिन्हें वे विदेश से ख़रीद सकती हैं। अवस्थी कहते हैं, 'हमारे देश में विदेश यात्रा करने की इच्छा इतनी अधिक है कि लोग नहीं चाहते कि हमारी अपनी तकनीक विकसित हो। हम अपने लोगों की तुलना में विदेशी पेशेवरों को कई गुना अधिक भुगतान सिर्फ इसलिए करते हैं कि इस व्यवस्था में विदेश यात्रा करने के अवसर मिलते हैं।'

अवस्थी का मानना है कि अगर विदेश जाने का अतिशय मोह नहीं होता तो हमने बहुत पहले ही स्वदेशी तकनीक विकसित कर ली होती। वे कहते हैं, उर्वरक उद्योग में प्रौद्योगिकीय हस्तान्तरण के लिए पीडीआईएल (प्रोजेक्ट्स डेवलपमेंट इंडिया लिमिटेड) सबसे उपयुक्त संस्था थी, लेकिन पीडीआईएल कैटेलिस्ट बनाने का काम करने लगी और अन्य कई तरह के काम भी करने लगी।'

अवस्थी का मानना है कि पीडीआईएल को एक मज़बूत प्रौद्योगिकी समूह बने रहना चाहिए था और वहाँ के लोगों को अच्छी तनख़्वाह दी जानी

चाहिए थी। उन्होंने एक बार सरकारी अधिकारियों को यह सुझाव दिया था कि पीडीआईएल जैसी प्रौद्योगिकी कम्पनियों से सरकार को अपना नियंत्रण हटा लेना चाहिए। उसके बदले उर्वरक उद्योग की कम्पनियाँ उसकी इक्विटी का अधिग्रहण करें और पीडीआईएल सारी प्रौद्योगिकी हासिल करके उर्वरक उद्योग के साथ मिलकर काम करे।

प्रौद्योगिकी हस्तान्तरण के लिए यह सबसे अच्छा और सबसे प्रभावी तरीक़ा होता; लेकिन सरकार को यह विचार पसन्द नहीं आया। वे अफ़सोस जताते हैं कि सरकार विशेषज्ञों की सलाह पर ध्यान नहीं देती।

लम्बे समय तक आईएफए के महानिदेशक रह चुके लुक मान भारतीय उर्वरक उद्योग की दक्षता और सुरक्षा प्रतिमानों की सराहना करते हैं। वे कहते हैं, 'सुरक्षा, दक्षता और आउटपुट के मामले में, यह दुनिया की सर्वश्रेष्ठ औद्योगिक-इकाइयों में से एक है। आप कलोल के संयंत्र को देखिए। यह संयंत्र 40 साल पुराना है। यह विस्तार और परिचालन में बेजोड़ है और एक नए संयंत्र जैसा लगता है। इसका रख-रखाव बहुत अच्छा है। इसमें बहुत अच्छे तकनीकी लोग काम कर रहे हैं।'

वे कहते हैं कि भारतीय इंजीनियरों में कोई कमी नहीं है। जिस तरह संयंत्र चलाए जा रहे हैं, उसमें भी कोई ख़ामी नहीं है, लेकिन भारत अब भी भारी मात्रा में उर्वरकों का आयात करता है। उनका मानना है कि यह व्यवस्था ख़त्म होनी चाहिए।

उर्वरक उद्योग सम्बन्धी नीतिगत सुधार

अपने पेशेवर जीवन का अधिकांश हिस्सा अवस्थी ने उर्वरक उद्योग में बिताया है जो सरकारी नियंत्रणों से जकड़ा रहा है। इतने लम्बे समय तक ऐसे औद्योगिक परिवेश में काम करने के बाद अवस्थी इस निष्कर्ष पर पहुँचते हैं कि 'सरकार को व्यवसाय के काम में हाथ नहीं डालना चाहिए।' उनका यह भी मानना है कि सरकारी तंत्र व्यवसायों को फलने-फूलने में मदद नहीं करता है क्योंकि महत्त्वपूर्ण पदों पर बैठे लोगों में अक्सर यह समझ नहीं होती कि व्यापार कैसे किया जाता है।

एक प्रतिबद्ध व्यवसायी सरीखे उत्साह के साथ वे जोर देकर कहते हैं, 'सरकार का काम देश में कानून व्यवस्था लागू करना है, अपने नागरिकों को सुरक्षा देना है, मुद्रा की देखभाल करना है। सरकार का काम शासन है, व्यवसाय नहीं। उसको शासन तक ही सीमित रहना चाहिए।'

जीवन भर सरकार के साथ काम करने के बावजूद महत्त्वपूर्ण व तात्कालिक निर्णयों के समय अवस्थी सदैव एक विशिष्ट नज़रिया अपनाते रहे हैं। इस क्रम में उन्होंने एक विशेष अन्तर्दृष्टि अर्जित की है, जो कम लोगों के पास है।

उनका कहना है कि सरकार सिर्फ एक सिस्टम, एक व्यवस्था है। बक़ौल अवस्थी, 'सरकारी अधिकारी और कर्मचारी इस व्यवस्था को जीवन्त बनाते हैं। अतः समर्थन, विरोध या उदासीनता वहाँ कार्यरत लोगों पर निर्भर रहती है। मैं ऐसे लोगों से मिला हूँ जिनसे मुझे असाधारण समर्थन मिला है, मैं ऐसे लोगों से भी मिला हूँ जो मददगार नहीं थे और साथ ही ऐसे लोगों से भी मिला हूँ जो बिलकुल उदासीन थे। ऐसे लोग भी थे जिन्होंने मेरी पहल का विरोध किया और बिना वजह बाधाएँ खड़ी कीं। जिस तरह आप जीवन में सभी तरह के लोगों से मिलते हैं, उसी तरह आप अपने कारोबार के अलग-अलग चरण में अलग-अलग तरह के लोगों से मिलते हैं।'

सफलता छोटी हो या बड़ी, उसके साथ संघर्ष और कठिनाइयाँ हमेशा जुड़ी रहती हैं। ऐसे गिने-चुने लोग होंगे जिन्हें क़ामयाबी की राह में प्रतिकूल परिस्थितियों और चुनौतियों का सामना न करना पड़ा हो। अवस्थी इसके अपवाद नहीं हैं। जुलाई 2019 से मई 2021 के दौरान उनके आवास और इफको कार्यालय पर विभिन्न जाँच एजेंसियों के छापे पड़े। हालाँकि इन घटनाओं से किसानों, सहकारी समितियों और देश के प्रति अपनी प्रतिबद्धता से वे कभी विचलित नहीं हुए। उन्होंने नैनो यूरिया (तरल) और नैनो डीएपी (तरल) जैसे नवीन तकनीकी उक्त अत्याधुनिक उर्वरकों को लॉन्च किया। उनके मार्गदर्शन और पर्यवेक्षण में इफको ने नीम के पौधों की 6 समुन्नत क़िस्में (एफआरआई-इफको 1-6) विकसित कीं। उन्होंने नैनो उर्वरकों के विकास के लिए कलोल, गुजरात में नैनो बायो रिसर्च सेंटर की स्थापना की तथा बाद में और अधिक अनुसन्धान व नवाचार के लिए दक्षिण भारत की वैज्ञानिक अनुसन्धान कम्पनी नैनो वेंशन प्राइवेट लिमिटेड का अधिग्रहण किया। उनके नेतृत्व में इफको ने वित्त वर्ष 2022-2023 के दौरान 4,106 करोड़ रुपये का कर-पूर्व लाभ अर्जित किया है जो इफको के इतिहास में एक नया रिकॉर्ड है।

यह पूछे जाने पर कि आप इन बाधाओं के बीच अपना सन्तुलन कैसे बनाए रखते हैं, अवस्थी मुस्कुराते हुए कहते हैं, 'मेरे मन में किसी के प्रति कोई दुर्भावना नहीं है, ये सब पेशेवर जीवन के ख़तरे हैं।'

देश हो या संस्था, सुधारों को ज़मीन पर लाने में वक़्त लगता है। अवस्थी कहते हैं, 'लोकतंत्र में ऐसा नहीं होता कि आपने बटन दबाया और बिजली आ गई। पुरानी चीज़ों को समाप्त करने और बुनियादी ढाँचे के पुनर्निर्माण में बहुत समय लगता है। लेकिन सुधारों की प्रक्रिया से सरकार में निर्णय लेने की प्रक्रिया तेज हो गई है।'

अवस्थी को भारत के कई राजनेताओं को बहुत क़रीब से जानने का अवसर मिला है। राजनेताओं के सन्दर्भ में अवस्थी कहते हैं, 'सब जगह वे एक जैसे ही होते हैं। वे सभी स्मार्ट लोग हैं, हमसे कई गुना अधिक बुद्धिमान और समझदार हैं।'

वैश्विक प्रतिष्ठा

गाँव का वह छोटा लड़का जो अपने आकार से दोगुने और अपनी उम्र से कई गुने बड़े श्रमिकों की रोज़ाना हाज़िरी लिया करता था, आज वैश्विक उर्वरक उद्योग का एक जाना-माना नाम है।

विख्यात कृषि वैज्ञानिक आर.एस. परोदा अवस्थी के बारे में कहते हैं, 'ऐसे लोग सही मायने में भारत के सपूत हैं। देश के किसानों के लिए उन्होंने जो किया है वह उनकी दूरदृष्टि, असाधारण हौसले और सेवा करने की प्रबल इच्छा के कारण ही सम्भव हुआ है। ऐसी प्रबल इच्छाशक्ति के बिना कुछ भी नहीं हो सकता।'

आईएफए[1] की महानिदेशक शार्लोट हैबेब्रांड का कहना है कि उर्वरकों की दुनिया में 'लार्जर-दैन-लाइफ' व्यक्तित्व के उदाहरण बहुत कम हैं और अवस्थी निश्चित रूप से उनमें से एक हैं।

वे कहती हैं, 'आईएफए की वार्षिक बैठकों में दुनिया भर से लगभग 1,400 व्यक्ति भाग लेते हैं। मैं समझती हूँ उनमें से हर कोई डॉ. अवस्थी से अवश्य

1. इंटरनेशनल फर्टिलाइजर एसोसिएशन

परिचित होगा, चाहे वह किसी कम्पनी, रैंक या पद का हो। मुझे नहीं पता कि उर्वरक उद्योग में किसी और व्यक्ति का ऐसा प्रभाव रहा है। उर्वरक बिरादरी में अवस्थी का नाम सभी जानते हैं।'

हैबेब्रांड आगे कहती हैं, 'दुनिया की किसी अन्य उर्वरक कम्पनी को इफको जैसी मान्यता प्राप्त नहीं है। यदि आप कनाडा या अमेरिका में किसी से एग्रीम या मोजेक के बारे में पूछते हैं, तो लोगों को आमतौर पर इनके बारे में कोई जानकारी नहीं होती है। लेकिन यहाँ भारत में इफको को हर कोई जानता है। यह बात बहुत मायने इसलिए भी रखती है क्योंकि इफको एक सहकारी संस्था है।'

अवस्थी ने इफको को एक छोटी सहकारी संस्था से वैश्विक कम्पनी में बदल दिया है। यह न तो किसी स्टॉक एक्सचेंज में सूचीबद्ध है और न ही किसी चमक-दमक वाले उद्योग का हिस्सा है, फिर भी भारत के घर-घर में यह एक जाना-पहचाना नाम है। इस तरह उन्होंने इफको को दुनिया के नक़्शे पर स्थापित कर भारत का गौरव बढ़ाया है।

उपसंहार

अवस्थी ने उर्वरक उद्योग में पचास साल से अधिक का सफ़र तय किया है। पिछले तीन दशकों से वे उर्वरक क्षेत्र की विश्व की सबसे बड़ी सहकारी संस्था इफको का नेतृत्व कर रहे हैं। एक लघु सहकारी उर्वरक कम्पनी को उन्होंने सहकारी क्षेत्र के दुनिया के सबसे बड़े उर्वरक उत्पादक और 21 सहयोगी कम्पनियों के विशाल समूह में परिवर्तित कर दिया है। इफको में उन्होंने समर्थ व प्रतिभाशाली अधिकारियों एवं विशेषज्ञों की एक मज़बूत टीम विकसित की है जो संस्था के प्रबन्धन और भावी चुनौतियों व जिम्मेदारियों को सँभालने के लिए तैयार है।

उत्तर प्रदेश के एक सुदूर गाँव का बालक आज उर्वरक उद्योग की दुनिया का एक सम्मानित व्यक्ति है। अन्य क़ामयाब पेशेवरों की तरह, उनका जीवन आम लोगों की तुलना में कहीं अधिक रोमांचक और चुनौतीपूर्ण है। अपने जीवन के सुख-दुख, स्वप्न, संघर्ष और सफ़र के बारे में अवस्थी क्या सोचते हैं, उन्हीं के शब्दों में : 'मेरा जन्म एक गाँव में हुआ था। जब मैं छोटा ही था, मेरे पिता की मृत्यु हो गई। इसलिए, बचपन में मुझे वात्सल्य का वैसा सुख नहीं मिल पाया। मुझे हमेशा लगता रहा कि मैं किसी और की छाया में जी रहा हूँ।

लेकिन यह हमारा सौभाग्य रहा कि हमें अपनी माँ दुर्गावती अवस्थी के रूप में एक समर्थ मार्गदर्शक मिला। वे एक साहसी, बुद्धिमती और दूरदर्शी महिला थीं जिसने जीवन की हर डगर पर हमें निर्भीक होकर आगे बढ़ना सिखाया। आज मैं जो भी हूँ, अपनी अम्मा की वजह से हूँ। उन्होंने बदलते समय के अनुसार हमें सहज रूप से तैयार किया। अम्मा यह महसूस करती थीं कि मेरे अन्दर बराबर एक गहरा दु:ख है—इस दु:ख का कारण कहीं न कहीं एक पुरुष प्रधान समाज में पिता की छत्रछाया के बिना जीवन बिताना था।

मेरे अन्दर नाराज़गी की गहरी भावना थी जिसने मुझे ऐसा बना दिया। मुझे जब-जब मौक़ा मिला, मैंने आगे बढ़कर कमान सँभाली और उम्र या कद की परवाह किये बिना दूसरों को भी आगे बढ़ाया। मैंने हमेशा महसूस किया कि मैं नेतृत्व करने के लिए पैदा हुआ हूँ, और मुझे आगे बढ़कर नेतृत्व करना चाहिए। मैं जैसे-जैसे बड़ा होता गया, मैंने अपनी क्षमताओं को निखारना और उन पर प्रयोग करना शुरू किया। लेकिन जब मैं बीएचयू पढ़ने गया, तब मुझे सही मायने में अपने देश और देश के किसानों की अहमियत का एहसास हुआ। उस समय मुझे ये दो ऐसे कारण मिल गए थे, जो एक जुनून की तरह आजीवन मेरे साथ रहे। अपना पेशेवर करियर शुरू करने के कुछ ही वर्षों के भीतर मुझे लगने लगा था कि सहकारिता ही वह मंच है जिसके जरिये मैं अपने सपनों को साकार कर सकता हूँ।'

अवस्थी जब महज 41 वर्ष के थे, उन्हें भारत सरकार के सार्वजनिक उपक्रम पीपीसीएल का अध्यक्ष सह प्रबन्ध निदेशक नियुक्त किया गया। तब से उन्होंने कभी पीछे मुड़कर नहीं देखा। सफ़र के दौरान मिली चुनौतियों का निर्भीकतापूर्वक सामना करते हुए कर्तव्य पथ पर वे निरन्तर आगे बढ़ते रहे हैं। प्रबन्धन की कठिन राह पर चलते हुए उन्होंने सदैव लीक से हटकर अद्यतन प्रौद्योगिकी और नवोन्मेष को अपनाया है। उन्होंने अपना रास्ता ख़ुद तय किया है, कभी किसी का अनुसरण नहीं किया। उनकी उपलब्धियाँ इसका ग़वाह हैं।

अवस्थी ने राजीव गांधी जी से लेकर नरेन्द्र मोदी जी तक नौ प्रधानमंत्रियों के शासन के अधीन काम किया है। इस दौरान उन्हें अच्छे-बुरे हर तरह के अनुभव मिले, लेकिन हरेक सरकार से उन्हें अपेक्षित सहयोग और समर्थन भी मिला। देश के किसानों और सहकारी समितियों के लिए उन्होंने अपनी पूरी क्षमता और लगन के साथ काम किया है।

अवस्थी ने अपनी पेशेवर यात्रा 1967 में रासायनिक उर्वरकों के क्षेत्र से शुरू की, लेकिन 2010 में उन्हें यह महसूस हुआ कि रासायनिक उर्वरक धरती को नुक़सान पहुँचा रहे हैं। इसलिए, उन्होंने इसका विकल्प ख़ोजना शुरू किया। इस क्रम में सबसे पहले उन्होंने 'भूमि बचाओ अभियान' शुरू किया जिसमें जैविक और रासायनिक उर्वरकों के सन्तुलित उपयोग को बढ़ावा देने पर जोर दिया गया। लेकिन इससे कुछ ख़ास हासिल नहीं हुआ। फिर अवस्थी ने कृषि में नैनो तकनीकी के उपयोगिता के बारे में सोचना शुरू किया।

इस दिशा में अनुसन्धान शुरू करने के लिए उन्होंने अपने वैज्ञानिकों को प्रेरित किया। तमाम शुरुआती अड़चनों और कठिनाइयों के बावज़ूद उनकी टीम ने हौसला नहीं खोया। अन्ततः उनकी मेहनत रंग लाई और 1 अगस्त, 2021 का वह दिन आया, जब इफको ने दुनिया के सामने दुनिया का पहला नैनो उर्वरक 'नैनो यूरिया तरल' पेश किया। कुछ ही समय बाद 20 अक्टूबर, 2022 को इफको ने नैनो डीएपी का व्यावसायिक स्तर पर उत्पादन शुरू किया। ये नैनो उर्वरक न केवल भारत के लिए बल्कि पूरे विश्व के लिए क्रान्तिकारी उत्पाद हैं। ये उत्पाद पर्यावरण के अनुकूल हैं—हवा और पानी पर इनका बुरा प्रभाव नहीं पड़ता है। इनके उपयोग से मिट्टी की गुणवत्ता में सुधार लाया जा सकता है।

अपनी इस यात्रा में अवस्थी उन सहयोगियों को पाकर धन्य हैं जिन्होंने इस देश के लिए कुछ बेहतर करने के उनके प्रयासों में उन्हें निरन्तर सहयोग और समर्थन दिया। बक़ौल अवस्थी, 'मैं विशेष रूप से आर.पी. सिंह और योगेन्द्र कुमार के योगदान और सहयोग के लिए उनका आभारी हूँ। लम्बे समय से मेरे साथ रहे अपने निजी सचिव आर.के. चावला और परिचारक राजकुमार को उनके योगदान के लिए मैं धन्यवाद देना चाहूँगा। मैं डॉ. इन्दु जैन के प्रति आभारी हूँ, जिनके मार्गदर्शन में मेरा स्वास्थ्य अच्छा रहा।'

अवस्थी 'जनता के सीईओ' हैं जो सभी को साथ लेकर चलने और आगे बढ़ने में विश्वास रखते हैं। किसानों के सशक्तिकरण के माध्यम से भारत को समृद्ध बनाने में वे विशेष योगदान दे रहे हैं।

अवस्थी के शब्दों में, 'अपनी भाभी कमलेश अवस्थी से मिले स्नेह और आशीर्वाद के लिए मैं उनके प्रति कृतज्ञ हूँ। मैं अपनी छोटी बहन रेखा को धन्यवाद देता हूँ, जो हमेशा मेरे साथ खड़ी रही। मैं अपने परिवार के सभी सदस्यों का भी धन्यवाद करता हूँ, जिन्होंने मेरे द्वारा उन्हें समय न दिये जाने के बावज़ूद मुझे अपना प्यार और सम्मान दिया। मेरा स्नेह और आशीर्वाद आजीवन उन सब पर बना रहेगा। मैं अपनी धर्मपत्नी रेखा अवस्थी को धन्यवाद देता हूँ जिनके शान्त और संयमित व्यवहार ने मुझे कठिन समय में अपना धैर्य बनाए रखने में मदद की। मैं अपने सभी दोस्तों का भी आभारी हूँ, जो मेरे दिल की धड़कनों में बसते हैं।'

अवस्थी का मानना है कि मंज़िल तक उनका पहुँचना अभी बाकी है और इसके लिए वे अपनी ओर से प्रयास करना जारी रखेंगे। इफको के एमडी और सीईओ के रूप में अवस्थी अब भी अपनी पेशेवर सेवाएँ दे रहे हैं और एक सक्रिय जीवन जी रहे हैं। यह पुस्तक अवस्थी के निजी और पेशेवर जीवन को लिपिबद्ध करने का एक विनम्र प्रयास है।

अवस्थी के ही शब्दों में, 'मुझे अपनी ज़िन्दगी से कोई शिकायत नहीं है और यदि मुझे मौक़ा मिले तो मैं इस अतुल्य देश में फिर से जन्म लेकर भारत माता की हमेशा सेवा करना चाहूँगा।'

परिशिष्ट

डॉ. उदय शंकर अवस्थी की पेशेवर उपलब्धियाँ

वर्ष	उपलब्धियाँ
1986	नवम्बर 1986 में भारत सरकार के उपक्रम पाइराइट्स फॉस्फेट्स एंड केमिकल्स लिमिटेड (पीपीसीएल) में प्रबन्ध निदेशक के रूप में कार्यभार ग्रहण।
1987	• पीपीसीएल के दुरमाला की खदानों में रोपवे का निर्माण। • 40 एकड़ अतिरिक्त भूमि का अधिग्रहण एवं सल्फ्यूरिक ऐसिड और पाइराइट आधारित सिंगल सुपर फॉस्फेट (एसएसपी) परियोजना कार्य का आरम्भ। • भारत सरकार से पीपीसीएल के लगभग 1200 कर्मचारियों की छँटनी करने सम्बन्धी निर्णय को वापस लेने का सफल अनुरोध।
1988	एसएसपी ब्रांड सोन-गंगा की लांचिंग और बीजारोपण कार्यक्रम की शुरुआत।
1989	फास्फोरिक ऐसिड और एकल सुपर फॉस्फेट संयंत्र की शुरुआत।
1990	प्रतिस्पर्धी व्यावसायिक रणनीति के तहत आयातित उर्वरकों के व्यापार की शुरुआत।
1991	पीपीसीएल का मुख्य प्रबन्ध निदेशक रहते हुए राष्ट्रीय केमिकल्स एंड फर्टिलाइजर्स लिमिटेड (आरसीएफ) के मुख्य प्रबन्ध निदेशक का प्रभार।
1992	'अधिकारियों की शक्तियाँ' प्रकाशित करके आरसीएफ के अधिकारियों का सशक्तिकरण।

1993 • 1 फरवरी, 1993 को इफको के मैनेजिंग डायरेक्टर नियुक्त।

• इंडियन फार्म फॉरेस्ट्री डेवलपमेंट कोआपरेटिव लिमिटेड (आईएफएफडीसी) की स्थापना।

1994 फर्टिलाइजर एसोशिएसन ऑफ इंडिया (एफएआई), नई दिल्ली के अध्यक्ष निर्वाचित।

1995 नई शताब्दी में सहकारी मूल्यों के कार्यान्वयन के लिए इफको विजन 2000 की परिकल्पना।

1996 आँवला इकाई की यूरिया उत्पादन क्षमता 7,26,000 मी. टन प्रतिदिन से बढ़ाकर 14,52,000 मी. टन प्रतिदिन की गई।

1997 • इंटरनेशनल फर्टिलाइजर एसोसिएशन (आईएफए) के पहले एशियाई अध्यक्ष निर्वाचित।

• फूलपुर इकाई की यूरिया उत्पादन क्षमता 4,95,000 मी. टन वार्षिक क्षमता से बढ़ाकर 12,21,000 मी. टन वार्षिक की गई।

• कलोल इकाई की यूरिया उत्पादन क्षमता 3,96,000 मी. टन वार्षिक से बढ़ाकर 5,44,500 मी. टन वार्षिक की गई।

1998 • 29 अप्रैल को संयुक्त राष्ट्र मुख्यालय, न्यूयॉर्क में डेलीगेट्स को सम्बोधन।

• 'आजादी की अग्निशिखाएँ' शीर्षक से देशभक्ति भाव से भरी कविताओं एवं गीतों का संकलन प्रकाशित।

1999 कांडला इकाई की कॉम्प्लेक्स उर्वरक उत्पादन क्षमता 13.06 लाख मी. टन वार्षिक से बढ़ाकर 16 लाख मी. टन वार्षिक की गई।

2000 • जापान की टोकियो-मरीन एंड फायर इंश्योरेंस कम्पनी के साथ संयुक्त उद्यम क़रार निष्पादित करते हुए इफको-टोकियो जनरल इंश्योरेंस कम्पनी लिमिटेड नामक एक संयुक्त उद्यम कम्पनी की शुरुआत के साथ आम बीमा क्षेत्र में प्रवेश।

• ओमान में ओमान इंडिया फर्टिलाइजर कम्पनी लिमिटेड (ओमिफको) की स्थापना के लिए एक संयुक्त उद्यम क़रार का निष्पादन।

2001 गुजरात भूकंप के बाद किसान सेवा न्यास का गठन।

2002
- बहु राज्य सहकारी सोसाइटीज अधिनियम-2002 के लागू होने के पश्चात भारत सरकार की इक्विटी लौटाने के प्रयोजन से इफको के उप-नियमों में संशोधन।
- इंडस्ट्रीज शिमिक्स डू सेनेगल (आईसीएस) की उत्पादन क्षमता 3.3 लाख टन से दोगुना बढ़ाकर 6.6 लाख टन वार्षिक की गई।

2003
- इफको में भारत सरकार की इक्विटी लौटाने की प्रक्रिया शुरू।
- इफको फाउंडेशन की स्थापना।

2004
- भारत सरकार की पूरी इक्विटी लौटाते हुए इफको जुलाई 2004 में पूर्णत: सहकारी स्वामित्व वाली सहकारी समिति बना।
- इफको किसान लोजिस्टिक्स लिमिटेड की स्थापना।
- नेशनल कमोडिटी एंड डेरीवेटिव्स एक्सचेंज लिमिटेड (एनसीडैक्स) में इक्विटी का निवेश।

2005
- अन्तरराष्ट्रीय व्यापार और निवेश के लिए दुबई में 'किसान इंटरनेशनल ट्रेडिंग एफज़ेडई' (केआईटीएफज़ेडई), दुबई की स्थापना।
- मैसर्स ओसवाल केमिकल्स एंड फर्टिलाइजर्स लिमिटेड से पारादीप, उड़ीसा स्थित शुष्क फास्फोरिक उर्वरक कॉम्प्लेक्स संयंत्र का अधिग्रहण।
- वर्ष 2005-06 में पूरे भारत में कॉम्प्लेक्स उर्वरक की उत्पादन क्षमता 24.15 लाख मी. टन वार्षिक से बढ़ाकर 43.35 लाख मी. टन वार्षिक की गई।

2006 आँवला व फूलपुर इकाइयों में कार्बन फुटप्रिंट को कम करने और फूलपुर इकाई में कच्चे माल एवं ईंधन को नेफ्था से गैस में बदले जाने के कारण कार्बन-डाईऑक्साइड की कमी को पूरा करने और आँवला इकाई में अतिरिक्त यूरिया उत्पादन के लिए कार्बन-डाईऑक्साइड की अतिरिक्त माँग को पूरा करने के लिए कार्बन-डाईऑक्साइड रिकवरी परियोजना का कार्यान्वयन।

2007 ग्रामीण संचार के क्षेत्र में कदम रखते हुए स्टार ग्लोबल एंड एयरटेल के साथ इफको किसान संचार लिमिटेड संयुक्त उद्यम कम्पनी की स्थापना।

2008
- जॉर्डन फॉस्फेट माइनिंग कम्पनी लिमिटेड (जेपीएमसी) के साथ जॉर्डन में एक संयुक्त उद्यम कम्पनी जॉर्डन इंडिया फर्टिलाइजर कम्पनी (जिफको) की स्थापना।
- इफको किसान एसईज़ेड लिमिटेड नामक पूर्ण स्वामित्व वाली सहायक संस्था का निगमन करके नेल्लौर में विशेष आर्थिक क्षेत्र की स्थापना।

2009 'भूमि बचाओ' अभियान के जरिये मृदा पुनरुद्धार कार्यक्रम की शुरुआत।

2010 निकट-सतह फॉस्फेट, पोटाश ब्राइन और अन्य खनिजों की खोज और पेरू क्षेत्र की खाड़ी में उर्वरक परियोजनाओं के संभावित विकास में कार्यरत कनाडा स्थित ग्रोमैक्स रिसोर्सेज कॉरपोरेशन और इसकी सहायक संस्था ग्रोमैक्स एग्री कॉरपोरेशन में इक्विटी का अधिग्रहण।

2011
- इफको ई-बाज़ार लिमिटेड की स्थापना।
- कांडला इकाई में यूरिया फॉस्फेट की 15,000 मी. टन वार्षिक क्षमता का देश के पहले जलविलेय उर्वरक संयंत्र की स्थापना।

2012 कांडला इकाई में 30,000 मी. टन वार्षिक क्षमता का एक ज़िंक सल्फेट मोनोहाइड्रेट संयंत्र की स्थापना।

2013 कांडला इकाई में कैप्टिव बार्ज जेट्टी की शुरुआत।

2015
- इफको-एमसी क्रॉप साइंस लिमिटेड संयुक्त उद्यम की स्थापना।
- वन अनुसन्धान संस्थान (एफआरआई), देहरादून के साथ अनुसन्धान व विकास गतिविधियों की शुरुआत।
- भारत के सभी राज्यों में 'नीम पौधरोपण' अभियान की शुरुआत।

2016 इफको ग्लोबल इंटरप्राइजेज लिमिटेड की स्थापना।

2017 इफको किसान फाइनेंस लिमिटेड संयुक्त उद्यम की स्थापना के द्वारा ग्रामीण वित्तपोषण के क्षेत्र में प्रवेश।

2018 • सिक्किम में जैविक खेती को बढ़ावा देने के प्रयोजन से सिक्किम सरकार के साथ साझेदारी के तहत सिक्किम इफको ऑर्गेनिक्स लिमिटेड नामक एक संयुक्त उद्यम कम्पनी की स्थापना।

• फ्रोजेन सब्ज़ियों के क्षेत्र में कदम रखने के उद्देश्य से स्पेन स्थित सीएन कॉर्प नवारा (कांग्लेदोज दा नवारा) के साथ सी.एन. इफको प्राइवेट लिमिटेड संयुक्त उद्यम की स्थापना।

• नैनो उर्वरकों के अनुसन्धान व विकास के लिए कलोल इकाई में अनुसन्धान व विकास केन्द्र की स्थापना।

2019 • नैनो नाइट्रोजन, नैनो कॉपर और नैनो ज़िंक का विकास तथा देश भर में 11,000 स्थानों पर क्षेत्र परीक्षण।

• नैनो यूरिया के उत्पादन सम्बन्धी प्रक्रिया के पेटेंट के लिए आवेदन।

2020 • नैनो यूरिया (तरल) की 5 करोड़ बोतलों के उत्पादन के लिए संयंत्र स्थापित करने सम्बन्धी परियोजना गतिविधियों की शुरुआत।

• नैनो यूरिया को उर्वरक नियंत्रण आदेश (एफसीओ) में शामिल करने के लिए भारत सरकार को आवेदन।

2021 • नैनो यूरिया एफसीओ में शामिल।

• कलोल इकाई में नैनो यूरिया का वाणिज्यिक उत्पादन आरम्भ।

• नैनो यूरिया संयंत्रों की स्थापना करने के लिए सार्वजनिक क्षेत्र के दो उपक्रमों नेशनल फर्टिलाइजर्स लिमिटेड (एनएफएल) और राष्ट्रीय केमिकल्स एंड फर्टिलाइजर्स (आरसीएफ) के साथ समझौता।

• नैनो उर्वरकों की कुल 33 करोड़ बोतलों के उत्पादन के लिए पाँच अतिरिक्त संयंत्रों की स्थापना सम्बन्धी परियोजना गतिविधियों की शुरुआत।

2022 • दो करोड़ से अधिक नैनो-यूरिया तरल बोतलों का उत्पादन।

• सहकारिता एवं सामाजिक उपक्रम पर केन्द्रित इंटरनेशनल कोऑपरेटिव अलायन्स और यूरोपियन रिसर्च इंस्टीट्यूट द्वारा जारी

शीर्ष 300 उपक्रमों की वर्ल्ड कोऑपरेटिव मॉनिटर 2022 के 11वें संस्करण की रिपोर्ट में इफको को पहला स्थान।

2023
- 4 हजार करोड़ रुपये से अधिक का अब तक का सर्वाधिक करपूर्व लाभ।
- इफको नैनो-डीएपी (तरल) की वाणिज्यिक लांचिंग।
- उत्तर प्रदेश के आँवला एवं फूलपुर तथा झारखंड के देवघर में नैनो-यूरिया संयंत्र की स्थापना।

डॉ. उदय शंकर अवस्थी को प्राप्त सम्मान व पुरस्कार

- वर्ष 1994-96 के दौरान फर्टिलाइजर एसोशिएसन ऑफ इंडिया (एफएआई), नई दिल्ली की अध्यक्षता।
- फरवरी, 1996 में उत्तर प्रदेश के माननीय राज्यपाल श्री मोतीलाल वोरा से पर्यावरण और कृषि क्षेत्र में उल्लेखनीय योगदान के लिए समिति के 'उत्तर प्रदेश गौरव पुरस्कार' से सम्मानित।
- मार्च, 1996 में बनारस हिन्दू विश्वविद्यालय के कुलपति द्वारा केमिकल इंजीनियरिंग एंड टेक्नोलॉजी सोसायटी का डिस्टिंग्विशड अलुमनस अवॉर्ड से सम्मानित।
- भारत के माननीय उपराष्ट्रपति, श्री कृष्ण कान्त द्वारा मार्च, 1996 में इंडियन इंस्टीट्यूट ऑफ केमिकल इंजीनियर्स का 'एमिनेंट केमिकल इंजीनियर' पुरस्कार।
- नवम्बर, 1997 में भारत के राष्ट्रीय सहकारी संघ द्वारा सहकारी विकास के लिए सम्मानित किया गया, जहाँ माननीय कृषि और सहकारिता मंत्री, भारत सरकार ने प्रशस्ति पत्र भेंट किया।
- वर्ष 1997-99 के दौरान इंटरनेशनल फर्टिलाइजर एसोसिएशन (आईएफए), पेरिस के अध्यक्ष का पद सँभालने वाले पहले एशियाई बने।
- सतत विकास पर केन्द्रित संयुक्त राष्ट्र आयोग के छठे सत्र में उद्योग के दृष्टिकोण का प्रतिनिधित्व और अप्रैल, 1998 में ईसीओएसओसी चैंबर, संयुक्त राष्ट्र मुख्यालय, न्यूयॉर्क में भाषण।

- 11 दिसम्बर, 2000 को सीईपीएम—डॉ. डेविडसन फ्रेम अवॉर्ड से सम्मानित।
- सितम्बर, 2002 में आयोजित ग्लोबल कॉरपोरेट कन्वेंशन-2002 के दौरान श्री वेदप्रकाश गोयल, माननीय नौपरिवहन मंत्री, भारत सरकार द्वारा 'वर्ष 2002 का सर्वश्रेष्ठ मुख्य कार्यकारी' पुरस्कार से सम्मानित।
- संयुक्त राष्ट्र महासचिव श्री कोफी ए. अन्नान ने 12 जनवरी, 2004 को पत्र के जरिये ग्लोबल कॉम्पैक्ट सिद्धान्तों के प्रति अवस्थी के प्रतिबद्धता की सराहना की। 24 जून, 2004 को न्यूयॉर्क में संयुक्त राष्ट्र मुख्यालय में आयोजित ग्लोबल कॉम्पैक्ट लीडर्स समिट में भाग लेने के लिए आमंत्रण।
- 25 अप्रैल, 2006 को धारवाड़ में आयोजित विश्वविद्यालय के 20वें दीक्षान्त समारोह में कर्नाटक के राज्यपाल और कृषि विज्ञान विश्वविद्यालय, धारवाड़ के कुलाधिपति, डॉ. टी.एन. चतुर्वेदी द्वारा 'डॉक्टर ऑफ साइंस (होनोरिया कौसा)' से सम्मानित।
- इंटरनेशनल बायोग्राफिकल सेंटर, कैम्ब्रिज, इंग्लैंड द्वारा आईबीसी लीडिंग इंजीनियर्स ऑफ द वर्ल्ड-2007 सम्मान से सम्मानित।
- बनारस हिन्दू विश्वविद्यालय द्वारा उर्वरक क्षेत्र में परियोजना प्रबन्धन और विकास में उपलब्धियों के लिए अल्युमनी अवॉर्ड ऑफ एक्सीलेंस 2007-08 से सम्मानित।
- 2 मार्च, 2008 को उज्जैन में आयोजित विश्वविद्यालय के वार्षिक दीक्षान्त समारोह के दौरान मध्य प्रदेश के राज्यपाल और विक्रम विश्वविद्यालय के कुलाधिपति, डॉ. बलराम जाखड़ द्वारा 'डॉक्टर ऑफ साइंस (D.Sc.)' की मानद उपाधि से सम्मानित।
- भारत की राष्ट्रपति श्रीमती प्रतिभा देवी सिंह पाटिल द्वारा जनवरी, 2011 को विज्ञान भवन, नई दिल्ली में कला और संस्कृति के क्षेत्र में उत्कृष्ट योगदान के लिए सम्मानित।
- 30 मार्च, 2014 को दिल्ली तेलुगु अकादमी (डीटीए) द्वारा देश की सामुदायिक सेवा, किसानों, सहकारी समितियों की सेवा के लिए उर्वरक क्षेत्र में 'लाइफ टाइम अचीवमेंट अवार्ड' से सम्मानित। यह पुरस्कार

माननीय न्यायाधीश श्री एन.वी. रमना, सर्वोच्च न्यायालय, भारत द्वारा प्रदान किया गया।

- 11 मार्च, 2018 को भारत के उपराष्ट्रपति, श्री वेंकैया नायडू द्वारा देश की सामुदायिक सेवा, किसानों और सहकारी समितियों की सेवा के लिए दिल्ली तेलुगु अकादमी (डीटीए) द्वारा उर्वरक क्षेत्र में दिए जाने वाले 'किसान को, किसान के लिए, और किसान के द्वारा लाइफ टाइम अचीवमेंट अवॉर्ड' से सम्मानित।
- देश में सहकारिता आन्दोलन को बढ़ावा देने में उत्कृष्ट योगदान के लिए राजस्थान के पुष्कर में 22 दिसम्बर, 2018 को आयोजित सहकार भारती के छठे राष्ट्रीय सम्मेलन के अवसर पर 'स्वर्गीय लक्ष्मणराव इनामदार स्मृति पुरस्कार' से सम्मानित। सहकार भारती ने किसानों को सशक्त बनाने, खाद्य सुरक्षा सुनिश्चित करने और भारत में सहकारिता को बढ़ावा देने में उनके शानदार काम को भी मान्यता दी।
- फरवरी, 2019 में श्री मनोज सिन्हा, माननीय राज्य मंत्री, रेलवे द्वारा बीएचयू ग्लोबल एलुमनी मीट 2019 समारोह के अवसर पर अवस्थी के करियर, उल्लेखनीय उपलब्धियों एवं उर्वरकों और रासायनिक उद्योगों के क्षेत्र में व्यापक योगदान के लिए उन्हें 'आईआईटी (बीएचयू) के सदी के एलुमनाई' पुरस्कार से सम्मानित किया गया।
- 2020 में फेम इंडिया, पीएसयू वाच एवं एशिया पोस्ट के संयुक्त सर्वेक्षण में अवस्थी को भारत के शीर्ष 50 प्रभावशाली व्यक्तित्वों की सूची में 40वें स्थान पर रखा गया। अवस्थी सहकारिता क्षेत्र से इस चयन सूची में नामांकित होनेवाले पहले व्यक्ति हैं।

आभार

डॉ. उदय शंकर अवस्थी के जीवन कर्म पर केन्द्रित इस पुस्तक के लेखन के दौरान मुझे विविध स्तरों पर सहयोग मिला है। मैं सर्वप्रथम धन्यवाद देना चाहूँगा श्री संजीव रंजन को, जिन्होंने इस पुस्तक के लिए सामग्री एकत्र की। मैं आभारी हूँ श्री हर्षेंद्र वर्धन का जिन्होंने पुस्तक के लिए फोटोग्राफ उपलब्ध करवाया। मैं श्रीमती वन्दना मिश्र और रेखा अवस्थी को धन्यवाद देना चाहूँगा जिन्होंने भाषा के परिमार्जन में मेरी सहायता की। मैं आभारी हूँ डॉ. नलिन विकास का, जिनके संयोजन में इस पुस्तक को नया आयाम मिला। डॉ. अवस्थी के पेशेवर जीवन के सहयोगियों के साथ-साथ मैं उन सबको धन्यवाद देता हूँ जिन्होंने इस पुस्तक में अपनी यादें साझा की हैं। इस पुस्तक में उन यादों की थाती को सँजोया गया है।

मैं राजकमल प्रकाशन के प्रबन्ध निदेशक श्री अशोक महेश्वरी एवं उनकी टीम के प्रति अपना आभार व्यक्त करता हूँ जिन्होंने पुस्तक को समय पर प्रकाशित किया।

और अन्त में मैं धन्यवाद देना चाहूँगा डॉ. उदय शंकर अवस्थी को जिन्होंने मुझे यह अवसर प्रदान किया कि मैं उनके जीवन की असाधारण व उल्लेखनीय कहानी को प्रस्तुत करूँ। आशा है यह पुस्तक पाठकों को पसन्द आएगी।

—अभिषेक सौरभ